堺利彦

SAKAI Toshihiko

初期社会主義の思想圏

小正路淑泰◉編著

論創社

堺利彦——初期社会主義の思想圏

目次

第Ⅰ部　初期社会主義の思想圏

第Ⅱ部　「冬の時代」を越えて

第Ⅰ部　初期社会主義の思想圏

有楽町平民社編集局、1904（明治37）年8月。テーブル左奥・幸徳秋水、その左・神崎順一、テーブル右奥から堺利彦、石川三四郎、西川光二郎、柿内武次郎。みやこ町歴史民俗博物館所蔵

〔プロローグ〕

緒言

堀切利高

堺利彦先生ハ明治三年旧十一月二十五日、豊前国豊津ニ生マレタ。夙ニ操觚界ニ入ツテ枯川ノ文名ヲ謳ワレ、後ニ社会主義者トナツタ。日露戦争開戦ノ危機ニ際シ敢然トシテ非戦論ヲ唱エ、幸徳秋水ト共ニ平民新聞ヲ創刊シタ。社会主義運動ガ実践期ニ入ツタノハ、実ニコノ時ニ始マル。

先生ハ明治、大正、昭和ノ三代ニワタリ、政府ノ弾圧ニ抗シ数次ノ入獄ニ屈セズ、社会党ノ組織、機関紙ノ発行、無産階級勢力ノ発展、民主主義精神ノ興隆ノタメニ、心血ヲソソイデ努力シタ。昭和六年ノ秋、満州事変オコルヤ、先生ハ寝食ヲ廃シテ反戦運動ニ盡瘁シ、ツイニ疾ヲ獲テ倒レ、八年一月二十三日東京ニ逝ク、享年六十四。

先生ノ生涯ハワガ国社会主義運動ノ歴史ヲ代表シ、就中、マルクス主義ノ確立ハ先生ヲ以テ

荒畑寒村（イス左）を囲む石本秀雄豊津町長（イス右）ら堺利彦顕彰会の会員たち。1975年12月。福岡県京都郡豊津町（当時）の堺利彦記念碑にて。塚本領氏提供

第一人者トスル。昭和三十五年十一月二十五日、先生ノ生地ヲ選ンデ記念ノ碑ヲ建テ、郷党ナラビニ後輩ガ追慕ノ意ヲ表ス。

昭和三十五年十一月　荒畑寒村記

（『堺利彦顕彰会通信』創刊号・一九八一年一一月二三日）

本碑文は豊津の堺利彦顕彰記念碑のために書かれたもので、堺利彦の生涯を要約すればの見本をここに見るのだが、さて具体的に当ってみると、その活動は多岐にわたり、そのうえ刻々と変化発展し、なかなか一概には律しえない困難を感じる。理想を追いながらもきわめて現実的な、このしたたかな革命家。人間的魅力もふくめて、そこには大事な問題がいくつも隠されているような気がする。

第一章　幸徳秋水と堺枯川——平民社を支えたもの

山泉　進

はじめに

平民社が結成されて一世紀が過ぎたことになる。その百年の記念号を本誌（『初期社会主義研究』）で特集することになろうとは、二〇年前に本誌刊行の母体である初期社会主義研究会を立ち上げたときには、思いもよらなかったことである。もっとも、研究会の事務所を神田神保町に置いてからは、それなりにこの年を迎えることに力を尽してきたし、とりわけ、二〇〇一年に「社会民主党百年」の記念事業を企画し、特集号を刊行してからは、それなりに懸命でもあった。やっとたどり着いたという安堵感もあるが、他方では、この秋に予定されている各地での記念集会やシンポジウムがうまくいくか心配でもある。また少し頓挫している『平民社百年コレクション』（全一三巻・論創社刊）の今後も不安である。平民社は、社会民主党の結成の場合とは違って、その創立をもって終わりになるのではなくて、むしろその苦難の二年足らずの活動を評価しなければならないことを考えれば、もう少しは頑張ってみようかとも思う。

それにしても、いつも考え続けていることは、「非戦論」を掲げ、政府や国家の政策と戦うために、生活を賭け、牢獄生活を余儀なくされた平民社に集った人たちと、いまいる私たちの位置の落差とのことである。たとえば比較的身近なことでいえば、「特攻隊」となって死ぬことは日常の生活のなかにおけば恐ろしいことではあるが、戦争のなかのある特殊な状況のなかでは意外にむずかしいことではない、そう思ったのは、封鎖されたバリケードのなかでのことであった。しかし、国家のもつ死の装置の枠外において、死を賭けて自己の主張をおこなうこと、それは次元の異なる問題である。その落差のもつ〈リアリティ〉に迫ることなしに、平民社の活動を語ることはできない。平民社の活動は、野蛮なロシアに味方する国益を損なう行動であり、日本の植民地化をも容認する許しがたい暴挙である。『坂の上の雲』に描かれた栄光の明治国家を是認すれば、平民社を肯定するものは幼稚なヒューマニズムを除いては何ものをも残しはしない。このような論断に欠けているものは、戦争という〈リアリティ〉を捉える眼である。平民社は日露戦争と戦ったが、その戦争といわれるものが何であったのか。「非戦論」は、日露の軍事的衝突に反対したばかりではなく、戦争そのものに反対した。幸徳秋水はいう、「非戦論の趣旨目的は極めて簡単也、曰く、速に現戦役の局を了して平和を克復せしめんと欲す、曰く、一般戦争の起因たる経済的競争の制度を変革して、将来の戦争を防遏《ぼうあつ》せんとす、此両目的を達せんが為めに、世界万国に向つて、戦争の悲惨なること、損害なること、美事に非ざること、善事に非ざること、希ふべきに非ざることを絶叫す」（「非戦論の目的」、週刊『平民新聞』第五八号、一九〇四年一二月一八日）と。戦時に発せられたこの言のなかに、思想と行動の〈リアリティ〉を読み取ることができないとすれば、平民社と私たちの位置との落差のなかにあるものを捉えることはできない。

歴史は、常に〈事後的〉に語られる。しかし、情熱と努力と才能とを無視して、歴史に自分の境遇を投影させるとしたら何の意味があろう。〈研究〉という防御壁のなかにいて、過ぎ去った現象をなぞることに何の意味があろう。それでも、〈言葉〉だけは、かすかに過去の〈リアリティ〉に繋がっている。その〈言葉〉の重さを量ってみること、あるいは思想や行動を〈言葉〉で量る方法を見出すこと。ありきたりの概念を拒絶しながら、そのありきたりの概念へと還ってくること。その事実を〈言葉〉で再現すること、落差を落差として認識すること、私の不安定な位置は、ただそれだけのことである。

ところで、百年前、幸徳秋水と堺利彦とが『万朝報』を退社し、平民社を結成し週刊『平民新聞』を創刊するにいたった経緯については、太田雅夫氏の論稿で十分に説明され、また本誌創刊号（一九八六年一〇月）にも故絲屋寿雄氏が「平民社創立八十年」の明治大学南講堂での記念集会の講演をまとめられて掲載している。あるいは、本誌の購読者であれば、第八号（一九九五年七月）の資料紹介欄で、堀切利高氏が堺利彦の「非戦論で萬朝報を退いた時の事」（『号外』一九二七年七月号）を紹介しながら、自転車に乗って駆け回る堺と幸徳の歴史的決断の時間を再現していることも承知のことであろう。したがって、私のここでの役割は、堺と幸徳とが、平民社へとたどり着く、精神的遍歴を追跡して紹介しておくことである。かれらは、自らを「社会主義者」として律して、人生の選択をおこなった。そして、二人の遍歴から導かれた〈友情〉が平民社の活動を支えた。

あるいは、平民社の思想的源流からいえば、「平和主義」もしくは「非戦」思想の根拠を探求することが必要であろう。私自身は、平民社までの初期社会主義の思想的集約が一九〇一年五月に結成された社会民主党（「宣言書」）にあり、その延長線上に運動が始まり、それが平民社であったと認識している。平民社は社会民主党の理念を教訓的に――その意味は社会民主党が結党禁止処分を受けたことを指しているが――引き継いで出発した。その経過からみれば、「平和主義」の源流は、キリスト教的「人類同胞」主義にひとまずは還元して考えてみる必要があると考えている。そのことは、日本の初期社会主義思想の特質にかかわっている。「平和主義」の理念は、現実における政府による弾圧のなかで変容していく。それは、「社会主義」の理解の変容にもかかわっているのであるが、それは別の論考を必要とすることでもあろう。

以下の文章では、幸徳秋水と堺利彦とがどのような精神的動機をたどって「社会主義」に出会うことになるのかを分析している。私は、あえて対照的に描きだした。なお、この文章は、この秋（二〇〇三年）出版する予定の『平民社の時代――非戦の源流』（論創社）のために書き始めたものの一部分である。それ自体が、あちこちに書き散らかしたものを拾い集めたものにしか過ぎないが、本特集のために役立てば、許されることでもあろう。

一　秋水の不平

幸徳秋水は、明治四（一八七一）年旧暦の九月二三日（新暦一一月五日）、高知県の西南、今では清流で名高い四万十川の河口から四キロほどさかのぼった土佐の小京都と呼ばれる町、中村（現在、四万十市）で生れた。本名は伝次郎、生家は薬種商と酒造業を営む商家であった。誕生の翌年、父篤明が他界し、母多治により育てられた。

なお、秋水の号は、青年時代の師、中江兆民から与えられたもの、秋水の『兆民先生』（博文館、一九〇二年五月）にそのときの逸話が記されている。それによると、兆民は伝次郎に対して、ある朝訪ねてきた高利貸しを例にとって、「彼れの因循《いんじゅん》にして不得要領（要領を得ないこと）なる、人をして煩悶《はんもん》に堪へざらしむ」ものがある。しかるに、かれは財をなしている。このように「処世の秘訣」は「朦朧《もうろう》」たるところにあるのである。ところが、おまえは「義理明白に過」ぎている。これを戒めるために号としては「春靄《しゅんあい》」とするがよい、と。これに対して伝次郎は、自分は「朦朧」ということは嫌いであるから、別の号にして欲しいと拒絶した。兆民は、「益々《ますます》笑ふて」いう、それならば「春靄」とは全く意味が反対である「秋水」という、自分が「壮時」に使っていた号を与えよう、と。伝次郎、「予喜んで賜を拝せり」と。前段には、兆民が革命家として、政治家として、実業家として、また文筆家として敗北した理由を、幸徳秋水は掲げている。そのなかには、「直情径行《けいこう》」を好んで「迂余《うよ》曲折」を憎んだこと、「義理明白《ぎりめいはく》」を喜んで「曖昧模糊《あいまいもこ》」を嫌ったこと、直ちに理想を実現しようとして社会を敵として激闘したこと、まさしく中江秋水としての失敗のことが録されているのである。それでも幸徳伝次郎は「秋水」に固執し、若き兆民のように主義と理想とにこだわった。兆民が示した「益々笑ふて」の意味するところは意外に深い（なお、飛鳥井雅道「中江篤介の「秋水」と幸徳伝次郎の「秋水」」、『初期社会主義研究』第一一号、一九九八年一二月参照）。

幼少時のエピソードや塾や学校生活のことなどは、ここでは省略して、平民社結成にいたるまでの必要な精神遍歴についてだけ触れることにしたい。秋水は、週刊『平民新聞』（第一〇号、一九〇四年一月一七日、以下ではたんに『平民新聞』と略すことがある）に掲載された「予は如何《いか》にして社会主義者となりし乎《か》」において、社会主義者となった理由について「境遇と読書の二なり」と答え、「境遇」としては「土佐に生れて幼より自由平等説に心酔せし事」「維新後一家親戚の家道衰ふるを見て同情に堪へざりし事」「自身の学資なきことの口惜しくて運命の不公を感ぜし事」の三つをあげている。維新後、一時的に家業が振るわず、若くして寡婦となった母親の苦労を身にしみて知っていること、さらには優秀な才能にめぐまれながらも生来病弱で勉学を継続する健康にもめぐまれなかったこと、さらには、母方の親戚にあたる一族の出世頭であった熊本県令、安岡良亮《りょうすけ》が一八七六（明治九）年の神風連の乱において落命し、郷党社会のもつ出世への強い絆を失ってしまったこと、これらの境遇の不幸に対する「不平」が、伝次郎をして「自由」や「平等」というような理想的価値へと向かわせる精神的原動力となった。保安条例により東京を追放され帰郷したものの、再び出郷して大阪で中江兆民の玄関番となった時代、一八八九（明治二二）年、伝次郎満一七歳のときに書いた「後のかたみ」（塩田庄兵衛編『幸徳秋水の日記と書簡』増補決定版、未来社、一九九〇年四月所収）

は、この時代の精神遍歴の記録である。そのなかの五月一九日に書かれた一文に、「人は不平の動物なり。不平あればこそ人間の活動もあれ」と書き始められ、「予は稍《やや》物心つきし頃より、行往坐臥《ぎょうおうざが》一日寸時も不平の雲霧に立掩《おお》はれざることなかりし」と書きつがれて、だいたいにおいて不平のある人間にも、それに相応する「満足」というものが伴っていることが世の中の常である。しかるに、「余は不平の為にはほと〳〵此世にもあき果たれ共、未だ曾て人間の愉快得意満足等の語は爪の垢《あか》程も知らざる」状態であると告白している文章がある。若い年齢時の日記の類が、往々誇張された表現をとって自分を慰撫することがあるであろうが、それにしても伝次郎の「不平」の感じ方は尋常ではない。伝次郎はさらに、この「不平」の原因が何に由来するものであるかを自己考察して、「境遇」によるものか、「性質」からくるものかと問うている。その上で、「予は思ふに如何にも二者を兼ねたるが如し。若し然《しか》らんには実にも余は不幸中の不幸といふべし」との答えを発見するに至っている。伝次郎にとって、「不平」は外的世界から強いられたものであるばかりではなく、内面世界にも由来するものであるとすると、そこからの出口をどこに求めればよいのか。平民社時代の秋水から振り返れば、その出口が「社会主義者」としての自分であるということに逆算できるのであるが、そこまでの道のりは、秋水自身がしばしば使用する表現のように「碌々《ろくろく》」（石ころの多いさま）としたものであった。

たとえば、満二九歳の日記「時至録」においても、この「不平」のなかに閉塞された伝次郎の精神をみることが出来る。一八九九（明治三二）年一二月二三日の記述である。少し長いが引用しておきたい。

積陰暗澹《せきいんあんたん》。年之に暮れんとして嚢中《のうちゅう》一銭なし。古より貧は硯田《けんでん》に耕すもの、常なり。況《ま》して才疎《そ》にして志徒《いたずら》に大なるの我党をや。但た辛《かろう》して米薪《べいしん》を支へ得るをもて幸ひとするのみ。左《さ》れど児女は之をもて憂ひとす。老ひたる母の善く我を知り玉へれど、昔し世路に誇りたりし時にくらべて今の不自由をかこつ愚痴の折にふれて出て玉へるは気の毒なり。然り老たる人の気の毒なれど、我は之を奈何《いかん》ともするなければ唯た耳を掩ふのみ。妻ならば諭しもすべし、叱りもすべし、気焔も吐くべし、母上に対しては我は曾て何事をも唯々《いい》として過きぬ。

明日枯川の子の葬に会すべき筈なれば、一日早く論説を艸《そう》せんとて机に向ひけるに、又家事経済の相談出でぬ。我は母上に対しては断々として之を拒絶するの勇気なきも、扨《さ》ては之を如何ともするなし。唯々として忍んて之を聞くのみにして、而も頭脳は全く俗殺され、文思《ぶんし》四散して求むれども得ず。強《しい》て興を求めんとすれば不平益す湧く。遂に一行を草せずして筆を抛《なげう》ち、酒を喚《よ》て痛飲すること数合。酔て歓をなさず、暗愁益す凝《こ》り凝りて忍ふことを得す。母と妻に向つて放言高論を恣《ほしい》まにして家を出づ。歓を成さすと雖も而も酔《よい》甚し。殆と昏倒《こんとう》せんとす。

平生自ら度量の大を以て許す。以為《おもえ》らく、清濁併《あわ》せ呑て余裕ありと。今に於て恥《は》つ。区々の家事、強て酒を被《こうむ》て不平を遣らんとし、酔て却て怒罵《どば》を恣まにす、我はまことに小人なりき。

新聞社に行く。編輯局に入りて猶ほ放言高論す。一座予の大に酔へるを見て慰藉到らさるなく、鈴木省吾予を車に乗せて返らしむ。四時過き帰る。頭脳昏々として殆と人事弁せず。二時間を経て未た醒めず。又妻を拉して出づ。酔歩蹣跚《まんさく》八官町の川嶋に至りて又飲む。夜に入りて雨蕭々《しょうしょう》たり。十二時に至り泥濘《でいねい》を歩して帰る。
酔て狂せる此日の如きはあらず。母は怒り玉ひしなるべし。妻は迷惑せしなるべし。不孝の子にして不仁の夫なりき。耻ちざらんや。

文中に「不平」の言葉は二個所に登場する。幸徳にとってここでの「不平」とは、他から強いられた克服できない不満足（家事を維持する収入不足に対する母親からの愚痴であろうが、金銭的問題以上に、反抗することが出来ない母親という存在そのもの）であるが、それを処理できない自分への不満も重なっている。酔うこと、それも我を忘れるほどに酔うこと、幸徳秋水には酒を飲むこと以外に出口を見つけられないこともあったのである。

ここでちょっと横道にはずれて、堺利彦のことに言及する。先の引用文中に、「明日枯川の子の葬に会すべき筈」との語句が出てきたからである。これは、この一二月二二日に堺利彦と美知子の長男、不二彦が二歳にして亡くなったときの葬儀のことを指している。生まれつき病弱であった不二彦が嘔吐を催すようになるのが、この年の八月下旬、二七日には脳膜炎と診断される。二八日の「三十歳記」には、「ひきつける時は今にも死にさうにて見るに忍びざる心地す、美知は其間に又胃痛を起して苦む、昨日の我家は実に惨憺《さんたん》たるものなりき」（『堺利彦全集』第一巻、中央公論社、一九三三年五月所収）とある。二九日、「午後不二稍《やや》危篤に陥る、痙攣《けいれん》しば〳〵至る、（中略）彼のいたづら者が、今は只平臥《へいざ》して語らず笑はず動かざるを思へば、親の心は断絶せんとする也、嗚呼終に子を失ふの感を経験せんとするか」、三〇日「不二いよ〳〵危篤也、熱は却つて減じたれども脈搏微にして呼吸亦《また》小也、時々痙攣を起す、歯は食ひしばりて物を飲むを好まず、蓋《けだ》し命今日の中に迫れる也、如何ともすべからず、美知は傍に在りて時々飲泣す、嗚呼《ああ》此の如きもの我等夫婦の運命なるか」。九月二日、東京病院に入院、一日の入院諸経費は三円五〇銭ほどかかる。堺、四〇円の月給のころである、金は毛利家編集所の仕事を終えた時に頂戴した千円のわずかな余り金をあてがった。「あるほどの金は使ひ尽してもよし、二ヶ月前の身と思へば、貧には馴《な》れたる我等なり、さまで苦にする事もあらず」、これもこの日の記述。「三十歳記」には、以後、不二彦の病状の一進一退が綴られている。一〇月四日「不二猶《なお》依然たり、金は已に尽きたり」、同一一日「不二は家に帰りたり、（中略）社より五十円借入の約を為す、今日請取《うけと》る筈也」、同一二日「不二の泣声を隣室に聞けば、書を読むも文を作るも、心おちつかず、いつまで斯《か》くてあるらん、堪へがたき心地す」、一二月に入り九日「不二、依然たり、医者は只危篤々々といふ、猶牛乳二合余を飲む、其顔の痩せて実に骨と皮とのみなるを見るが辛《つら》し」、そして二二日の記述、「午前九時十分不二彦終に死す、些《いささか》の苦

堺利彦『三十歳記』。みやこ町歴史民俗博物館所蔵

痛の状なし、美知など今更に打泣く也、嗚呼二年間の一夢也」と。葬儀は二四日、「午前八時出棺、同十時白金重秀寺に着し式を行ふ、不二も生きたる時幾度か此寺に来し事ある也（中略）夜、人去り、事了《おわ》り、家内寂寥《せきりょう》、只情に堪へざるを覚ゆ」、幸徳秋水は葬儀に参列する予定で、泥酔果たせず、ただ詫状を堺に書いた。二五日、堺の日記には「幸徳秋水の書至る、秋水不平痛心の事あり、我家の葬儀に列せざるを謝する也、嗚呼好男子、家庭の平和を得ず、気の毒に堪へざる也」とある。

不二彦危篤中の九月二四日、幸徳は堺と面談している。幸徳の「時至録」には「夜堺利彦来る。例の処世論を為す。九時去る」とだけある。「処世論」の内容は推測するほかないが、他方、堺の「三十歳記」には秋水の言が記されている、「昨夜、秋水と語る、秋水も亦功名に急なる者也、彼外交史を著さんと欲して出版書肆《しょし》なきを憤る、曰く、是れ予が無名なる故也と、名を得んが為めに書を著さんと欲すれども名なきが為に出版するを得ず」と。「も亦」とある点は、二三日記述の、「我万朝社に入りて已に百日ならんとす、そも〳〵何事を為したる乎、児の病に妨げらる、とは雖も、自ら忸怩《じくじ》たらずんばあらず」との胸中を受けてのことである。ここでの「功名」とは社会的評価の手前にある社会的認知のことであり、世の中を生きていくための生活基盤の安定という意味で、その点を指して「処世論」と秋水は呼んだのであろう。結婚し家庭をもった二人の男が、三〇歳を前にして、一流の新聞社に職を得たものの、自分の力を十全に出し切って、文筆家として認知されるような著作の機会が与えられていない。そのことに対する不満と不平には共通するものがあった。ただ、秋水と枯川は違っていた。堺によれば、「無名」であるが故に機会が与えられないと「不平」をいうことは、資本が無いが故に商売ができないということと同じである。「秋水亦誤れる所あるを免れず」と。機会の有無を嘆くのではなくて、まず「実力」を養って、それから「知己友人」を得ていくことしかないのであると、こう堺は批判するのである。著作はその内容の価値において認められる必要があるとする幸徳と、ある程度の独自性ができれば人間関係のなかで仕事が出来ていくと考えている堺との違いなのか、あるいは、その著作に対する自信における違いの差異なのか。

二　秋水の社会主義

ところで、幸徳秋水は、その翌二五日の日記には、「社会主義研究会の事に付村井知至《ともよし》へ手紙出す」の語句を記している。このとき、秋水は前年に結成された社会主義研究会に参加し、このころには社会主義に対する関心をぐっとふかめていたのである。「日清戦争終結を告げて、社会運動の舞台は開かれぬ」とは、後の日刊『平民新聞』に「日本社会主義史」を連載した石川三四郎の言であるが、一八九七（明治三〇）年、東京帝国大学教授の桑田熊蔵、山崎覚次郎らを中心にして社会政策学会が組織され、同時期に中村太八郎らの尽力で民間にあっても社会問題研究会が発足している。秋水は、石川安次郎（半山）に誘われて社会問題研究会に名前を連ねている。他方、労働組合運動にも関心が寄せられ、アメリカにおいてゴンパースと交遊をもった高野房太郎、城常太郎らが職工義友会を組織し「職工諸君に寄す」のビラを配布した。同じ年七月には高野を幹事長にして労働組合期成会が結成され、一二月には片山潜が主筆となって『労働世界』が発刊された。翌一八九八年には、アメリカで社会学を学んだ高木正義が中心になり加藤弘之を会長に頂いて社会学研究会がつくられた。そして、一〇月には社会主義研究会が結成された。この会は、「社会主義ノ原理ト之ヲ日本ニ応用スルノ可否ヲ考究スルヲ目的トス」としたもので、同志社出身でアメリカの神学校において社会主義を学んだ村井知至が会長、豊崎善之助が幹事に選出された。幸徳秋水は『万朝報』（一一月一八日、一九日号）に掲載した「社会腐敗の原因と其《その》救治」がきっかけで入会する。秋水の「社会主義史について」（日刊『平民新聞』一九〇七年三月一九日）には、「即日村井、片山二氏連名の端《は》書《がき》を以て社会主義研究会設立の旨を報じ、且つ予の入会を勧誘し来れり、予喜んで之に応じ同月廿日芝ユニテリアン惟一館の図書室に開ける同会に赴けり」とある。このとき、秋水は安部磯雄や片山潜らと面識となった。これをみてわかるように、日本における社会主義思想の紹介において、秋水は先頭を走っていたのではなく、むしろキリスト教徒であった村井、安部、片山などの後を追って社会主義を受け入れるようになるのである。

ここで先に紹介した秋水の「予は如何にして社会主義者となりし乎」にかえれば、「境遇」と並んで掲げられていた「読書」として、「孟子、欧州の革命史、兆民先生の三酔人経綸問答、ヘンリーヂョーヂの『社会問題』及『進歩と貧窮』」を挙げている。そのうえで、「左《さ》れど『予は社会主義者なり』と明白に断言し得たるは、今より六七年前初めてシヤフレの『社会主義神髄』を読みたる時なり」と答えている。シャフレ（Schäffle, A.E.F.）はドイツの講壇社会主義者として分類されている人物であるが、その英語版（ドイツ語版は一八七九年刊行）の *The Quintessence of Socialism* を読んだときは、「六七年前」を信用すれば、一八九八年か一八九九年の社会主義研究会に入会したころのことになる。「時至録」の一八九八年一二月、秋水は依然として政界工作に奔走しているが、四日「朝論文を艸す。蕨村《けっそん》より「天地人」雑誌の文を評せよと申こしたれば其を攻撃せしなり」との記があり、その論説は『万朝報』（一八九八年一二月五日）に「社会主義の呼号に就て」として掲載された。久津見は社会主義に反対し、その理由として、平等の主張は「天然」に反するとしたのに対し、秋水は社会が平等へと向かっていることこそ自然の趨勢であり、「社会主義の神髄は経済的問題也」と反論を加えている。社会主義者の立場から内政外交を論じるようになるには、まだ時間が必要であるが、この時期に「不平」を精神的原動力に変えて、「自由」「平等」「平和」という光明に向かって歩みだそうとしていたことは確かである。

三　枯川の不安

堺利彦は、旧暦の明治三（一八七〇）年一一月二五日に生れた。新暦に直すと明治四年一月一五日になり、幸徳秋水とは同年生れになってしまうが、堺からすれば秋水はやはり一歳年下と認識されていた。出生地については、豊前国（福岡県）仲津郡松坂、堺は一九一一年四月帰郷の折のことを連載した「故郷の青葉」（『二六新報』一九一一年六月一九日～八月一九日号）でそのことに触れているが、他の自伝、「予の半生」（『半生の墓』平民書房、一九〇五年八月）や『堺利彦伝』（改造社、一九二六年九月）ではそのことに触れていない。いや、『堺利彦伝』では、一八八六（明治一九）年春まで育ち、小学校、中学校を卒業した京都《みやこ》郡豊津を、「日本国中で只つた一つの、如何なる物にも代へがたい懐かしの故郷」とさえよんでいる。満四〇歳を前にして「大逆事件」で刑死した幸徳秋水が故郷、中村の思い出を「不平」の一齣としてしか語る暇がなかったのに対し、堺は豊津に愛着をもち、郷里の思い出を何度か筆にして残した。父の家は豊前小倉の城主、小笠原につかえる一五石四人扶持の士族であり、明治維新の際に長州軍に小倉を攻められて、殿様とともに逃げ延びた先が豊津の高原であったのである。「郷党の秀才」が「笈《きゅう》を負うて」上京したのは、満で数えればまだ一五歳の春、一年と少しの勉学の後、見事、最高のエリート学校であった第一高等中学校（後の旧制第一高等学校）に入学した。『堺利彦伝』では、第一高等中学校は大学予備門として、「当時日本に只つた一つの『大学』に進む、只つた一つの道」であったと説明している。ここまでは、全くの順風であったが、伝次郎が大阪で兆民の家僕となっていた一八八九（明治二二）年二月、大日本憲法が発布されたときには、「予は悪友と共に頻りに酒を行つて気を吐いて居た」という。学校の方も月謝未納で除籍、「それより後、予は殆んど着る物もなく、古洋服を纏《まと》うて破靴を穿《うが》ち、一定の宿所もなき程の身の上となつた」と、「予の半生」には記している。その理由は、悪友だとか、酒だとか、吉原遊びとか、あるいは文学だとか説明されているが、それらは現象的な原因であるにしても本質的な原因であるとは思えない。ただ「予の半生」の簡潔な記述を読むかぎり、立身出世による「功名」を求めている自分が、宇宙の存在からみれば「極微」なる存在でしかなく、その生を生きるということに空虚感を抱いたこと、そんな平凡な自己分析しかできない。後に『堺利彦伝』では「心の寂しさ」として整理されている。おそらく、堺自身、この心の奥底にあったものをよく説明できなかったのではなかろうか。いまならば、青年期に特有の、誰にでも起りうる社会化の過程における反抗や逸脱の一形態として説明されて片付けられることではあろうが、それは、家庭と学校という人間集団を介してのこと、堺のケースに適応可能なのだろうか。

私は、堺利彦をして社会主義へと向かわせた精神的原動力を「不安」にあったと解釈している。もちろん、秋水の精神的原動力を「不平」に見て、それとの対比において差異化してのことである。そして、この「不安」は身近な人間の死からもたらされている。さて、最初の近親者の死は一八八九年におきた長兄平太郎の急性腹膜炎による急死であった。そのとき小倉に帰った利彦、「放蕩の子、堕落の子、失敗の子を、老いたる父母は矢張り喜んで迎へてくれた」。小倉の国立銀行に勤め、父母の老後の世話をしていた堺家の嘱望された相続人の死は、堺利彦の身にも変化をもたらした。次兄乙槌《おとづち》は文学を志して大阪にいたが、養子に入り子供までいる身、結局養子先（一五歳のとき中村家の養子になっていた）からも離縁された利彦が、堺家を相続して、父母を引き取ることになった。こうして、この年の夏、文学志願の意もあった堺は、次兄の影響もあり大阪に出て、天王寺高等小学校の英語の教師に職を得た。足掛け四年の教員生活をここで過ごすことになるが、この時期、「予の心中の煩悶は実に甚だしい。不平、不平と云つては酒ばかり飲んで居た」と回想している。青年の「不平」は幸徳にも通じているが、堺の「不平」は、最高のエリート階段を踏み外したことからくるものであった。後、『大阪毎朝新聞』、国民協会の機関紙『新浪華』などの記者としての職を得るが、かたわら西村天囚を中心とした浪華文学会に入り小説などを発表している。枯川の号は大阪の浪華文学会の同人誌『なにはがた』に小説や翻訳を掲載したときから使用されるようになる。

二番目の死は母親の死である。一八九五年二月のことであった。「予の半生」には、「是は実に予の頂門の大打撃であつた。予は非常なる恐れを感じた。不幸といふ感が痛切に湧いて来た。此の五六年の甚だしき貧乏ぐらしの間に、不安と寂寥とを味はひ尽させて、六十七になる母と七十になる父とを、何時まで生きるものと思うて居たやら、予は今更に眼の覚めた心地がした」との感慨が記されている。そして、もう一つ大阪時代のことで、ここで書き落とすことができないこと、それは「放縦《ほうしょう》なる生活」のあいだの、ただ一つの「真摯《しんし》なる恋」、そして家族の反対のなかでの「将来を約して」いた恋人の死のことである。現在では、浦橋秀子と推定されている恋人の死が、堺利彦の心の底に近親者の死として残っていくことは、また後にみることになろう。『堺利彦伝』には、「蛍一つ、闇に呑まれて消えにける」との句が添えられてある。やはり第三番目の近親者の死に数えてよいであろう（竹田行之「蛍ひとつ……」『初期社会主義研究』第一一号、一九九八年一二月）。

一八九五（明治二八）年九月、母の死を機に、堺利彦は父親を連れて上京した。その死からほどないころ、次兄は上京し『都新聞』に職を得ていたので、その下宿へ転げ込んだのである。当時の『都新聞』の主筆は田川大吉郎、その田川が新聞（『実業新聞』）を創刊するというので、次兄が弟の就職を願い出て職を得たことが堺上京の理由になった。ところが、ここでもまた死を経験する。つまり、翌一八九六年二月、新富町の駿河屋という下宿屋で囲碁の最中に脳卒中で突然に父親が他界したのである。父を失った感慨をまた、堺は「予の半生」に記している、「予は云ふに云はれぬ悲哀と苦痛とを感じた。七十に余る老いたる父を何時までも下宿屋の一室に置いて、寂しい〳〵朝夕を送らせ、僅《わずか》に一合がかりの好な寝酒をも思ふ様には成らせずして、そしてトウ〳〵死なせてしまつた」云々と。これが近親者の四番目の死となる。

ところで、このころ、先に引用した「三十歳記」に登場した永島永洲、藤田天涯（藤太）らと落葉社と名づけた文学仲間の会をつくっていた。父の死から二ヶ月ほどして、堺は落葉社の会員であった堀紫山の妹、美知子と結婚した。このとき、堺は失業中であった。やがて、『福岡日日新聞』に就職が見つかり、かくして「五月の初、予等夫妻はサモ新婚旅行然として福岡に下った」、これは堺の言葉。さて、美知子という妻を得て、堺利彦の生活は一変する。少し「予が半生」より引用する。堺が「社会改良」に関心を持つようになり、その基本を「家庭改良」に見た、その発想の実感がここにあるからである。

　福岡に着いて、予等新婚の夫婦は頗《すこぶ》る平和なる小家庭を作った。犬あり、猫あり、花あり、庭あり、月給少しと雖も兎《と》もかくも楽に暮せるのだ。而して此の平和なる家庭生活の間に於て、予の心には革命が起りかけた。

　父母の死に依りて予が受けたる大打撃の跡は、此時更に烈しく痛みはじめた。過去七年の放縦なりし我が生活を思ふに、血に染み埃《ちり》に塗《まみ》れ、衣裂け髪乱れ、或は酔うて路傍に仆《たお》れ、或は怒つて人を罵《ののし》るが如き我が姿の、あり〱と目に見える心地がする。而して其の間に於て父母を苦め尽して遂に死に至らしめたる事を思へば、我ながら実に愛憎《あいそう》の尽きた、憎むべく、賤《いやし》むべき、浅ましの此の身であるのだ。予は白日独り机に倚つて是等の感想に耽り、背にも腋にも冷汗を流し尽して、遂に堪へずして歔欷《きょき》流涕《りゅうてい》に沈み、妻の訝《いぶか》りを招いた事も幾度もある。

こうして、家庭の「和楽」を得て、一八九七（明治三〇）年、一年足らずして東京に帰ってくる。

その後の二年間ほどは、防長回天史編集の仕事に携わり、生活的には安定した時期であった。もっとも、将来の職業選択については迷うところがあったが、「教育文学者、道義文学者、宗教文学者、是れ望ましきものゝの第一か」などと「三十歳記」に記したのは、まだ二年程先のことである。しかし、この間、また近親者の死に出会っている。兄乙槌《おとづち》（欠伸《けっしん》）の死である。堺は「予の半生」にいう、「予の兄は前年来、故あつて其の妻と子とに別れ、再び堺姓に復して居たが、其の放縦にして検束なき生活は、遂に肺結核を其身に招くに至つた。而して明治三〇年八月十日、三十三歳を以て予の家に長逝した。彼は予の兄であると同時に、又予の文学の師であつた、而して又予の最親の友の一人であつた」と。しかし、他方で長男、不二彦が誕生し多少のバランスはとれたのであろう。しかし、さきに紹介したようにまたしてもこの長男の病気に出会い、また死に出会う。一八九九年、『万朝報』に入社した年の暮、一二月のことであった。「予の半生」には次のようにある、「不二彦の病気は予をして又少しく酒を飲ましめた。然しながら彼れの死は予をして全く煙草を禁ぜしめた。是より先、予は屢々禁煙を企てゝ失敗して居たが、彼れの死は遂に予をして最後の勝利を得せしめた。先づ母を失ひ、次に父を失ひ、次に又兄を失ひ、而して今茲《ここ》に子を失へるは予は、種々の感慨実に禁ずること能はざるものがあつた」と。子供の死は、また妻美知子の病気へとつながった。堺は「美知子は殆んど失望を極めて居た」と書き留めている。そして翌年八月「甚だ弱れり」、美知は転地のため鎌倉に移り住むようになる。

一九〇〇（明治三三）年の六、七月は「北清事変」に従軍して中国へ、このころから「風俗改良」、「社会改良」に自分の領域を見つけ始めていく。八月二三日の日記には、「風俗改良案といふものを朝報紙上にのせはじめたり、何でも書いて居れば幾らか愉快也」との文章が見える。一九〇一年は二十世紀の幕開け、五月には日本で最初の社会主義政党である社会民主党が誕生、たちまち禁止された。日記の五月二〇日の項には、社会民主党のことが記され、「予も入党する筈であつたが、今日内務大臣から結社を禁止せられた」とある。堺は、週末には美知子の転地先の鎌倉へ出かけることが多く、意はあっても設立準備会などに参加し、創立者に名前を連ねることができる状況にはなかった。その直後、五月二二日の日記は、悲惨である。妻、美知子の病気が「肺尖《はいせん》かたる」と診断されたからである。もちろん、当時「肺病」は不治の病とされ死亡通知を受けたと同じことであった。日記にいう、「秀子も肺病で死んだ、欠伸居士も肺病で死んだ、ミチも肺病で死ぬるか知らん、死ぬるなら死んでしまへ、おれは此の世の中に独りになるのだ。／両親の死んだのは仕方がないが、兄が二人死ぬる、スヰートハートが死ぬる、子が死ぬる、親友も少からず死ぬる、そうして終に女房も死にさうになつてゐる、此の次には自分が死ぬるまでの事だ」、「これから先、ミチの病中、二年か三年か五年か知らぬけれど、予は全くミチを養ふために働かうと思ふ、予の功名心は其の跡で満足させればよい、予が国家社会のために働くべき事があるならば、やはり其の跡で働けばよい」と。引用文頭に登場する「秀子」は、大阪時代の「蛍ひとつ」の浦橋秀子のことである。それでも、この日の朝、防長回天史編集所時代の上司であり、当時の内務大臣であった末松謙澄を訪ね、社会民主党禁止の理由を聞いている。

私は、堺利彦が社会主義者になっていく、つまり「社会主義」を受け入れる精神的原動力となったものが「不安」にあり、その「不安」は数多い近親者の死に遭遇したことから起ったものであるとの仮説をたてた。その「不安」を解消してくれるものこそ、「親愛」と「和楽」に満ちた、堺が手に入れることが出来なかった「家庭」であった。しかも、「社会改良」によって理想化された「家庭」であった。この歳、六月二〇日の日記には、「秋水との交《こう》、近年やうやく面白くなつて来た」との言が登場する。この歳、六月二〇日の日記には、社会民主党の六名の創立者の一人として社会民主党の結成に参加した。しかも新聞紙条例により『万朝報』他の「宣言書」を掲載した新聞が発売禁止処分をうけ、そのことが全国の多くの新聞に掲載され予想外の反響をうけて、秋水の名前も世に知られることになった。堺は、秋水と社会民主党の結成のことを介して急速に親密さを増したのであろう。そして、七月、黒岩涙香が音頭をとって理想団が結成される。涙香が執筆した「平和なる檄文」（『万朝報』七月二日）には、「腐れ傾かんとする」社会の「改善」が必要であり、「社会改良の理想を以て合する団衆」として理想団を設立することが謳われている。「団衆」には「コンムニティ」のルビが振られているが、まずは、各人が「私利私心」を排し「公義の心」を養うことが必要であり、さらにこの団体の組織や運営自体を理想的におこない、拡大化させることによって社会全体の改良を目指そうとしたのである。もちろん、理想団は、堺の考えるところと大きな違いはない。七月一日の日記に、「黒岩周六、明日の万朝報の紙上で理想団の宣言書を発表してゐる、至極おもしろい」と記している。堺利彦も幸徳秋水も発起人に名前を連ねた。

四　枯川の社会主義

ところで、「予の半生」には、五月の社会民主党結成のときには、「予は当時まだ明白なる社会主義者となつて居らなんだ」と書き、七月の理想団の結成時には、「予は既に社会主義者たることを告白して居た」と記している。この二ヶの間に何があったのか。「予は如何にして社会主義者となりし乎」(『平民新聞』第八号、一九〇四年一月三日)には、堺の思想遍歴が記録されている。それによると、まず儒教思想から自由民権思想、それから忠君愛国思想(これは大阪時代の国民協会のこと)、耶蘇教の思想、進化論の思想、功利主義の思想などがごちゃ混ぜに入り、「予の頭の中には大混雑が生じて、常に不安の念を抱いて居た」という状態であった。ここでの「不安の念」は、もちろん、思想的な核心が得られないことへの焦りであろうが、それは近親者の相次ぐ死からくる精神的不安に根ざすものでもあった。さらにいう、「其不安の間に社会主義の新しき響が幽《かす》かに聞えたので、渇者《かっしゃ》の水を飲を求むるが如くに直に之に赴いた」と。そして、最初に読んだ本が、「フレンチ、エンド、ゼルマン、ソシアリズム」で、この本によりフランス革命以後、社会主義が生れてくるまでの過程を「初めて善く呑込んだ」、そして、「予は此に一道の光明を得た」と。「予は此光明に依て予の頭の中に在る総ての思想を照して見た、それで終に大混雑の思想が整頓して、影もなく、暗も無く、もつれも無く、一理貫徹、先づは安心を得た積りである」と。ところで、日記には、「フレンチ、エンド、ゼルマン、ソシアリズム」のことは六月二六日の項に登場する、丸善で購入したのである。*French and German Socialism in Modern Times*（N.Y., London, 1883）は、アメリカのキリスト教社会主義者で経済学者でもあった Richard T. Ely の著作であり、日本でも、社会民主党の六名の創立者の一人として名前を連ねた、河上清が翻訳し田島錦治著として東華堂（一八九七年一一月）から出版されていた。後には、『近世社会主義論』（法曹閣書院、一九一九年五月）として再版され、このときには、「リチヤード・イリー教授原著、河上清先生訳述、田島錦治先生補閲」と明記された。内容は全一四章で、フランス革命と労働者階級、バブーフ、カベー、サンシモン、フーリエ、ルイブラン、プルードン、プルードン以降のフランス社会主義、ここまでがフランスに関係すること、以下は、ロドベルタス、カール・マルクス、国際労働者協会、フェルヂナンド・ラサール、社会民主党の思想、ラサール没後の社会民主主義、講壇社会主義、キリスト教社会主義、として主としてドイツの社会主義を取り扱い、全体としてはフランスとドイツを中心に社会主義思想の形成と運動を俯瞰した書物であった。幸徳秋水、河上清ら『万朝報』同僚による社会民主党結党のことがあり、末松内相からはドイツでの社会主義者弾圧の歴史を聞かされ、身近にあった社会主義について、イリーの著作を購入し粗読した時点で、社会主義を理想としようと堺は確信したのであろう。というのも、二七三頁もあるこの本（ここでは、Harper and Brothers Publishers 出版の一八八三年版を参照している）を理想団発表まで一週間もない時間で精読できたとは思えないからである。もうひとつ付け加えれば、この六月二六日の日記には後の理想団に関係する記述が見られる。「朝報社に談話会が出来た、元は内村、山縣、斯波の三人の会であつたが、それに幸徳が加はり、黒岩が引張りだされ、予も其の数に入つて、やうやく面白さうな会となつた、毎月二度づゝやるのである、今のもやうでは、此の会が朝報社新運動の動力となつてゐる、ツマリは内村の勢力である、黒岩といふ人、終始そばから暖ためてゐれば火がもえる、火は元来あるのだけれど燃料は外から持つて行かねばならぬ」云々と。「内村」「山縣」「斯波」は、それぞれ内村鑑三、山縣五十雄、斯波貞吉のこと、いずれも『万朝報』の記者であったことは本文の通り、この堺の書いているところを背景におけば、黒岩の「宣言書」についても面白く読める。

さて、こうして理想団結成の時点では、「社会主義者」であることを朝報社内部では「告白」していたのであろうが、社会主義そのものに言及していくには多少の年月を要した。七月一日、先に引用した「明日の万朝報の紙上で理想団の宣言書」云々の同じ日、「今朝から『家庭の新風味』を書きはじめた、五六冊のセリイスにするつもり、うまく行けばよいが」の記述が日記にみえる。「新風味」というようなタイトルからして、堺が「告白」した「社会主義者」の著作として執筆し始めたものとは思えない。これまで述べてきたことからもわかるように、シリーズの内容は、「不安」の精神的解消を理想的な「家庭」に求めようとするモチーフによって組み立てられている。その意味で、堺の家庭論はきわめてユートピア性をもっている。この家庭は「中等社会」という隔離された島のなかに存在する。死と病気による家庭崩壊という堺自身の現実の対極に描き出された、堺にとって憧れの家庭であった。この点こそが、堺において「家庭改良」を「社会主義」へと貫通させていく最大のモメントであったといえる。『家庭の新風味』の最終冊である第六冊は「家庭の教育」と題されているが、一九〇二（明治三五）年九月に刊行されている。その結語の部分では、家庭が「理想社会の雛形」であるとして次のように言っている。現実の国家は、対外的には「血まみれの戦争」

をおこない、国内的にも強盗、殺人、詐欺、賄賂等々の「無数の悪徳」が栄えている。この汚れた現実のなかに「只一つ」だけ、奇麗な、清潔な、平和な、愉快な、安気な、小さな組合がある、それは家庭であると。続けていう、「此家庭に於ては、夫は我身を思ふ如く妻を思ひ、妻は我身を思ふ如く夫を思ひ、親は我身を忘れて子を思ひ、家族は互に我儘を控へて人の利便を計る。実に是れ理想の交りである」と。そこから社会の将来へと言及していく、「社会の人が総て夫婦、親子、家族の如く相愛し、相譲つて共同生活を営むのが、即ち理想の社会であらう」と。そうであるならば、「今の家庭」が「理想社会」の「雛形」、むしろ「種」となり「芽」ともなるべきものであり、「此家庭より漸々に発育成長して、終に全社会に及ぼすべきものである」という主張につながっていく。ここでは、社会主義という言葉は使われていないものの、あきらかに「社会主義者」としての立場が反映されているとみることができる。

現実生活の面から見れば、『家庭の新風味』は、美知子の鎌倉での療養生活をまかなうために経済的に必要な仕事でもあった。一九〇二年春、経済的負担を軽減するためと、美知子の健康がやや回復したことにより、美知子は鎌倉を引き上げ、淀橋町角筈に同居することになった。堺はここから自転車で朝報社へと通う。一九〇三年一月、長女真柄《まがら》誕生、四月には由分社を起し『家庭雑誌』を創刊する。「予の半生」には、「此頃より、予の社会主義に対する熱心は急に其度を強めて来た」とある。そして、「妻の健康も幸福も犠牲にして、敢えて此の主義の為に働かうと云ふ事になつた。予の妻も亦た寧ろそれに満足して居た」と方針転換の事実を記している。当時の社会状況のなかで、「社会主義者」であることを選択することは、同時に啓蒙のための運動に従事するということであり、また社会的不利益を蒙ることを覚悟しなければならないということでもあった。こうして社会主義者、堺利彦が誕生するに至るのであるが、「理想社会の雛形」としての家庭へのこだわりが、堺利彦の社会主義者としての独自性をなし、その独自性は近親者の死による「不安」からの脱出という精神的動機に裏付けられたものであったとするのが私の見解なのである。

おわりに

秋水の「不平」、枯川の「不安」、その克服のための「社会主義」との出会い、いささかシェーマ的過ぎることは承知している。「不平」は外へと向かい攻撃的となり、「不安」は内へと向かい閉鎖的となる。そして、「不平」は壁にはじかれて「不安」へと変わり、「不安」は壁にはじかれて「不平」へと変わる。二つの概念は対極的であり、また補足的でもある。秋水と枯川とを結びつけたものが何であったのか、平民社を支えた彼らの精神的紐帯はどこにあったのか。この問いかけがこの論考の出発点になっている。私としては、むしろ異なる精神的動機が、強い一体感をつくりだしたのだ、といいたいのであるが、そんな解釈はどうでもいいのかもしれない。こう書いてきて、秋水と枯川の〈言葉〉のむこうにある〈リアリティ〉に少しだけ触れることができたと感じられたから、私としてはそれで満足なのである。

第二章　堺利彦の思想形成と非戦論——その平和的秩序観を中心に

大田英昭

はじめに

一九〇〇年六月、『万朝報』記者の堺利彦は、北清事変を取材するために大陸に渡り、自分の目と耳で戦場の光景に接する機会を得た。彼が衝撃を受けたのは、天津城の内外で戦災を蒙った民間人の悲惨な姿である。「両側の壊れた家の中に、小供の仰向になつて仆れてゐるのもあれば、老婆の血まぶれになつて転つてゐるのもある。それに何千何万といふ蠅が群がつてゐる」。そして、数十人の女性と子供が兵士に追い立てられて城外に連れ出される光景を堺はみた。「予は立止つて暫く此景色を見てゐたが、兵士軍馬の死骸を見たときよりは、此時多く戦争の禍ひを感じた」(1)。日清戦争の際には、兵隊の勇壮な出征の光景に感激して涙すら流した堺であったが(2)、現実の戦場に立って、平和な日常生活が徹底的に破壊された残骸を目の当たりにした彼は、戦慄を覚えざるを得なかった。

だが、そのとき堺が漠然と感じた「戦争の禍ひ」という観念が、そのまま反戦の論理へと転化するわけではない。例えば、やはり北清事変の従軍記者として戦場を取材していた田岡嶺雲もまた、「沿道の民家が悉く火を放たれ、無辜の民が恨を呑んで路傍に撃殺せられあるを見て、無惨の極と思」い、「我は寧ろ此に至るべき戦なるものを、根本的に非認せんと欲する也」と明言した(3)。ところが嶺雲は、日露の戦雲が近づくと開戦論にあっさり転換してしまう。だがそれとは対照的に、堺の漠然とした厭戦の観念は、ロシアとの戦争の危機が高まるにつれて、明確な「非戦」の主張へと具体化していくのである。

周知の通り、幸徳秋水とともに「平民社」を創設し、日露戦争期を通して非戦論の展開を主導した堺は、有能な社会運動家として高い評価が与えられてきた。ところが、堺の非戦思想の論理それ自体については、未だほとんど研究の手が付けられていない。その理由として、堺はもともと自分の思想を体系的に述べるタイプではないのに加え、『平民新聞』においてもっぱら編集者として活躍したため、堺独自の非戦思想と呼べるものを抽出するのが難しい、という事情も挙げられよう。

だが、完成した思想の整合的体系だけでなく、矛盾や屈折を経ながら断片を積み重ねる形で進行する思想の形成過程もまた、詳細な分析を加えるに値する研究対象である。例えば、上述の直接の見聞に伴う厭戦感情が、権力の弾圧にも屈しない非戦の論理へと転化するのは、いかなる条件の下でどのような過程を経ることで可能になるのだろうか。それは思想史研究のみならず、平和運動の実践においても興味深い問題ではなかろうか。

非戦論は、戦争の不在という消極的平和（negative peace）の追求に必ずしも止まるものではない。もちろん非戦論の中心は戦争暴力への批判にあるが、それが社会の暴力的構造自体の変革を目指す積極的な平和（positive peace）の秩序構想に媒介されることで、思想としての力を持ち得ると、私は考えている。[4]この観点から、本稿ではまず、堺の思想形成において積極的な「平和」的秩序のイメージがいかに形づくられたかを明らかにする。さらにその秩序観が、戦争暴力の批判をどのように媒介したかを検討する。この手順で以下、堺における非戦論の形成過程の解明を試みたい。

一　堺における最初の精神上の「革命」――「平和なる小家庭」

（1）塵の如く泡の如き「我」

一八八六年、十五歳で故郷の豊前豊津を離れて東京に遊学した利彦は、翌年第一高等中学校（後の第一高等学校）に進学した。それは当時、帝国大学に進学する唯一の通路だったから、彼は立身出世のエリートコースに首尾よく乗ったはずであった。政治家を志望し、洋々たる前途の希望に燃えていた彼は、しかし二年次に進級する頃からなぜか横道へと逸れていく。酒色の快楽を覚えた彼は、「寒空に夏服を着て、ズックの破れ靴をはいて吉原の廓内をさまよひある」くほどの「放蕩者」となり、遊ぶ金欲しさに、故郷の母が丹精して拵えた帯や羽織も質入する有様、借金に借金を重ねたあげく、学費不納のためについに学校から除名されてしまう。[5]以後彼は文士の群れに身を投じ、小学校の教員やローカルな新聞記者などを転々として年月を重ねることになる。

一八八〇年代、従来の生活基盤を失った中小士族層の少なからぬ人々が、故郷を棄てて都会を目指した。その子弟の中には、高等教育を受ける幸運に恵まれ、官界や教育界、実業界に進出し、「成功」を手中に収める者もいた。だがその大半は、貧窮化して社会の最下層に沈殿してゆく。(6) 没落士族の息子である堺も、「成功」のレールにいったんは乗りかけたものの、間もなくそれを踏み外してしまった。さらに、国元での生活が立ち行かなくなった実家の老親が、故郷との絆を断ち切って利彦を頼り都会に出て来ることになった。学校から除籍された後、一家の生活を支えるために彼が職を得た小学校の教員の月給は八円五十銭、それは「車夫」や「職人」といった当時の下層社会と大差のない生活水準であった。(7)

堺が東京に見出したのは、根無し草のように孤独な自己の姿だった。「夜ふけて只ひとり歩いて居る中、フト天を仰いで燦然たる星を見た。…宇宙の無限大なる事と此の『我』の極微なる事とを悟つた。是まで漢学流に『芳名を竹帛に垂る』とか、『期する所、功名に在り』とか云ふ位な、浅薄な野心と道徳とを以て養はれた予は、此の『極微』の観念に依つて非常に心細く感じた。塵の如く、泡の如き『我』を、実に詰らなく馬鹿々々しく感じた」(8)。こうした不安が、既存の秩序からの疎外感、あるいはそこに組み込まれることへの違和感を伴っていたとすれば、そうした感覚は、自らレールを踏み外す彼の一見不可解な行動とも無関係ではあるまい。その「踏み外し」は、オルタナティヴな進路を見定めた上での決断ではなかった。「おづおづと躊躇するのではなく只成行に任せて自分で運命を作ると云ふことをしないんだ、だから人に諂つて利の為に動くと云ふことは無い」(9) というのが文士としての彼の表向きの生活態度であったとしても、その韜晦の裏側には、政治社会から疎外されながらその野心も棄てきれないという、失意と煩悶が巣食っていた。

老親を抱えた貧窮生活の中で鬱々たる不平の日々を送っていた堺は、放縦な文士連とともに借金を重ねて酒と女遊びに耽った。「世の中の事、茶屋の二階の如く心の儘に行かば、誰か浮世を喞《かこ》つものあらん、世の人、芸妓仲居の如く我命に従ひ我心を迎へなば、誰れか此世を楽しと云はざらん、世と人とに不平ある人此極楽界に耽ること理と云ふべし(10)」とは、当時の堺本人の心を写したものでもあるだろう。こうした不如意かつ無秩序な生活を送ること数年、母と父とが相次いで世を去った。父の初七日の晩、彼は筆を取って「不孝児」の三字を大書した。彼の結婚はそれからひと月余り後のことである。

(2)「平和なる小家庭」の実現

一八九六年四月、堺は文士仲間の堀紫山の妹美知子と結婚の式を挙げた。まもなく福岡日日新聞社に記者のポストを得た堺は、福岡の地で新婚夫婦の新生活を始めた。そして「此の平和なる家庭生活の間に於て、予の心には革命が起りかけた」と後に述懐しているように、堺はこの結婚をきっかけに生活の軌道を「革命」的に変えていく。「予は漸く克己節制の趣味を感じて来た。酒を禁ずる、冷水浴を始めるといふ風で、放縦の性癖が段々と改まりかけて来た」。彼自身は、そうした変化の理由を「過去数年間の放縦な生活に対する種々なる悔恨の念」に帰している(11)。いわゆる「極楽界」での遊蕩も止み、彼は一転して「家庭」の人となった。「犬と猫とは先程より庭前に戯れたりしが、今は犬、松葉牡丹の間に眠り、猫、犬の腹に凭れて眠れり。此二人、我が家庭を賑はすこと甚だし。

只賑はすのみならず、彼等二人相互の親睦、及び我等と彼等との親睦は、常に我が家庭に和気を加ふる也」[12]。それは、七年に及ぶ荒れ果てた生活を経て、ついに彼が見出した「平和なる小家庭」の一情景である。

一八九八年に『読売新聞』に連載された「不知所往列伝」は、安住の空間たる「家庭」を持つことなく行方知れずになった五人の奇人を描写した短編小説であるが、その中でも「貝塚十平」は、「我れと共に落魄して浪華に在り、我れと才を同じうし、我れと病を同じうした」堺本人の過去の分身を描くものとして興味深い[13]。我（堺）と十平とが「同じうした」「病」とは、「酔を貪りて情を恣いまゝにする」ことだった。「一事を成就する」ことを夢見て諸国放浪の旅に出た十平は、ある日上京して、過去の放縦な生活とは見違えた堺の「家庭」を見出し、次のような感慨を抱く。「僕は君が旧態を改めて平静なる生活をなせるを見て、喜びて殆んど泣かんと欲したり。……願はくば細君に告げよ。君の友人に貝塚十平といふ者あるを。江湖に

新婚間もない堺利彦と妻美知子。1896（明治29）年５月。福岡日日新聞時代。みやこ町歴史民俗博物館所蔵

放浪して産を治めず、敝衣垢面の一措大なれども、能く情を解し涙を有する者たることを告げよ。又、蔭ながら満腹《ママ》の敬意を君と君の細君とに寄することを告げよ」。そう書き残して彼は我（堺）のもとを立ち去り、その消息を絶つ。それは「平和なる小家庭」を実現した堺の、自己の過去に対する訣別の表現といえよう。

先述のように、従来の生活基盤を失って都会に出てきた中小士族は、伝統的な社会的紐帯から切り離され、その多くが社会的な根無し草状態に追いやられた。丸山真男に従えば、それを「原子化」（atomization）型の個人析出と呼ぶことが出来よう。[14]彼らは、根無し草の現実あるいはその幻影に悩まされ、生活環境の急激な変化が惹き起こす孤独・不安・恐怖・挫折の感情に支配されて、行動規範の喪失（アノミー）に陥りがちである。かつて堺が襲われた「塵の如く泡の如き『我』」という強迫的観念も、あるいは「不知所往列伝」で堺が描き出した人物たちの苦悩[15]も、そのような「原子化」に伴う心理と見ることができる。丸山も言うように、そうした人々は普段政治から疎外されているものの、不安や孤独を免れたいという焦りが、「有事」の際に突如「国民共同体」の一体感へのファナティックな欲望へと転化することがある。堺もまた、日清戦争が勃発した際、突然「生ぬるい小説など書いていられぬほどに敵愾心が跳りあがつた」一人であった。[16]

伝統的な社会関係からの切断を強いられることは、既存の秩序からの疎外感やアノミーをもたらす。だが、既存の関係から切り離されることは他方で、純粋な私的領域たる「家庭」という空間の形成を促すことにも目を向けたい。[17]結婚後まもなく福岡日日新聞に入社し、翌年毛利家編史局に席を得て俸給生活が一応安定した堺には、純粋な消費と再生産の場たる「家庭」生活を可能にする条件が揃っていた。それは彼にとって、無秩序に荒れ果てた生活との訣別を可能にする、新しい「平和」な秩序の発見だった。

ちょうどその頃、堺が『論語』『孟子』を愛読し始めたことも注目すべきである。なかでも『論語』に至っては、彼は「手の舞、足の踏むを知らざる」ほどの感激を経験した(18)。それらが堺を惹きつけたのは、一身の修養から国政さらには国際政治までを一貫する倫理規範が、混沌とした生活を新たに秩序立てる基礎として、さらに、今まで疎外されてきた政治への通路を切り開くものとして、彼に一種の啓示を与えたからではなかろうか。それは彼にとって最初の精神上の「革命」と呼んでいい出来事であった。

上のような彼の体験は、社会から孤立した内心の出来事に止まるものではなかった。「近時我国民が政治的に社会的に将た経済的に、其道義と信用は全く地を掃ふて、殆ど腐敗堕落に達」するという社会全体のアノミー化の危機が当時の論壇で叫ばれ、「或は教育勅語を掲げ、或は博愛人道を講じ、慷慨次ぐに涙を以てして、之が警醒に力むる」という有様だった(19)。同時に、欧米列強の露骨な中国侵略、米国のフィリピン領有など、アジアでの植民地獲得競争が激化する中で、「帝国主義」という名で呼ばれ始めた国際秩序の新傾向をどう見るかについての議論が、日本の論壇でも一八九〇年代末頃から始まる。そして、「平和なる小家庭」という一見私的な生活上の規範的秩序の発見が、後に「帝国主義」を批判し非戦論を主張するに至る、堺の思想形成の端緒たる精神上の「革命」としての意義を有することは、以下の検討において明らかにされるはずである。

二　「家庭」のユートピアと平和的秩序の構想

(1)「家庭」と「倶楽部」

一八九九年七月、堺は朝報社に入社して『万朝報』の記者となり、念願の中央論壇デビューへの足掛かりを得た。だが、『万朝報』での彼の担当は三面記事と文芸欄に限られ、政治的野心を棄てきれない堺にとってそのような待遇は不平の種であった[20]。社での不遇をかこっていたその頃、堺の「平和なる小家庭」には次々と災難が降りかかっていた。もともと病弱な妻美知子が胃病や肺病を繰り返すのに加えて、長男の不二彦も重い脳膜炎を発病したのである。九九年後半の彼の日記は妻と子に対する憂いと不安の翳が漂っている。「美知の病、如何にかなるらん、夫妻、親子、家を成すは苦か楽か」(七月五日)、「昨、不二彦脳膜炎を発す、……美知は其間に又胃痛を起して苦む、昨日の我家は実に惨憺なるものなりき」(八月二八日)。そしてその年末、遂に幼い命の灯が尽きた。

堺の家庭が度重なる不幸に襲われていた頃、そうした現実に抗するかのように、彼は純化された「家庭」の空間を観念の上で創り出そうとしていた。九九年一一月から翌年三月にかけて雑誌『大帝国』に連載した「春風村舎の記」がそれである。堺は、家庭の構成員相互の「敬意」と、「相和し相争わず、相助けて相犯さず」という相互扶助の関係によって結ばれた理想の親密空間として、「春風村舎」を描き出した。そこでは、権力的支配を排した「悉く平等」な関係が、「血縁の有無」や「等親の如何」に拘りなく、「召使の男女」にも行き渡る。それはさらに「家禽草木」までも包摂し、「其生存に対する相当の敬意」によって、「各その処を得しめ、其生を全うせしめ」るものとされる。そして興味深いのは、この親密圏が、「歌の会」「碁の会」「揮毫会」「園遊会」など文芸的「交遊」を通じ、家庭の限界を超えた「倶楽部」として、その外部へと開かれていることである(21)。

或は一書生或は一老翁、矯々たる奇婦人あり、凡々たる善男子あり。又或は自ら活くる能はざる天下の士あり。又或は常に涙と憤りとを禁ずること能はざる俠者あり。又或は平静無事にして道を楽しむ君子あり。春風村舎は淡斎が閉居読書の処たるのみならず、又其一家が此等諸客と交るの倶楽部たり。……只、虚飾の人、譎詐の人、主我の人、逐利の人、彼等は到底我が友にあらざるなり。啻に我が友ならざるのみならず、彼等は到底真の友人を得る者にあらず、友人相許す会心の処を解する者にあらず。渾然たる一団の友人ありて、誠と情とをもつて我れを擁するを感ずるは、予にとりて無上の幸福なり(22)。

上述のように、当時の論壇では社会のアノミー化の危機が盛んに議論され、それはしばしば、「利己主義」「個人主義の弊毒」がもたらす社会統合の解体として表象されていた。堺は、そうした「主我」「逐利」が噴出する無秩序を前に、「敬意」が媒介する「家庭」、および「誠と情」が媒介する文芸的空間たる「倶楽部」を提示した。「春風村舎」は、彼の「平和なる小家庭」が現実の危機に直面する中、観念の世界で甦ったユートピアであり、それはまた、社会的アノミーに対抗する、文芸的「交遊」を通じた新しい秩序形成の起点たる親密性の空間でもあった。かつて堺が自己の無秩序な生活を克服するものとして見出した「平和なる小家庭」は、ここに新たな秩序理念へと転形する端緒を得たのである。

利欲に蔽われた社会の「腐敗堕落」に対するアンチテーゼとして、「春風村舎」というユートピアは、あくまで実社会の外側に隔離された空間として描かれた。だが、そうした理念的空間を生み出す契機が現実の社会の内側に見出されない限り、それは現実を変革する力のない夢想に止まるだろう。だが実践への願望を心の内に秘め続ける堺は、単に夢想を語るだけで満足することはできなかった。「何かしたい、何かせずには居られぬ、けれども何をしてよいか分らぬ、又何にもなし得る事がない[23]」。このように日記に書き付けて悶々としていた彼にも、やがて一つのチャンスが訪れる。

(2) 平和的秩序の理念としての「親愛」「和楽」

一九〇一年七月、『万朝報』の黒岩周六(涙香)・内村鑑三・幸徳秋水および堺らを発起人として「理想団」が結成された。彼らは、「私利心」の増長と「公義心」の衰滅が「社会の腐れ傾かんとする」危機を生み出していると見て、「社会改良の理想を以て合する団衆《コンムニティ》」を広く呼びかけた[24]。それは堺が思い描いていた、社会の「腐敗堕落」に抗する「倶楽部」の現実化した一つの形と見ることもできよう。

堺は理想団の計画に期待を寄せるが、いきなり「社会国家」という舞台で「驚天動地の大活劇」を演じるつもりはなかった。理想団の一員として彼が挙げた今後の方針は、あくまで「一身」「一家」「友人隣人」という「狭小なる範囲において、多少の善事美事を為」すことだった[25]。それは一見淡白な言葉のようであるが、単なる韜晦ではない。以下で検討するように、むしろそれは当時の堺が抱いていた秩序意識の現れなのである。

堺は、日常生活上の「習慣、趣味、品位、面目」に表れる人間の気風・エートスこそ、社会秩序の根底を成すものと考えていた。そして彼は、新しい「中等社会」が「健全にして潜勢力ある階級」として、「腐敗せる上流と堕落せる下層との間に立ちて、能く社会の生気を保ち、之をして進運あらしむる」役割を担うことを期待した。(26) 当時の都市の新中間層は、前節で触れたように、社会的転身を強いられた士族層をはじめ伝統的な社会的関係から切り離された人々が多く、従来の因習に捉われずに独自の行動規範や新しい社会関係を生み出しうる位置に彼らが立っていることを、堺は見ていたのである。中でも彼の注目したのは、「中等社会」の中に育ちつつあった「家庭」という新しい生活空間であった。堺はそれを、新しい社会秩序を担うエートスを育成する場として捉えた。そして、理想団の発足とほぼ同時期に彼が執筆を始めたのが、『家庭の新風味』のシリーズである。

この著作における堺の家庭観を端的に示すキーワードは、「親愛」と「和楽」である。彼は「夫婦の親愛」を家庭という空間秩序の中心に置く。そして夫婦を起点に、親子、兄弟姉妹、その他同居人、親戚、友人、さらに動植物へと「親愛」が推し及ぼされることで実現する、内部に矛盾や抗争のない平和な親密圏を彼は「家庭の和楽」と呼んだ。

堺の「家庭の和楽」が、当時の社会的アノミー状況を前にして、新しい社会秩序を形成するための倫理的基礎としても提示されていることは、注意を要する。そこで堺が注目したのは、「和楽」的秩序の実現において「遊戯」という行為の持つ意義である。

遊戯は実際生活の縮写ではあるが、実際生活よりは秩序が善く立つて、公平に出来て居る……即ち実際生活の縮写であると同時に我々の生活の理想である、実際生活の欠点を除いたものである。されば、我々は、遊戯をするに当りて、全く実際生活の身分を忘れ、実際生活の関係を忘れ、善く其法律を守り、約束を守り、ズルをせず、ゴマカシをせず、人に媚びず、人を妨げず勝つて誇らず、負けて怨みず、おのおの其職分を守りおのおの其力を尽して、謹んで運命に服し、成るべく円満に我々生活の理想を其中に現はす事に勉めねばならぬ。是が団体的遊戯の道徳である。(27)

「遊戯」の中に現ぜられる秩序が、「実際生活」の「縮写」かつ「理想」であるという堺の見方は、「家庭」のユートピアと実社会との関係をめぐる、彼の新たな発想を表現している。かつて堺が描いた「春風村舎」の、平等かつ和気藹々とした「家庭」的関係は、「上下もなく貴賤もな」い理想社会の秩序イメージとして、将来の「社会の共同生活」の理想へと転ぜられていく。それは今や、社会変革の目標としても認識され始めたのである。

国家と国家との間柄を見れば、謂はゆる外交の辞令で、表面ばかり体裁の善い事を云ひあつて居ながら、内証では互ひに牙を磨きあつて、罷りちがへば、大砲、軍艦、地雷火、水雷と云ふ血まみれの戦争をやりだす。国家の内部では、戦争こそなけれ、強盗、殺人、詐欺、賄賂、阿諛、強迫、無数の悪徳が日となく夜となく行はれて居る。其の中に只一つ奇麗な、清潔な、平和な、愉快な、安気な、小さい組合がある。それが即ち家庭である。……将来の社会は、一国家にせよ、全世界にせよ、すべて此家庭の如き組合にならねばならぬと思ふ。社会の人が総て夫婦、親子、家族の如く相愛し、相譲つて共同生活を営むのが即ち理想の社会であらう(28)。

堺にとって、当時の国際社会と国内社会はともに、暴力に頼る「浅ましい競争」が横行する秩序なき暗黒の空間であった。それに対して「家庭」は、共同生活が幾分実現している光明の空間である。そして、夫婦の結合を起点とする「親愛」の関係が「家庭より漸々に発育成長」するのとともに、「和楽」の秩序が徐々に外に向かって拡大し、「終に全社会に及ぼす」に至る、というイメージで、堺は平和的秩序の構築のあり方を捉えた。

このような堺の秩序観の根底には、社会的な人間関係を家族関係の同心円的拡大として捉える見方がある。こうした連続的秩序の発想は、もしも家族的親愛の及ぶ範囲が「国民国家」など特定の領域を限界として閉じられるなら、「家族国家観」に類似する共同体主義的な社会観へと容易に転じ得る。だが堺は、「社会の共同生活」の範囲を必ずしも「国家」に限定しなかった。彼は、「一国家」と同様に「全世界」を、将来の「共同生活」をなすべき「社会」の範囲として提示している。また、彼が国家間の戦争を個人の犯罪と同列に扱うのも、国家の「共同生活」を特権化してそれを外敵から防衛する、といったナショナルな観念が希薄であることを示している(29)。そしてこうした連続的秩序の発想こそ、後の堺の社会主義受容を特徴付け(30)、非戦論に至る一つの思想的背景となったのである。

三　資本主義・国家・帝国主義の暴力に対する批判

（１）社会に内在する構造的暴力の発見

前述のように、堺は内部に矛盾や抗争のない状態として「家庭の和楽」を捉え、そのあり方を外の社会に向かって推し拡げるというイメージで、平和的秩序の構築という課題を考えていた。やがて彼は、「家庭」の外側の「社会」問題についても、一九〇二年ごろから『万朝報』紙上で具体的に論じるようになる。

その年の六月、堺は初めて労働問題をテーマとする論説「坑夫生活の悲惨」[31]を書いた。そこで彼は、経営者による炭坑夫の不当な虐待の事実を紹介し、「人間は斯くの如く冷酷の者であるか。人情は斯くの如く無残の者であるか」と憤慨した。続いて同じ月の論説「人命と財産との軽重」[32]では、米国のストライキに関する在米領事の「財産上には格別多くの損害を加へず」という報告に対して、「領事の報告は一言人命に及ばずして只財産の損害をのみ着眼せ」ることに堺は批判を加えた。そして「人命よりも財産を重んずるが如き此社会組織を、吾人はいつまで維持せんと欲するか。何ぞ速かに財産制度を破壊せざる、何ぞ速かに資本主義を滅絶せざる」と主張したのである。

このように、堺における社会問題への関心は何よりもまず、人々が傷つき生命すら失うのを前に平然と利潤を追求するような、「人情」や「同情」を欠いた社会のありさまに対する怒りに発している。やがて、そうした社会の「冷酷」「無残」さは、単なるモラルの問題ではなく、「資本主義」という制度に組み込まれた構造的暴力として捉えられていく。「今の資本制度の下」では階級間の「調和」など「畢竟過渡時代の彌縫策」に過ぎない[33]、「親愛和楽」の平和的秩序を望見するには「資本制度」というシステム自体を転換しなければならない、と堺は考えるようになったのである。

一九〇三年五月に勃発した三菱長崎造船所のストライキに際して、堺は「総べて今の世の強者と申すは……弱者が穏当の手段を取る間は之を馬鹿にして構ひつけず、弱者が遂に失望して稍《やや》激烈なる手段を取り、声に代ふるに力を以てするに至り、初めて狼狽して種々彌縫の策を講ずる」と述べ、労働者の「力」の行使たるストライキに同情を表明した。当時、労働争議は治安警察法によってほぼ全面的に違法化されており、公権力の側からはストライキは不法な「暴力」とみなされていた。長崎造船所ストも警察によって鎮圧されてしまうのだが、そうした公権力の介入に対して、堺は労働者を代弁して次のように非難する。

従来我々は、警察とは人民保護の役柄と承知致居候ひしが、此度の挙動に依り全く強き者の手先、弱き者の敵と申す事を承知致候。警察官は三菱に雇はれ（其命令に従ひ）我々に解散の命を下し申候。我々は詮方なく一応解散し候へども心中の不平は決して之が為に散じ申さず候。我々より見る時は、我々の集会の不穏よりも彼等の乱暴なる振舞こそ中々不穏なる事に存候[34]。

ここで堺は、本来正当であるはずの労働者の実力行使に、公権力が介入することをこそ、「乱暴」

な暴力とみなしている。すなわち、国家の合法的秩序の維持を担う警察は、人民の安全と平和を保障するどころか、階級社会の抑圧を暴力的に固定する装置であると、堺は認識し始めていた。国家は「社会の共同生活」の空間としてよりむしろ、暴力的抑圧が構造的に埋め込まれた抗争的空間として、堺の目に映り始めたのである。

（2）「帝国主義」の批判

最初に触れた一九〇〇年の北清事変における出兵をきっかけに、朝鮮を拠点に北方へ侵出する路線が日本政府内で確定していくにつれて、満洲の権益を独占しようとするロシアとの対立が次第に顕在化し始めていた。それに関して共通の利害を持つ英国と日本は一九〇二年一月、第一次日英同盟を締結した。こうした日本の国際的地位の上昇による大国意識と、列強による東アジア分割の危機感とが奇妙に交差していたこの時期、「帝国主義」をめぐる議論が日本の論壇内で活発化し、浮田和民のような比較的リベラルな知識人も、日本の採るべき国策として「帝国主義」を肯定する主張を打ち出していた(35)。

そうした中、堺は『万朝報』紙上で徴兵制の問題を提起している(36)。彼は現在の徴兵制度における「兵卒は大抵皆貧乏人の子弟で、中等以上の社会の子弟は殆んど全く無い」という階級的な不公平を批判するとともに、「人道の上から見れば甚だ不仁」な兵役制度を「人権」上の問題として取り上げ、「血税」負担の「軽減」を主張し、現役年数の三年から二年への短縮など兵役の改革案を具体化した。だがこの「不仁」な兵役自体の正当性について堺は、「今日世界の大勢上、実に止むを得ざる害悪」であるとしている。つまり一九〇二年の段階での堺は、世界の大勢たる「帝国主義」という現実に即して徴兵制を必要悪として認め、軍隊という暴力の制度について漠然とした反感を示すに止まっているのである。

翌一九〇三年、堺の親友でもある山路愛山は、自分は「帝国主義の信者」であると表明し、世間に物議を醸した。山路の議論は、「人間は存在の権利ありてふ信念」と「個人の自由を保護すべき唯一の機関は国家」であるという考えから出発し、現在の国際社会が「言論以上の制裁を他国に向つて加へ得る強国の合意に依て平安を維持しつゝある」「武装的平和」の時代である以上、日本は「軍備を充実して謂はれなき侵掠に備へ、併せて武装的平和の世界に於ける発言権を維持」することが必要だと説くものであった[37]。

堺は山路のそのような主張に真っ向から反対した。先に見たように、「人民保護」の名の下に行使される公的暴力によって維持される合法的秩序が、むしろ階級抑圧を構造的に組み込んでいると感じ始めていた堺は、同様に国際秩序においても「平和の名の下に恐喝、威迫、切取、強盗、あらゆる乱暴」が行われているのを見て取った。例えば「露をして満洲を有せしむべからず」と言う「帝国主義者」の言葉の背後に、「満洲は終に我が手に収めざるべからず」という本音が潜んでいることを堺は読み取り、それは「盗賊」と同じ事だと非難する。また、当時日本社会に拡がり始めていた大国意識を批判し、列強が「暴力を以て相争ふ今の時」こそ「列強に対する小国の覚悟」が必要だとして、大国の世界政策に振り回されるのではなく、むしろ「其過大なる軍備を撤し、其攻伐の念を棄て、真に列国の国民に親しみ、おのづから東洋の人心を得る」ことを堺は説いた[38]。それは彼なりの国際認識に基づく、小国主義と軍縮とをセットにした主張といえよう。

つとに指摘されてきたように、[39]十九世紀末の帝国主義の出現において人種主義は重要な役割を果たしている。当時にあって山路はすでに「現代の特徴は実に種族的観念の漸く濃厚にならんとする一事に在り」と鋭く指摘したが、彼はそうした「激烈なる人種的競争」の現実を批判するのではなく、その現実を前提とみなして帝国主義の採用を主張した。[40]同様に田岡嶺雲も、日露戦争を支持するにあたって「白人の過大なる勢力の跋扈」を「反正」する必要を説く。[41]だが堺は、「帝国主義」の背後にあるそうした「人種的反感」こそが、「人情を破り文明を汚す」元凶なのだと非難した。そして、日本の帝国主義者が欧米の人種主義を憎みつつそれを内面化して「一方には白人の軽侮に憤慨しながら、一方には支那人を嘲り、朝鮮人を辱め」るようなダブルスタンダードを、堺は厳しく指弾する。さらに彼は、「国民」の内部でも「アイノ」や「新平民」に対する抑圧が存在することを指摘し、人種主義と結びついたナショナリズムの欺瞞を暴きだすのである。[42]そうした日本の「帝国主義」の現実に堺が対置したのが、「社会主義」と「人類同胞」の理想である。

社会主義は、出来る事なら一日も早く国家の競争をも止めて、地球上の人類全体の共同生活をやりたいと云ふのである。……結局社会主義は人類平等の主義である、人類同胞の主義である、相愛し相助くる共同生活の主義である。……家庭は即ち其理想を現はすべき場所である。[43]

堺の「人類同胞」主義は、彼のいわゆる「平和なる小家庭」の「親愛和楽」の空間を、その外側に向けて連続的に推し及ぼす彼の平和秩序観の帰結であるが、それにとどまるものではない。本節で見てきたように、堺は社会の構造的暴力についての認識を通して、帝国主義者の「武装的平和」論および「人種的」ナショナリズムを批判する視点を獲得した。この視点によって、相互扶助的な共同生活のモデルとしての「家庭の和楽」という理念は、国民国家を飛び越えて直接「人類全体の共同生活」の理想に結びつくのとともに、国家に埋め込まれた暴力、特に戦争暴力を批判する拠点として機能し始めるのである。

四　非戦論と日露戦争

(1)　堺の絶対非戦論

北清事変後の満洲を軍事占領し続けていたロシアは、日英同盟などの圧力を前に譲歩し、一九〇二年四月に清国と満洲還付条約を結び、それに従って同年一〇月に第一期の撤兵を実行した。だが、翌一九〇三年四月の第二期撤兵が延期されると、日本のいくつかの新聞・雑誌メディアはロシアの不撤兵問題をめぐって、開戦をも辞さない強硬論を煽り始めた。六月のいわゆる七博士による対露強硬論の建議、八月の対露同志会の結成などを通して、論壇における主戦論の勢いは次第に増していった。

『万朝報』の紙面では、幸徳秋水・内村鑑三の非戦論が、円城寺天山・松井柏軒の主戦論に対して優勢を保ちつつ争っていた[44]。同じ非戦論者でも、内村がクエーカー派やトルストイの思想的影響下で「戦争絶対的廃止論」を主張したのに対し、幸徳の立場はそうした絶対非戦論の主張とは異なっていた。幸徳は基本的に、「兵は凶器である、戦争は罪悪である」という人道的立場に立っていたが、同時に「平和の為めに戦ひ、人道の為めに戦ひ、正義の為めに戦ふ、勢ひの或は已むを得ざるの時ある」ことも承認していた(45)。当時の幸徳の開戦否定論は、ロシアと開戦して大金を費やすくらいなら「何故先づ朝鮮に於ける経済的膨張の費用に供しないのであるか」という国民的利害判断や、「御用商人や株屋や貴族や乃至は軍人」ら少数者の利益のために「多数の人民の不幸になり不利益になる事には絶対に反対」するという階級的立場からの戦争批判を中心としていたのである(46)。

ロシアの第三期撤兵期限である一〇月八日の夜、神田青年会館で社会主義協会主催の「社会主義者非戦論大演説会」が開催され、三百余名の聴衆の前で、堺は「戦争は人類の最大罪悪なり」と題する演説を行った(47)。そこでの堺の議論に特徴的なのは、「個人の道徳」と「国家の道徳」とを連続的に捉える論理である。まず「個人の道徳」について、堺は次のように言う。「今日文明社会の人民は皆全く武備を撤して居り」、たとえ「暴人」に出会っても、「暴に酬ゐるに暴を以てするは決して文明人士の態度ではありません」、むしろ「抵抗力の無い所が我々の名誉」であり、「防禦力の無い所が我々の自尊」である。この個人道徳はそのまま国家道徳にスライドされる。個人が武器を棄てたのと同じように、国家も「最早軍備を撤し去つて他国を侵略するの欲望を絶つべき時」である。たとえ「先方が暴力を以て我に迫る」場合でも、「抵抗力の無い所がその国の名誉で、防御力の無い所が其国の自尊」であり、「個人なり国家なりが暴行悪徳に依つて強いて存在するよりも、仁義を守つて甘んじて自滅する」方がいい、と主張したのである。

こうした堺のラディカルな非武装・非暴力の論理は、幸徳よりもむしろ内村の、あるいは安部磯雄や木下尚江の、個人道徳と国家道徳とを区別しないトルストイ的非暴力主義に酷似している[48]。またそれは、「全国民を化して一種生きたる道徳と為し」、「我邦人が一兵を持せず一弾を帯びずして、敵寇の手に斃れんことを望」んだ、中江兆民『三酔人経綸問答』での「洋学紳士」の議論とも似通っているといえよう[49]。

安部が起草した一九〇一年の社会民主党綱領中の軍備全廃論が、欧米の主要な社会主義政党の綱領には見出せない異例の主張であったように、堺らの絶対非戦論は、当時の欧米の社会主義者において決して一般的な考えではなかった。それは社会主義思想から直接導き出されたものとはいえない。クリスチャンの安部や木下の場合は、彼らが深く共鳴していたトルストイの聖書解釈とその無抵抗主義に由来するとも考えられるが[50]、そうした信仰を持たない堺の絶対非戦論はどこから出てきたのだろうか。無論安部や木下の影響も考えられるが、そうした思想を受容する基盤として、先述した「家庭」的な「親愛和楽」の空間の連続的拡大として堺が到達した「人類同胞」の思想が重要な意味を持つと考える。「春風村舎」のユートピアにすでに見出される、「家禽草木」をも包摂する「親愛和楽」の秩序観が、「動物虐待防止会」への参加や菜食主義への関心に認められるような堺の生命尊重の発想とつながりがあるのは明らかであり[51]、それが儒教的理想主義と結び合って、非暴力主義・絶対非戦論に対する熱烈な共感へと彼を駆り立てたのではないか。

だが、堺の絶対非戦論には、安部らの無抵抗主義とはやや異なる趣きが読み取れることにも注意したい。堺は言う、国際に於ても譲るべきを譲り、諭すべきを諭し、そうした上で万一止むを得ぬならば、国民の全力を挙げて最後の抵抗を試みる。勿論軍備は既に撤してあるのだから、決して勝つ事を求めるのでは無い。只最後の抵抗に依て先方に不義不正の宣告を与へて我れは甘んじて自滅するのであります。トランスヴールの戦争にも其趣きが現はれて居ります。……戦争の是認せらるゝのは、只だ斯の如き場合のみであります。[52]

ここで堺が「是認」する「戦争」は、国家の暴力装置である軍隊間で行われる一般の戦争とは異なる。軍備を放棄した中での「自滅」を前提とする「最後の抵抗」というものが、何を念頭に置いているのかは不明だが、「トランスヴール」の例が挙げられているのを見ると、征服者に対する民衆のレジスタンス、あるいは反植民地主義の人民蜂起のようなものが漠然とイメージされていたように思える。いずれにせよ、堺が唯一是認する暴力である非国家的・非軍隊的な「最後の抵抗」が、キリスト教社会主義者の非暴力主義から逸脱することも確かだろう。事実、この辺りの微妙な思想的差異が、日露戦後、トルストイ的無抵抗主義を徹底する木下らと分岐していく伏線になっていると思われる。[53]

(2) 平民社における非戦と非暴力

「非戦論者大演説会」の開催と同じ日、『万朝報』が社の方針として開戦支持を明確にしたのを契機に、堺は幸徳とともに退社を決意した。その後二人を中心として「平民社」が創設され、一一月一五日の『平民新聞』の創刊に至ることは周知の通りである。二人の「退社の辞」にある、「社会主義の見地よりして、国際の戦争を目するに貴族、軍人の私闘を以てし、国民の多数は其為に犠牲に供せらるる者と為す(54)」という階級的観点からの非戦論を、堺は幸徳と共有する立場にあったが、それと同時に、先述した非暴力主義の絶対非戦論を堺はクリスチャン社会主義者と共有していた。そして、両者を媒介するこの堺の線こそ平民社の運動を方向づけ、幸徳もこの線を受け容れてゆくのである。

『平民新聞』の非戦論の具体的内容については数多くの研究があるので、本稿での紹介は割愛するが、堺や幸徳が『平民新聞』の編集方針として非暴力・絶対平和主義に立ち、「自存」「自衛」「平和」のための義戦という主戦論者のレトリックとの妥協を一切排除したということは、今一度確認しておいてよい。先述のように、欧米の社会主義者の大半は絶対非戦論を採らず、ツァーリズムの弱体化を最優先の課題とする戦略的観点から、日露戦争に対する彼らの関心の多くは「反戦」よりむしろロシアの敗北への期待に向かった(55)。だが、日本の平民社の社会主義者は、「欧州社会党の如きは露国の専制政治を憎むの余り日露戦争に就ては多く日本に同情を寄するの傾き」があることを批判的に捉え(56)、絶対非戦論の立場から一歩も退くことなく、自国政府への非協力を最後まで貫いたのである。

平民社におけるもう一つの思想的特徴として、社会主義運動の方針についても合法的非暴力主義が貫徹していたこともまた、よく知られている。例えば幸徳は、対抗的暴力の行使を辞さないロシアの社会民主党の同志に対して「諸君と我等は虚無党に非ず、テロリストに非ず……社会主義者は、万国平和の思想を奉持す、社会主義者が戦闘の手段は、飽まで武力を排せざる可らず、平和の手段ならざる可らず、道理の戦ひならざる可らず、言論の争ひならざる可らず」とあえて注文を付けたのである(57)。

ただし、こうした平民社の運動上の方針たる合法的非暴力への固執に対して、晩年の堺は「トルストイにもあまり同感が持てず、またロシヤ〔の同志—引用者補〕に対して、それ程まで武力排斥を説くにも及ばないといふ気がして居た」と回想している(58)が、平民社時代の堺がどこまでそうした違和感を持っていたかははっきりしない。ただ、あくまで合法的非暴力の方針を堅持する平民社の運動に対する、政府の苛烈な暴力的弾圧が、暴力についての堺の見方を複雑なものにしたことは確かだと思われる。

『平民新聞』一九〇四年三月二七日号に掲載された幸徳の論説「嗚呼増税!」が、「社会の秩序又は風俗を壊乱する」ものとして新聞紙条例違反に問われ、発行人兼編集人の堺が政府当局に告発される事件が起きた(59)。特に当局が問題視したのは、この論説が、「吾人の為めに決して平和と進歩と幸福とを買ひ得ずして、却つて殺戮、困乏、腐敗を以て酬ゐらるゝ」ような戦争政策を政府が採る限り「吾人生民は初めより国家政府なきに如かざる也、初めより租税なきに如かざる也」と、国家権力の正当性自体に疑問を差し挟んだ点であり、それが「国家生存に危害」を及ぼすものとみなされたのであった。公判において堺は、「無政府主義が国家を非認し破壊の手段を取るに反し、社会主義は平和の手段を取り、国家に依りて其理想を実現せんとする」のだ、と反論したが、控訴審判決は、件の論説が「国家全体の幸福と優大なる平和とに関し国民の有する確信を動かさんとするの虞」があると認め、堺を軽禁錮二ヶ月の刑に処した。平民社の「道理の戦ひ」「言論の争ひ」すら、「社会の秩序を乱る」暴力だとして、公権力によって違法化されたのである。

出獄後、堺は監獄生活についてユーモアを交えながら、「平等にして安全なる衣食住の間に、電灯、鉄道、蒸汽等、種々なる文明の利器を使用して、各其才能性情に応ずる分業をなし、ほゞ共同自治の生活を為して居る」ような「一種の理想郷」だとおどけてみせた。けれども、と堺は付け加える、「若し政府の権力が、四方高塀となりて現れ、看守の帯剣となりて現れて居らぬならばの話である」。

二千の囚人に対する二百の看守は、恰《あたか》も腰縄の如く囚人に纏ひ、恰も手錠の如く囚人を縛り、恰も畳の中の針の如く囚人を刺し、恰も釣天井の如く囚人を圧して居る。……看守は其威厳を持し、其虚栄心を満足せしめんが為めに、屢々囚人を叱咤し、殴打し、殊更に之を処罰するに至る。囚人は又、其癇癪を散じ、其不平を医せんが為に、時として不意に看守を襲ひ、之を苦め、之を傷つけ、或は之を殺すに至る。……看守は囚人に対して国家、社会、政府等の権威を代表する者である。囚人が国家、社会、政府等に対して如何なる感情を抱くかは、之に依りて知られるであらう。(60)

ここで堺は、監獄をまさに社会の縮図として描いていると言ってよい。外見上は平和な「理想郷」も、その外皮を剥いでみれば、権力による赤裸々な暴力支配が現れる。看守(国家)の指定する合法性の中で平和に生きようにも、法の恣意的な運用が「畳の中の針の如く」絶えず囚人を突き刺し苦しめるのである。そうした支配に対して、合法的無抵抗主義はそれこそ無力である。かといって、微々たる対抗暴力を用いて絶望的な反抗を試みても、両者の力は圧倒的に非対称であるから、到底権力支配を覆すには至らないのだ。

獄中生活における堺の慰めは、「朝夕に角筈の我家を相望」することだった。「其時、予の心に画かれたる我家は、先づ縁側の障子が開けはなされて、華やかな朝日が一面にさしこんで、其の暖かき縁側に予の女児と五疋の猫の子とが這ひあるいて、予の病みたる妻は縁側に腰かけて居る」といった光景だったが、こうした「平和なる小家庭」こそ、監獄すなわち社会の暗黒の只中における、唯一の光明たるユートピアであった。だが、堺が出獄したとき、妻の美知子は重い病に侵されていた。そして出獄から二ヶ月足らずで、病魔が彼女の命を奪ってしまうのである。残された一人娘は他所に預けた。「予は角筈の家をたゝんで平民社に住み込んで居る。斯くて予の一家は離散した、予の家庭は滅亡した(61)」。

美知子との結婚が「平和なる小家庭」というユートピア的秩序を発見する契機であったとすれば、死別による家庭の「滅亡」は、家庭の「親愛和楽」を連続的に社会に推し及ぼすという彼の平和秩序観のその後の破綻を先取りする出来事だったともいえる。堺はすでに、現代の家庭の親密圏が決して「理想郷」ではなく、監獄と同様、権力支配が内在する空間であることを認識し始めていた(62)。暴力的支配が至るところに偏在する社会の只中で、「親愛」の秩序を形成し拡大するなど不可能ではないか、すると何らかの対抗的な「実力」に依らざるを得ないのではないか、という疑惑がいずれ現れるのは必至であった。事実、一九〇五年一月のロシア第一革命勃発の情報は、それまで合法・非暴力の方針で一枚岩を保っていた平民社の論調にも、やや変化をもたらし始めたのである。[63]

一九〇五年八月、亡妻の一周忌の記念として『半生の墓』を出版したが、それは「平和なる小家庭」のユートピアの夢を弔うとともに、「新生涯に入らんとして居」た堺自身の区切りも意味していた。彼の「新生涯」すなわち延岡為子との再婚は、一部のクリスチャンからの強い批判を招き、周知のように平民社解体の一因となり、もはや家庭から「親愛」を外に及ぼすどころではなかった。結婚の略式が行われた九月五日は、奇しくも日露講和条約調印の日であり、日比谷では講和反対大会が暴動化して、警察署などへの焼打ちが始まっていた。それは、戦争に続く「都市民衆騒擾期」[64]という、街頭の民衆による対抗暴力の時代の幕開けであり、非暴力無抵抗の理想として掲げた「非戦」の旗の下に人々が集結した一時代の終焉をも意味していた。まもなく平民社は解散し、同志は分裂した。堺は運動の中心から退き、社会主義の研究を深めるべく「冬籠」に入る。それは、この新たな暴力状況をめぐって、自己の秩序構想を再検討するためでもあった。

むすびにかえて

その後の堺が、直接行動派と議会政策派との対立、アナ・ボル論争などを通して、新秩序の形成と「暴力」の関係、すなわち「革命」という課題についていかなる議論を展開していくかは、いずれ稿を改めて論じ直したい。本稿を閉じるにあたって、堺がその後も戦争暴力への批判を決して放棄しなかった事実についてのみ、簡単に指摘しておく。

日露戦争から十年後、大逆事件後の社会主義弾圧の暴風が吹き荒れていた頃、欧州では第一次大戦が勃発し多くの社会主義者が愛国主義の波に飲み込まれていた。その苦しい状況において堺は「責めて此頃の心やりにこんな物を拵へてみました」と、開戦直前に暗殺されたフランスの社会主義者ジャン・ジョレス、および一切の戦争協力を拒否したスパルタクス団のローザ・ルクセンブルク、カール・リープクネヒトの三人一組の絵葉書を売り出し[65]、また、自国の戦争に協力している欧州の社会主義者の多数派について、「政略的の愛国心鼓吹に動かされ、或は半ば迷信的に人種的本能を燃し、或は又絶望的に古き戦闘的本能を現はし、遂に今日の如き変態を呈して居る[66]」と批判したのである。「世界の大勢」に迷うことなく堺がそうした批判的視点を維持することができたのは、日露戦争の際に非戦・非協力の立場を一歩も退かなかった平民社の経験の誇りがあったからではなかろうか。そして堺のその立場は、一九三一年の満洲事変勃発の際、全国労農大衆党の対支出兵反対闘争委員長として反戦運動に従事し、まもなく脳溢血に倒れるまで貫かれたのである。

【註】

堺の著作からの引用は、『堺利彦全集』(中央公論社、一九三三年)を底本として用い、当全集各巻所収の堺の文章については、以下『全集2』『全集3』などと表記を略し、典拠箇所を示した。なお資料の引用に際し、漢字の字体については新字体に改め、仮名遣いについては参照テキストに従った。

(1) 「天津通信　戦後の光景」『万朝報』一九〇〇年七月二五日(『全集1』一一四〜一一五頁)。

（2）堺利彦『堺利彦伝』（改造社、一九二六年）（『全集6』一四〇頁）。
（3）田岡嶺雲「戦袍餘塵」『侠文章』（大学館、一九〇〇年）（『田岡嶺雲全集』第五巻（法政大学出版局、一九六九年）所収、六九〜七〇頁）。
（4）「消極的平和」と「積極的平和」の概念については、ヨハン・ガルトゥング『構造的暴力と平和』（高柳・塩屋・酒井訳）（中央大学出版部、一九九一年）を参照。なお最近、安倍晋三政権が「積極的平和主義」という言葉を用いて安保政策の転換を図っているが、それとここでの「積極的平和」の含意とは全く異なる。
（5）前掲『堺利彦伝』（『全集6』九八〜九九頁）。
（6）隅谷三喜男『日本賃労働史論』（東京大学出版会、一九五五年）第一章第三節。
（7）「月俸八円、而も官吏也、…陋巷の中に紳士あり、相隣れる人は車夫か職人か、紳士の伍を為すを恥づる所、然れども如何せん、引越の際マッチ箱を配りて交を為し、同一の家賃を払ふて同一の生計を為す、資格同一なり」（堺枯川「緑陰漫録」『読売新聞』一八九五年六月二四日）。
（8）堺利彦「予の半生」『半生の墓』（平民書房、一九〇五年）三一三頁。
（9）「当世品定」『なにはがた』一八九二年一〇月（『全集1』三〇頁）。
（10）堺枯川『破れ羽織』（駸々堂、一八九六年）一一頁。
（11）前掲「予の半生」前掲書、三三五頁、前掲『堺利彦伝』一七三頁。
（12）堺枯川「愛犬黒」『読売新聞』一八九七年一〇月一一日（『全集2』二五七頁）。
（13）枯川「貝塚十平伝（不知所往列伝　其の五）」『読売新聞』一八九八年八月一五日（『全集1』一九〜二二頁）。
（14）丸山真男「個人析出のさまざまなパターーン」『丸山真男集』第九巻（岩波書店、一九九六年）。
（15）例えば、「権兵衛は蓋し孤独寂寞の情に堪へざりしなり。嘗ては在りし妻子今は無く、親類縁者なく、友人なく、交りなきに堪へざりしなり。…かくて権兵衛は頻りに同情を求むるの人となり、たまたま山に登り来る人を強いて留めて、其一身の孤独の情を訴へたりき。我れも亦即ちそを聞きし一人なり。其訴ふる所は只淋し淋しといふ」(枯川「藤権兵衛(不知所往列伝 其の四)」『読売新聞』一八九八年八月二二日(『全集1』一八頁))。

(16) 前掲「予の半生」三二一頁。

(17) 社会的な転身を強いられた士族層の中から、生産労働から切り離された消費、再生産の場として純化した家族形態が生まれたことについての指摘は、小山静子「家族の近代」(『家族と社会』日本家族史論集4(吉川弘文館、二〇〇二年)所収、二五一〜三頁)を参照。

(18) 前掲「予の半生」三三五頁、前掲『堺利彦伝』一七三〜一七四頁。

(19) (幸徳)秋水「社会腐敗の原因と其救治」『万朝報』一八九八年一一月一八・一九日(『幸徳秋水全集』第二巻(明治文献、一九七〇年)一四九〜一五〇頁)。

(20) 例えば、「予は朝報社に於て何事を為せしか、自ら顧みて赧然たらずんばあらず」(「三十歳記」一八九九年八月二八日記(『全集1』三五三頁))、「朝報社若し永く我を馬鹿にせば我は久しく止る者にあらず」同年一二月二日記(同上書、三七〇頁)。

(21) ユルゲン・ハーバーマスは、小家族の親密圏から起こる主体性が、非政治的形態の「文芸的公共性」を形成し、それが政治的機能を持つ市民的公共性の前駆をなすとしているが、堺ら初期社会主義を担った文士・知識人らによる議論空間の形成は、それに比することができるのではないか(ハーバーマス『公共性の構造転換(第二版)』(細谷貞雄・山田正行訳)(未来社、一九九四年)四六〜五〇頁、参照)。

(22) 堺枯川「春風村舎の記(一)」『大帝国』一八九九年一一月二〇日(『全集2』二三六〜二三七頁)。

(23) 「三十歳記」一九〇一年五月一三日記(『全集1』三九六頁)。

(24) 黒岩周六「平和なる檄文」『万朝報』一九〇一年七月二日。

(25)「予は理想団員として何を為さんとするか」同上紙、一九〇一年八月一一日(『全集1』、七〇頁)。
(26)堺枯川「中等倶楽部の記」『大帝国』一九〇〇年五月二〇日。
(27)堺枯川『家庭の新風味』第五冊(内外出版協会、一九〇二年六月)(『全集2』一九二〜一九三頁)。
(28)同『家庭の新風味』第六冊(内外出版協会、一九〇二年九月)(『全集2』二二一〜二二三頁)。
(29)とはいえこの時期の堺は、「日本人」が「将来の競争世界」において「白人種」と競争できるような「強国」を作るため体格改良の必要を説いたりするなど(「盛んに豚を食ふべし」『万朝報』一九〇二年二月二〇日(『全集1』二〇六頁))、必ずしもナショナルな認識の枠組みを放棄していたわけではなかった。
(30)堺の社会主義思想受容をめぐる家庭論との関係については、拙稿「堺利彦の『家庭』論—親密性の社会主義—」(『倫理学年報』第五三集、日本倫理学会、二〇〇四年三月)を参照。
(31)『万朝報』一九〇二年六月一九・二〇日(『全集1』二二三〜二二六頁)。
(32)同上紙、六月二三日(同上書、二二六〜二二七頁)なお底本全集の検閲削除箇所については、初出の『万朝報』に拠って補った。
(33)「資本労力の調和」に就きて」同上紙、一九〇二年一〇月三〇日(同上書、二五六〜二五七頁)。
(34)「長崎造船所の職工に代りて世人に訴ふる書」同上紙、一九〇三年五月一九日(同上書、三〇〇〜三〇二頁)。
(35)当時の日本の論壇におけるさまざまな「帝国主義」論の概観については、清水靖久「二十世紀初頭日本の帝国主義論」(『比較社会文化』第六巻、二〇〇〇年)を参照。
(36)「徴兵法についての所感」『万朝報』一九〇二年一月二四・二五日(『全集1』一九三〜一九七頁)、「二年兵役論に就て」八月一一日(同上書、二三六〜二三七頁)、「兵役問題」九月一二〜一五日(同上書、二四二〜二五一頁)。
(37)山路愛山「余は何故に帝国主義の信者たる乎」「余が所謂帝国主義」『独立評論』一九〇三年一〜三月

（『山路愛山集』明治文学全集三五〈筑摩書房、一九六五年〉所収、三三八〜三四七頁）。
(38)「孟子を読む」『万朝報』一九〇三年一月二八・二九日（『全集1』二七七〜二八二頁）。
(39) 例えば、ハナ・アーレント『全体主義の起原2　帝国主義』（大島通義・大島かおり訳）（みすず書房、一九七二年）第二・三章を参照。
(40) 山路、前掲「余が所謂帝国主義」前掲書、三四五・三四六頁。
(41) 田岡嶺雲「黄禍論は歓ぶ可し」『うろこ雲』（嵩山房、一九〇五年）一一頁。
(42)「人種的反感」『万朝報』一九〇三年七月二八日（『全集1』三〇九〜三一一頁）。
(43)「我輩の根本思想」『家庭雑誌』一九〇三年四月（『全集2』二七四頁）。
(44)『万朝報』内の主戦論・非戦論の対立については、長谷百合子「幸徳秋水の非戦論――『万朝報』を中心に――」（『初期社会主義研究』一六号、二〇〇三年一一月）を参照。
(45) 秋水「開戦論の流行」『万朝報』一九〇三年六月一九日（前掲『幸徳秋水全集』第四巻、二八四頁）、「好戦心の挑発」同上紙、一九〇三年九月一三日（同上書、三四七頁）。
(46)「非開戦論」『社会主義』一九〇三年七月三日（同上書、四二〇〜四二三頁）、「非戦論」『日本人』一九〇三年八月五日（同上書、四二六頁）。
(47) 堺枯川「戦争は人類の最大罪悪なり」『社会主義』七巻二三号、一九〇三年一一月三日、四〜七頁。
(48) 例えば、安部は日露戦争に際して、「個人の倫理も国家の倫理も同一の標準で論ずる」観点から、たとえ「生存権を侵害」された場合でも、個人や国家が「正当防禦」として「腕力に訴へ」ることを否認した（「社会主義者は何故に非戦論者なるか」『六合雑誌』二八四号、一九〇四年八月一五日）。
(49) 中江兆民『三酔人経綸問答』一八八七年（岩波文庫版、一九六五年、一六三頁）。ただし兆民の「洋学紳士」は、「我れ専ら自ら禦ぎて我性命を守り、以て巡吏の来るを俟つときは、大に善し」と、「各個人有する所の正当防禦の権」を認めるが、堺は「防禦力の無い所が我々の自尊」だと主張しており、また

「巡吏」については一言も触れていない。そもそも個人が「武備を撤し」たのは、近代国家が正統な暴力行使を独占したことと表裏をなすはずだが、軍隊のみならず警察という暴力装置の正当性すら堺は否認しているかの如くである。

(50) 清水靖久『野生の信徒　木下尚江』(九州大学出版会、二〇〇二年)の「第四章　日露戦争と絶対非戦論」を参照。

(51) 「我々とイギリス人、ロシア人、アフリカ人とは互に助けあはねばならぬ、何となれば、同じく是れ人類であるからと云ふ。されば更に一歩を進めて、我々と馬、牛、犬、猫、蝶、鳥とは互に助けあはねばならぬ、何となれば、同じく是れ動物であるからと云はねばならぬ。人の同情は是非こゝまで来ねばならぬ」(「動物虐待防止会」『家庭雑誌』一九〇三年四月)。「我々は梅の水枝や松の花芽をムザムザと切るに忍びぬ心地がする。又六角整然と結晶せる水晶を砕くに忍びぬ心地がする。…そこで其の忍びぬ事だけ止めるとすれば、それが既に一段の進歩では無いか」(「菜食主義について」『直言』一九〇五年四月二・九日(『全集3』一八二～一八七頁))。

(52) 堺、前掲「戦争は人類の最大罪悪なり」前掲誌、六頁。

(53) 例えば木下尚江における「暴力」と「革命」との葛藤については、大田英昭『日本社会民主主義の形成―片山潜とその時代―』(日本評論社、二〇一三年)第一〇章二節を参照。

(54) 『万朝報』一九〇三年一〇月一二日。

(55) 西川正雄『第一次大戦と社会主義者たち』(岩波書店、一九八九年)八～一一頁。

(56) 「日露戦争と欧州社会党」『平民新聞』一九〇四年七月三日。

(57) 「与露国社会党書」『平民新聞』一九〇四年三月一三日。

(58) 「日本社会運動史話　平民社時代」『中央公論』一九三一年一月(『全集6』二三〇～二三一頁)。

(59) 「本社の被告事件」『平民新聞』一九〇四年四月一〇日、「本社被告事件　公判記」同上紙、同年四月一七日、「本社被告事件　控訴判決」同上紙、同年四月二四日。
(60)「獄中生活」『平民新聞』一九〇四年七月三一日、八月一四日(『全集3』一三一～一三二頁)。
(61)「予の妻の死に就いて」『家庭雑誌』一九〇四年九月(『全集2』三七一頁)。
(62)「家庭に於ける階級制度」『家庭雑誌』一九〇四年二・四月(『全集2』三六一～三七〇頁)。
(63)例えば、ロシア第一革命のインパクトの下で書かれた幸徳の「露国革命の祖母」(『直言』一九〇五年二月一二日)は、「暴を以て暴に代へ」る「革命社会党」に親近感を示している。
(64)宮地正人『日露戦後政治史の研究』(東京大学出版会、一九七三年)二二六頁。
(65)『へちまの花』一三号、一九一五年二月。
(66)「国家戦と階級戦」『新社会』二巻一一号、一九一六年六月(『全集5』一三九頁)。

第三章　堺利彦の「ユートピア」——明治社会主義における「理想」の一断面

尾原 宏之

はじめに

一九〇三年、幸徳秋水の『社会主義神髄』と片山潜の『我社会主義』が出版された。これらの書物は「科学的」社会主義を標榜するだけあって、「空想的」社会主義すなわちユートピア社会主義に高い評価を与えていない。

当時の幸徳にとって、カベー、サン・シモン、フーリエらによる「ユトピア」の試みは、単なる「旧時の空想狂熱」であり、「科学の基礎」を得ることができないままマルクス＝エンゲルスによって乗り越えられてしまったものにすぎなかった。[1] 自己を「進化的社会主義即ち科学的社会主義を信ずる者」と規定する片山は、「空想的社会主義」者とは違い、「社会主義のビルヲヴフェヤー（献立）」を作らないし、作ることもできないと考えた。[2] 社会主義は、経済社会に「進化的原則」が貫かれることによって実現する。したがって社会主義者の任務は、その「進化」の道程を「科学的」に裏づけることにある。

つまり日本の主要な社会主義者は、すでに「科学的」社会主義と「空想的」社会主義の区別をつけ、後者はもはや過去の遺物だと認識していたのである。

一方、翌年に幸徳との共同作業で『共産党宣言』の翻訳を発表した「当時の先覚中もっとも後輩」(荒畑寒村)である堺利彦は、「科学的」社会主義の受容と同時進行で、エドワード・ベラミー、ウィリアム・モリス、エミール・ゾラによるユートピア小説の翻案・抄訳に精力を注いでいた。そして西洋のユートピア社会主義者と同様に、家庭や家族における人間関係の原理に淵源する社会主義の構想を持ち続けていた。堺は、未来社会を具体的に構想することに対して禁欲的であるはずの「科学的」社会主義へ没入していくと同時に、社会主義の「ユートピア」を追求したのである。この注目に値する行動は、日本の社会主義の中でどのような意味を持ったのだろうか。本稿は、堺の理想社会の構想を再検討し、明治社会主義者としてのその独自性に光を当てる試みである。

一　堺利彦のユートピア小説理解

一九〇三年、『家庭雑誌』第六号に掲載された『百年後の新社会』(Edward Bellamy の *Looking Backward:2000-1887* の翻案)、翌年に週刊『平民新聞』第八号より第二十三号まで連載された『理想郷』(William Morris の *News from Nowhere* の抄訳)は、社会主義(共産主義)が実現した未来社会を

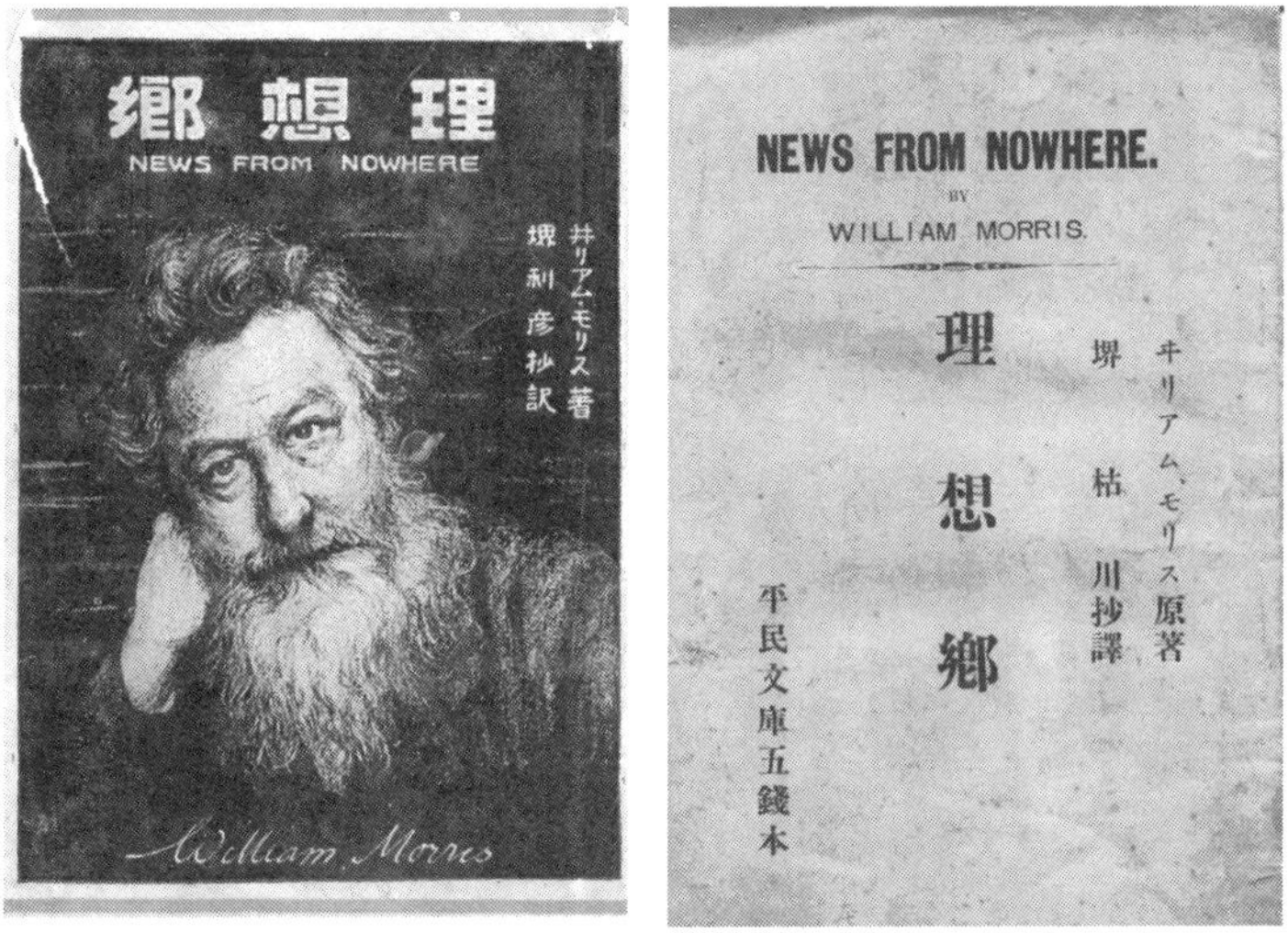

ウイリアム・モリス著、堺利彦抄訳『理想郷』表紙。左は平民文庫版（1904年）、賢治とモリスの館提供、右はアルス版（1920年）、個人蔵

描いた小説である。両者とも、十九世紀末のアメリカやイギリスに住む主人公が、ある日眠りから覚めたら全面的な社会変革のなされた未来社会にタイムスリップしており、そこで様々な人物に出会い、見聞を広める中で新社会を理解していく、という筋書きを持つ。これらはのちに単行本として刊行され、岡崎一が指摘するように、日本における社会主義の勢力拡大に大きく寄与した(3)。

堺の翻案・抄訳をもとに、二つの小説を概観してみたい。

Looking Backward は、一八八八年、アメリカのジャーナリスト、エドワード・ベラミー（一八五〇～九八）によって書かれたユートピア小説で、当時ストー夫人の『アンクル・トムの小屋』に並ぶ超ベストセラーとなり、欧米社会に絶大な影響を与えた

と言われている[4]。

小説の主人公は、ボストンに住む上流階級の青年ジュリアン・ウェスト（堺の翻案では西野）である。一八八七年、自宅の地下室で催眠術によって眠りについたウェストが目を覚ますと、そこは西暦二〇〇〇年のボストンであった。ウェストがドクター・リート（同・井戸博士）との対話や、実地見聞を通して理解した「新社会」は次のような特徴を持つ[5]。

①高度な科学技術の発達。「運輸管」が各地に張りめぐらされ、物品を自由自在に輸送することができ、電話の仕組みを利用したラジオのようなもので音楽などが楽しめる。

②生活における完全な平等の実現。政府は国民に「切手」（credit card）を割り付け、「人民衣食住の需要品」を「悉く国庫から直接に分配する」。家事はすべて「公立の洗濯所」、「公立の料理所」で行われる。家事労働の廃止などにより、男女の完全な平等が実現されている。また二十一歳まで全員が同一の「普通教育」を受けられ、「誰でも才能さへあれば大学迄行く事が出来る」ようになっている。この「十分なる衣食の保証」、「十分の教育」によって、犯罪はほとんど消滅した。もし「非行」があったとしても、それは「旧性の発現」（atavism）という病気であるから、その者は病院に収容されることになる。

③勤労人口に対する「徴兵制度」（the principle of universal military service）の適用。「普通教育の終了する廿一歳から四十五歳まで」のすべての男女は、「労働隊」（the industrial army）に配属される。最初の三年間は「普通労働員」として「従順、勤務等の習慣」を教えられ、「絶えず成績を

注意」された後、それぞれ専門的職業を選択して「徒弟」となる。「徒弟」修業を終えると「隊員」になる。労働に対するモチベーションを維持するため、特権や名誉が付随する階級制が採用され、最上級の「隊員」の中から成績によって「部長」「副部長」が選ばれる。「身体及び精神の不具者」は「患者隊」に組み込まれ、相応の軽い仕事だけがあてがわれる。女性も「労働隊」に組み込まれるが、「婦人隊」に所属し、「婦人の総大将」の指示を受ける。全国民は四十五歳を過ぎると「労働隊」を除隊になり、「旅行」、「交際」、「遊戯」などの「自由の働き」、「真の生活」に入る。

④労務管理の徹底。「働きの出来る者が我儘で働かぬ場合」は、「禁錮してパンと水ばかりを与へ」る厳重な制裁が加えられる。労働力の需給バランスは労働時間によって調整される。「志願者の多い仕事は其時間を長くし、志願者の少い仕事は其時間を短くする」。人の嫌がる仕事の場合には一日十分の労働で済む。

⑤「大統領」を頂点とするピラミッド型の行政組織。「部長」の上の「隊長」の中から「労働団」の「団長」(the general of the guild) が選ばれる。「団長」の中から業務によって分かれた十省の「省長」が選ばれる。そして、「省長」経験者の中から「大統領」が選ばれる。「団長」以上の選挙権を持つのは、「労働隊」を除隊になった「名誉員」たちである。「大統領」は「分配部」が作製した国民の需要に関する「精密な統計」によって予算を作り、生産部門の各省に命令する。各「労働団」は各省の割り当てに従って生産する。

この「新社会」は、徹底的な資本の集中と独占の結果として実現したものと考えられている。資本主義の発達にともない、小資本は大資本に併呑され、鉄道、製造所などはみなシンジケートやトラストのものとなった。

そしてその果てに、「全国の資本」「全国の事業」を「唯一つに合同」「唯一つに独占」した「一大トラスト」（The Great Trust）ができた。資本の集中の過程で「貧富の懸隔」が拡大したが、人民は「資本の合同、事業の独占に趨く傾向は、其真の意味に於ては決して反対攻撃すべき者ではなく、是れこそ新社会に到達すべき進化の道行である」ということを理解するようになり、やがて商工業の一切が国家事業となっていったとされる。

堺は、このベラミーの「新社会」に全面的に賛同していたわけではない。「原著者ベラミーの理想であつて、必ずしも我輩の理想ではない。社会主義は決して或一定の雛形を持つて居る者ではない。国に依り、時に依り、勢ひに依り、形は色々に変化するであらう。只、平等博愛の人道と共同生活の経済主義とはドコまでも一貫して動かぬ者である。此話を読む人は必ずしも形に拘泥せず、其主義精神を玩味せられんことを希望致す」[6]と、釘を刺している通りである。ベラミーは、堺が訳出していない部分で「労働者政党」や「赤旗の追随者」の役割を全否定し、独占企業から買収された「真の改革」の妨害者と断じている。また徴兵制軍隊を模した労働組織など、堺の思想とは著しく乖離する要素があるのも事実である。

にもかかわらず、堺の家庭改良・社会改良構想とベラミーの「新社会」には一定の親和性がある。堺は一九〇一～〇二年の『家庭の新風味』で、家事労働軽減のための「飯炊配達会社」構想について語っていたが、これはベラミーの「公共の料理所」「公共の洗濯所」構想と極めてよく似ている。

また大正期に至るまでの堺の著作の随所に、ベラミーゆずりの労働観・人間観を発見できる。たとえば「社会主義の世の中では誰が肥汲みをするか」という問いに対して、堺は「普通の仕事は一般に八時間労働或いは六時間労働の規定であるが、肥くみに限つては二時間或は一時間やればい丶といふ様な事にする(7)」と答える。人がやりたがらない仕事に就く代わりに労働時間を短縮するというアイディアは、ベラミーから学んだものであろう。

また「社会主義の世になつたら人が皆んなナマけやしないでせうか」という問いに対しては、「勝手に餓死させるより外はない」と突き放しつつ、「働く事が正義となり名誉となれば……人け随分よく働くべき性情をも有してゐる」と答えている(8)。『百年後の新社会』には、「元来、階級と云ひ、名誉と云ひ、此様な奨励が無くては人が働かぬと云ふのは甚だ浅ましい事であるけれども、二十世紀の終なる今に於ても、人の心がマダそれ以上に進まぬから仕方が無い」と書いてあるが、別のインセンティブがなければ労働を避けるのが人間の本性であり、名誉や懲罰による督励や強制が必要だとの発想も、共有されていたと言えよう。そもそもベラミーにとっての労働は、「国民に快適な肉体的生存の手段を確保するために」「誰もが果たすべき必要な義務」(傍点引用者、以下同じ)にすぎない。労働は人生において「最も重要」でもなければ、「最も威厳のある力の使い道」でもない。「人生の主要な仕事」は、「労働隊」を引退した後、四十五歳からの芸術、学問、文学、娯楽など「さらに高級な、さらに大きな活動」なのである。

次に、堺が紹介したもうひとつのユートピア小説を検討する。一八九〇年、イギリスの著名な詩人であり工芸家であるウィリアム・モリス(一八三四~九六)が、社会主義同盟の機関紙『コモンウィール』に発表した*News from Nowhere*である。堺はこの小説の抄訳に『理想郷』というタイトルを付けた。

*News from Nowhere*は、ベラミーの*Looking Backward*に対する直接のリアクションとして執筆された小説である。*Looking Backward*の成功はイギリスにも及び、当地の社会主義者たちに爆発的な影響を与えた。歴史家のアーサー・L・モートンは、「マルクス主義のかなり理解されていたイギリスにおいてさえ、ベラミーの描く社会主義体制下における生活を、いかにも権威あるものとして考えようとする強い傾向が見られた」[9]と述べている。一八八九年、モリスは『コモンウィール』紙上に発表した論文の中で、ベラミーのユートピアを「きわめて徹底した中央集権機構によって運営される国家共産主義」と評し、その一律化された平等のあり方や労働観を徹底的に批判した。翌年の*News from Nowhere*は、ベラミーに対抗して構想されたモリス独自のユートピアである[10]。

小説の主人公は、「社会主義同盟」(the League)のある派閥に属する五十六歳の男。ある朝目を覚ますと、二十一世紀のロンドンにタイムスリップしていた。彼はまずヂック(Dick)という青年に出会い、その手引きで様々な人物と交流し、十九世紀末の混沌としたロンドンとはまるで違う光景を目にする。

①「都市の村落化」と芸術的な都市計画。ロンドンをはじめとする都市は自然と調和し、かつ建造物はすべて芸術的に構成されている。公害を撒き散らす工場群は消えている。

②分業の廃止。とりわけ、精神労働と肉体労働の分業の廃止。主人公はヂックの友人・ロバート

に職業を尋ねる。答えて、「私はツマラヌ機織ですが、其外に少し印刷もやります。然し……旧式の印刷術も追々廃止の傾きですから、今度は少し数学をやつて見る積りです。それから私は又、チトばかり十九世紀末の歴史を調べて居るので、此大変化の起つた以前の社会を明かに画いて見たいと思うて居ます」。

③雇用、物の売買といった貨幣を媒介とする一切の関係の消滅。たとえば、主人公がテムズ川で水浴をした際、舟を漕いでくれたヂックを職業的な船頭だと思い、銀貨を渡そうとする。ところがヂックはその行為を理解できない。「随分廻りくどい習慣ですね……そんなに沢山記念の品を貰つては、置処が無くて困りませう」。人はその必要に応じて品物やサービスを受け取る。

④男女間の完全な平等と自由恋愛、血縁関係を越えた世帯構成。「我々は只我々の好な通りに生活して居るのですが、それで自然誰か気の合つた人々と一緒に住む事になつて居ますよ」。

⑤政党、国家組織の消滅。「政治と云ふ者」自体が存在しない。「住民会」(ordinary meeting of the neibours, Mote) を開き、一人も異議がない状態になるまで討論を行い、物事を決定する。

この社会で最も重要かつ基本的な原理は、フーリエの影響が色濃い「労働快楽説」である。主人公はあちこちで楽しく語らいながら働く人々を見る。「人手で作るには面倒なと云ふ品物は、一切大器械の力で作り、愉快な仕事だけを手細工でやるのです。そこで誰でも自分に適した仕事を見つけだして、厭な仕事と云ふものは一つも無く、皆銘々の仕事を楽みにするのです」。労働は、それぞれの工夫で芸術的な意匠を施す「楽み」と化している。肉体労働も精神労働も、すべて「愉快」

(pleasant)であり、「遊び」(a joke)になってしまったゆえに、怠惰による労働忌避は存在しない。人々が積極的に働くようになったことで、高度の生産性が実現されている[11]。

この社会は、どのようにしてできたのだろうか。「世界市場」の極度の発達の結果、虚栄心や奢侈心が激しく煽られるようになり、商品が過剰に生産され、販売されるようになった。そのために、労働者の幸福、健康、余暇が犠牲にされた。労働者たちはストライキに決起し、やがて国家社会主義へと移行する。国家が資本家を抑え、労働条件を改善しはじめたのである。労働組合の要求によって、生活必需品を「官立工場」(government factories)で製造するまでになった。しかし、国家社会主義は結局景気循環に打ち勝つことができず、「官立工場」は不公平と非効率によって倒産寸前になり、労働者は慈善事業で生活するようになってしまった。そのような状況下で、労働者同盟(the Combined Workers)が、国内一切の財源と機械を掌握する運動を開始する。資本家と結託した政府による大弾圧、労働者大虐殺を経て、労働者の「首領」=「公安委員会」(the Committee of Public Safety)の指導の下にゼネストが起こる。内乱が二年間続き、人々は共産主義か、完全な奴隷状態かの二者択一を迫られ、共産主義を選択する。

堺が翻訳した『理想郷』は、抄訳という性質もあり、世界市場の急速な発展とその危機によって革命が引き起こされたこと、非中央集権的運動組織によって革命が指導されたこと、社会主義思想が中産階級に不断の葛藤を引き起こしつつ浸透していったことなど、モリスがかなりの分量を割いて説明している部分を省略している。また、労働者の様々な才能は、闘争過程の中でのみ鍛えられて開花していくという重要な要素もうまく訳されているとは言えない。しかし、労働が「愉快」となり、芸術創作と同一になれば、人間は最良の形でそれをやり遂げようとする「本能」を持っているという主張と、資本主義下の疎外された労働が消滅すれば「怠惰病」（disease of idleness）もまた消滅するという主張は十分に理解されている。

堺は、この抄訳以降もたびたびモリスの業績や『理想郷』について言及した。晩年の一九二七年にも、主人公が市場の店で精巧な彫刻を施したパイプやタキア葉をただでもらい当惑するエピソードを引用している。立派なパイプをもらって落としたら悪いと遠慮する主人公に対して、未来社会の店の少女は「お落しなすつたら、誰かゞ拾つて使ひませう。そしてあなたは又新らしいのをお使ひなさいましな」と答えた。堺はこの、「一方に物を失ふ人があれば一方にそれを得る人がある。物を失ふという事は深く意とするに足りない」という精神を「××（共産）的の考へ方」として紹介している[12]。

以上、日本の社会主義形成期に大きな影響を与えたベラミー、モリスの理想社会と堺の理解について概観してきた。次に、これらが堺の思想に与えた影響を検討する。

二　家庭改良思想から社会主義へ

一九〇一年から翌年にかけて『家庭の新風味』を著し、家庭改良論の旗手としての地歩を固めた堺は、自覚的な社会主義者となってからも、『家庭雑誌』の編集・執筆活動や海外の社会主義的家族論の訳述などによって家庭問題・婦人問題へのコミットを続けた。その思想の変遷は、福澤諭吉的な近代的（ブルジョア的）男女平等思想からエンゲルス＝ベーベル的な女性問題の階級的把握に至る道程を体現しているかのように見える。つまり、「社会改良から社会主義へ」進歩したと考えることができる。たとえば『家庭の新風味』において、一夫一婦制は厳守すべきものとされていたが、やがてそれは「私有財産制度」によって「女子を駆つて家内の奴隷と為した」ものにすぎないと解釈されるようになる。後者の立場から見れば、家庭問題・婦人問題の真の解決は「私有財産制度」の解体によってしかもたらされない。「自由平等の新社会」すなわち社会主義社会になってはじめて、「直ぐに恋愛に基づいた、清い美しい結婚」が実現する。[13] ところで、このようなエンゲルス的な理想家族像に対しては次のような青木孝平の批判がある。

> エンゲルスの述べる「個人として平等な男女の性愛による結合」なるものは、けっきょくのところリベラリズムの説いた、相互に対等な私的所有者としての契約以上のなにものでもない。そこには、ブルジョア的な商品交換のイデオロギーと区別された、家族に固有のいかなる紐帯も見いだしえない。むしろ家族の内部においても市場経済的な自由・平等の原理の全面的な貫徹を展望し、家族を市民社会一般に解消するロジックであったといえよう。[14]

堺が受容した近代的家族論とエンゲルス的家族論は、「独立した平等な個人をあらかじめ〝実体〟として設定し、その自由な意思にもとづく契約婚を理想のものとする」点では、実は地続きのものである。しかし一方で、堺の家庭論・家族論の展開の中にはエンゲルス流の家族論とは全く別の水脈があり、それはかなり根強く残り続けたことを指摘しなければならない。
堺は『家庭の新風味』で、福澤諭吉の模倣に見えるような新民法論を述べた後、オリジナリティのある「家庭の親愛」論と「家庭の和楽」論を展開している。そこで描かれた理想の家庭とは、家族構成員のみならず友人や知人をも巻き込み、渾然一体の「親愛の情」に満たされ、ともに「和楽」を実現する共同体であった。それは、自立した近代的個人による契約関係ではなく、家庭という磁場が発する「人情」そのものに依拠した共同性を持つ。社会主義者を自認する以前の堺は、その家庭の「人情」を拡大することが社会改良の根本であると考えていた[15]。

只一つ奇麗な清潔な平和な愉快な、安気な、小さい組合がある。それが即ち家庭である。此家庭に於ては、夫は我身を思ふが如く妻を思ひ、妻は我身を思ふが如く夫を思ひ、親は我身を忘れて子を思ひ、家族は互いに我儘を控へて人の便利を計る。実に是れ理想の交りである。我輩の考ふる所によれば、将来の社会は、一国家にせよ、全世界にせよ、すべて此家庭の如き組合にならねばならぬと思ふ。社会の人が総て夫婦、親子、家族の如く相愛し、相譲つて共同生活を営むのが、即ち理想の社会であらう。して見れば今の家庭は理想の社会の雛形である。雛形と云ふよりは種とも芽とも云ふべきで、此家庭より漸々に発育成長して、終に全社会に及ぼすべきものである[16]。

夫婦や親子の「親愛の情」が血縁関係を超えて拡がることで「理想の社会」が形成される。この素朴なイメージが、モリスの構想に接続されていくのである。そこでは、人々は「好な通りに生活して居るのですが、それで自然誰か気の合つた人々と一緒に住む」ことになっていた。『理想郷』抄訳から二年後の一九〇六年、「我輩の家庭主義」と題した論説で、堺は「共産社会」における家庭を次のように描写している。

将来の社会に在つては、家庭とは、只だ意気相投する一群の人の共に住む処で……多くの場合、夫婦、親子が其の中心となつて居るは勿論であらうが、さりとて必ずしも近親血族に限るといふ訳ではなく、隣人、友人、皆な其の好む所に従つて共に住むに支へは無い筈である。固より雇人もなく、居候もなく、掛り人もなく、厄介者もなく、我家と人の家との間に爾く厳重なる区別もなく、往来自由、去就自在、公園と我家の庭とは接続し、公食堂と我家の台所は同じ物になり、家庭は即ち小なる社会にして、社会は即ち大なる家庭と云ふ風になるであらう。(17)

この文章の末尾には、「将来の社会の有様を明瞭に想像したいと思召さるゝ諸君は小生の曩に反訳したる『百年後の新社会』及び『理想郷』を御一読あれ」という注意書が付されている。「公食堂と我家の台所は同じ物」という箇所は、公食堂内に家族用スペースがある『百年後の新社会』の踏襲であろう。だが、ベラミーの家庭は一夫一婦制を前提としており、配偶者を見つけることのできない「独身者」は「世に信用を失つた人々」とされているから、基本的な人間関係の原理はモリスの『理想郷』に依拠している。家庭改良を論じていた時代の堺の理想社会のイメージが、二つの小説に学ぶことによって具体化したのである。

堺が到達した理想社会像は、明治期の社会主義受容の多様性を示している。この「我輩の家庭主義」という論説では、すでに「太古の共産制」――「近代の私有財産制」――「共産社会の再来」という発展段階説が用いられているが、私有財産制は必ずしも全否定されていないことが注目される。すでに触れたように、マルクス主義の受容が進むにつれ、「私有財産制」下の一夫一婦家族は女性の奴隷化という観点から批判的に論じられるようになる。しかしこの段階では、一夫一婦制は「社会進化の必要なる一階段」であり、むしろ「共産社会」に必要な要素を準備したものとして肯定的に評価されていた。堺によれば、財産の共有と共同生活に特徴づけられる「太古の共産制」では、社会全体を「兄弟同胞」と思う「人情」が広がっていた。それがのちに「私有財産制」となり、競争が発生して広い「人情」は喪われる。だが、それは悪いことばかりではない。「私有財産制」がもたらした一夫一婦制によって、「一家族の内部」に「美しき人情」が押し込められ、それが純化されることで「父母、親子の情」が完成したからである。そして未来の「共産社会」は、家庭内で純化され、完成されたその「人情」を「押し広げて元の如く全社会に及ぼす」ことによって実現される。つまり堺は、モリスの理想社会における共同生活に、一夫一婦制家族の「人情」を拡大することによって接近しようとしているのである。したがって「社会主義の実行を期し、真の共同生活の実現を望む者」の使命は、「先づ多くの力を家庭の改革に用ゐ、十分なる社会思想、共同思想を此間に養ふ事を勤め(18)」ることとされる。家庭改良を通した社会主義の実現である。

だがモリスの理想社会における共同生活は、家庭を「種」として「芽」として成長するものではない。それは、資本主義世界システム自体の危機と、それに対応する国家の危機に直面した労働者の闘争によって実現するものである。モリスにとって、資本主義下の家族は婦人抑圧の現場でしかなく、到底理想の「種」にはなり得ない代物である。私有財産制度を転覆することでしか、自由で平等な共同生活は実現できないのである。モリスの『理想郷』は、小説中で男女のロマンスにかなりの紙幅を割いていることからも分かるように、資本主義廃絶と「個人として平等な男女の性愛による結合」をセットにしている点で、エンゲルスと同様の視座に立つ。

エンゲルスやモリスとこの時点の堺との間には、相当な開きがある。堺は彼らのようには私有財産制や一夫一婦制を捉えなかったからである。これを、堺や日本社会主義の後進性に由来する「遅れ」と見なしてしまって本当によいだろうか。堺自身はそれでいいと考えていたかもしれない。これ以降の堺は、さらに発展段階論にのめり込んでいき、私有財産制の崩壊が自由で平等な恋愛の開花をもたらすと主張するようになる。「成行宗の信者」と呼ばれるほどに、一元的唯物史観の虜となる日も遠くない。

だが、明治の家庭改良論と社会主義の「ユートピア」を接合したところに、日本の社会主義が持っていたもうひとつの可能性を見ることも可能である。マルティン・ブーバーの共同生活と社会主義をめぐる考察が想起される。

社会の構造では……いたるところに『社会』という細胞組織　すなわち生きた協力の存在、広範囲に自律的な、内部から自己を形成し変形して行く人びとの共同生活を見出すのである。

社会はまさにその本質からして分離せる個々人からではなく、結合単位とそれら単位の連合とから成るのである。このような社会の本質は、資本主義経済とその国家との強圧によってますます空洞化され、かくして近代の個人化の過程は原子化の過程として完成した。それと共に、古くからの有機的諸形態の多くは、外面的には存在を保ちながらも、意義と精神とにおいては空虚となり、衰頽しゆく組織となった。[19]

人々の共同生活が資本主義と国家によって圧迫され空洞化していく危機の中で、「社会の構造的更新の埒内で、時々に可能な最大限の共同社会的自治を獲得するために闘う」、「いまこの場で、いまこの場の与えられた条件の下で開始する更新を目ざす」思想と運動こそ、ブーバーにとってのユートピア社会主義であった。ブーバーが例としてあげているプルードンやクロポトキンもまた、「共同体の胚珠」として、新生活の「結合の原理」として、家族という最小単位の共同生活に注目し続けた。[20]

堺は、「いま、この場で」開始される家庭改良運動を未来の社会的原理にまで昇華させていく志向をもっていた点において、マルクス主義よりもむしろ西洋のユートピア社会主義と似た着眼点を持っていたと言える。それはマルクスの晩年のノートや「ザスーリチへの手紙」などが示した「社会関係そのものにおける根源的な共同性（Gemeinwesen）の回復[21]」に注目するコミュニタリアニズムの側からのマルクス主義再読を念頭に置いてみても、安易に捨て去られるべき視点ではなかったように思われる。家庭改良とモリス的理想社会が交錯する地点において、堺がアトム的な人間による「自由」な婚姻結合体を超越した「人間の共同体的依存関係」の構想に到達したことは、社会主義のみならず、日本の家族思想や女性思想の歴史の中で、実は特筆すべきことだったのではないだろうか。

三　社会主義・共産主義・無政府主義

堺はベラミーとモリスの双方を未来社会の理想像として提示したが、そもそもモリスはベラミーの社会観・人間観・労働観に対する異議申し立てとして *News from Nowhere* を執筆したのであり、ベラミーの全否定の上にみずからの理想社会を構想している。堺がモリスの執筆動機を知らなかったとしても、一読して互いに対立することは明瞭であり、ある時はベラミー、またある時はモリスという安易な使い分けは許されるものではない。

たとえば、ベラミーの「新社会」では平等な分配が実現されているが、人間の自由が説得的に語られることはない。むしろ自由は、小資本がめいめいに多様な商品を売り捌く競争を引き起こし、混沌に帰結する。だからこそ、高度の資本集中によって国民全体を一大トラストに組み込むこと、国家社会主義を実現することが理想とされるのである。それを支える理念はあくまで〝the vital unity of the family of mankind〟に対する奉仕の精神であり、均等分配と高度の生産性を保つために想定されている機構は上意下達の統制が貫かれるピラミッド型組織である。

モリスが批判したのはこの理想「国家」であり、それに対して自由に任意の相手と共同生活を営み、快楽の中で労働し、生産する「社会」を構想している。政治という行為そのものがなくなり、人間関係は自律的である。社会の成長が国家を侵蝕し、国家の側からの調停を乗り越えてやがて国家自体を廃棄する。つまり、政治の原理が廃絶され、社会の原理だけが残る「ユートピア」である。堺はこの両者の差異をどのように理解し、整合性を持たせたのだろうか。

堺はモリスの抄訳と同年に、「社会主義と無政府主義」と題した講話を行っている。のちに「蕪雑な、不正確な文字」と回想している通り[22]、経済組織の問題と自由の問題を一緒くたにして論じていて分かりづらい講話だが、一九〇四年の段階における二つの理想社会の位置づけはよく分かる。まず、堺は、社会主義・共産主義・無政府主義の差異に即して二つの社会を理解しようとしていた。まず、経済組織における社会主義と共産主義の違いをこう指摘する。

社会主義は生産分配の共同に重きを置き、共産主義は日常生活の共同に重きを置く、又共産主義は現在の政治機関を利用せんとすること少く、社会主義は大いに之を用ゐんとす、そこで近世の社会主義は多く共産主義を言はずに、将来の事は将来の進化に任せると云ふ事になつた……然し終局の理想を云へば二者の間に差がある訳では無く、大概の社会主義者は共産主義を理想として居るのである、然し又、それは社会主義が行はれた上で、多数の人の望みに依つて自然其処に至るであらうと云ふ迄の事で、今日の社会主義が必ずしも共産主義を目的とする訳では無い[23]。

堺は社会主義の目的を「生産分配の共同」に見出した上で、「日常生活の共同」を目的とする共産主義と区別し、共産主義は未来のプログラムであると理解した。しかし、社会主義者もまた共産主義＝「日常生活の共同」を理想としているという指摘は重要である。

この講話のタイトルは「社会主義と無政府主義」であるが、では無政府主義は社会主義、共産主義とどのような関係にあるのだろうか。ここで堺が言っている無政府主義には二つの意味がある。運動としての無政府主義と思想としての無政府主義で、この二つは区別して考えなければならない。運動としての無政府主義とは、広い意味で社会主義者と共産主義の理想を共有する「共産的無政府党」のことである。社会主義者の党つまり「社会党」と「共産的無政府党」の違いは、前者が「合法的の政治運動を以て国家を捕へて之を利用」しようとするのに対し、後者は「破壊主義」で、「直ちに今の国家を破壊して、其の礎の一個でも残らしめぬまでに焼尽して、そうして、其跡に理想の社会を発生」させようとするところにある。「社会主義」とこの意味での「無政府主義」はよく混同されるが、前者がさかんになれば後者は駆逐される、と堺は主張する。もうひとつの無政府主義は自由の思想に関するもので、「我々は個人の完全な自由を得ざる可らず」と考える「個人的無政府主義」である。

このように堺は不十分ながらも社会主義・共産主義・無政府主義を分類した上で、これらをベラミーとモリスの理想社会にあてはめる。

之をユトピアの上に見れば、ベラミーの「新社会」は社会主義で、モリスの「理想郷」は共

産主義より無政府主義に進みつゝあるのであらうと思はれる

これらの堺の理解を整理すると、次のようにまとめることができるであろう。

●ベラミー『百年後の新社会』		●モリス『理想郷』
「社会主義」	――――	「共産主義より無政府主義(24)」
「生産分配の共同」	――――	「日常生活の共同」
「合法的の政治運動」	――――	「破壊主義」（国家の破壊→理想社会）

この時点の堺は、モリスの「理想郷」をベラミーの「新社会」の先にあるものと位置づけ、現実の運動としてはまずベラミー的な「生産分配の共同」を合法的運動によって目指すべきだと考えていたことが分かる。とりあえず現在の政治機関を利用して国家を捕捉し、「生産分配の共同」を実現する（社会主義）。「日常生活の共同」（共産主義）は、その先のプログラムなのである。そうすると、少なくともこの時点では、堺は運動論としての無政府主義つまり「共産的無政府党」の路線は否定していたことになる。

それでは、モリスの「理想郷」を指して「共産主義より無政府主義に進みつゝある」と評した時の無政府主義はどのようなものなのか。それは、自由の実現としての無政府主義を意味している。運動の面では、社会主義合法運動が発達すれば破壊的な無政府主義運動は駆逐されるが、無政府主義の自由の理想が消え去るわけではない。同時期に刊行されたエミール・ゾラ『労働問題』の翻案（一九〇四年）に添えた「附録」には次のような記述がある。

> 社会主義の理想は、資本家階級を全廃して、一切の生産機関を社会全体の手に握り、社会全体を以つて新しき労働組織を作ると云ふに在る。無政府主義の理想は更に一歩を進めて、一切の組織や形式に反対して、各個人が真に自由自在なる生活を為し得るが如き社会を望むのである。無政府主義は爆裂弾か何かを用ゐて現在の社会組織を微塵に打砕かうと云ひ、社会主義は多数労働者の団結に依て、飽く迄平和の間に此社会を進化せしめようと云ふ。斯くて此二者は常に相争うて居るのである。[25]

堺は、現実の運動としては社会主義を支持する。しかし、それはあくまで運動論としてであり、理想の面では無政府主義は社会主義より「一歩を進め」たものと認めている。「無政府主義の理想に至つては、我等も亦常に之を天の一方に望んで居るが、それこそ社会主義の行はれた上の事だと思ふのである」と述べている通りである。モリス的な理想社会における無政府主義、それは「一切の組織や形式に反対」した「自由自在なる生活」そのものであった。運動面ではまず合法的、平和的、国家捕捉的な方向性を選択せざるを得ないが、理想として最上位にあるのは無政府主義＝モリス的な理想社会であり、現社会――社会主義――共産主義――無政府主義という発展段階がイメージされていることが分かる。

ここで、幸徳との共訳で出された『共産党宣言』[26]を想起する必要があるだろう。その第二章には、「平民」が「其政権を以て漸次に一切の資本を紳士閥より奪取し、一切、生産機関を国家の手即ち権力階級を成せる平民の手に集中し、而して能ふ限り速に生産力の全体を増加す」るためのプログラムが書かれていた。土地所有権の廃止、独占的国民銀行による信用機関の集中統一、交通機関の国有化、産業的軍隊の設立などである。しかし、これらはあくまでもその後に続く「各人自由に発達すれば万人亦従つて自由に発達するが如き、協同社会」に至る途上の出来事にすぎない。ベラミーの「新社会」は、この段階で静止してしまった社会である。とりわけ産業的軍隊の設立などは、ベラミーの「新社会」そのものである。一方、モリスの「理想郷」は、次の段階つまり「協同社会」のヴィジョンそのものと言えるだろう。そのことは、『ゴータ綱領批判』の次のくだりを見れば明白である。

共産社会のヨリ高き段階に於いて、即ち個人が分業の下に受けてゐる奴隷的束縛が消滅し、従つて又、精神労働と肉体労働との対立が消滅する時、又労働が最早や生活の為の手段であるばかりでなく、労働その者が生活の第一欲求となる時、更に又、個人の多方面な発達と共に、生産力も増大して、共有財富の有らゆる水源が十分に流れ出す時、その時はじめて狭隘なブルジョア的権利理想を踏み越え、社会は初めて其の旗の上に斯う書くであらう。『能力に応じて各人から取り、要求に応じて各人に與へる[27]!』

レーニンは『国家と革命』の中で、「共産主義社会の第一段階」においては、すべての市民が「一つの全人民的な国家的「シンジケート」の勤務員および労働者」になる、と述べている。それは生産と分配の統制、労働と生産物の計算が貫徹される「労働者の国家」である。この段階で実現される平等な労働と分配には単に階級を揚棄する意味しか与えられておらず、共産主義の理想とは見なされていなかった(28)。

この国家社会主義的プログラムから「協同社会」に至る「過渡期」がどのようなものであるかについて、研究者やマルクス主義者は今日に至るまで論争を続けている。明治日本の社会主義者は、『社会主義神髄』や『我社会主義』を見ても分かるように、「生産機関の公有」や「富財の公平なる分配」が即「自由の王国」への飛翔のように思念していた節がある。人間の自由を抑圧している資本家階級がいなくなれば自由が実現する、という具合である。しかし経済組織を革新することと、自由を実現することは必ずしも一致しない。実際、現実の社会主義国家は最後まで「抑圧の王国」であり続けた。堺は『国家と革命』にさかのぼること十三年前に、平等な分配を実現した「労働者の国家」と、各人が「欲望に応じて」取る「協同社会」の差異を、二つの小説を通して内在的に理解していた。だからこそ前者を「社会主義」、後者を「共産主義より無政府主義」と区別し、モリスの「理想郷」を上位に位置づけることが可能になったのである。

すると、「新社会」から「理想郷」に至る道のり、すなわち「過渡期」とプロレタリア独裁についての考察まではあと一歩である。事実堺は、レーニンが考察の対象とした『ゴータ綱領批判』と『フランスの内乱』の、日本で最初の翻訳者となった。引用した『ゴータ綱領批判』の訳文は、堺本人の手によるものである。山辺健太郎、犬丸義一らによって、もっぱら啓蒙家・宣伝家として評価されてきた堺であるが、[29]マルクス＝レーニン主義全般の功罪はさておき、大正・昭和期まで、場合によっては現在に至るまで続く論争を、一九〇四年に先取りしていたと言える。

おわりに――「ユートピア」と社会への視座

講話「社会主義と無政府主義」から二年後の一九〇六年、堺は同名タイトルの論説を発表し、再びベラミーとモリスに言及した[30]。その論説では、「現社会より国家社会主義を経て社会主義、無政府主義に達し、更に一転して最後の個人主義に入る」と時系列をはっきり示した上で、ベラミーを「社会主義の理想」、モリスを「無政府主義の理想」と位置づけている。これは電車の比喩で、「今日の資本家私有の電車が、一歩を進めて市有となり、更に進んで公有無賃となり、最後に又一転して、個人が別々に随意に使用し得る電気仕掛の自動車の如き者」になる、と説明される。現社会――国家社会主義――社会主義――無政府主義――個人主義という五段階の進化が、なぜか電車の比喩では資本家私有――市有――公有無賃――電気自動車の四段階になっている点に注目しなくてはならない。国家社会主義に「市有」というたとえが与えられ、「公有無賃」のたとえにベラミーの「社会主義」とモリスの「無政府主義」が一緒に押し込まれてしまったからである。

これは堺の運動論に大きな変化が生じたことを意味する。堺の説明によれば、労働者の「自然の団結」によって「新しき経済組織」を作り、ゼネストで既存の「政治組織」を転覆しようとする無政府主義と、労働者の団結で議会の多数派を占め、「真の人民の政府」と「社会の新経済組織」を作ろうとする社会主義の「調和」によって革命が行われるという。一九〇四年には峻別されていた運動論としての社会主義と無政府主義が合体してしまったのである。

この変化は、堺の思想の内在的変化というよりは、幸徳秋水が直接行動派に転向した影響が大きいように思われる。一九〇五年から翌年にかけての入獄と渡米を経て無政府主義に急接近した幸徳は、「社会主義の目的を達するには、一に団結せる労働者の直接行動（ヂレクト、アクション）に依るの他はない」と訴えるに至っていた[31]。今までの普通選挙や議会を通した社会主義の路線も自己批判した。堺は、平民社解散後に結成された日本社会党内で、幸徳ら「直接行動派」と片山潜ら「議会政策派」（普選運動を重視するのがそれまでの社会主義運動の本流である）との統合を図る「中間派」の役割を担わなくてはならなかったのである。

しかし堺は、客観中立の立場で両者を「調和」させようとしたわけではない。実際の態度は、「直接行動派」とは協同歩調をとる一方、議会政策や普通選挙運動にはきわめて冷淡であった。一九〇八年の「屋上演説事件」では「大ストライキ」を呼号するアジテーションを行っており、「議会政策派」に対する攻撃も繰り返している[32]。

そもそも堺は、『萬朝報』記者時代から普選運動へのコミットメントや言及が極端に少なかった[33]。一九〇三年の『萬朝報』論説のように、帝国議会に対する絶望の表明や、「政治の圏外」にある「諸種小団体」の「潜勢力」を蓄積し、議会とは別の「噴火口」を求めるべきという主張はあった[34]。その態度は、普選運動の熱心な唱道者だった幸徳とは明らかに異なる。すでに述べたように、堺は家庭からの社会変革を構想したという意味で、ユートピア社会主義者としての性質を持っていた。政治の革新ではなく、社会の革新にこだわる点で実は一貫しているのである。そして、その姿勢はモリスのヴィジョンに強い親和性がある。一九〇六年の論説「社会主義と無政府主義」で最後の段階に置かれている「個人が別々に随意に使用し得る電気仕掛の自動車の如き者」という個人主義社会の比喩は、個々人が「電気か何かを自由自在に使ふようになつた時代」の物語である「理想郷」のイメージそのままである。

幸徳が議会主義から直接行動論へ、逆に片山が総同盟罷工による社会主義実現から議会主義一辺倒へ激しく揺れた明治社会主義の中で、唯一不動であったのは、堺による社会からの革新の視座であった。そしてその姿勢は、「科学的」社会主義を受容しつつも、それに抗して「ユートピア」の理想を追求した経験に支えられていたように思われる。

付記　本稿は、『初期社会主義研究』第一八号（二〇〇五年）に掲載した同名論文を、文章表現を大幅に改めた上で再録するものである。ただし、内容そのものに変更はない。拙稿に注目して下さった編者・小正路淑泰氏と、かつて読みにくい論文の校正に我慢してお付き合い下さった故・堀切利高氏に、心からの感謝を申し述べたい。

【註】

（1）　幸徳秋水『社会主義神髄』、一九〇三年、『幸徳秋水全集』第四巻、明治文献、一九六八年、五一二頁以下。
（2）片山潜『我社会主義』、一九〇三年、岸本英太郎編『資料日本社会運動思想史』第五巻、青木書店、一九六八年、一一一頁。
（3）岡崎一「平民社とユートピア」『初期社会主義研究』第七号、一九九四年、一六頁以下。また岡崎は、堺の翻案について「*Looking Backward* と堺利彦」（東京大学比較文学会『比較文学研究』第三八号、一九八〇年、七六頁以下）で詳細な検討を加えている。
（4）本間長世「ベラミー『かえりみれば』の現代性」、『エドワード・ベラミー』、研究社出版、一九七五年、三一頁。
（5）以下、原文はGeoffrey Sauer Edition,1996を参照。堺の翻案『百年後の新社会』は、堀切利高編・解題『堺利彦』（『平民社百年コレクション』二）、論創社、二〇〇二年所収のものを参照。現代語訳は中里明彦訳（前掲『エドワード・ベラミー』所収）を参照した。
（6）「百年後の新社会」、『家庭雑誌』第六号、由分社、一九〇三年、一八九頁。
（7）「社会主義の世の中では誰が肥汲みをするか」、『恐怖・闘争・歓喜』、聚英閣、一九二〇年、二七六頁以下。
（8）「社会主義は怠惰を奨励せざるか」、同右二六八頁以下。
（9）A・L・モートン『イギリス・ユートピア思想』上田和夫訳、未来社、一九六七年、一九五頁。
（10）以下、原文は*THE COLLECTED WORKS OF WILLIAM MORRIS VOLUME16, RUSSELL & RUSSELL, 1966* 所収のものを参照。堺の抄訳『理想郷』は、前掲『堺利彦』（『平民社百年コレクション』二）所収のものを参照。現代語訳は『ラスキン モリス』（『世界の名著』四一、中央公論社、一九七一年）所収のものを参照した。
（11）「労働快楽説」自体の批判的検討は、大熊信行『社会思想家としてのラスキンとモリス』（論創社、二〇〇四年)に詳しい。

(12)「入獄前後」、一九二七年、『堺利彦全集』第六巻、中央公論社、一九三三年、三七二頁以下。また堺とモリスの共通点などを考察した論文に、山田眞實「堺利彦のモリス評価」(『同志社大学英語英文学研究』三九、一九八五年、九五頁以下)がある。

(13)『男女関係の発達』(『男女関係の進化』、一九〇八年)、鈴木裕子編『堺利彦女性論集』、三一書房、一九八三年、二九三頁。

(14)青木孝平『コミュニタリアニズムへ 家族・私的所有・国家の哲学』、社会評論社、二〇〇二年、一八一頁。

(15)拙稿「「家庭の和楽」から社会主義へ」(『東京都立大学法学会雑誌』第四五巻第二号、二〇〇五年、三一七頁以下)参照。

(16)「家庭の教育」、『家庭の新風味』、前掲『堺利彦女性論集』、一五九頁。

(17)「我輩の家庭主義」、一九〇六年、同右二三〇頁以下。

(18)「社会と家庭」、一九〇三年、同右一七八頁以下。

(19)M・ブーバー『ユートピアの途』長谷川進訳、理想社、一九六九年、二六頁以下。

(20)プルードンについては、斉藤悦則「プルードンの家族論」(鹿児島県立短期大学『商経論叢』第三六号、一九八八年)に詳しい。

(21)青木前掲、二〇三頁以下。

(22)「日本社会主義運動に於ける無政府主義の役割」、一九二九年、前掲『堺利彦全集』第六巻、四四六頁。

(23)「社会主義と無政府主義」、週刊『平民新聞』第二一号、一九〇四年四月三日、労働運動史研究会編『明治社会主義史料集』別冊三、明治文献、一九六二年、一七五頁。

(24)モリスの思想はマルクス主義に基づいているのか、無政府主義に基づいているのかについては、様々な議論がある。前掲のモートンは、モリスが一、コミューン支持、二、『共産党宣言』支持という点でマルクス主義者であったと考える（前掲二〇八頁）。G・ウドコックは、クロポトキンに近いアナキスト的ヴィジョンを持っていたと考える（白井厚訳『アナキズムI』、紀伊国屋書店、一九六八年、二一一頁以下）。のちに触れるマルクスの「協同社会」をどう捉えるかに関わってくる問題であるが、ここは堺の用語に従っておく。

(25)「労働問題附録」、『労働問題』、春陽堂、一九〇四年、三頁。
(26) マルクス＝エンゲルス『共産党宣言』堺・幸徳訳、週刊『平民新聞』第五三号、一九〇四年一一月一三日、『明治社会主義史料集』別冊四、一九六二年、四三三頁。
(27) マルクス「ゴータ綱領の批評」堺訳、『社会主義研究』一〇月号、一九二一年、一〇八頁。
(28) レーニン『国家と革命』宇高基輔訳、岩波書店、一九五七年、一三六頁以下。
(29) 山辺健太郎「堺利彦」、『日本人物史大系』第七巻、朝倉書店、一九六〇年、一八〇頁以下、犬丸義一「日本社会主義運動の父・堺利彦」、運動史研究会編『運動史研究』一二、三一書房、一九八三年、三五頁以下など。
(30)「社会主義と無政府主義」、『光』第二六号、一九〇六年一一月五日、『堺利彦全集』第三巻、二五八頁以下。
(31) 幸徳「余が思想の変化」、一九〇七年、『幸徳秋水全集』第六巻、一三五頁。
(32) 守田有秋「金曜講演迫害記」、『日本平民新聞』第一七号、一九〇八年一二月五日、『明治社会主義史料集』第五集、一九六二年、二七〇頁、吉川守圀『荊逆星霜史』、一九三六年、『資料日本社会運動思想史』第六巻、一九六八年、四二八頁など。
(33) 明治期の普選運動への消極性については、松尾尊兊『普通選挙制度成立史の研究』（岩波書店、一九八九年）を参照。

（34）「人民の噴火口」、一九〇三年、『堺利彦全集』第一巻、二三七頁以下。この「噴火口」という比喩は、直接行動論への言及の際に再び使われる。

第四章　二十世紀の少年からおぢさんへ――堺利彦における「言文一致」・「家庭」・「社会主義」

梅森　直之

はじめに

堺利彦は、名文家として知られた。「堺さんの文章を読むと、いかにもすら〳〵と、いはんとするところを尽している。およそ達意の文章とはこんなものだらうかと思わせる。苦心のあとなどといふものは、露ほどもない」とは、山川均の評言[1]であるが、堺の文章の特質をとらえてあまりない。しかし、山川はまた、つぎのようにも述べる。「堺さんはどんな短い論文を書くにも、必ず細かなプランを立て、どういふ種類、どういふ知識程度の人に読ませるかによつて、或る具体的な個人を目の前において書くのが常だつた。異常な苦心、推敲、呻吟の結果があの滑脱にして縦横無凝《ママ》の珠玉の文字となった」。堺の「珠玉の文字」の奥底に、「異常な苦心、推敲、呻吟」が横たわっていると想像することは、私のように、「呻吟」するのみの書き手にとっては、一種の救いである。たしかに、堺は、そうした「異常な苦心」を、自らの文章から入念に隠蔽した。しかし堺はそのかわりに、自らの文章論を、ハウ・ツー本の形で残した。一九〇一年七月の『言文一致普通文』と、一九一五年の『文章速達法』は、その代表的なテクストと言いうる。これらのテクストの読解を通じて、文の表面からは注意深く埋められた堺の「苦心」と「呻吟」を、聞き取ることはできないであろうか。名文は名文として鑑賞すべきかもしれない。しかしまた、名文を名文たらしめている「呻吟」を聞きたいと思うのも、「達意の文章」を書きえない人間の、あまり上品とはいえないかもしれないが、切実な要求でもある。

堺の「達意の」口語文体そのものが、かれ自身の「苦心、推敲、呻吟の結果」であったことは、かれの残した初期のテクストを一見すれば明らかである。(2) 大阪在住の時代（一八八九年夏から一八九五年九月）に、浪華文学会の同人雑誌等に執筆した小説・評論・随筆などには、かれ自身、その影響を自認する、(3) 硯友社風の文語体が採用されている。その後、『少年世界』（一八九五年一月創刊）に、例外的に子供向けの口語文のテクストを残しているものの、(4) 一八九九年に『万朝報』に入社するまでのテクストは、その多くが、文語体で書かれている。(5) もっとも、『万朝報』入社後も、堺は、その文章の多くを文語体で書いており、言文一致体をやや本格的に採用しはじめるのは、一九〇〇年半ば以降のことである。(6) また、日記における言文一致体は、翌一九〇一年四月三〇日にはじまる。(7) このようにみてくるならば、一九〇一年七月という、『言文一致普通文』の発行年月日は、特別の重要性を帯びてくる。このテクストは、単なる言文一致文作成のためのハウ・ツー本であるにとどまらず、堺自身が自らの文体の確立を宣言した一種のマニフェストとしての性格をも有している。

さらに、このテクストが出版された一九〇一年が、社会民主党の結成と禁止という日本社会主義史上画期的な年であったことも想起される必要があろう。堺自身は、社会民主党の結成メンバーでこそなかったが、当時、すでに社会民主党に入党を志すほど、社会主義運動に接近していた。(8)堺の文体の確立は、堺の「社会主義」の確立と同時期に行なわれたのである。さらにまた、一九〇一年は、いま一つの堺の記念碑的事業である、『家庭の新風味』のシリーズが発刊されはじめた年でもあった。「家庭改良」もまた、「言文一致」とともに、堺の「社会主義」の初発のこの時期における重要な事業であった。

しかしながら、従来の堺研究においては、こうした「言文一致」へのコミットメントは、決して中心的な論点としては取り上げられてはこなかったし、また、白柳秀湖の堺論のように、例外的にそれが触れられる場合でも、「社会主義運動以外」の文化的活動として位置づけられる傾向が顕著であった。(9)堺の「言文一致」と「家庭改良」や「社会主義」との内在的連関を探る試みは、未だ十分になされているとはいいがたい現状である。(10)以上のような研究状況をかんがみて、本稿では、堺の「言文一致」のコミットメントのなかに、「家庭改良」や「社会主義」をも貫く一貫した論理を読み取ることを試みる。堺の「社会主義」論を「言文一致」の論理の延長線上に位置づけるこうした読解は、堺の「社会主義」論がその初発の地点で有していた、きわめて「国民主義的」な特質を逆照射することになるはずである。以下の叙述は、主として『言文一致普通文』というテクストの読解を中心に、堺にとっての初発の「社会主義」の意味を、「言文一致」と「家庭改良」という三項関係のなかに読み取ろうとする試みである。

一　言文一致

「廿世紀の第一年、即ち明治三十四年において、日本の社会が正に機運に向ツてゐる所の、尤も大なる改良事業はと問はゞ、必ず先ず『言文一致』と答へねばなるまい」[11]。堺は、その著『言文一致普通文』を、このような一節で書き起こしている。堺は、「言文一致」というこのプロジェクトをつぎのように定義する。「『言文一致』とは言と文とを一致せしめるので、必ずしも文を言に一致せしめるのではない。換言すれば、文を言に近づかしめ、言を文に近づかしめ、双方から歩みあはせて一致せしめるのである」[12]。堺にとっての「言文一致」とは、単に話し言葉を書き言葉へと移植するにとどまるものではなかった。堺の言葉を借りれば、それは、「『言文一致』の文章は其のまゝ口に上せて演説となり、演説の筆記は其のまゝ『言文一致』の文章とな」るような、新たな「整頓完備せる言語」の創出であった[13]。

堺のこうした「整頓完備せる言語」への希求は、一面で、それ以前の自らの文体の否定をも意味するものであった。堺は、一九〇一年八月の論説「言文一致事業と小説家」において、かつて自らも大きな影響をうけた尾崎紅葉の文体を、言文一致に害毒を流すものとして、徹底的に論難している。堺の批判の要点は、紅葉とその一派が、その用字法において、「怪しげな漢字漢語を弄ふ」という点にあった[14]。堺によればそれは、「小断」と書いて「こもの」と読ませたり、「閑話休題」と書いて「それはさておき」と読ませる「馬琴大家以来の流弊で、歴史つきの厄介物である」。堺は、紅葉によるその「行列の見本」として、「那《あゝ》も恁《かう》も思って」「そりゃ何有《なあに》、お互いの事だ」等二九の具体例をあげる。

　堺は、こうした現象の原因として、次ぎの七つを挙げる。第一、日本語だけでは十分に意を尽くせないところがあるので、漢字漢語を借りてその不足を補う。第二、かなばかり続いてはよみにくい。第三、耳から入るばかりでは漢字が足りないから、目からも読者を感じさせねばならない、それにはかなではおもしろくない。第四、日本語と漢語（あるいは漢字）とぴったり意味が合うのを選んでおけば、耳と目両方からはいる感じが調和して、特別な一種の美感を与える。第五、日本語と漢語（あるいは漢字）と音が似通い、意味もほぼ同じなのを選んで並べておけば、一種謎のような趣味がある、第六、無学者はかなばかり読み、学者はかなと漢字とをあわせて読み、人々にその力に応じて趣味を感じさせる。第七、あまり広く知られぬ東京の方言の意味を漢字で知らせる。堺は、こうした紅葉の文体に、「辟易する」というまでの嫌悪感をあらわにしている。

　ここにおいて注目すべきは、堺が、紅葉の用字法を、もっぱら目から入る要素において、文章の美を追求する戦略として位置づけている点である。堺の批判は、紅葉の文体のこうした美的要素が、必然的に、複数の意味を産出してしまうという点にあった。堺は、紅葉の文体を、そこで用いられている漢語の「多さ」のゆえに批判しているのではない。堺自身、「いかにもチラリと見て、それで意味の美く分かるのは漢字に限る」ことは、十分に認めていた。問題は、紅葉が、漢語の目から入る要素と耳から入る要素の関係に介入し、その透明であるべき関係を混乱させ、「振仮名が無くては読めぬ文章、即ち注釈付でなければ分からぬ文章、二様に書かねば意の十分に通ぜぬ文章」を生み出し、「日本文の困難、錯雑、不規律」を招いているという点にある。たしかに堺は、漢語を「目からの感じ」と「耳からの感じ」に分解し、それをふたたび独特の方法で節合する紅葉の文体を、「如何にも一種の美である」と評価する。しかし堺は同時に、そうした紅葉の文章の美的要素が、読者に対して、「謎のような趣味」や、「人々をして其力に応じて趣味を感ぜしめる」という多元的・重層的効果を生み出す源泉であることをも理解していた。紅葉の戦略は、書かれた内容とは別に、書き言葉そのものが有する美的要素によって、さまざまな「趣味」を生み出す。こうした「趣味」は、文章の書き手にとって、コントロール不能なものであり、読み手の関心と能力に応じて乱反射し、複数の意味を作り出す。堺が「錯雑・不規律」の名のもとに抑圧しようと試みたものは、複数の意味を重層的に産出するこうした「書き言葉」の機能そのものであった。

これに対し堺がめざしたものは、「耳で聞いて分かる文章」である。「言文一致の盛んに行はれる今日、言文一致を盛んに行ふ小説家達が、漢字の増加を計り、耳で聞くを目的とせぬ文章を作り、ルビがなければ読めぬ文章を作り、和漢あひのこの文章を作るを見て、窃に慨嘆に堪へぬ次第である」。この場合、「耳で聞いて分かる」とは、書き手と読み手の間の直接的な関係を意味している。話し手と聞き手の関係は、書き手と読み手の関係よりも、文章という媒介を経ないがゆえにはるかに直接的である。書き手と読み手の関係が、このような話し手と聞き手の直接的な関係をモデルとして構築されるかぎり、「書き言葉」の意味産出機能は、徹底して抑圧されねばならない。文章は、あたかも話し手と聞き手の間に存在はするものの、通常決してその存在が意識されることのない「空気」のように、無色透明な存在とならなければならない。堺のいう「整頓完備せる言語」とは、書き言葉における見た目の美的要素が徹底的に排除されるところに成立する透明で直接的な単一の「声」に他ならなかった。堺は、そうした言語を創出することにより、書き手と読み手の間の透明で直接的な関係そのものを構築しようとしたのである。

堺の透明で直接的な「整頓完備せる言語」への希求は、かれが正岡子規の「写生文」に対して示した大きな関心からも読み取ることができる。堺は、『万朝報』に入社以後担当した多くの文芸評論において、『ほと、ぎす』とそこにおいて展開された子規の文学的活動に対し、賛辞を贈り続けていた。堺の子規の文学的活動に対する共感は多岐にわたるが、その中で、本稿の文脈において特に興味深いのが、写生文をめぐるものである。例えば、堺は、『ほと、ぎす』誌上の「写実の小品文」を賞し、つぎのように述べる。「近来多くの欧米の情景を写し出だすハ殊に妙。洋行みやげの大々著述ハ世間に沢山あれど、是等小品文の如く真に欧米の生活を個人に感知せしめる者ハ一も無い。それに、客観々々と勉めて写しながら、諸同人の何れにも共通してあるらしき、上品な、質朴な、滑稽な、温和な、同情の深い主観が、自然に文中に現はれて居る所が甚だ床しい[15]」。

ここにおいて、堺の文章観が、明確に姿をあらわしている。堺にとって文章とは、なによりもまず「客観」を「写し出す」べきものであった。子規の「写し出す」文章は、紅葉の「目から」感じさせる文章と決定的に対立する。「写し出す」文において重要なのは、写し出される「客観」と写し出す「主観」であり、文そのものは、あたかも「主観」と「客観」の間の空間のように、透明なものであることが要請される。こうした「主観」と「客観」の二元論的な認識論的構図において文の問題が把握される限り、紅葉流の書き言葉に付随するさまざまな美的要素は、「主観」と「客観」

との間の「写実」という直接で透明な関係を汚染するノイズとして排除の対象とならざるをえないものであった。堺が言文一致によってめざした「整頓完備せる言語」とは、結局のところ、書き言葉としてのあらゆる美的要素を排除したところに成立する、「客観」と「主観」との透明な関係そのもののであった。

しかしながら、「言文一致」へのこうしたコミットメントは、同時に、この時期における堺の新しい人間関係への希求が、本質的に、一定の境界を伴うものであることを示している。堺は、「言文一致」により、直接で透明な「言語」を生み出すことにより、「読み手」と「書き手」の間に直接で透明な関係を作り出そうとした。しかしながら、「言文一致」によって作り出される「言語」が、依然として「日本語」である以上、その「読み手」と「書き手」の直接で透明な関係によって構成される共同体も、「日本」という明確な境界線を有することになる。この意味において、堺の「言文一致」は、他のあらゆる「言文一致」と同様に、「国民主義」的なのである。堺のそうした「国民主義」的志向は、かれが紅葉に対して行なった、「日本語の独立及びその進化を妨げる」という批判や、「文には成るべく全国に共通すべき標準語を撰んでもらひたい」という注文にもうかがえるし、[16]また、堺の絶賛する子規が、陸羯南の主宰する『日本』と、密接な関係を持ちつづけていたことからも傍証される。「整頓完備せる言語」の創出により、「読み手」と「書き手」の直接で透明な関係を作り出そうとする堺の「言文一致」は、「整頓完備」した「日本語」の創出により、直接で透明な関係に立脚する「日本」という共同体を作り出そうとするこころみでもあった。

こうした堺の「言文一致」は、一面で、ベネディクト・アンダーソンがナショナリズムの「文化的根源」と呼んだ、国民国家形成期における認識論的変動の意味と性格とをはっきりと示している。アンダーソンによれば、「国民とはイメージとして心に描かれた想像の政治共同体である」[17]。アンダーソンが、国民を想像されたものと述べる理由は、国民を構成する人々の大多数が、実際には、お互いに知ることも、会うことも、聞くこともないにもかかわらず、お互いに同胞であると意識しているという点にあった。逆にいえば、国民とは、こうした想像を可能とする認識論的技術的発展を待って出現した、きわめて新しいタイプの共同体である。堺の「言文一致」も、こうした新しいタイプの共同体を「表示」する技術的手段を創出する試みとして考えることができる。堺の「言文一致」は、「整頓完備」した「日本語」の創出により、「実際には、お互いに知ることも、会うことも、聞くこともない」人々の間に、透明で直接的な関係を生み出そうとする営みであった。

二　家庭改良

しかしながら、こうした日本における言文一致の一般的な評価をこえて、堺の「言文一致」のユニークさを求めるとするならば、堺が、こうした「整頓完備せる言語」を創出すべき分野として、手紙というジャンルを特定した点があげられよう。堺が、手紙を特に重視したのは、一見、言文一致を普及させるうえでの戦略的な理由であったように思われる。「何人でも是非書かねばならぬ文章は手紙であります。手紙ほど普通な文章はない。又手紙ほど必要な文章はない。著者は『言文一致』の実行を少しも早く手紙に及ぼしたいと思ふ」[18]。しかし、堺が、手紙というジャンルを特定した理由は、単に「言文一致」の普及上の利便性にとどまらない。堺のつぎの説明は、かれ自身が言文一致という文学的プロジェクトに込めた「政治」的意図を示してあまりあるものである。

凡そ徳川時代の風俗の今日まで尤も多く保存せられてゐるものは蓋し手紙の文であらう。我々日本人は維新の革命を経て、シルクハットをかぶり、フロックコートを着し、汽車に乗り、牛肉を食ひながら、手紙の文面だけは、一筆啓上、左様然らば、益々御健勝、貴殿其方、拙者爰許、奉存、御座候、恐惶謹言と並べ立て、丁髷、裃、両刀、其の外を連想せしめる次第である。抽象的に之を言へば、憲法治下の立派な人民でありながら、手紙の上には卑屈、畏縮、阿諛、追従等の奴隷的語気が充満してゐる。それでなければ、尊大、横柄、高慢等の専制貴族的語気が現はれてゐる。子供の手紙が老人の言草のやうであつたり、夫婦間の手紙が初対面の口上のやうであつたりするのも、皆おなじ訳から来るのである。我々は何時までこんな馬鹿げた手紙をかいてゐるのか。それと気がついたら早速に止めてしまつて、此の『言文一致』を採用すべきである[19]。

この手紙論は、前述した紅葉批判とアンダーソンのナショナリズム論との延長線上にある。維新革命を経て文明化し、いまや憲法治下の立派な人民となった「我々日本人」の間には、個人と個人との透明で直接的な関係が成立しているはずである。しかしながら、現在、この個人と個人とを媒介する「手紙」の文面には、その用字法において、あやしげな「漢字漢語」が弄ばれている。こうした言葉は、なによりも「目から」、前近代的な関係性を喚起する。現在の手紙の文面は、透明で直接的であるべき「日本人」の関係を、「卑屈、畏縮、阿諛、追従等の奴隷的語気」や「尊大、横柄、高慢等の専制貴族的語気」によって著しく汚染している。手紙における文面の変革は、結局のところ、その手紙をやりとりする人間同士の想像された関係の変革へと帰着する。言文一致の手紙は、個々の人間関係から、歴史文化的なノイズを取り去ることにより、透明で対等な関係に立脚する「日本」という新しい共同体を想像可能とする一つの技術なのである。

堺は、こうした新しい関係が、まず家庭で実現されるべきであると考えた。堺は、『言文一致普通文』の文例を、「親しき間の手紙」からはじめる。そこには一六の文例が収められているが、そのうち、最初の九つが家族・親戚の間でかわされた手紙である。これらの文例は、書き手として、大阪の出張先から留守宅の妻へ手紙を書く夫や、海外留学中の夫へ手紙を書く妻、国元の妻へ東京への滞在の延長を知らせる夫や、許婚との結婚を故郷の父に断る息子などの状況が想定されている。文例はどれも、近況や自らの感情を、率直に書き綴ったもので、書き手と読み手の間の親密で対等な関係を、きわめて巧妙に写し出している。

堺のこうした文例は、山田美妙によって激賞されたほか、その他の多くの書評において好評を博した[20]。しかし、こうした文例の「成功」を、単に言文一致という形式にのみ還元するとすれば、それはミスリーディングとなろう。この文例の新しさは、単に文章の斬新さではなく、むしろそうした文章によって写し出された対等で親密な人間関係そのものの新しさによるところが大きいからである。そして、その人間関係の新しさは、堺自身が文章に求めた「写し出す」という機能をはるかに逸脱する射程を有するものであった。
こうした文例のうち、「廿世紀の少年からおぢさんへ」と題された一文を取り上げてみよう。それは「弁吉」という少年から「おぢさん」へ宛てられた、以下のような手紙であった。

おぢさん、僕はこれから言文一致で手紙をあげますよ、此の間僕の先生が、御座候だの可有之だのといふ手紙の文は、二十世紀の少年に不似合いだと云つたから、それで僕は断然旧弊の手紙をよしてしまつたのです、うまいでせう、僕の言文一致は、
僕は昨日ペスをつれて高崎川に游ぎに行ったのです、おぢさんはペスをしっていましたっけね、知っていますとも知っていますとも。そら何時か、僕がまだ東京に居た時、黒田さんの処から小さな奴を貰つて来て、だん〳〵それを育て、やって、とう〳〵汽車にのせて此処まで連れて来た奴ですもの、ペスはよく游ぎますぜおぢさん、高崎川の一番深い処が丁度僕の肩まであるのです。ペスの奴、背が立たないものだから、一生懸命に游いで僕についてくるのです、かわいゝぢやありませんかねえおぢさん、
おゝ忘れてゐた。此の間はおぢさん鉛筆だのペンだの筆だの送って下さって有がたう、僕の学校で僕ぐらゐ鉛筆を沢山持ってゐる者はありやしない、
もうよさう、おぢさん左様なら、

弁吉

八月三日

富田のおぢさん[21]

この文例では、「おぢさん」と「弁吉」という年長者と年少者の間に存在するあらゆる権力関係が、みごとなまでに消去されている。たしかに「弁吉」は、鉛筆やペンを送ってもらったことにより、「おぢさん」に物質的な負債を負う。しかしその引け目は、「弁吉」の「二十世紀の少年」という自負により、完全に清算されているのである。その結果、二人の間には、透明で直接的な関係が成立している。「弁吉」が「おぢさん」に手紙を書いているのは、鉛筆やペンをもらったからという物質的理由でも、親戚だからという形式的理由でもない。この対等な二人の人間は、お互いがお互いを思いやる親密な感情のみによって結びついている。美妙は、こうした堺の文例を批評し、それを「語は短くして情は深い」と表現した。[22] 堺は、短い「語」で、すなわち、通常の手紙の書き言葉に付随するあらゆる形式的・美的要素を刈り込むことによって、「弁吉」と「おぢさん」との間の深い「情」を描き出すことに成功したのである。

ところで、この文例に登場する「弁吉」とはいったい誰なのか。かれに鉛筆とペンをあたえた「おぢさん」とは、何者であろうか。「廿世紀の少年」という「弁吉」の肩書きは、こうした新しい人間関係の構築が、将来において実現されるべき未完のプロジェクトであるという堺の認識を暗示している。そもそも、この文例に描かれたような対等で親密な人間関係が、このテクストが書かれた明治三〇年代の日本に、どれほど現実に存在していたであろうか。言文一致の手紙のモデルとして、堺が、社用で出張したり、海外へ留学するという、極度に近代的な、逆にいえば当時としてはいささか現実離れした家庭を設定しなければならなかった理由も、おそらく当時の現実の家庭には、こうした人間関係を見出しにくかったからではないか。堺の文例は、けっして現実の家庭を「写し出し」たものではない。むしろ将来において成立すべき理想の「中等階級」の家庭像を先取的に描き出したものであった。堺にとって、「言文一致」は、そうした家庭において成立すべき、未だ存在しない対等で親密な人間関係を想像可能なものとする技術として考案された。

三　社会主義

「弁吉」とは誰か。この名前は、一九〇二年、『家庭夜話』第一編に掲載された、エミール・ゾラの『多産』からの翻案小説、「子孫繁盛の話」において、再び登場する。「子孫繁盛の話」は、「仏蘭西」の「巴里の近在の三多摩と云ふ野原」に入植した風間周之助と妻鞠尾が、勤勉な労働と夫婦の助け合いにより、七男五女を育て上げ、富を貯え、ついには一家一族三百人以上を集め「金剛石婚式」を開くまでの物語であるが、「弁吉」は、この周之助と鞠尾の末っ子として登場する。「弁吉」は、この「金剛石婚式」の時、既に四三歳であったが、「多産」を旨とする風間一族のなかでは例外的に独身で、「只何となく将来を夢みて」いる人物である。[23] その「弁吉」は、「金剛石婚式」のお祝いにアフリカから駆けつけた一族の一人から、「アフリカの新天地の美」と「旧世界の事物の小にして且つ愚なる」ことを説き聞かされ、ついにアフリカ行きを決意する。「弁吉」とは、「旧世界」には適応できず、「新天地」をめざして旅だって行く人物の名であった。

こうしたゾラの翻案小説における「弁吉」の性格規定は、『言文一致普通文』に登場する「弁吉」少年の「住処」についても、一定の暗示を与えてくれる。堺は、この時期、「子孫繁盛の話」に続き、「百年後の新社会」（エドワード・ベラミー『回顧』の抄訳、『家庭雑誌』第一巻第六号掲載、一九〇三年八月）、「理想郷」（ウィリアム・モリス『無何有郷の消息』の抄訳、週刊『平民新聞』第八号～二三号、一九〇四年一月～四月）と、社会主義的なユートピア小説を立て続けに翻訳していく。これらの翻訳小説において印象的なのは、堺の簡潔な文体が、資本主義の悪影響が排除された時点で成立するであろう、透明で対等な人間関係を生き生きと描き出している点である。例えば、「百年後の新社会」は、一八八七年からタイムスリップしてきた主人公が、紀元二〇〇〇年の住人たる「博士」の案内で未来社会を見聞する物語であるが、そこおいて、ある少年と紳士との関係は、次のように描かれている。「そこに給仕の少年がはいって来た。給仕とはいへ、人品のある、相応の教育を受けたらしい容貌である。医士は何やら云ひつける、少年は一々承知して引き下がる、其の様子を見るに、云ひつける方でも向ふを軽蔑するやうな風は無く、云ひつけられる方でも別段に恐縮するやうな所は無い」。主人公は、こうした「給仕」と「医士」との関係をいぶかる。紀元二〇〇〇年の世界の住人たる「医士」は、それに対しこのように答える。「総て我々の働くのは、此の国民の為にするのですから、給仕であらうが、何であらうが、少しも恥づる所は無いのです。……今日はアノ少年が私の為に給仕をするが明日は私がアノ少年の為に診察をするかも知れません。そんな事に貴いも賤しいも在ったものではない。[24]」

この「少年」と「医士」との関係は、『言文一致普通文』における「弁吉」と「おぢさん」の関係を髣髴とさせる。「百年後の新社会」は、「国家社会主義」の実現により、貨幣というものが消滅した社会である。人々は、生活必需品を悉く国庫から直接に分配され、ただ、「名誉及び他人の感謝」という奨励によってのみ労働する。この結果、「少年」と「医士」の間には、年齢や富や社会的地位に由来するあらゆる差別が消去され、透明で対等な関係が成立している。両者を結びつけているのは、対等な互恵的関係に立脚した同じ「国民」としての共同体意識である。「弁吉」とは、結局のところ、この「百年後の新社会」にふさわしい少年ではなかったか。『言文一致普通文』の「親しき間の手紙」は、「社会主義」が実現した後に成立するべき国民同士の関係を写し出したものではなかったか。であるとするならば、「言文一致」というプロジェクトには、「社会主義」というプログラムがあらかじめ組み込まれていたことになる。堺にとって、「言文一致」とは、未だ存在しない透明で対等な関係に立脚する「社会」という新しい共同体を、想像可能なものとするプロジェクトとして展開された。

この意味において「言文一致」は、この時期における堺の「家庭改良」と「社会主義」の双方を貫く、屋台骨であった。一九〇四年四月の論説「社会と家庭」は、堺の「社会主義」がその初発の地点でもっていた、こうした「言文一致」と「家庭改良」との「国民主義」的な三項関係を、明瞭に示している。この論説において、堺は、「社会」と「家庭」とを、同じタイプの関係によって構築されるべき、同種の共同体と見なしている。

社会とハ何ぞや、人の共同生活が即ち社会である。家庭とハ何ぞや、人の安んじて生活する所が即ち家庭である。人が安んじて生活するにハ是非とも多数が共同せねバならず、多数が共同するのハ即ち安んじて生活せんが為である。されバ家庭も社会も其目的ハ同じであって、家庭ハ即ち小なる社会、社会ハ即ち大なる家庭である。(25)

われわれはすでに、堺の「言文一致」というプロジェクトが、現実の人間関係に存在するさまざまな封建的なノイズを除去し、透明で対等な関係に立脚した「家庭」という新しい共同体を想像する試みであることをみてきた。堺の「社会主義」も、こうしたロジックの延長線上にある。もっとも、この場合、「社会」という共同体の想像を困難なものとしている主要なノイズは、「家庭」の場合におけるそれのような伝統的な封建主義ではなく、資本主義という新しい制度によってもたらされるさまざまな害毒である。「然るに社会の組織が複雑となるにつれて、或ハ階級制度、或ハ資本制度の国家となり、社会ハ其人民全体の共同生活では無くて、少数なる或一部の人の我儘を働く所となった。それと同時に、家庭も亦其影響を受けて、家庭ハ其家庭全体の安んじて生活する所では無く、只其主人一人の威張って暮す所となった(26)」。しかしながら、主要なノイズの出所は異なっても、そうしたノイズが除去されたところに成立すべきものが、透明で対等な関係に立脚した新しい共同体であることは、「家庭」の場合も「社会」の場合も同様であった。こうして、「家庭」と「社会」が、同じタイプの想像の共同体として措定される時、「社会主義」もまた、「家庭改良」の延長線上に存在することになる。

斯くの如く、社会も家庭も共に其目的に違つた者となつて居るが、比較的、其いづれ理想に近きかと云へバそれハ社会でハ無くて家庭である。請ふ今の社会を見よ。今の社会の現象は、悉く是れ権勢利禄の争奪でハ無いか。それに比ぶれバ、家庭の中にハ義理あり人情あり、遥かに善く共同生活の本義に叶つて居る。故に、此社会の中に家庭のあるのハ、暗黒の中に光明の輝くが如く、濁流の下に清泉の湧くが如きものである。……社会主義の主張する所ハ、畢竟、善良なる家庭に行はるゝが如き共同生活を、社会全般に行ひたいと云ふのである。男子ハ多く外に在つて繁劇なる事務に従ひ、女子ハ多く内に在つて家事を務め、老人ハ老人、小児ハ小児、皆それ〴〵の才力に応じたる労働を為し、而して銘々の必要に応じて公平なる分配を為し、常に相愛し相扶けて生涯を送る、是れが即ち善良なる家庭の生活であって、社会主義の主張は実に此外に無いのである。(27)

堺が想像した「社会」という共同体は、たしかにあまりに理想主義的でユートピア的であった。しかし、それは堺の「社会主義」が、決して実践的な意味を持ち得なかったということを意味するわけではない。堺は、そうした理想的な共同体を、まず「家庭」において実現しようと試みた。そしてそうした目標を実現するための実践的なプログラムが「言文一致」であった。「言文一致」の手紙で媒介されるような、透明で対等な人間関係をまず、「家庭」において実現し、さらにそうした「家庭」で「社会」全体を埋め尽くしていくことにより、透明で平等な関係に立脚する大きな「共同体」を作り上げていくこと。堺にとっての「社会主義」は、結局のところ、透明で対等な人間関係をいかに構築していくかという実践的プロジェクトとして開始された。そしてそれは、「言文一致」という論理に貫かれることにより、確かに戦略的な領域にも確実に根を下ろしていたのである。

しかしながら他方で、堺の「社会主義」が、「言文一致」によって貫かれていたということは、それが「国民主義」の論理を必然的に抱え込むものであったことを示している。たしかに堺は、「社会」という共同体を、決して「国民国家」に限定しているわけではない。「将来の社会は、一国家にせよ、全世界にせよ、すべて此家庭の如き組合にならねばならぬ(28)」。しかし、こうした「相愛し、相譲」る人間関係の構築が、「言文一致」というプログラムで構想されているかぎり、こうした関係の変革が及ぶ範囲は、「日本語」が通用する範囲に限定される。「言文一致」の変革のプランに立脚するかぎり、「家庭」から「一国家」へと理想的な関係を推し進めていくことはできても、それをそのまま「全世界」へと広げて行くことはできない。「全世界」へ理想を広める「主体」は、決して「個人」や「家庭」やさまざまな「集団」ではなく、あくまでも「日本国民」でなければならなかった。

「社会主義」が本来的に有する普遍主義的志向と「言文一致」がはらむ「国民主義」を媒介する論理を、この時期の堺のレイシズムをめぐる議論において確認しておきたい。堺は、一九〇三年の論説、「人種的反感」において、一方で帝国主義列強の黄色人種差別を批判しつつ、他方で、アジアの近隣諸国民や、アイヌや被差別部落民に対する「日本人の態度」を問題化することを試みた。

或ハ四海兄弟と云ひ、或ハ博愛人道と云ふ。勝ち誇りたる欧米白人にハ真に是等の語を解すること難かるべし。吾人ハ信ず、苦労人たる日本人種の如きにして、始めて真に是等の語を解するを得べし。日本人たる者、若し白人の人種的偏見を憎み、其人種的反感に苦まバ、乃ち深く内に省み、我が偏見を去り、我が反感を棄て、真に純潔なる人類同胞の思想を此日本の地より発生せしめんことを期すべきなり。(29)

たしかに、堺のこうした「人種的反感」に対する怒りは、平等で対等な関係の構築をめざす「社会主義」の延長線上に位置している。しかしながら、それはまた、きわめて「国民主義」的なものでもあった。「アイノ《ママ》」をはじめとする「日本国内に於ける劣敗人種」とされた人々へのかれの「同情の涙」は、「彼等も亦日本国民なり。彼等も亦同胞人類なり」という形で、一度「日本国民」へと統合されることなくしては、「人類」という理想へつながっていきえないものであったからである。「全世界」において成立すべきは、あくまでも「国民」と「国民」との間の透明で直接的な関係であり、「国民」内部の言語的・文化的差異は、「社会主義」の名の下に、経済的不平等とともども、平準化されねばならなかつた。

「社会主義」によって内部的な差異を抹消された理想的な「国民」という共同体は、やがて、その外部に、理想的な人間関係構築のスペースを求めて膨張を開始することになる。「日本にも北海道やら、台湾やら、其外、支那、朝鮮、南洋、布哇、アメリカ、到る処に新天地が横たはつて居る。周之助、鞠尾、彦六、弁吉のような勇者は無いか知らん」(30)。堺が、『子孫繁盛の話』の最後に付け加えたこの一文は、堺の初発の「社会主義」の「国民主義」的な論理に組み込まれた、「帝国主義」

的衝動をも暴露して余りあるものである。

おわりに

堺の「社会主義」を貫通する「言文一致」の論理に着目することにより、堺の「社会主義」論の特質もまた明らかとなる。堺の「社会主義」は、その初発の志向性において、「国民主義的」なものであった。堺の目に映った世紀転換期の「日本」は、未だ封建道徳に由来するさまざまな身分意識を脱しえず、また、既に資本主義の発展により階級対立の危険にさらされた、分裂せる共同体であった。堺は、「家庭改良」によりこうした封建道徳を排除し、また「社会主義」により階級対立を回避して、この分裂する現実の彼岸に、平等な個人の関係に立脚する新しい「国民」の共同体を垣間見ようとしたのである。また堺が、『平民新聞』誌上の「予は如何にして社会主義者となりし乎」において、「予の社会主義は、其の根底においてはヤハリ自由民権説」であると述べていることは、こうした「国民主義」的な志向性を示すものとして興味深い(31)。「言文一致」の文章論のスタイルに習い、「自由民権説」から、あらゆる歴史的ノイズを取り去れば、そこに近代ナショナリズムの論理が現出することになろう。この意味において、堺の「社会主義」は、近代ナショナリズムの、世紀転換期の日本における純粋な発現形態として位置づけられるように思われるのである。

こうした堺にとっての初発の「社会主義」が、その他の初期社会主義者との比較において、どのような位置を占めていたのかは、他の初期社会主義者の文章論・文体論の検討を含めて、慎重な考察を要する課題である。本稿においては、ただ、堺の「社会主義」が、「言文一致」という論理に貫かれることにより、幸徳秋水の「志士仁人」的な「自己犠牲」とも、安部磯雄らキリスト教社会主義者の「博愛」とも、さらには大杉栄ら一世代後の社会主義者の「科学的社会主義」とも異なった、より近代的ナショナリズムの純粋形態に近い位相を持ち得ていたのではないかという見通しのみを述べておく。さらにこうした堺の「社会主義」の「国民主義」的性格が、その後の「社会主義」理解の深化や、さまざまな社会情勢の変化のなかで、どのように変化し、また持続していくのかという問題も、本稿の叙述を超える問題である。ここでは最後に、堺の文章論のその後について、ごく簡単に触れ、拙い考察の締めくくりとしたい。

堺は、『言文一致普通文』の出版から一四年後の一九一五年、『文章速達法』と題する文章論を再び世に問うた。『文章速達法』には、もはや前著のように、「言文一致」を啓蒙する字句はなく、この十数年の間に「言文一致」が、新しい国民語として定着したことをうかがわせる。文体がもはや問題にならないだけ、『文章速達法』は、より多くのページを、具体的な文章論・作文法にあてている。その意味において、『文章速達法』は、『言文一致普通文』よりもはるかに詳しくまた整理された文章論であるといいうる。しかし、そうした表面上の差異にもかかわらず、文そのものに対する堺の態度は、この両テキストにおいて一貫している。例えば本書の第六章は手紙文の書き方にあてられているが、その前半は、『言文一致普通文』の文章がそのまま採録されている。文章とは「客観」をそのまま写し出すべきものとする「写生文」以来の認識も不変である。「或人は斯う云つた。文章を書くのは写真を写すと同じ事である。目はレンズで、脳髄は種板である。筆で字を書くのは、其の種板を現像するのであると」[32]。

よい文章の具体例として、文例が挙げられていることも『文章速達法』と『言文一致普通文』の共通点である。そして『文章速達法』の文例として最後に挙げられているものが、「丸い顔」と「暮春の古服」と題された、堺自身の手になる二つの記事である。「『神戸、夢野』と云ふ処書が既に何か人に物を思はせる力を持って居る。『小松春子』と云ふ名が又如何にも柔しい、しほらしい感じを人に与へる」という書き出しで、「丸い顔」ははじまる。そしてそれは、「春子さんは今後まだ幾年、二月に一度の手紙を待つのだらう」という文章で閉じられる[33]。一方、「暮春の古服」が写し出すのは、次のような風景である。

近森君の老父母の居る処は、まだ此処から一里半も奥の方だと聞いて、残念ながら行く事は見合せた。菊ちゃんも其処で育てられて居るとの事。学校の成績は大抵甲で、模範生とやら云ふ者になつて居る由。菊ちゃんの顔だけは是非チョット見たいとも思つたが、然し又、見ねば見ぬ所に趣きもあると思つた。彼処の彼の山の突き出た処の麓に、朋友の遺子が祖父母に育てられて、成績優等で学校に通つて居るかと、遠方から打眺めて想像するのも、亦一つの風情であつた。近森君の墓も矢張り其処に在るので、参詣は止にした。……高屋から帰つて電報を打つて置いたから、今夜は繁子さんが此処まで来て呉れるだらう。繁子さんは兎にかく今里方に帰つて居る。是も自然の成行だらう[34]。

いずれも、堺が、一九一一年三月から五月にかけて行なった、「大逆事件」被告の遺家族慰問旅行の際の紀行文である[35]。「丸い顔」は、無期懲役で、当時長崎監獄へ収監されていた小松丑治の家族を、「暮春の古服」は、岡山の高屋に、処刑された森近運平の遺族を訪ねたときの文章である。『文章速達法』は、その文章論の連続性にもかかわらず、『言文一致普通文』とは、やはり異なったテクストとなっている。『文章速達法』において、堺は、不機嫌そうに、次のように繰り返す。「文章は教へられるものでない、自分で工夫するより外はない[36]」。「自分の考へた事、感じた事、知て居る事を、其儘に描き現はすのが最も善き作文の方法である。故に別段考へた事もなく、別段感じた事もなく、別段知って居る事もない場合には、文章を書くべきでない[37]」。堺の文章は、透明で対等な関係に立脚した新しい共同体に生きる、「二十世紀の少年」を写し出すものとして生み出された。しかしながら、その一四年後に、それが実際に写し出したものは、国家の組

森近運平の妻繁子と長女菊代。森近関係弓削家資料より。森近運平を語る会提供

織的暴力により引き裂かれた、いくつかの「家庭」の断片であった。

【註】

(1) 山川均「文章人としての堺さんの一面」(『からす』日本評論社、一九三五年)二二三～二二四頁。

(2) 以下の叙述は、堺の文体や文体論についての先行研究として、山本正秀『言文一致の歴史論考』(桜楓社、一九七一年)に多くを負う。とりわけ本書の一四章、堺枯川の言文一致活動は、当該の主題にとって、ほとんど唯一の本格的研究でありつづけている。

(3) 堺は、一八八九年初春に、東京遊学に「失敗」し、帰国するが、その際の記述に、「紅葉の『二人比丘尼』をただ一冊持って帰国した」(堺利彦『堺利彦伝』中公文庫、一九七八年、一一〇頁)とある。

(4) 山本、前掲書、二五八頁。

(5) 同右、二五九頁。

(6) 同右、二六一頁。

(7) 同右、二六二頁。

(8) 「三十歳記」の一九〇一年五月二〇日の条に、「片山潜、木下尚江、河上清、幸徳伝次郎等が社会民主党といふを組織した、予も入党する筈であったが、今日内務大臣から結社を禁止された」とある。『堺利彦全集』第一巻、中央公論社、一九三三年(以下『全集1』と略記)三九八頁。

(9) 白柳秀湖『歴史と人間』千倉書房、一九三六年、四七四～四八八頁。

(10) 柄谷行人『日本近代文学の起源』(岩波書店、二〇〇八年、初版一九八〇年)は、言文一致という文体の問題を、思想的に考察した先駆的業績である。本稿は、この柄谷の業績に、問題構成上の発想の多くを負っている。

(11) 堺利彦『言文一致普通文』(言文社、一九〇一年七月、ただし本稿では一九〇四年五月発行の第一七版を使用)一頁。『全集1』、四八八頁。

(12) 同右、一一～一二頁。『全集1』四九二頁。

(13) 同右、一二頁。『全集1』四九三頁。

(14) 堺利彦「言文一致事業と小説家」(『新文』第一巻第四号、一九〇一年八月、山本、前掲『言文一致の歴史論考』五四二～五四五頁に収録)。

(15) 堺利彦「十九行評論」(『万朝報』一九〇二年三月二六日)『全集1』二〇九頁。

(16) 堺、前掲「言文一致事業と小説家」。

(17) ベネディクト・アンダーソン、白石隆・白石さや訳『想像の共同体』(リブロポート、一九八七年)一七頁。

(18) 堺、前掲『言文一致普通文』一五頁。『全集1』四九四頁。

(19) 同右。『全集1』四九五頁。

(20) 山本、前掲書、二七八～二八一頁。

(21) 堺、前掲『言文一致普通文』四一～四二頁。『全集1』五〇四～五〇五頁。

(22) 山田美妙「よろず文学」(『万朝報』一九〇一年七月一五日(前掲、山本、『言文一致の歴史論考』二七九～二八〇頁に収録)。

(23) 堺利彦「子孫繁盛の話」(内外出版協会、一九〇二年)一六八頁。『全集2』、五八九頁。

(24) 堺利彦「百年後の新社会」(『家庭雑誌』第六号、一九〇三年九月二日)『全集2』、四八〇頁)。

(25) 堺利彦「社会と家庭」(『万朝報』一九〇三年四月二九日)、『全集1』、二九六頁。

(26) 同右。

(27) 同右。

(28) 堺利彦『家庭の新風味　第六編家庭の教育』(内外出版協会、一九〇二年九月)四九二頁。『全集2』、二二三頁。
(29) 堺利彦「人種的反感」(『万朝報』一九〇三年七月二八日)、『全集1』三一〇頁。
(30) 堺、前掲『子孫繁昌の話』一七二頁。『全集2』五九〇頁。
(31) 堺利彦「予は如何にして社会主義者となりし乎」(『平民新聞』第八号、一九〇四年一月三日)、山泉進『社会主義事始』(社会評論社、一九九〇年)所収、一〇五頁。
(32) 堺利彦『文章速達法』(実業之世界社、一九一五年)一三九頁。
(33) 同右、二三〇〜二三三頁。
(34) 同右、二四〇〜二四二頁。
(35) この旅行の詳細については、山泉進「冬の時代」の若葉、青葉の旅—堺利彦の「大逆事件」遺家族訪問旅行」(『初期社会主義研究』第八号、一九九五年)に詳しい。
(36) 堺、前掲『文章速達法』一頁。
(37) 同右。

第Ⅱ部
「冬の時代」を越えて

売文社時代の堺利彦。1917（大正6）年。みやこ町歴史民俗博物館所蔵

第五章　堺利彦と「冬の時代」

山泉　進

はじめに

二〇〇一年三月の終わり、東京の桜も満開の頃にパソコンに向って文書を書き始めたのであるが、そうだ、ちょうど九〇年前の三月三一日、まだ東京駅が出来ていない頃、新橋ステーションから東海道線に乗って、ここでの話の主人公は京都へ向っている、などと記憶をたどっている。その記憶の先、さらに一〇年前、つまり一九〇一年五月、日本で最初の社会主義政党である「社会民主党」が創立されて百年、こんなことを憶えている人もほとんどいないのかも知れない。考えてもみれば、二一世紀の始めのこの年、日本より少し遅れてアメリカ社会党やロシアの社会革命党が結成されたことなどは、ほとんど霞の彼方にいってしまったであろう。そして、イギリス労働党が一年早く昨年百年を迎えていたことなども日本ではほとんど話題にもならない。わたしは、当時の治安警察法によりたちまちのうちに結党を禁止されてしまった「社会民主党」の記念のために、ドキュメントをまとめて『社会主義の誕生――社会民主党一〇〇年』（論創社）と題する本を作成している。ついでに言えば、ここでの主人公、堺利彦はこの党の創立者六名のなかに名前を連ねてはいない。もちろん、当時『万朝報』に勤めていた堺は幸徳秋水とともに参加するはずであった。しかし、妻美知の病状が進行し前年八月には鎌倉への転地療養を余儀なくされ、さらには「社会民主党」が禁止された直後の五月二二日には、妻の病気が結核であることを知らされ、日記には「子が死ぬる、親友も少からず死ぬる、そうして終に女房も死にさうになっている。此の次には自分が死ぬまでの事だ。」（「三十歳記」）というような具合で、とても創立の準備会に参加できるような状態ではなかった。

一　赤旗事件

今から、九〇年ほど前の話になるが、一九〇八（明治四一）年六月、筆禍事件で入獄していた山口孤剣の出獄歓迎会が東京、神田錦町にあった錦旗館で開かれた。当時、日本の社会主義運動はその運動方針をめぐって、従来通り普通選挙を実現することにより議会で多数派を占め社会主義的政策を行っていこうとする「議会政策派」と、議会よりも労働者を組織してゼネストによる権力奪取を重視しようとする「直接行動派」に対立していた。堺は何とか両派をまとめようと苦心をしていたのであるが、ともかく両派合同のこの歓迎会において、大杉栄、荒畑寒村らの「直接行動派」は「無政府」や「無政府共産」と縫い付けられた旗を用意して、「議会政策派」の西川光二郎らに対する示威行為を行っていた。そのうち大杉らは会場から街頭に出て、警備の警官たちともみあいになり、神田警察署へ連行されてしまった。堺と山川均らは、この小競り合いには加わっていなかったものの、留置場への差入れのために一旦は家に帰ろうと一ツ橋通りを家路へと急いでいたところ、警官に呼びとめられてこれまた神田警察署に連行されてしまった。結局、騒動とは無関係な人も含めて一四名が逮捕された。しかも、東京地裁の裁判において治安警察法と官吏抗拒罪により、大杉栄に対して二年半、荒畑寒村に対しては一年半の重禁固刑というように、きわめて重い刑がそれぞれに言渡された。

「赤旗事件」と呼ばれるこの事件は、社会主義に対する弾圧が飛躍的に厳しくされていく画期をなす出来事であったが、その背景には次のようなものがあった。政治的にみれば、旧自由党や改進党らの野党グループを取りこんで、或程度は、民意を反映させながら議会を運営させていこうという方針をとる伊藤博文や西園寺公望らの〈国民的〉方向をめざす政党グループと、山県有朋を中心として藩閥勢力と大学を卒業したエリート官僚たちの結合による〈国家的〉方向を目指すグループとの対立があった。「赤旗事件」は、山県藩閥グループによる西園寺内閣の毒殺といわれるように、政友会内閣の社会主義者に対する取締りがなまぬるいとする口実のもとに行われた政権抗争であった。前年には、アメリカのサンフランシスコで、天皇暗殺について堂々と言及した『暗殺主義』と題されたビラがつくられ配布されたことがあった。そして、これを作成したグループは幸徳秋水が渡米したおりに結成した「社会革命党」と関係があることが領事館から報告されていた。山県ら藩閥・官僚グループは、天皇に及ぶ恐怖を利用しながら、幸徳をリーダーとする「直接行動派」にねらいを定め、政治的に利用しようとしたと言えよう。

加えて、「赤旗事件」の年の前年四月に公布され、この年の一〇月から、新しい刑法が施行され、法的にも弾圧の装置が整えられていた。一八八二（明治一五）年、ボアソナードを中心にして作られた刑法（旧刑法と呼ばれる）は、罪刑法定主義の原則を明記するなど人権にある程度配慮した自由主義的性格をもつものであった。ところが、ヨーロッパにおいて、産業革命後に社会問題が発生し労働運動や社会主義運動が昂揚してくるなかで、とりわけアナーキストたちの破壊的活動は、刑法を社会防衛のための手段として考える学説を生み出すようになった。当時、「新派」の刑法理論として日本でも紹介されたこの考え方は、旧刑法が個人の行為の結果を法律により処罰しようとするのとは対照的に、個人の性格や思想を問題とし、犯罪を未然に防止することを目的とした。日本において官僚組織のなかで比較的に冷遇されていたエリート検事たちは、早速にこの考え方に飛びついた。というのも、機械的に行為の結果を起訴して裁判所の判断を受けるのとは違って、社会防衛論の立場にたてば、あらかじめ犯罪をおかしそうな性格や思想をもつ人物たちを取締りの対象として、一定の裁量権が検事たちに与えられることになるからである。「オウム事件」をみてもわかるように、現代社会のなかで犯罪から市民を守ろうとする社会防衛論の考え方も不要なわけではない。問題は、社会にとって何が危険であるかを誰が判断するかの問題である。裁判官に一定の権限が与えられるとしたら、それは市民感覚をもった裁判官が存在し、しかも市民的コントロールのもとにあってこそ有効であって、まして検事たちに判断の主体者としての地位が与えられるとしたら、これは問題である。ちょうど一〇〇年前の頃、刑法改正をめぐる大論争がおこり、その時は弁護士会や私立法律学校の反対などで改正案は見送られることになったものの、一九〇七年四月社会防衛論をとりいれた新しい刑法が公布されたのである。「赤旗事件」は、社会主義者、とりわけ「直接行動派」に対して、社会防衛の目的を理由として重刑を科したのである。

「冬の時代」という言葉はよく使われる。最近は「冬の時代の大学と組合運動」という原稿を依頼されたこともある。しかし、日本の近代史のなかで、「冬の時代」という言葉を誰が使い始めたのかわたしは知らない。何となく堺利彦あたりが使い始めた言葉ではないかという気もするが、ちょっと調べた限りでは見当たらない。どなたかご存知の方がいたらご教示を願いたい。一般には、幸徳秋水を首謀者として二六名が明治天皇暗殺計画容疑で起訴され、二四名に大審院において大逆罪で死刑判決が下され、半数が処刑された事件、つまり一九一一年の「大逆事件」以降、日本の社会主義運動は「冬の時代」を迎えたと説明されている。もとろん、この説明が誤っているわけでない。しかし、いま述べたように、「大逆事件」は「赤旗事件」の延長上に予定されていたものであり、裁判において大審院次席検事、平沼騏一郎らが論告したように、この事件は幸徳らの計画や行為が問題とされたのではなくて、彼等の「信念」つまり「直接行動」を唱える思想が犯罪とされたのである。

この事件を大きな契機として、検事たちは思想の審判者となり、政治家たちの汚職事件で情報を握り政治にかかわることになり、昭和の時代になると平沼が総理大臣になったことにみられるように、警察や検察の「春」とは逆に、日本は「冬の時代」を迎えていくようになる。このことを理解しておかないと、「冬の時代」のほんとうの意味が摑めない。もちろん、他方には、これまた市民的コントロールから除外された軍部や天皇側近の動向があり、事態はより複雑であるが、ともかく戦前の日本の社会主義運動史を語るには、刑法を柱として、治安警察法や治安維持法へとつながる治安立法のもとでの警察と検察の動向を抜かして考えることは出来ない。

二　大逆事件

堺利彦が「赤旗事件」から出獄するのは、「大逆事件」が進行中の一九一〇（明治四三）年九月二二日である。この月の二日、千葉監獄から秋水らが拘置されていた東京、市ヶ谷の東京監獄へ移されー応の取調べを受けた。検事たちが作り上げた「大逆事件」のシナリオは、その思想的根拠を秋水の渡米中に影響を受けた「無政府共産」の思想に置き、「直接行動」つまり天皇暗殺の行動の端緒を「赤旗事件」後の秋水の土佐中村からの上京途上に新宮の大石誠之助や箱根林泉寺の内山愚堂らとに会ったことに置いていたので、堺にこの事件との関わりを問うことは無理であった。堺や大杉、荒畑、山川らは「赤旗事件」で入獄中であったからこそ「大逆事件」から免れたという見方は正鵠を得ている。堺出獄の前日、『報知新聞』の夕刊は（といっても、実物で確認しているわけではないが）幸徳ら社会主義者たちの逮捕が大逆罪によるものである可能性について触れた。当時は予審という制度があり、本格的な捜査は予審判事が行い、判事に起訴するか否かの判断を求めたが、取調べの予審中は事件内容を記事として発表することが禁止されていたので、新聞は逮捕容疑が何であるか報道できなかった。つまり、幸徳らの逮捕が大逆罪によるものであったことを国民が当局の口から知らされるのは、起訴が決定され公判の開始が発表された一一月九日以降のことなのである。

しかし、幸徳らの事件が大逆罪である可能性があるとするニュースの衝撃は大きかった。というのも、ロイター電は早速にこのニュースを流し、世界の主要な新聞に掲載されたからである。ミカドの神秘の国においても、西欧の思想が浸透し、西欧と同じような事件が起ったことに関心がもたれたのである。日本政府は早速に報道を否定したものの、国内においてもこの事件についてのウワサが広がっていった。被告たちの家族にとっても事情は同じであった。起訴が決定するまでは、家族との接見や交信が原則的に禁止され、弁護士との接触も禁止されていたなかで、家族はウワサに惑わされ不安のどん底のなかにいた。そんななか、堺の出獄を知って、土佐中村にいた秋水の母親から問い合わせの手紙が出された。それに対する堺の返書が残されている。「御手紙拝見いたしました、一度お目にかゝりたくて仕様がありませぬ、どうぞおからだを大事にして下さいまし、私は至極おとなしくして居ります、それに体も存外丈夫ですから御安心下さい」と書き出され、秋水のことに触れる。「伝君等の事については色々風説もありますけれど一向取りとめた事も御座いませぬ、差入なども許されぬそうですから、心ならずも御無沙汰をして居ります、今朝床の間に伝君のフロックコート姿の写真をかざりました」と、なるだけ心配させないような配慮をはたらかせている。

一一月九日公判の開始、つまり起訴が公表されてのち、通信の禁止が解かれた。しかし、この一日前、獄中の秋水から堺のもとに手紙が届いた。「二年目に君に書く、嬉しくて堪《たま》らぬ、尚接見通信禁止中だけれど緊要の件で特に願ったのだ」、つまり、差入れを堺に依頼するために特別の許可を得たというわけである。「君の目下の境遇も一向分らず嘸《さ》ぞ迷惑だらうと察しるけど、迷惑なこと丈余人《だけ》ではダメだ、僕の一身と周囲とを知抜《しりぬ》てる君に一家の骨拾ひの役を勤めて貰はねばならぬ」と。そして解禁された一〇日には、また堺に面会に来るように要請をし、心境を次のように記している、「僕は昨春来失敗だらけで君も帰つて見て嘸ぞ驚いたらう、創痍《そうい》殆ど完膚なし、四面楚歌の中で相談相手になるのは一人もないのだから、君が居てくれたらなと思つたのも幾度かしれぬ」と。「大逆事件」の進行中、社会主義者に対する監視はますます厳しくなり、いわゆる「特別高等警察」の制度が導入される。堺はもちろん「要視察人」の最高ランクである「甲」号に編入され、常時二、三人の尾行が付く事になっていた。社会主義者のレッテルを貼られただけで、警察が圧力をかけて職につくことも許されず、獄外にあってすら生活が維持できないような状況が生み出されたのである。これが「冬の時代」の実態なのである。こんな状況のなかで、堺夫人の髪結い業も成立たず、堺は売文社を設立して自らと同志の生活を維持しようとした。代筆、論文や翻訳の請負い、宣伝文（コピー）の作成等々の文書を売る商売である。超えて、一月一八日、大審院は二四名に死刑の判決を下した。大逆罪に関する事件には、大審院に特別法廷が設置され、ただ一回だけの裁判で結審し、しかも有罪ならば死刑という仕組みになっていた。海外からの裁判に対する批判がたかまるなか、日本政府は死刑判決を受けた二四名のうち、半数の一二名を天皇の恩赦により無期懲役に減刑した。おそらく計算済みのことであったであろう。そして、幸徳秋水、管野須賀子、大石誠之助ら一二名を東京監獄の片隅で絞死刑にした。判決からわずか一週間のことであった。一月二四日、堺利彦は外出先の号外で幸徳らの死刑執行のことを知り、一升徳利を買って帰ると酒に酔い、酔って

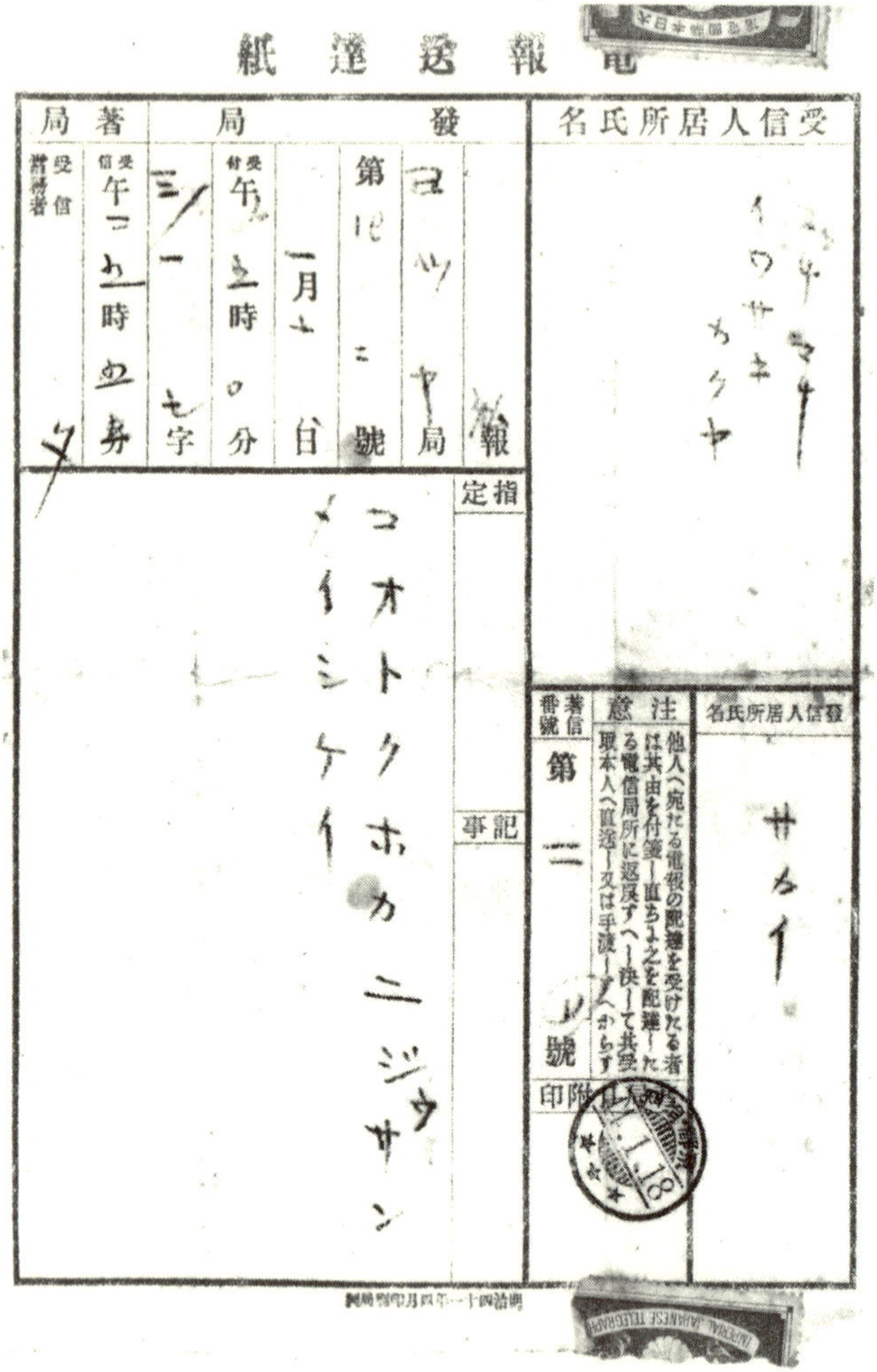

1911（明治44）年１月18日午後5時、堺利彦が「大逆事件」の大審院判決を岩崎革也に打電した電報。南丹市立文化博物館所蔵。京都丹波岩崎革也研究会提供

外にでて工事中の道路の赤いカンテラを蹴飛ばして歩いたが、妻も尾行も誰も止めることができなかったという荒れ様であった。

三　堺利彦の遺家族慰問旅行

堺利彦が「大逆事件」の被告たちの遺家族たちに対する慰問の旅に出かけるのは、それから二ヶ月ほど経った三月三一日のことである。京都、須知町の銀行家、岩崎革也の金銭的支援により実現したこの旅は、東京を出発し、京都に立ち寄り、それから岡山の森近運平、熊本の松尾卯一太、新見卯一郎、佐々木道元、それから福岡を経由して故郷の豊津にすこし立ち寄って、海路、別府から中村に回って幸徳秋水、また船を利用して高知へ行って岡林寅松、さらに室戸沖をまわって神戸で小松丑治、大阪に出て武田伝次郎と九平兄弟、三浦安太郎、それから途中報告をかねて岩崎を須知に訪ね、また海路、新宮に行き大石誠之助、峯尾節堂、三重県に出て市木村で埼久保誓一、これらの遺家族に会い慰問を行ったのである。そして五月八日、東京四ツ谷、南寺町の自宅に帰り着いた。三九日間の旅であった。この旅行中の記録は尾行により詳しく報告され、内務省の警保局でまとめられて「社会主義者沿革（第三）」に収録されている。

わたくしは以前、この旅行記を「『冬の時代』の若葉、青葉の旅」（『初期社会主義研究』第八号、一九九五年七月）に書いたことがあるので、日を追って慰問の様子を知りたい方はそれを参照していただいて、ここでは、先ほどの秋水との関係の続きで、土佐中村の遺族を訪問した時の様子にフォーカスを当てて、描いておきたい。ところで、堺が故郷豊津に到着したにのは四月一三日、ここに一九日まで滞在した。その時の様子は、「故郷の青葉」と題して六月から『二六新報』に連載された。後、「故郷の七日」とタイトルをかえられて、『天下太平』（縦横社）、『堺利彦伝』（改造社）に収録されることになる。一九日の朝故郷を出発した堺は別府に出て二泊、別府からは瀬戸内海を通ってやってくる大阪宿毛線の汽船に乗って宿毛までやってきた。当時の時刻表をみれば、朝九時半に大阪港を出発した船が瀬戸内海を横切ってやってきて別府を出航するのが午後六時半、豊後水道を横断して八幡浜、吉田、宇和島、深浦に立寄って終点の宿毛に着くのは翌日午後一時二〇分、もちろん船中で一泊することになる。高知県の宿毛といっても、船が着くのは片島港、ここから陸路、宿毛にでて中村へと入るのである。

一月二四日午前八時六分、先頭をきって東京監獄において処刑された秋水の遺体は翌日の雪の夜に堺によって引取られ、落合火葬場で荼毘にふされ、翌朝に妻の為子が骨を拾った。堺家で祭られた後、二月半ば、中村から上京した幸徳駒太郎（幸徳家の養子として秋水にかわって商家を維持していた）が持ちかえり葬儀が行われた。といっても、刑死者の祭祀や墓標は内務省令により厳しく制限され、墓に刑死の文字などを刻むことや写真を公然と飾ったりすることは許されず、祭祀についても所轄の警察署の許可が必要とされた。駒太郎の子息、富治が書いた手記「伯父幸徳秋水」（『中央公論』一九五五年四月）によれば、警察からの要請は、「出棺は夜に入つてすること、柩《ひつぎ》は可及的小さく銘旗のほか飾りものなど一切やらないこと、会葬者は親戚のほかまかりならぬ」というものであった。四月二二日の夕方、堺は四万十川を渡って中村の秋水の実家についた。中村町の当時の中心地にあった幸徳の実家は、代々「俵屋」という薬種業と酒造業を兼ねる商家で、富治の書いているところによると、一ブロックの角五〇〇坪ほどを占め、「表通りの中ノ丁では二軒を古風造りの門でつなぎ、とくに酒屋の奥書院は酒倉を離れて板垣で仕切られ、回廊、式台など、曾ての町年寄の役宅を想起させるに十分な構え」であったとのことであった。

堺は駒太郎から歓迎の辞をうけ、先の奥書院に案内された。ここは、秋水が帰郷の折に使用していた部屋でもあった。そこには、秋水と母親多治の写真が飾られていた。母親の多治は、接見の許可がおりると堺を頼って、駒太郎につれられて一九一〇年一一月二六日上京、獄中の秋水と面会した。帰郷後の暮、一二月二八日秋水に先だって亡くなった。その日、お昼の休憩時間の時に、法廷の片隅で弁護人の花井卓蔵と今村力三郎から母の死を知らされた秋水は、その時の様子を翌年一月一日に出された堺宛の手紙の中で次のように書いている。「扨《さて》こそと思つたきりで、ドンナ返事をしたか覚えぬ位だ、嘸《さ》ぞ見苦しかつたであらう、仮監へ降りて来て弁当箱を取上げると、急に胸が迫つて来て数滴の熱涙が粥《かゆ》の上に落ちた」「君も知てる通り、最後の別れの折に、モウお目にかゝれぬかも知れませんと僕が言ふと、私もさう思つて来たのだよと答えた、ドウかおからだを御大切にといふと、お前もシツカリしてお出で、と言捨てゝ立去られた音容《おんよう》が、今もアリアリと目に浮んで来る、考へて居ると涙が止らぬ」と。秋水は母の死を予感していたのである。堺は、並べられた二人の写真を見たときのことを同志たちへの報告会のなかで、「感慨交々《こもごも》至レリ秋水ノ祖母ハ秋水ニ再会セシノ感アリトテ大ニ喜べリ」と述べたと尾行の記録にはある。堺の頭の中では、『万朝報』時代の秋水との出会いから始まって、非戦論を主張しての退社、平民社の設立、秋水の渡米、直接行動論をめぐる議論、そして度重なる入獄のこと、様々な場面が走馬燈のように過ぎったのであろう。「秋水の祖母」云々のことはよくわからないが、当時同居していた、秋水の亡父の兄の妻、浅《あさ》が堺が訪ねてくれたことを秋水に再会できたようによろこんでくれたということなのか、あるいはあの世での秋水母子の話なのか、ともかく集会へもぐり込んでいた刑事の記録なので正確なところはよくわからない。

二三日の朝、堺は駒太郎の案内で、町内、正福寺墓地の秋水の墓に参った。その時の事を須知町の岩崎に知らせている、「今朝秋水の墓に参りました。墓は此の裁判所の裏に在り、此の裁判所の敷地、元は寺院なりしよし、墓の上には梅の老木枝をかはし、後の山には老鶯《ろうおう》頻りに鳴き、情緒深き初夏の光景でした」と。「此」の裁判所とあるように、ハガキの裏側には威風堂々とした「中村裁判所」の写真が写っている。現在では形はかわってしまったが、同じ敷地に高知地方裁判所の中村支部と検事局中村支部の建物が建っている。子供の頃、このあたりで遊んだ経験がある私は、戦前は秋水の墓参に来る人は隣接する検事局から見張られているというような話を聞いており、この辺りにくるのが何となく恐ろしい気がした。老いた梅の木はいまはない。昨年（二〇〇〇年）暮には、中村市議会が満場一致で秋水に対する顕彰決議を行い、この町に根深くあった秋水にたいするタブーもだいぶん解消されてきた。

翌二四日、出発の予定が、ひきとめられて四万十川の河口あたりにボラを釣りにでかけた。生憎の雨となりずぶ濡れとなりながら帰った。天候宜しからず、さらに一日延期して、この日は求めに応じて揮毫を書いた日。これも岩崎に知らせて、「行春の青葉の梅に鶯の啼きしきる処君が墓立つ」

「行春の緑の底に生残る」、更に尾行の刑事からも頼まれたので、「たゝずめば藪蚊のいづる谷墓陰」と。刑事もヤブ蚊にされたのではたまらないが、ほんとうにこの墓のあたりには今でもヤブ蚊が多い。堺が墓参した時、おそらくはまだ現在の「幸徳秋水墓」の墓石はなかったと考えられる。新宮の大石誠之助の墓石が南谷に建てられ、そのサイズに合わせて秋水の墓もつくられたとのことである。両方ともよく似た墓である。もちろん目立つような墓を刑死者に対して建てることが許されなかったことからの配慮である。ちなみに、堺利彦が大石誠之助の墓石に染筆を書き、知人の小泉三申（策太郎）が秋水の墓の染筆を書いた。ともかくも、幸徳の親族から歓待を受けた堺は四月二六日朝、中村から四万十川を下り下田へでて、船で高知へ向かった。

おわりに

堺の旅は、まだまだ続くのであるが、ここらで飛行機にのった気分で、一足飛びに五月八日の東京へ着いた日まで時間を進めよう。その日の夜、堺の自宅で大杉栄らを集めて報告会が早速に開かれた。「社会主義者沿革」には、堺の発言として次のように記されている。「漫遊地方ニ於ケル所謂《いわゆる》大逆事件処刑者ノ家族ハ坂本清馬、飛松与次郎ヲ除クノ外ハ悉《ことごと》ク訪問セシガ累ノ及バンコトヲ慮《おもんぱかり》面会ヲ好マザル者ナキニアラザリシモ其ノ多数ハ歓迎シ呉レタルヲ以テ余ハ大満足セリ」と。現在でも「大逆事件」の被告の親族であることを知られることを懼れている人はいる。秋水の故郷、中村でもまだアレルギーはある。戦後、大逆罪が刑法から削除されても未だ天皇に関することだけは別だという人もいる。堺の故郷、豊津でも社会主義者であったということで受け入れてこられなかった状況があるとも聞いた。しかし、世代が代り、社会主義者に対する見方も随分と変わってきた。歴史の真実を知りたいという新しい欲求が生れつつある。

堺利彦は、「大逆事件」の直後の厳しい状況の中でも、報告会において言っている、「各地ノ状況ハ決シテ悲観スベキニアラズ尚且《なおかつ》優ニ一《ひ》ト旗挙ゲ得ベキヲ認メタリ」と。「小さな旗揚」の機会を「冬の時代」のなかでも、見つめていたのである。

第六章　堺利彦（枯川）、ふたたびの「熊野行」——遺家族慰安の旅の途中で

辻本雄一

はじめに

「酸いも甘いも知りつくした人生の苦労人」で、草創期における社会主義の先駆者の中では一番すぐれていたと、荒畑寒村から評された堺利彦（枯川）は（『堺利彦伝』中公文庫の解説・「先師のおもかげ」）、二度、熊野新宮を訪れている。一九〇七（明治四十）年一月と、一九一一（明治四十四）年五月とである。堺利彦は、「彼の医術が如何に秀でたるかは僕の知る所でない。然し僕は若し病ありて彼の手に治療を受くるならば、即日死んでも本望である」と、先輩大石誠之助への絶対的な信頼と敬意とを隠さない。その「慈眼愛腸」「狷介不羈」「飄逸の質」すべてが、肯定的に捉えられ、「彼は都々逸をも作る。料理にも凝る、細君の紋付の裾模様の考案をもする、一種風変りの洋服をも案出する、産科学の書をも読む、哲学や宗教の書をも読む、文章も書く、演説もする、痛罵もする、

冷嘲もする、皮肉も云ふ。そして何時でも嬉々として喜び、悠々として楽しんで居る。僕は実に彼れの清高と多才とに推服せざるをえぬ」と述べている（「獄中より諸友を懐ふ（其一）」・『日本平民新聞』十七号）。

また、赤旗事件で入獄した際の獄中書簡では、「大石君の本が存外早く来たのは嬉しかつた、資本論の第三はまだ出ないのかなア、若し出たら宜しく頼む、兎かく大石君には我侭が云ひよくて困つたものだ、来年になつたら又一度新に白羽の矢を向けるかも知れぬと云つて置いてタモレ　それから新宮の峰尾節堂君の送つて呉れた四分律、此頃ヤツト読んだ、おかげで森近君の号の覓牛のイワレが知れた」（一九〇九年一二月二一日　堺為子宛・『堺利彦獄中書簡を読む』一五〇頁・二〇一一年刊）と述べている。

「来年になつたら又一度新に白羽の矢を向けるかも知れぬ」と言った、一九一〇年の来訪は叶わなかったものの、この僅か五年に満たない間の、大石に係わっての二度の来訪こそは、堺の人生にとっても、おおきな「落差」を成していた。たまたま入獄中であったために、「大逆事件」での逮捕を免れ、「生き永らえた」偶然を、以後の人生の糧とし、「柔軟に」「前向きに」権力と対峙しつづける姿勢を保ち続けた。「大逆事件」の審理が始まったのに合わせたかのように、「売文社」を立ち上げ、「不平不満の士」を囲い込み、自身は、「大逆事件」犠牲者の事後処理に邁進する、生き永らえた者の「責務」であるかのように。おそらく、その「落差」こそが、その後の堺の人生の立ち位置を決定づけたように思われる。

一　「売文社」と奥栄一のこと

二〇一〇年十月に刊行された黒岩比佐子著『パンとペン――社会主義者・堺利彦と「売文社」の闘い――』は、行き届いた調査と、これまであまり顧みられることのなかった「売文社」という、ちょうど「大逆事件」の裁判が始まった時期に、堺利彦が創設した、今流には文筆代行業、出版編集業、に焦点を当てたことでも好評を博した本であったが、上梓まもなく筆者が膵臓ガンで五十二歳で矢尽きて、遺作となったことが惜しまれる。「私の『冬の時代』はまだ続きそうだが、どんなに苦しいときでも、堺利彦のようにいつもユーモアを忘れず、楽天囚人ならぬ「楽天患者」として生きることで、きっと乗り越えていけるだろうと信じている」と「あとがき」の最後で記している、その一文が痛ましい。

売文社には、佐藤春夫の友人で同郷の文学仲間、「はまゆふ」復刊にも尽力し合い、新宮中学で同じように落第した奥栄一（一八九一―一九六九）が勤めていて、翻訳などに従事していた時期がある。

一九一四（大正三）年一月、堺利彦の編集で、売文社から刊行された「へちまの花」は、杉村楚人冠から、文を売った上にまだ雑誌まで売るのは虫がよすぎる、と皮肉られ、「へちまのかは」と改題すべしと言われながらも、新聞紙型で創刊され（楚人冠はこの年三月『へちまの皮』という本をちゃっかり上梓している）、その十五号（大正四年四月）に、奥栄一が「畏みて申す」という、大杉栄や荒畑寒村を読み込んだ四首の和歌を寄稿しているが、これは入会挨拶の意味であろう。奥はあと、新しく雑誌型になった十七号（大正四年六月）に埋め草的に、「巡査も鳩になりたかろ」という詩を書いている。西村伊作の弟大石七分も、消息欄に紀伊新宮町から忘年会に招かれた礼を述べ（十二号・大正四年二月）、シンガポールからの近況（十六号・大正四年五月）、しばらく東京で絵画研究にいそしむという報告を寄せていて（十八号・大正四年七月）、売文社とは近しいところに居て、本郷菊富士ホテルにも滞在していた。昔、堺は、大石七分宛に葉書を認めたことがある（一九〇六（明治三十九）年五月七日付・下北山村西村伊作宅気付・『きれいな風貌・西村伊作伝』黒川創著）。「君のおかしな写真を見て、おおいに楽しんでいる。きょう、君の兄さんの伊作が僕を訪ねてきた。君のことを僕らは話した」という意味の、全文英文で書かれたもので、米国留学を望んでいる七分の意を解したエールであったろうと言う。

大杉栄が恋人の伊藤野枝とともに菊富士ホテルへ移ってくるのは、一九一六（大正五）年十月五日のこととされる。大石七分の紹介、斡旋による（『本郷菊富士ホテル』・近藤富枝著）。奥栄一が「本郷村と呼ばれる売れない文学青年たちのたまり場に住んだ」と、やがて妻になる奥むめおが自伝『野火あかあかと』に記しているのは、この菊富士ホテルのことであろう。

「民衆の芸術」という雑誌が、一九一八（大正七）年七月、大石七分らによって創刊されているが、二度の発禁処分を受け、五号で姿を消したようだ。大杉栄が深く係わっていたのをはじめ、同人四人のうちの三人（大石七分・奥栄一・永田衡吉）が、いずれも新宮出身の青年たちであった。佐藤春夫はこの雑誌に寄稿する機会はなかったが、二号の消息欄に、「巻頭の宣言を一読して、御世辞ではなく、雑誌の健全な発育を最も期待するようになりました」という賛辞を送っている。春夫が、大杉栄や荒川義英、画家の広川松太郎などと交流するのも、こういった人々の輪と連携している部分もあったからであろう。

奥栄一は、第三号に（同年九月）に、「紀伊の國」と題した詩を寄稿している。

紀州は海と山の国／山にMuhonの木が実り／海に情の恋が住む／／海は紫、山緑／今年は誰が死ぬのやら／／鉄の鎖と黒髪に／紀州名代の雨が降る。

「Muhon」は言うまでもなく「謀反」、徳富蘆花が「紀州は蜜柑と謀叛人の本場である。紀州灘の荒波が鬼が城の巉巌にぶつかつて微塵に砕けて散る処、鬱々とした熊野の山が胸に一物を蔵して黙している処」（「暁斎画譜」・ちなみにここに描かれる安達君は熊野出身の医師伊達李俊がモデル『みみずのたはこと』所収）と述べているのが、思い合わされる。そうして、一高での蘆花の「大逆事件」犠牲者擁護の演説（「謀反論」）は、さまざまな波紋を広げ物議をかもしたが、佐藤春夫はすでに同時代に、明確に「意義ある演説」と評価している父宛の書簡を残している（一九一二年四月十六日付・佐藤豊太郎宛）。蘆花はそこで、「諸君、幸徳君らは時の政府に謀叛人と見做されて殺された。諸君、謀叛を恐れてはならぬ。謀叛人を恐れてはならぬ。自ら謀叛人となるを恐れてはならぬ。新しいものは常に謀叛である」と語って、聴衆に多大な影響を与えた。なかに、芥川龍之介が混じっていたのではないかということは、最近の研究で注目されるところである。「大逆事件」後、社会主義的な思潮が、あるいは、そういう雰囲気から「自立」していこうとする「個性」が、こういう形で上京した一部の青年たちを捉えていたことが分かる。

　奥栄一は辻潤や生田春月とも親しく交流し、辻潤は、奥が結婚してからも、虚無僧姿などでひょっこりやってきた。春月が入水自殺したときは、奥は非常な悲しみに沈んだ。春月の妻花世とは、むめおはずっと親しく交わった。

　奥栄一が福井出身の和田むめおと結婚するのは一九一九（大正八）年、新居は四谷愛住町のお寺の離れで、二間、「新聞社が祝福の写真をとりにきた。来客も多く、その世話に追われた。夜になると、ふたりで連れだって夜店通い、おでん屋や焼鳥屋で有り金をはたいて遊んだ。／よく洗濯をする働き者の妻は、さして貧しさを感じることもなく、もう世に出る心も捨てて、原稿生活に力を入れれば勉強もできるのを楽しみに、良人の翻訳物の清書などをしていた。あの頃はそのようにしても、ささやかな原稿収入で飯の食える黄金時代であった」と、むめおは自伝『野火あかあかと』で懐かしく回想している。やがて、むめおも婦人運動に活躍するが、関東大震災を境に新宮に帰郷、そこで長女を出産、地名にあやかって「紀伊」と名付けた。その後、婦人運動や消費者運動、戦後の主婦連の活動、さらには参議院議員として国会活動にも邁進する母親を、紀伊は身近かに寄り添って手助けした。

　奥栄一は「婦人公論」一九二九（昭和四）年八月号に、「働く妻をもつ夫の手記」を書いているが、そこでは「若いフエメニストとしての彼は、妻を飼ふ事を、その代償として、妻に侍かせる事を、共通のプライドにしている凡ゆる男性の心に反発を感じてゐた」と言い、妻の運動には理解を示し、サゼスチョンも与えていた。サロン・ソシアリストであった「彼」は、一面ニヒリスナツクな面も有していて、勇敢に前に進み続ける「彼女」との間に、次第に齟齬が生じてかけているのも確かだった。自己を客観的に捉えようと三人称の表記になっているが、サロン・ソシアリストやニヒリストという自己規定には、どこかしら挫折した者の像が揺曳している。

この手記が書かれて、どれだけ経った頃であろうか、奥栄一・むめおは離婚、栄一は農場開墾などに従事するようになり、その後、むめおとは対照的に地味な人生を歩んだ。再婚した妻浜子との共著の詩歌集『蓼の花』（昭和四十七年・和装版）は、いまでは新宮市立図書館にしか所蔵されていない稀覯本となっている。穏やかな作品ばかりで、「紀伊の國」などは収められてはいない。

二 「自転車」で風を切って

ところで、黒岩の著書『パンとペン』第二章「日露戦争と非戦論」の口絵に「萬朝報のサイクリストたち」として、座っている堺利彦を中心に六人の若者が自転車を押し立てて整列した、ちょっと風変わりな記念写真が掲げられている。

一九〇一（明治三十四）年秋ごろに自転車に乗る練習を始め、角筈に転居して京橋の萬朝社まで自転車通勤を始めた堺は、約五十分の通勤に風を切る爽快さと自由さとを満喫したことだろう。当時の自転車は、ハイカラの象徴で、いまでは高級外車以上、輸入自転車は百〜百五十円もし、堺の月給五十円の倍以上であった。当時は実際に自転車に乗る女性も登場し、一九〇三年に読売新聞に連載が始まった小杉天外の「魔風恋風」は、ヒロインの女性が自転車に乗って登場、そういう場面を描いた挿絵が話題を呼んだ。夏目漱石にも「自転車日記」というエッセイがあって、ロンドン時代に自転車試乗を試みて悪戦苦闘する様子が描かれている。神経衰弱に悩む漱石を見かねて、下宿の婆さんが勧めた気分転換の意味合いもあったようだが、結局挫折、帰国後は自転車に乗ることはいっさいなかった。

それからしばらく後になろうか、東京から遠く離れた熊野新宮の地で、自転車を乗り回していた少年が佐藤春夫であった。医師の子であった春夫は、まだ新宮の地に六、七台しか自転車がない時代に、父の往診用の自転車を乗り回し、やがて個人用を買い与えられたようであるが、新宮中学を三年次に留年させられたとき、父は自転車を石に敲きつけて怒ったという（沖野岩三郎にその様子を描いた「自転車」という短編がある。『煉瓦の雨』所収）。「熊野実業新聞」に新宮の町を自転車で巡り歩く記事が出ていて、無署名ではあるが、わたくしは春夫の作品ではないかと睨んでいる。

西村伊作も自転車を所有していたらしく、叔父大石誠之助の影響で社会主義思想に心酔した時期、伝道行商と称して社会主義の本を新宮から京都まで自転車で販売したことがある。そこには、明らかに堺利彦らの影響で、萬朝報サイクリストの流れから、山口孤剣や小田頼三らが、赤塗りの箱車を引いて、東海道から関西、下関まで、日数百十四日を費やして本を売り歩き、講演会を開いた、その影響が見て取れる。伝道行商と言われているところに、まだキリスト教と社会主義とが、不即不離の関係にあることの名残がある。それらに直接刺戟されての、伊作の素早い行動であった。途中浜辺で網繕いをする漁師を写生したりする長閑な旅であったが（その画が週刊平民新聞三五号（明治三十七年七月十日）に掲載されている）、自転車という贅沢品で社会主義の本を売るというその矛盾を、幸徳秋水の竹馬の友と称する住民から、古座の浜で指摘されたことを、「平民文庫行商の報告」という文章で告白している。伊作のややユーモアを帯びた自転車に乗る姿の絵が、「自てん車」として、「はまゆふ」十九号（明治四十年四月二十五日）の裏表紙を飾っている。

伊作が二十四歳でアメリカに渡ったとき、「お前は何者か、クリスチャンか、ナショナリストか、ソシアリストか」などと問われるから、一語「自由思想家さ（オンリー・フリー・シンカー）」と答えてやったという（「わが伊作さん」佐藤春夫・昭和三十五年「文化学院新聞」）、このエピソードは、伊作の生きざまを象徴している。そんななかで、この時期は、「西村伊作の生涯で、これが、ただ一度、組織立った社会運動への積極的な参加をした時期である」とする、黒川創氏の見解である（『きれいな風貌・西村伊作伝』）。氏が上げる「平民文庫」の目録は、平民社同人編『社会主義入門』（十銭）、エドワード・ベラミー著・堺枯川抄訳『百年後の新社会』（五銭）、木下尚江『火の柱』（三十五銭）、石川旭山『消費組合の話』（十二銭）、安部磯雄『地上の理想国瑞西』（十五銭）などである。

三　堺利彦の「新宮行」

さて、堺利彦が新宮の地を訪れてくるのは、一九〇七（明治四十）年一月のことであった。十一日の夕刻、新たに発刊する日刊平民新聞の編集をあらかた片付け、翌十二日正午、既に伊勢湾中の船の人となっていた。船酔い止めの薬と梅干と蜜柑とビールが、船旅の友であった。十三日の昼前、木本（現・三重県熊野市）に上陸、七里御浜と呼ばれる海岸筋を、「熊野名物」の犬の先引きの人力車で走らせた。大石誠之助は動物愛護の観点から、この犬の先引きを問題視したことがある。「大石誠之助といふ人の処に行くのだがと車夫に聞いて見ると『あ、ドクトルさんの処ですか』と云つて『あの方は私等の様な者にも兄弟か何ぞの様に話をしなさる』などと盛んに大石君の徳を称揚する」と、堺は記述している。突然の訪問に驚いた風の誠之助であったが、「ヤア」といったくらいで挨拶は済んだ。大石家独特の素っ気なさがのぞいている。「直ぐに大体の用談を済ませて」とあるのは、新しく発刊した日刊平民新聞への財政的な援助を依頼したのである。その夜は、甥の西村伊作の宅に泊まった。伊作は熊野川が見下ろせる対岸の成川（現・三重県紀宝町）の地に居を構えて、油絵や写真などに興じていた。

堺の文章に戻る――「十四日雨、大石家に滞在、大石君が診察の間、独で書斎の本棚を窺いて見るに、英文の書籍が大小三四百冊ばかり、医学と社会主義の書は云はずもあれ、カントがある、マクスミュラーがある、アジソンがある、キッドがある、料理の書がある、菜食主義の本がある、二三種のエンサイクロペジアがある、中々賑やかだ」「大石一族は皆多少の変物で、誠之助君の如き、ドクトルにして社会主義者にして、而も禄亭永升と号する都々逸の粋人にして、一面には温厚親切、一面には洒落奇矯、霜やけの薬を貰ひに来た人に対し『霜やけに薬なし、放つて置けば直る』と、すげもなく答ふるなど、よつぽど妙な所がある」――ここに、誠之助の医師としての無請求主義とともに、薬価主義批判、薬漬け医療への警鐘の声が聞けそうでもある。

十四日の夜は、有志による談話会に連れて行かれた。「新宮は戸数三千五百、二個の新聞（隔日発行と月十回と）あり、中学校あり、区裁判所あり、電灯あり、紀南の天地に於ける中央都会を成して居る」と言う。隔日刊の新聞は「熊野実業新聞」、二日置きは「熊野新報」である。前者は実業派（保守派）の意見を代弁し、後者は改革派の意見を代弁して、対立する面が多かった。特に、「熊野実業新聞」は資金にまかせて中央から優秀な記者を招聘して、文化的な面への貢献も大きかった。談話会の出席者は、新聞記者、中学教師、近隣町村の有志者などで、堺は新宮の歴史談をもっとも面白く聞いたという。「今日の産業制度の下に於ては、神社も寺院も皆一種の財団であるが、それが漸々大資本家に圧せられて、僧侶牧師が遂に富豪の幇間となるべき傾きが見えて居る。新宮はまだ紳士閥の発達が甚だしくはないが、然し社会主義の思想は大石君等を中心として大ぶん広がつて居る様だ」という感想も記している。十五日は「錐の穂」などの反訳をして過ごす。十六日、誠之助や伊作と散歩中、新宮一という金持ちに出会う。その夜、伊作も同行して三輪崎から乗船して、帰路に就く。船酔いを警戒して、やはり絶食。十七日昼過ぎ鳥羽上陸。二見が浦、伊勢散策、十八日午前九時新橋着。以上が、「日刊平民新聞」一月二十日付、二十一日付に上下として掲載された、堺利彦の「新宮行」の記事からである。

二月十九日付の紙上では、分派を推し進めたとされる第二回日本社会党大会での、幸徳秋水と田添鉄二の演説記事を載せたが、幸徳の演説は不穏として、発売禁止、編集人の起訴とつづき、やがて日本社会党も結社を禁止された。日刊平民新聞も発行禁止宣告へと追い込まれ、「暴虐なる政府、陰険なる権力階級は、遂にその目的を達したり。彼等は、資本の欠乏と人員の不足とのために、気息奄々として戦へるわが平民新聞に向かって、直接に間接に、迫害また迫害の極、遂に昨日を以て発行禁止の宣告を与へたり」という宣言をだして、四月十四日には廃刊に至った。僅か七十五号までの運命であった。六月、森近運平が大阪で「大阪平民新聞」を創刊して衣鉢を継ごうとするが、それもに二十三号までであった。森近はこの年九月、新宮に誠之助を訪ねてきて講演会などを開いている。この頃から、直接行動派と議会政策派との対立も一段と激しさを増していった。

四　堺の遺家族慰安の旅

堺が再び新宮を訪れるのは、それから僅か五年後、今度は想像を絶するほどの辛くて苦しい旅だったはずだ。「大逆事件」犠牲者の遺家族慰安の旅の途中である。

一九一〇（明治四十三）年九月二十二日、赤旗事件等の判決で重禁錮二年余の判決を受け千葉監獄に収監されていた堺利彦は、この日出獄。収監中に「大逆事件」の一斉検挙が始まり、辛うじて検挙は免れたものの、被告たちへの差し入れ、残された家族との連絡や世話、生活費の工面までもが堺の肩にのしかかってきて、忙殺された。十二月十日始まった裁判は、初日は開廷直後に傍聴禁止が宣言され、一月十八日の二十四名死刑判決宣告の日が傍聴を許された以外、非公開、ひとりの証人も許されないなかで進められた。公判記録の一切は破棄されたか、いまのところ目にすることはできない。堺が売文社を立ち上げるのは、非公開の裁判が連日続けられているその最中、十二月二十四日のことである。

売文社を軌道に乗せるべく奮闘している中で、たちまちに死刑が断行され、遺体引き取りの作業から遺家族への仲介など、ほとんどすべてが堺の采配で行われたと言える。そうして三月から五月にかけて、遺家族慰安の旅が決行されるのである。当初は鹿児島の西郷隆盛の墓参計画という隠蓑で、ことを進行させている。京都府丹波の実業家岩崎革也が、金銭的な援助を惜しまなかった。三月三十一日東京を出発、五月八日帰京するまでの詳細な内容が、皮肉なことに、官憲側の資料「社会主義者沿革」に記録されている。府県をつなぎながら尾行刑事が堺の行動や、逢った人の名がチェックされ続けている。

監視人の受け継ぎなどについては、一九一〇（明治四十三）年六月、「大逆事件」の検束が始まった直後に、警保局から「要視察人尾行引継ぎ標準（内規）」の通達が各府県に成されている。その十条に「要視察人ノ引継ヲ為ス際尾行者ハ人目ヲ惹カサル程度ニ於テ白布（ハンカチーフ）ノ類ヲ打振ルカ又ハ挙手ノ方法ヲ以テ受継者ニ其ノ所在ヲ示シ一駅若ハ二駅（水路ノ場合ハ第二船着場マデ）同乗シ完全ニ引継ヲ了シタル場合ニ於テハ同乗ヲ省スルコトヲ得」と記載された項目がある（『特高警察体制史――社会運動抑圧取締の構造と実態――』・荻野富士夫著）。

遺家族に逢うこと自体、相当な勇気を要することで、相手への迷惑も心がけねばならない。九州から船旅で高知に赴いた堺は、四月二十三日幸徳秋水の墓前で「行（く）春の若葉の底に生（き）残る」の句を詠んでいる。

その「社会主義者沿革」のなかでは、熊野での動静は比較的詳細に記されている。

五月三日和歌山県着同月五日同地出発迄の動静

三日大石誠之助の妻「恵為」（無編入・註・特別要視察人名簿に登載されていない、の意）を訪ひ弔辞を述べ爾来同家に滞在し「恵為」と共に誠之助の墓を拝し／高木顕明内縁の妻権田「タシ」（無編入）及大石誠之助の実兄玉置酉久と訪問を交換し／「恵為」の案内にて峯尾節堂の母「ウタ」（無編入）及玉置酉久方を訪問し玉置方にて大石真子にも面談せり（玉置方に赴きしは同家の二階に預けある故誠之助の書籍を見んが為なりしと云ふ）／右の外滞在中（三日）途上に於て西村伊作に出会し又成石平四郎及成石勘三郎の遺家族へ宛（連名）「慰問詞を述べ、都合上立寄らざるに付容赦あり度意味」の書面を発送す（四日）／五月五日三重県に入り崎久保誓一家族を慰藉し／五月六日同県木本港より乗船翌七日鳥羽港に着其れより内宮に参拝し同日出発帰京の途に就く（カタカナ表記をひらがなに直した）

東京に帰りついた堺は、その日のうちに家族慰安旅行の報告会を開いている。しかしながら、集うもの僅かに七名、もちろんおおっぴらには開けなかったろうが、その時の参加者と話の内容も、逐一官憲側に把握されている。熊野関係の箇所を、今度は口語訳風にまとめてみると、次のようなものである。

大石の未亡人はさすがに大石の薫陶を受けただけはあって、大石の妻として恥ずるところがない様子。病院その他の器具を売却し、きわめて閑散の身となり、大石の衣類や書籍等はさすがに地元で売却するのは嫌だから、堺宛に送って同志の者に配布してほしい、と依頼があった。沖野岩三郎は、巧みに事実を晦まし処刑を逃れたのは「甚だ不都合」の風説がしきりで、「比隣の排斥」を受け立場を失っている。高木顕明の妻は、「同地の習慣」に従って後継住職の妻となることを拒んで、顕明を慕って秋田監獄を訪れたことは不都合極まりないとして、寺を放逐されることになった。峯尾節堂の母は、息子は大石に引き入れられたのだと愚痴をこぼしながらも、一面、大石は「大人物」とその人格を称賛していた。

堺の結びのことば——各地の状況は、決して悲観すべきものではない、なお優に一旗揚げるべきを認めた、というもので、アメリカの作家ゴールドマンから送られた弔慰金三百円は、遺家族困窮者に分配したいと述べている。このときの聴取者七名の一人が、「僕は監獄でできあがった人間だということを明らかに自覚している。自負している」と言い、「春三月　縊（くび）り残され　花に舞う」と詠んだ大杉栄で、獄死したくはないと言っていた大杉は、一九二三（大正十二）年関東大震災の折、伊藤野枝、僅か七歳の甥の橘宗一とともに、憲兵隊の甘粕正彦大尉らによって虐殺されたのであった。

大石の未亡人ゑいは、依頼の通り六月二十一日、堺宛に莚包み荷物五個を送っている。二個は大石が生前着用した洋服、それらは大杉栄らに分配され、三個の荷物はことごとく洋書で、その大部が医書、大石の遺児が成長するまで堺が管理保管することにしたという。

一九一二（明治四十五）年夏の撮影という、堺利彦ら五名の記念写真が残されている（『堺利彦全集』第四巻所収）。堺ら前列三名が着用しているシャツは、誠之助の形見の服と言う。右端の岡野辰之助が手にする洋傘は、幸徳秋水の形見の品だと言う。

なお、ゴールドマンの義捐金の配分も、金五円ずつが成石勘三郎・平四郎の家族あてに送付され

大石誠之助の形見の服を着る前列左から堺利彦、斉藤兼次郎、岡野辰之助。後列左高畠素之、右小原慎三。1911年夏。みやこ町歴史民俗博物館所蔵

ていて、その報告も「社会主義者沿革」に記述されている。

現在、新宮市の西村伊作記念館に寄贈保管されている、大石の遺品の洋行の際のブリキ製のトランクと自製の書棚とは、堺から向坂逸郎に委託され、その後新宮市に寄託されたものだが、この荷物発送から後に堺に届けられたものだろうか。官憲側の資料も、その辺までは明らかにしえていない。

五　堺利彦の小品「まぼろし」

堺はのちに「新社会」（大正五年十月・『堺利彦全集』第四巻所収）に「まぼろし」という小品を書いているが、その一が「母子三人の小家」である。人との交わりを絶ってひっそりと住む、大石誠之助の未亡人ゑいと姉弟の姿を捉えている。誠之助刑死後まだ四ケ月が経っていないとき、家族慰

安の旅で目頭に焼き付けた面影が、はたして、夢や幻ではなかったか、そんな問いかけが、堺の心の裡になかったとは言えまい。その書き出しは、

三熊野の滝の水が澄みきった音無川の瀬になって流れている。この川には橋が掛らない。船ばかりで人を渡している。その船の上から川の中を見ると、深い水底の石までハッキリと数えられる。冬になると、この渡し場のかわらに、町の舞子が毎晩寒声の修行に来るという。そう聞くと、ますますその水がきれいなように思われる。川上の山また山に片面ばかり日影のさした所などは、まるで油絵のように見える。

熊野河原での舞子の寒時の声を出しての修行は、よほど堺の関心を惹いたと見えて、日刊平民新聞の「新宮行」にも、成川の西村伊作邸に泊まった折のこととして、「寝床の中で、此頃の夜の一時頃、半玉の芸妓が川原に出て、歌を歌うて寒声を取ると云ふ話を聞いた」と、記していた。

さて、「この川のほとり」「もの静かな小ざっぱりとした」「かなり大きな町」の、その町のある横町にわずか三間の「きれいに住みなした小家がある」。「日あたりのよい回り縁にガラス戸を立て、あちこちに白いカアテンをつるしたりして、ややハイカラな趣もある」。住む人は二人の子どもをもった三十歳あまりの婦人。正確にはこのとき二十八歳のはずだ。

その面影を伝えて、「しとやかな、慎ましやかな、品のよい、小柄の人で、髪は無雑作ないちょう返しに結って、真白い前掛けをかけている。えがおにあいきょうがあるが、あだめいた様子は少

しもない。少し弱々しくは見えるが、それでいて何となく犯しがたいところがある。ききょうの花という趣もあるが、なげざしの白菊というふぜいもある」と堺は記している。
上の女の子は十歳ばかり、下の男の子は八歳ばかり、と堺は記しているが、実際は七歳と五歳である。姉は「小まっちゃくれたところがことにかわいい」。家内は三人切り、手伝いの者も誰もいないし、人の出入りもほとんどない。主の婦人が人の家を訪ねることもめったにない。折々、子どもを連れて、あるいはひとりで、町から十町ばかり離れた丘の上の墓参りをする。

あ、今もその人が、丘の下のたんぼ道を、片手に花を持って行く後ろ姿が見える、雪駄をはいて、パラソルをさしてゆるゆると歩んでいる。二人の子供がそのあと先にチョコチョコと歩いている。道ばたの畑にいる男や女が仕事の手をとめてその姿を見ている。一人のおやじはほほかぶりを取ってあいさつする。丘のふもとには柳の緑が風にそよいでいる。畑のあぜには桃の花が日に白けている。

この折は木の墓標が立っていたのかどうか、それすら禁じられていたかもしれない。単なる土盛りであったかもしれない。「大石誠之助之墓」という墓碑銘が、堺の手によって揮毫されたのはこの折であるが、墓石が立てられ刻まれたのが何時のことかは定かではない。十二名の刑死者の中では、いちばん早かったと言われている。石碑の側面には「明治四十四年一月二十四日」とただ刻まれているだけで、没とも死とも記されてはいない。「当時の空気として書きたくなかったのであろうか」と森永英三郎氏は述べているが（『風霜五十年』）、そこには無実の「刑死」であるという抗議の意味が込められているのだという解釈も成り立ちうる。

「婦人」は、時々訪れる、近所に住む牧師から、聖書を読むように勧められたりしているが、「私には禄亭宗がありますから」と言って、亡き主人が書いた雑誌と手紙を取り出して読むばかり。「婦人」が、そういう生活から抜け出して、深い信仰の道に歩み出すのが、何時のことか、それからしばらくしてからであろうか。しかし、堺の筆は、「牧師は神と人との別を説いた。しかし婦人は人の外に神を見ることをがえんじなかった」と閉じられている。

堺には「逆徒の死生観」という文章もある（明治四十五年一月─三月・「無我愛」所載）。「大逆事件」で死刑に処せられた十二名の人生観の一端を、一年後に披歴したもの。堺自身の、直接本人と面談したりした体験などから、新聞雑誌や、教誨師談話などは、随分間違っていると、違和感を感じたことが発端であるらしい。大石誠之助については、「僕に来た手紙には、何も実のあるような事は書いてない」と言い、判決後寄越した手紙があるらしいが、没収されて「僕の手には届かなかった」と言う。沖野牧師とは宗教的なやり取りをしていたらしいが、「バイブルに対する感想」の一文は、「沖野氏がまだ見せてくれぬ」と言う。沖野岩三郎が、「生を賭して」を書いて、誠之助の「聖書を読んだ感想」を引用紹介するのは、一九一六（大正五）年九月号の「六合雑誌」においてである。

堺にとっては、大石君は自分のことよりも、妻子のことばかり案じていた姿が鮮明だと言い、川柳の本の差し入れはありがたかった、今度は一茶の句集を、と注文した。人それぞれは、自己の生き方に照らして、他人を判断しがちだが、堺と沖野との「大石像」も、その辺が窺われて興味深い。

社会主義者とキリスト者との観点の違いと、簡単に片づけてしまってよいものかどうか、いささか戸惑いながらではあるが。

堺が描いた「小家」の主のその後を紹介して、拙文を閉じることにしよう。ゐいは、誠之助の再婚を可とした遺言に従うこともなく、ひとりのクリスチャンとして、ふたりの子どもたちを立派に育て上げ、富士見町教会の伝道師として生きた。その教会は、刑死した誠之助のために、植村正久や綱島佳吉が、官憲の目を盗んで遺族慰安会の名目で、追悼の会を催してくれた教会である。

沖野岩三郎の細心の手配によって、ゐいが聖書学館に入るべく上京するのは、一九一六（大正五）年九月のことである。子どもたちは面倒を見るから残していくように親戚筋から勧められたというが、それを断って、姉弟を伴なっての上京だった。その頃と思われる、姉弟の並び立った写真が、二〇一〇年に見つかった。どちらかと言えば、姉鱶が弟舒太郎を庇うように、肩に手をかけるような風情で、背筋を伸ばしてしっかりと立っている。ふたりとも利発そうな視線を見る者に投げかけてくる。沖野が「煉瓦の雨」で、「哲子さん」「丈太郎さん」と描いた頃の面影がしのばれる。沖野自身が、ユニテリアンに改宗して新宮の地を後にするのは、翌年六月のことである。

ある年、夏期伝道が千葉県で行なわれ、ゐいは長男舒太郎を連れて松尾街道の夜道を散歩したとき、そこで、はじめて父が死刑になったことを話して聞かせた。路傍の芝生の上で涙ながらの祈りを捧げた。ゐい親子はその後、西村伊作が文化学院を開校したのにつれて、暫く学院に住み込み、ゐいは賄い婦として、職員や学生から親しまれる存在となってゆくが、関東大震災がその運命を再び変え、伝道の道に精進させていった。

敗戦後すぐの、誠之助の妻ゑいの発言が残されている。それは、牧師で、植村正久の娘婿にあたる佐波亘に宛てた書簡の一節である（『植村正久夫人　季野のことども』佐波亘編所収）。

――明治の初年からクリスチャンをあれほど迫害いたしました日本政府は、かうなるのが当然過ぎます事と存じます。敗戦国日本今日覚めなければならないときでございますのに人々はヤミ、横領と全く罪ふかい事でございます。一日もはやく悔改める人の出ますやう日夜の祈でございます。『思ひきや楽しき園に咲く花を我れより先に行きて見んとは』玉置酉久兄が死体を引取りに参りました時によみましたさうにございます。兄酉久も人から狂人あつかいされますが、あの二十四日云ひ渡しのありました日、町はどうしたものかしんしんと静まりかへり口きかぬ人のみ通つていたと申話でございました。私には表の事はわかりませんでしたが門だけはしめさせました。その折も折、酉久は例の謡曲が始まり太鼓を打ちました。町の誰かがとび込みこれだけは止して下さいと申しますと極端は極端をもつて迎へるとその人も涙を流してその心中を察し引きさがつたさうでございました、想出のつまらぬ事を認めてしまいました。

日付は一九四七年（昭和二十二）九月三十日である。「大逆事件」のまさに当事者として、戦中への苦難の歴史を生き延びた大石一統のひとびとの、戦後への姿勢を語る、その象徴として読み取ることができるだろう。

さらに、ゑいが息をひきとる半年前の手紙では、「そりや何とかして汚名を雪いでほしい、一生のお祈りですが、こちらから騒ぎ出すことはないと思われます。自然に世の人が真実を知るようになって参るのではないでしょうか。今頃になって騒々しく人の口端にのせられるのは好みません」と、述べられている（島村亀鶴「植村正久先生と幸徳事件―大石栄姉の手紙」・富士見町教会「路の光」七十八号）。

堺が係わった「売文社」が解散するのは、一九一九（大正八）年。直後、堺は新社会社というのを起こして「新社会」を発刊、マルクス主義の旗印を鮮明にしてゆく。堺は、幸徳秋水がアメリカで購入し、贈呈されたスクラップブックに、「大逆事件」被告たちの獄中書簡三十一通を貼り付け、大切に保管してゆく。世に「大逆帖」と称されるものである。

堺利彦は、「小家」の主のその後を、どのように見ていたのであろうか。それを窺わせる文章は、残念ながら残されてはいない。

第七章　『近代思想』にみられる大杉栄と堺利彦の距離

小松　隆二

一　『近代思想』は大杉栄の最高の足跡の一つ

（1）『近代思想』時代の大杉

『近代思想』が創刊されてから一〇〇年余になる。五〇年前の五〇周年の集いにも参加した一人として改めて『近代思想』の新しさ・若さに驚く。多少雑居気味ではあるが、意気盛んな若さがよく伝わってくる。私が初めて同誌に触れたのも五〇年前。その後長い歳月の経過と自身の老いに比べて、同誌は老化も古さもそれほど感じさせない。やや大げさかもしれないが、永遠の青年の趣きをとどめている。

その『近代思想』を発起した大杉栄は、未来に生きた人である。理想に向かう闘いの中道で三九歳という若さで非業の最期を遂げたが、永遠に夢を追い続けようとした人である。政府、裁判所、警察、刑務所などが無くても、何ら問題なく、誰もが自由で幸福に、そして安全・安心に暮らせる理想社会が到来しても、大杉は、より高い自由や理想を求め、闘いを止めることはないだろうと自ら見通した。人間の自由、幸福、向上には際限がない。特に人間の解放・個の自立を革命の基軸や目標とする以上、革命には終わりがない。そのような「永遠の反逆」「永遠の変革」を訴えた人が大杉であった。

大杉の思想と行動には、飛躍に向けて飛び立つ種蒔きや踏み台となる二つの大切な時代があった。一つは、まだ十代後半から二〇代初めにかけての日露戦争に続く修業時代である。十七歳で喜び勇んで上京し、初めて束縛のない自由な生活を享受する。外国語学校など学校にも通うが、学びたいことを自由に学ぶ。

そのさなかに栃木県谷中村の廃村に抗議し、村民を支援する早稲田大学の学生デモに遭遇。それに刺激を受け、社会主義運動に興味を抱き始める。平民社や主義者の活動にも顔を出す。かくして社会主義運動に少しずつ引きずり込まれていく。

そのように上京してから、本格的に社会主義運動に深入りする入口に立つ頃までの修業時代が最初の大切な種蒔きの時代である。

この時代で特に忘れてはならないことは、濫読の中で丘浅次郎とその著作に触れたことである。このすぐ後に本格的に触れるP・クロポトキンとその著作と共に、丘とその著作は生涯を通じて大杉に最も強烈な衝撃や感動を与えることになる。この丘とクロポトキンの二人を中心に、多くの先達から自由に学びとったものが、大杉のその後の生き方や考え方の大きな滋養となっていく。

もう一つは、大正時代に入ったばかりの時に、荒畑寒村らと『近代思想』の発行・編集に関わった二〇代終盤から三〇代前半の時代である。まさに本稿が対象とする時代である。そこで、官憲の厳しい言論統制の枠内であれ、自由に筆をすすめ、大胆に議論を展開する。

すでに明治末には、大杉は繰り返される弾圧・投獄にもびくともしない頼もしい社会主義者の一人に育っていた。その後、大逆事件を機とする一層厳しい弾圧に、いったん彼も立ち止まり、後退を余儀なくされる。しかし、その厚い壁を突き破るべく、まず『近代思想』で様子見をしつつ、活動を再開する。

この時代に、彼は、一面で『近代思想』とそれを通した交流によって新たな養分を吸収し、その後さらに大きく実る社会思想論・運動論の土壌を耕し直す。他面で社会主義者の中でも主要人物の一人として、先導的に振舞い、代表的な評論・主張のいくつかも発表する。それほどに『近代思想』とその時代は、大杉の生涯と運動においては重要な位置にある。

（2）『近代思想』の位置と役割

『近代思想』は、第一次と第二次では性格も組織も大きく変わる。第一次は発禁なしに維持されたのに、第二次は『平民新聞』の経験から、一歩退くものの、それでも復刊号はパスするが、後は発禁の連続、資金も講演会活動等も思うにまかせず。荒畑寒村が仕事の関係で執筆中心の参加。もっぱら大杉が宮嶋資夫や山川均らの協力で辛うじて対応・対処というあり様であった。そこには、第一次とは違い、堺の不参加という大きな相違もあった。

しかし、『平民新聞』と第二次『近代思想』の受けた弾圧は、大杉らに、むしろ姿勢を固めさせた。弾圧を受けたといえ、一旦踏み出した方向を全く元に戻す姿勢は取らなかったからである。

『近代思想』は第一次・二次とも同時代の雑誌・機関誌のなかではシンプルでさっぱりしたデザインで通すが、第一次と二次では輝きの色や種類は違っていた。だが、大杉の生涯では極めて重要な活動であることは、どちらも変わらない。

本稿は紙数の関係と大杉と堺の距離を主に見る狙いもあって、堺の関わる第一次に絞って論じることにしたい。

その第一次は、社会主義を看板にできない分、在野も在野、大きな流れ・主流に乗らず批判精神旺盛な個性的で魅力のある特徴を見せる。

同誌は、そのような良さ・特徴を認められつつも、同時に社会主義運動・アナキズム運動の流れからは比較的軽い扱いも受けかねなかった。大杉たち自身も、本来取り組みたい目標や役割の機関誌や活動から一歩も二歩も後退したところからの出発であり、活動であると考えていた。一般的にも大杉や荒畑らの取り組みや姿勢は仮の姿とみられがちであった。

それなら、『近代思想』は大杉たちにとって遠回りで、殊更必要のない無駄な道のりであったのだろうか。あるいは大杉らの本来の力が発揮できないほど役割や意味の弱い活動であったのだろうか。

たしかに、大杉らにとって『近代思想』の活動は、次のステップに進む準備の一面があった。と同時に、大杉らにもすでに思想、芸術、文化面でも他と対等に交わったり、先導したりする力が備えられており、大杉らの多様な活動・運動の一つが『近代思想』であったという理解・評価も可能である。社会主義者やアナキストの運動でも、明治の『平民新聞』、また大正期の『労働運動』のような思想・運動専門の機関誌が唯一の、あるいは高い活動ではない。同時に文芸、文化、芸術、経済など多様な活動がなされてよい。『近代思想』は、そのような領域の時代的ニーズにはかなり応えていたのである。

実際に、大杉も、荒畑も、あるいは堺も、『近代思想』の時代を体験したからこそ、より高い次のステップに登り得た面がある。と同時に、彼らの先導的な思想的・文化的営為も、同誌においても早くも汲み取ることができる。社会主義誌ではないが、社会主義者の刊行した機関誌で、自らに対する批判もどんどん掲載するなど、多様・多彩な主張が展開され、多能な人材が参加した例、厳しく深い議論も交わし得た例、しかも当局の押しつける枠のなかであったとしても、自由に、発禁もなく機関誌を発行し続け得た例は、極めて少ない。

『近代思想』を「知識的手淫」などと自己批判しつつも、廃刊に当たっては、大杉らも内心は『近代思想』の役割をそれなりに自負し、評価したとおりである。

二　『近代思想』の残る課題——軽視される堺利彦の位置

この『近代思想』の時代に至って、十代後半の修業時代に感動と興奮をもって読んだ丘の『牛物学講話』について、その時点に至ってもなお強い感銘を心にとどめていることを示すように、大杉は改めて『近代思想』に書きとめている。このような若い日を回想する余裕・広がりもあったのが第一次『近代思想』の時代であった。

十代後半の頃は、大杉は一方的に学ぶ側であったが、『近代思想』の時代には、学ぶだけの受け身から、議論を挑んだり、批判を浴びせたり、新しい力・才能が内からどんどん湧き出てくるほどの成長を見せていた。一九一九年以後、『労働運動』の主宰者として、またアナキズム系の代表的なイデオローグとして、社会思想・運動の先頭に位置して目立つほどに活動するのも、『近代思想』時代の経験と蓄積があってのことであった。

なお『近代思想』には、表に見えない点を含め、いろいろの検討課題が残されている。『近代思想』の総合的評価、経営・財政問題、広告・寄付（広告や受増雑誌の多いのも『近代思想』の特徴である）、編集のあり方・方法、執筆者・関係者でも、一般的に評価の低いままの人、略歴さえよく分かっていない人などいろいろある。

そんななかで、『近代思想』との関わりや役割を軽くみられている一人に、堺利彦がいる。大杉や荒畑が大逆事件後の冬の時代を突き抜けようとする挑戦に、堺自身は、まだ時期に非ず、もうしばらく惰眠をむさぼるべきだという姿勢に立ったとして、『近代思想』にはそれほど深い関係を持とうとしなかったと思われかねない。

しかし、『近代思想』の出発事情、また紙面や活動等でみる限り、必ずしもそうではない。むしろ堺も第一次『近代思想』の中心人物の一人であったし、堺なしの『近代思想』は考えにくい。現に、大杉も、明快に「僕は直ぐにＳ（堺利彦―小松注）の後見の下にＡと一緒に雑誌Ｋを出した。」（大杉栄「死灰の中から」『新小説』三三頁、一九一九年九月号）というように、くり返し『近代思想』が堺の後見・支えによって出発できたことを書いている。そういう視点から『近代思想』を見直す必要もあるのである。

三　第一次『近代思想』と堺利彦

『近代思想』の創刊、そしてその後の運営を担った人物と言えば、誰しもまず大杉栄と荒畑寒村の二人を挙げるであろう。編集兼発行人が大杉、印刷人が荒畑なので、当然である。第一次『近代思想』廃刊号（一九一四年九月）の「大久保より」で、大杉が「『近代思想』が其の存在の大部分を寒村に負ふ事は、此の廃刊号ばかりではない。『近代思想』を発起したのは僕だ。しかし其後の二ヶ年は、誌面に現はれた部分でも、又現はれない部分でも、僕は殆どなまけ勝で、寒村一人に全部を任して了つた月が多い」と寒村をたてつつ記している通りである。

ところが『近代思想』、特に第一次の中心人物といえば、この二人にとどまらない。その一人として、少なくとも堺利彦の名前を挙げないわけにはいかない。堺は『近代思想』との関わりや貢献度では、これまでやや軽く扱われるのが普通であった。

堺は、『近代思想』の創刊時のみか、その後も同誌に少しずつであれ資金的援助を行ったし、第一次『近代思想』にあっては、大杉と荒畑と並んで最も多く紙面に登場している。第一次の二三冊のうち、堺が執筆していない号は、僅か一冊（第二巻第九号）のみで、あとは毎号、時には一冊に二回、三回と複数回顔をだすこともあった。

たしかにその内容となると、思想論・運動論でみればそれほど重みのあるものでも、必ずしも先導的な役割を担うものでもなかった。しかし、明らかに同人や編集委員並の関わりである。本人の気持は、逃げて惰眠をむさぼるどころか、自分にとっても仲間・同人の雑誌、あるいは自ら後見人の役割を自覚していたようにもみえる。それを象徴的に示すのが第一次『近代思想』の創刊号と廃刊号の彼の二つの小論である。

『近代思想』創刊号では、堺は「大杉と荒畑」を執筆し、これから『近代思想』の中心となる大杉と荒畑について、門出を祝すように好意的に紹介している。さらに第一次廃刊号には「大杉と僕」を執筆し、日本の社会主義の流れ・系統を概観、分類している。そこには、自分と大杉が異なる道に進むであろうという予感をすでに感じとっていたことがうかがえる。その最後には、予想以上に厳しい弾圧の嵐が待ちうけている『平民新聞』に大杉が進み出ようとしていることを書き添えて、次の門出を静かに見守っている。

この二編からも、堺が『近代思想』、あるいは大杉と荒畑に対する露払いのような役割で、堺自身意識していようといまいと、後見人の立場にたっていたと受け止めうるのである。この何気ない創刊号と廃刊号の堺の小論とその内容にも、大杉と荒畑のことを最も理解もし、また最も心配もしていたのは堺であること、また『近代思想』に対して逃げも隠れもしない堺の位置や役割もうかがえるのである。

それに、「メイゾン鴻之巣」で開かれる近代思想社小集などにも、堺は常連になる。そこには安

大杉栄の書（大杉栄全集編集委員会提供）と堺利彦の書（個人蔵）

成兄弟など大杉・荒畑らの近くに居たもの以外にも、馬場孤蝶、生田長江、島村抱月、相馬御風、内田魯庵、岩野泡鳴らも参加した。カフェ・ヨーロッパでの與太の会を含め、この種の会合には大杉や荒畑よりも堺の方が似合いであり、『近代思想』における堺の独特の役割が推測できるであろう。

　とはいえ、堺からは、大杉と荒畑の上に立って、御意見番のような位置に立つ気は全く感じられない。実際にそのような振る舞いに出たり、位置に立つことはしていない。お金も知恵も人材も出すが、基本的なところでは口を出さない。その代わり自分も勝手に関わり、自由に執筆させてもらう、といった顧問のような地位が、堺の関わり方であった。本心から「まだ時期に非ず」という気持なら、お金もさして出さなかったであろうし、執筆ももっと遠慮し、『近代思想』とはもっと明快に距離をおいたのではないか。むしろ「時期に非ず」というのは、堺にとって当局の目をそらすためのポーズであり、ある程度計算づくの目眩ましや諧謔の面が含まれていたと、私は考えている。

むしろ、そのようなポーズや姿勢を示す堺が居てこそ、大杉と荒畑も守られ、加えて安成貞雄・二郎、上司小剣、徳永保之助、佐藤緑葉、和気律次郎、土岐哀果（善麿）、相馬御風、久津見蕨村、荒川義英、小山内薫など多様な人材間のバランスもとれていた面がある。実際に、堺の存在が大杉らに少しは安心して活動する余裕を与えたし、また多様な人たちを迎えることができた面もある。実際に、先にも引用したが、大杉自身『近代思想』には堺の後見・後援があったことを繰り返し記しているのである。

大逆事件に際しての当局の攻撃・弾圧を娑婆にいて最も身にしみて、また最も痛切に感じたのは堺であろう。それでも、弾圧を排して、運動の再開も図らなくてはならなかったし、それ以前に家族のみか、多くの若い同志を抱え、その世話もある程度みなくてはならなかったのである。

そのように、大杉らとはやや異なる責任感から、大逆事件後の社会主義者・社会主義運動の再起を誰にもまして思案し、計算していたのも堺である。

それだけに、堺は、大杉らの冬の時代の壁への挑戦を多少心配しつつも、立上がるのなら応援するつもりでもいた。『近代思想』は、大逆事件後では社会主義者の最初の公然とした挑戦だけに、堺はあえて一歩引いたところで構え、しかし応援すべきは応援する姿勢はもっていた。そうでなかったら、資金的援助、最初からほぼ毎号執筆するという執筆陣への全面的参加、それも第一次では一回を除く二二冊に毎号執筆などということをしなかったであろう。創刊号で大杉と荒畑にエールを送るように好意的な紹介なども最初からはしなかったはずである。

なお『近代思想』が船出をしてから、堺は『近代思想』に協力しつつ、同時に自らも機関誌を持つ機会を探っていた。結局一九一四年一月になるが、『へちまの花』を創刊する。しかしその後も『近代思想』にも付き合い続ける。ほどなく同年七月に上田蟻善（矢張園人）が「読むほど馬鹿になる無主義無方針の理想的大衆大雑誌」と大いにふざけたり、当局をからかうような『へいみん』（京都市・ウヱダヤ薬局）を創刊すれば、それにも調子を合わせて協力する。

ほぼ同じ頃から、加藤時次郎の生活社と『生活（くらし）の力』の活動に深入りし、編集責任の役も負うようになる。その分、第二次『近代思想』以降は、堺の多忙さ、さらには次第に思想や活動の方向をめぐる相違も明らかになるので、大杉とは自然に距離が置かれるようになっていく。

四　冬の時代と堺利彦の位置——惰眠は本心ならず

先にもみたように、堺は、大杉たちが「待ちの姿勢」に我慢ならず『近代思想』で果敢に先行、挑戦する際には、自分はなおしばらく惰眠をむさぼるとか猫をかぶるといったポーズをとった。しかし、この言い方・姿勢は多少諧謔を弄する堺の計算づくのものではなかったか。当局の目をそらし、自分や自分の周辺のものが動きやすい余地を残すためではなかったか。

もしそうだとすると、大杉らと堺の間には、「時期を待つ」という認識ではそれほど相違は無かったということになろう。

もともと堺のみか、大杉たちもこの時点で社会主義運動、その一環として社会主義機関誌の発刊に踏み出せば、当局が黙ってはいないことは承知していた。だから社会主義運動・機関紙に関しては、全ての者が時期尚早ということでは一致していたのである。堺のみが時期尚早と猫かぶりをきめこんでいたわけではなかった。そうだからこそ、大杉と荒畑も時期を考慮し、ともかく一歩退く姿勢で『近代思想』の刊行に踏みだしたのであった。それには、当然のように堺もそう違わない姿勢・考えで、参加・協力できたわけである。

それでも、堺は、大逆事件で押さえ込まれた社会主義運動の灯を回復し、さらに灯し続けるという意識や課題をひそかながら、誰よりも強く持っていた。しかし、大杉、荒畑のような権力に負けない主義者ばかりではなく、全体を見渡せば、まだまだ弱い。それを克服するためにも、ここは一歩退き、惰眠を印象づけるポーズをとり、目立たない位置・役割をきめこんだ。「惰眠」は決して堺の本心でも実際でもなかったということである。

現実に、中央であれ、地方であれ、誰かが動き出せば、堺は支援する肚はできていた。だから中央で大杉、荒畑らが『近代思想』で動き出せば、表面ではまだ「時期に非ず」などと言いつつ、実際は支援を続けた。また上記のように地方で上田蟻善が平民新聞を想起させかねない『へいみん』の刊行に乗り出せば、あたかも同人のような位置で支援を惜しまなかった。同紙は社会主義とは無縁の内容なのに、『へいみん』の名称と堺の協力のお蔭で、上田は当局から要視察人に指定される時代であった（太田雅夫「上田蟻善と『へいみん』」『初期社会主義研究』第八号、一九九五年七月）。

堺は、本心から惰眠をむさぼるつもりなら、大杉らが動こうと、地方で上田らが動こうと、軽い付き合い程度で目立つような応援はせずにじっとしていたはずである。また転向した西川光次郎を厳しく批判するようなこともう少し遠慮したのではないかと思う。

それに、本心から時期尚早で惰眠をむさぼる必要を考えるものなら、同じことをくり返し言う必要はない。ところが堺はそれを繰り返している。本当に惰眠をむさぼる、と考えているものは、目立つような言動はしない。一度で、しかも小さい声で発言するので十分である。あえて目立つように繰り返したり、活字にしたりしたのは、当局への見せかけのポーズ、多少のふざけ、目眩ましを意識したからであろう。

堺は『近代思想』廃刊号の「大杉君と僕」に「日本の社会主義運動は今正に一頓挫の場合である。従つて総ての社会主義者はここ暫く猫を被るの必要に迫られて居る。但し其の猫のかぶり方には色々の別がある。」といった後に、いろいろの猫かぶりぶりの例を説明した。その上で、大杉が『近代思想』で作家、歌人たちとも共存できたのは、「大杉君の立場はどうかと云ふに、是は一歩左隣に前進して個人的無政府主義に行けばよい。そこに文藝の中立地がある。」と、大杉が殊更猫かぶりをしなくても、矛盾なく、文芸家たちと同居できた理由を指摘している。

このように、猫かぶりの例、裏話、実態を活字にするところにも、堺が猫かぶりを少なからず楽しんで居る様子もうかがえるのである。

五　堺利彦は次第に普通選挙重視へ

周知のように、大杉は、『近代思想』の後、『平民新聞』『第二次近代思想』『文明批評』、さらに『労働新聞』『労働運動』などに関わり、権力の否定やそれを支え貫く個の自立・個の解放を軸にする思想形成と運動に進んでいく。

それに対して、堺はまもなく加藤時次郎に協力し、加藤の生活社の活動とその機関誌『生活の力』に比重を大きく移す。それに加えて、『へちまの花』、その後継誌『新社会』などの活動を通して、普通選挙に新たな活路を求める方向に傾斜を深めるようになる。吉野作造に先行して第一次『近代思想』直後から普通選挙の必要を当局の目が集中しないよう気配りをしながら訴え、運動を展開しだすのである。

しかし、堺が選挙に立候補するなど、活動を公然化するに至り、当局は堺の普通選挙運動を社会主義運動の一環と見抜く。その結果、当局は堺を支援していた加藤時次郎に対して、拘引するなど圧力を強める。それをみて、堺は、加藤の立場を不利にできないと、自分の方から加藤の活動・陣営を離れる決断をするのである。

そのように編集責任者を務めていた『生活の力』を七七号から改題した『平民』八一号に、堺は「お別れの辞」を発表し、警視庁の弾圧で同紙の編集から離れざるを得なくなったことを明らかにする。

かくして、生活社、社会政策実行団、平民病院、平民薬局、平民倶楽部などを持つ加藤陣営を表向き去るのは、一九一七年二月のことであった。

なお、以上にみた堺が『生活の力』および『へいみん』に深く関わることは、黒岩比佐子氏の労作『パンとペン』(講談社、二〇一〇年)には言及がない。大杉は、両誌とも「多少の色彩を帯びてゐる」と、自分たちの側に少しは近いと受け止めていた。当時相次ぎ刊行される機関誌の中では『解放』『労働者』らについで、「京都の上田蟻善君の『へいみん』、埼玉の臼倉甲子造君の『微光』、東京の西村陽吉君の『青テーブル』、加藤時次郎君の『生活の力』なども、多少の色彩を帯びてゐる。」と記している通りである(大杉栄「復活号」『近代思想』第二次復活号、一九一五年一〇月)。

おわりに――労働者重視へ

『近代思想』第一次は、くりかえすまでもなく大杉と荒畑が中心になって計画、運営された。ただ創刊時には、大杉も荒畑も社会主義者として、あるいは機関誌の経営・財政、編集、あるいは印刷所、書店、当局との折衝などにあたるスタッフとして、リーダーシップ・役割を十分に発揮できるかどうか、なお未知数のところがあった。それを補うように目立たずにそっと陰で支えていたのが堺であった。

その堺らの支えで大杉と荒畑は予想以上に『近代思想』を大きく育てること、そして自らも成長することに成功した。実際に、彼ら自身も同誌に注目に値する先導的な評論、創作、エッセーも発表した。とりわけ大杉が生涯を通じても評価に値する評論類をいくつも発表した。その点で、一方で自らの土壌・土台を耕しつつ、他方で先導的な活動の足跡も標したのであった。

その活動でみることができるように、大杉、荒畑、そして堺の三人は、『近代思想』にはそれぞれ異なる関わり方・役割を演じたが、『近代思想』に対する姿勢・距離には、実はそれほどの隔りはなかった。すでに指摘したように社会主義運動については、当時、時期をみる点では一致していた。そこで、一歩後退した位置からまず『近代思想』に挑戦することになったわけである。ただ一歩後退したところからだけではなく、時代の先陣に立って、時代を切り拓こうとする主張も展開した。

その間、大杉も、堺と荒畑も、「平民」に代わる「労働者」の役割の重要さについては共通に認識する。平民の重視から、労働者の重視へと、認識を変えるのは、その後の機関誌のタイトルからも明らかになっていく。大杉は『近代思想』に続く「新雑誌の内容は、今まだ其の詳細を発表する運びに到らない。名は『労働者』ときめてゐたが、其後同じ名の雑誌がでたので」(「大久保より」『近代思想』一九一四年六月)やめにして、いったん『平民新聞』に戻る。しかしすぐに『労働新聞』へと旋回する。堺・荒畑らも『へちまの花』を継ぐ『新社会』の付録として『労働組合』を刊行する通りである。大杉が第一次『近代思想』の廃刊前の七月号に「僕等の本当の仕事は主としてただ、僕等自身の多少の自己完成と労働者階級の自覚と、及び僕等自身に対する労働者階級の理解とに在る。……せめては僕等が労働階級の中へ入つていく気持だけでも、諸君に理解して貰ひたかつた。」(大杉栄「銅貨や銀貨で」『近代思想』第二巻十号、一九一四年七月)といった当時の姿勢、あるいは吉川守邦らの『労働者』を第二次『近代思想』の付録として再刊する計画をたてるほど「労働者」にこだわった姿勢も思いだされるであろう（大杉栄前掲「復活号」『近代思想』第二次復活号）。

その点では、共通の認識をもちながら、全体としては次第に分化し、堺は普通選挙の方向へ、荒畑は堺にほぼ近いが、左翼的社会主義の方向へ、さらに大杉は労働運動、特にサンジカリズム・アナキズムの方向へ別れ、飛躍していく。

その分化は、前述のように堺が第一次『近代思想』の廃刊号の「大杉と僕」にすでに予感していたものであったが（大杉も廃刊号の「妄言多謝」において、堺の社会主義運動に関する概観に同意し、かつ二人の間の相違を示唆することも書いている）、一九一四年、一五年と少しずつ分化は進む。特に一九一六年以降は、それが鮮明になっていく。一九一六年というのは、女性問題が神近市子の絡む日蔭茶屋事件に拡大するのを機に、一般ジャーナリズムのみか、社会主義者からも大杉に非難が集中する年である。

その一九一六年を旋回点に、大杉が堺とも、荒畑とも、また第二次『近代思想』には積極的に参加した山川とも、異なる方向に明白に向かいだす。堺が第一次『近代思想』の後半から予感していた大杉のサンジカリズム・アナキズム（堺の分類では無政府共産主義）への転進が具体化、明確化していく。その際、『近代思想』とその時代の活動と経験が、大杉、荒畑、そして堺に対して三者三様に以後の活動には豊かな糧としてプラスに生かされていくことになる。

【参考文献】

『近代思想』第一次（一九一二年一〇月～一九一四年九月）および二次（一九一五年一〇月～一九一六年一月）
成田龍一編集『加藤時次郎選集』加治甚吾監修、弘隆社、一九八一年
太田雅夫「上田蟻善と『へいみん』」『初期社会主義研究』第八号、一九九五年七月
黒岩比佐子『パンとペン』講談社、二〇一〇年
『大杉栄全集』ぱる出版、二〇一四～二〇一六年

第八章　雑誌『(月刊)新社会』と階級論——中等階級・知識階級・流行文藝

木村政樹

一　問題の所在

大逆事件以後、社会主義的な政治活動は激しい弾圧を被った。荒畑寒村はこの時代に生きた社会主義者たちの姿を、「逃避者」（一九一三・九）のなかで描いている。登場人物の「S」は、「此の頃よく文壇に」いわれる「逃避者」「逃避者の態度」についての話題をもちだす。それについて語る人々の話を聞いていた「A」は、政治運動から距離をとっている現在においては、結局「皆な逃避者」ではないかと感じる。散会したあと、「A」と「O」は帰りながら議論する。「O」と別れて一人になった「A」は、「中等階級の人間に依て導かれ、智識階級の青年に依て代弁せられるのでな」い、「彼等自身の哲学、理論、主義、理想」を今後実現せねばならないと考える。そして、「A」は「軍歌、『マルセイユ』」を、大声で歌い始めるのであった。(1)

ところで、この最後のくだりには「智識階級」ということばが用いられている。ここではまず、この語に注目してみたい。従来の通説では、「知識階級という言葉が誕生したのは、新人会や興国同志会の誕生のころである（内田魯庵「知識階級の立場」『太陽』一九一九年九月号）[2]」とされてきた。しかし、いま述べたように一九一〇年代前半にすでに確認できるのみならず、明治期に発表された文献にもみられるのだ（例えば、一九〇六年刊行の北輝次郎『国体論及び純正社会主義』といった、社会主義の古典的著作でも使用されている）。「知識階級」概念の歴史は、明治期以降の社会主義およびロシア文化の翻訳・受容を含んだ文藝との関係においても考えなければならない[3]。

階級闘争の図式は、ブルジョアジーとプロレタリアートの二項対立によって描かれる。しかし、「知識階級」「小ブルジョアジー」「中等階級」などの曖昧な階級は、この図式にうまく当てはまらない。さらに、その周辺にさまざまな用語が配置されることによって、理解はより困難となる。しかも、新聞記者や思想家、文学者といった言論人は、しばしばこれらの階級に属するとされた。自己規定、他者規定に関わる根本的な概念でありながら、その意味するところは極めて不透明なのだ。

本稿で検討するのは、堺利彦の編集で発刊された雑誌『（月刊）新社会』における、これらの階級論をめぐる諸問題である。とりわけ、一九一五年から一九一七年を中心に、「中等階級」「知識（智識）階級」といった概念に注目しながら、文藝との接点についても探っていきたい。以上の試みは、知識人論としての文藝批評という言説形式が形成される論脈を、語彙に着目しつつ遡って検討することでもあるだろう。

二　社会主義者とその知識

『(月刊) 新社会』は『へちまの花』を改題して発刊され、第二巻第一号 (一九一五・九) から第六巻第七号 (一九二〇・二) まで続いた。社会主義の紹介・啓蒙を行なったことで知られており、とりわけその初期は、堺利彦、山川均、高畠素之らの執筆が目立つ。大逆事件以来の社会主義言論の困難を背景としつつ、一九一五年という時点においての前向きな実践として出発したもので、政治運動に踏み切る前に「時機を待つ」堺の立場が反映されている、という認識がこれまでの共通了解だといえよう(4)。

ただし、この雑誌では執筆者たちの思想的見解が統一されていたわけではない。ここで注目したいのは、社会主義の啓蒙に伴って、社会主義関連の用語が流通していったことである。例えば、『(月刊) 新社会』では「紳士閥」という語が最後の号に至るまで使用されたが、同時に「資本家階級」「ブルジョアジー」等のほかの訳語もみられた。堺をはじめとして、執筆者の多くは「階級」中心の思想を展開したにもかかわらず、階級概念自体が不安定なまま運用されていたのである。同様のことがその他の用語にもいえる。いかなることばを用いて「社会」について語るのか。そのことが、そもそも「社会」という語をいかに用いるべきか、という根源的なレヴェルの問題として、理論的にも状況論的にも問われたのだった。

これは雑誌名にも関係する。従来指摘されてきたように、「新社会」という「タイトル自体が大

『新社会』創刊号、1915年９月。東京大学大学院法学政治学研究科附属近代日本法政史料センター明治新聞雑誌文庫所蔵

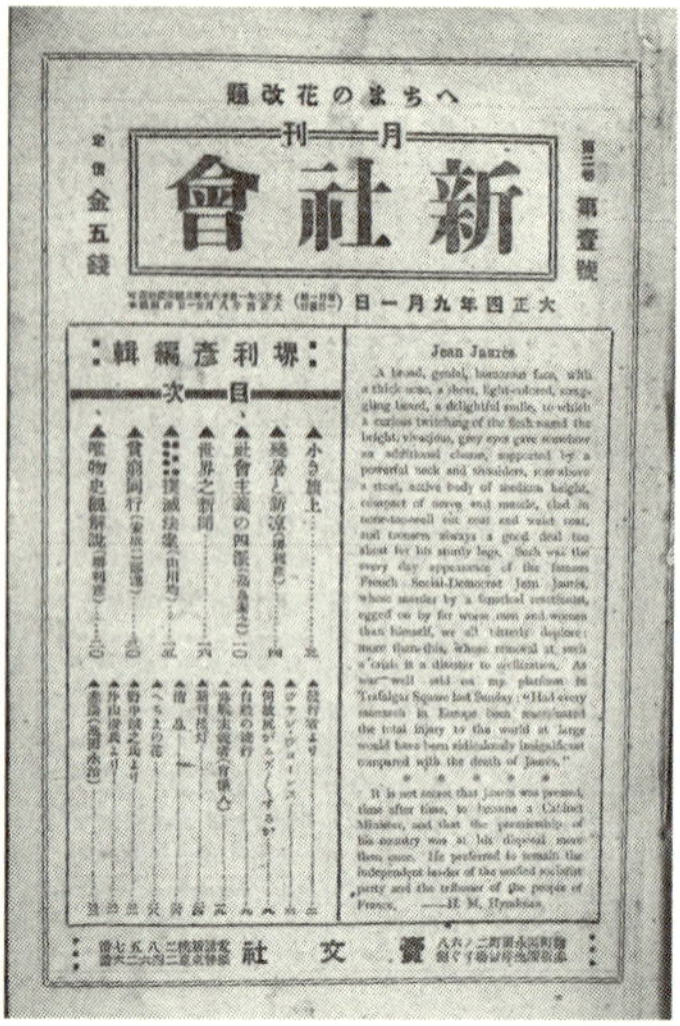
へちまの花改題
月刊
新社會
第二巻 第壹號
定價金五錢
大正四年九月一日
堺利彦編輯
目次
▲小き旗上
▲社會主義の四派
▲世界之新聞
▲唯物史觀解說
Jean Jaurès
—H. M. Hyndman
賣文社

『（月刊）新社会』第２巻第１号、1915年９月。法政大学大原社会問題研究所向坂文庫所蔵

きな意味を持っていた」[5]。一九一五年という時点で、雑誌名に「社会」を入れることは、時代の機運を摑んだものだったのだ。だが、じつはこれに先駆けて、林毅陸を主筆とする同名の雑誌の届け出が行なわれていたようである。そこで、「新社会」を掲げる雑誌が二つ出ることになった。堺はこれについて、「私の『新社会』と同時に林毅陸君の『新社会』が出た。私のは此通り見すぼらしいもの、林君のは堂々たるもの、固より比べ物にはならぬが、それでも多少のお目ざはりになるとお気の毒に存じて居ます[6]」と述べている。もちろんこれをそのまま受け取るわけにはいかないが、語調だけみればもう一方の『新社会』の方が高圧的である。

■本誌が警視庁へ発刊の届出を済まして後、堺とか云ふ人が同名の雑誌発刊を届出てた。従来は同名のものは勿論、間違い易い名称でも許さなかつたのであるが、どういふもの警視庁は既に本誌が届出をして居るにも拘らず又復同名を堺氏に許した結果、新社会と云ふ雑誌が同時に二つ出来た次第である、読者諸君は何卒『主筆林毅陸』に御留意あつて御買求めの程を願ひます、[7]

これをみると、両者ともに同名誌と認識していたようである。従来の研究でもこの堺が発刊した雑誌は「新社会」と通称されてきた。だが、第二巻第一号の表紙をみると、そこには「月刊新社会」と記されている。終刊時も同様に「月刊」付きである。これについては、「最初本誌を発行する時、外に『新社会』といふ雑誌の届出があつたので、此方は止むなく『月刊新社会』といふ題号にしました」[8]という言がある。また、第二巻第十一号（一九一六・六）の表紙には「月刊」が付いていないが、次号では「月刊」の欠落について警視庁から注意された旨が書かれている。以上から、「月刊新社会」という誌名が採用されていたことがわかる。そこで本稿では、便宜上『（月刊）新社会』と表記した。

『（月刊）新社会』は、社会主義に関する知を媒介することで、現実に対応するためのことばを模索していた。それは、社会主義文献の翻訳や紹介だけでない。英文書籍の取次も売文社（のちには由分社）が行なっており、誌面を通じて購入が促された。また、第三巻第二号（一九一六・一〇）の「質問と応答」欄では、「社会主義の智識を初歩より組織的に得るに最も良き邦文及び英文参考書名及び定価を教へて下さい」[9]という質問に、山川均が英語の文献を並べて答えているが、こうしたコラムは実質的に広告の役割を果たしている。エンゲルスの「空想的社会主義と科学的社会主義」（堺訳）が掲載された際には、「右英書は一部三十二銭、中込み次第何部でも取寄せてやる」と英文書籍の宣伝がなされ、「和英対読すれば、幾分英語のたしになること疑ひなし。対読しても分らぬ所は、直接堺氏に質問すべし」[10]とされている。その他、出版された翻訳書の誤訳指摘等も後半には頻繁に行なわれた。

『（月刊）新社会』では、社会主義文献を翻訳・受容する過程も含めて検討しながら、「社会主義の智識」を読者と共有しようとする実践がなされたのである。したがって、社会主義者の自己形成と、教育・知識の問題は切り離せないものだった。堺は選挙制度をめぐる政府の動向を捉えながら、次のように観測している。「政府も政党も中流以下即ち国民の多数の人心を失つてゐる事だけは自覚してゐるのである」「中学卒業者に選挙権を持たせる事は更に一層六かしい問題になつてゐる。彼等が深く中流智識階級を恐れてゐる証拠である」[11]。ここでは、「中流」は多数派の一員として捉えられ、「中学卒業」という学歴と「中流智識階級」が結びつけられている。「知識階級」ということばは、しばしば非難的な文脈において用いられていたが、自己言及的な階級概念としての特質もまた備えていた。社会主義者の知識はその知識がもつ意義自体を問題化する志向を備えていたのである。

三　堺利彦の「中等階級」論

『（月刊）新社会』の階級論をみていくうえで重要なのが、堺の論考である。前述したように、当時にあっては階級について語る際の用語およびその定義が難題であった。とりわけその難しさは、二大階級に収まらない中間の階級の位置づけにある。

例えば、堺は次のように述べている。

> 『新日本』に大隈伯の論文が出て居る。今後に於ける社会勢力の中心は富豪と学者、即ち金権と学権との結合に在ると云ふのである。そして彼は此の結合を目して『中等社会』と称してゐる。
>
> Bourgeoisie《ブールジョアジー》と云ふ言葉を我々は『紳士閥』と訳して居る。時としては『資本家階級』とも訳して居る。或人々は之を『金族』とも訳して居る。然るに英和字書をあけて見ると、正に『中等社会』と訳してある。是は封建貴族と一般平民との中間に位する商工階級と云ふ意味で、此の言葉に対する百年前の用ゐ方である。然るに今日て《ママ》は、其の商工階級が実業階級となり資本家階級となり、権力階級となつて居る。彼等はもはや『中等社会』ではなくて、上流金族である、上流紳士閥である。[12]

堺の認識では、大隈重信が「中等社会」と呼んでいるのは、「Bourgeoisie《ブールジョアジー》」すなわち「金族」「紳士閥」のことである(13)。それは「上流」であるから、現在の「中等」とは区別されなければならない。そして、堺はこの中間的な領域に期待を賭けていた。

堺は著作家協会について論じた文章のなかで、「吾人は著作者組合、新聞記者組合、教員組合、事務員組合、技術者組合と云ふが如き、総て中等社会の裾廻りに属する、小紳士（若くは高等労働者）の経済的団体の今後続々成立せんことを希望する者である(14)」と述べている。「著作者」は、「小紳士（若くは高等労働者）」という階級的位置にあるとされるのだ。もちろんこの問題は、文学者に対する認識としても問われた。武者小路実篤について堺は、「華族の部屋住といふ身の上は余ほど面白い地位(15)」だと述べたうえで、次のように自らとの類縁性を語っている。

小生自身に就いて云へば、中等階級のあふれ者、新聞記者の出来損ひと云ふ点に於いて、華族の部屋住と多少の類似を有して居ります。従つて小生は其の意味に於いて武者君の地位に同情する事が出来ます。そして小生が中等階級出身として、労働階級の立場に立つて働かねばならぬ様になつたと同じく、武者君も亦純然たる平民階級の見方、考へ方をせねばならぬ様になるのではないか。否、なればよいがと楽しみにしてゐる次第であります(16)。

「中等階級のあふれ者」「新聞記者の出来損ひ」「華族の部屋住」は、既存の階級的自己に安住できない何かを抱え込んだ、堺のことばでいえば「余ほど面白い地位」にある。堺はみずからを「中等階級出身」としながら、この揺らぎに身をゆだねるのだ。この堺の自己規定を文字通りに受け取ってよいかは措くとして、このような階級論の位相を浮上させることを通じて文学者に働きかけようとする堺の戦略は注目に値するだろう。

こうした曖昧な階級についての語りは、中間性についての分析に顕著にみられる。

> 所が、年齢の方では、青年と老人との間に中年があり、階級の方では上流と下層との間に中流がある。そして此の二つの『中』の方に属する連中が、思想上、最も怪しい者になる。[……]殊に中年の中流ほど曖昧な、不徹底な、鵺的な怪しい思想を持つてゐる者はない。
> そこで一番徹底した進歩思想は下層階級の青年の間に生ずる筈である《ママ》
> 然し下層の青年の中にも、中流若しくは上流の思想を注ぎこまれて、其の立場から物事を考へる者がまだ非常に多い。尤も其代り、中流人（極めて稀には上流人）の中に、純然たる下層人の立場に身を置いて考へる者がある。(17)

ここで堺は、「中年の中流」の「曖昧な、不徹底な、鵺的な」思想について語っている。しかし、その語りは、「下層の青年」のなかにも「中流若しくは上流の思想」を見出すことになり、さらには「中流人」「上流人」のなかに「下層人の立場に身を置いて考へる者」を見出すことにもなる。階級全般に「鵺的」要素が拡張されるのである。このように、「中」について考えると、既存の「階級」に関する認識そのものが疑わしくなってくる。ここから、図式的なブルジョア／プロレタリアという二項対立や、端的に罵倒語・レッテル貼りとして機能してしまう「ブルジョア的」という用法とは異なる階級論の特質を読み取ることができるだろう。そして、この「中等階級」は、しばしば「知識階級」と共通性のあるものとして捉えられていた。次節以降ではその具体的な運用を、文藝領域との接点に着目してみていきたい。

四　「流行文藝」と「社会的傾向」

『へちまの花』『(月刊)新社会』では、新刊紹介等を通じて、文学者に対して期待が寄せられていた。『白樺』については、「今に此種の人達の中から一人位は政治問題社会問題に触れて世の視聴を動かす様な人が出そうなものだと思つてゐる」[18]、『御風論集』については、「気障りも見え、不徹底とも思はれる点はあるが、〔……〕頗る人を動かすに足る」[19]とされている。

『(月刊)新社会』誌上で堺は、「『早稲田文学』の相馬御風氏は文士中に在つて近来著しく社会的傾向を示してゐる」「『白樺』の武者小路実篤氏も亦一種の進歩的態度を示して居る」「何にせよ、文藝社会の風気は近来大分変つて来た」[20]と、情勢の変化に目配りしている。この時期の官憲が、「文芸ノ社会的傾向」は社会主義者の活動を「助成スル」もので、「将来最モ注意ヲ要スヘキ」だとしていたことを考え合わせると[21]、堺のこの姿勢は運動上きわめて重要な意味をもっていたことがわかる。

しかし、堺の御風に対する評価は、御風の糸魚川帰郷問題によって変化する。「文壇の人気者たる相馬御風君が田舎に引込むと云ふので大分評判になつてゐるが、是なども滑稽の一つである」「中流裾廻りの小紳士達が田園生活の真似事をやるのは、つまり大紳士の別荘生活に対するあこがれだと見る事も出来る」[22]。それは到底、進歩的・社会的とは認められないものであった。

御風を批判したのは堺だけではない。また、批判されたのは御風だけではなかった。『(月刊) 新社会』は一九一六年を転機に、同時代の文藝潮流を論難することでかれら文学者との差異化を図った。「流行文藝に心酔する現代青年の心理」(一九一六・九)、「トルストイ論」(一九一六・一二) という二つの企画がそれである。

まず、「流行文藝に心酔する現代青年の心理」では、この特集タイトル自体に書き手の注目が集まった。「流行」「心酔」という語のバイアスに執筆者が自覚的だったことが誌面からうかがえる[23]。また、「現代青年」といっても多様であることが指摘される。安成貞雄は次のように述べた。「現代青年」は階級にかかわらず存在しており、また、「大別すれば所謂、『知識階級』にも、『低級知識階級』にも」いる。だが、「紳士閥必ずしも知識階級に非ず、平民階級決して低級知識階級ではなく、さらに「『文藝』と云ふ趣味の問題が加はると、愈々混雑して」[24]くる。

このような曖昧な「現代青年」だが、そのうえで安成が分析の枠組として提示したのは、文藝が「現実」の「回避」として機能しているのではないかという説であった。この安成の論調は、翌月号で山川均が、「現今の文藝かぶれの風潮」や「トルストイの形骸を真似たる退遁生活と田園生活」は「明らかに智識階級の現実回避である」[25]、と述べるように、同誌上で拡張していった。念頭にはもちろん御風の存在があっただろう。

山川はさらにその翌月号で、この特集タイトルに対する模範解答のような論考を、トルストイ人気をテーマにして発表する。文壇の「流行」は、「呉服屋と文藝界とを押しなべて、如何に資本的商業主義《コムマシアリズム》が瀰漫し、浸潤し、徹透して居るか」の問題であるとするのだ。商品を売るため、「彼等は文壇に於ける何等かの流行物を絶えず必要とする」。しかし、だからといって「一から十まで出版業者や雑誌経営者の独断的所産であるとは観做されない」。「店頭装飾としてシヨウヰンドウに飾られたトルストイ」は、「少くとも一般の人気に投ず可き何物かを具備して居たに相違ない」のである。

その「人気」の理由を山川は、トルストイの社会批判が「極めて大謄、正直、深刻であつて、現代生活に満足せざる彼等の内心に満足と快感とを与へつゝ、而かも其結論が極めて不徹底、極めて浅膚、極めて容易、極めて安全であ」ることに求めている。これはこの種の青年読者の求めていたものに合致する。かくして、日本では「自己と社会との醜悪を暴露して冷かに振返つて見る自然主義」が「歓迎」されて以後、ゾラ・イプセン・ショー・ベルクソン・ドストエフスキー・タゴールが消費されたのであり、トルストイ人気もそれで説明がつくとされるのである[26]。

この山川と同様の主張は、その翌月号の特集「トルストイ論」で他の論者にも散見される[27]。「曖昧、姑息、不徹底に驚き呆れざるを得ぬ[28]」。「トルストイの研究のし直しは安全である[29]」。ここでは、トルストイ批判のかたちをとって、「曖昧」「不徹底」が批判されている。前節でみた、「中」の階級の特質と共通する要素であり、ここで『(月刊)新社会』は、個々の論者による見解の差異はあれ、大勢としては自然主義以来の文学イデオローグとでもいうべき傾向を撃つ方向に動いた。

しかし堺は、御風の隠棲は批判したものの、こうした社会的な傾向の文学者たちを排除することはしなかった。「トルストイ論」の翌月号で堺は、武者小路実篤や生田長江に言及しつつ、次のように述べている。

兎にかく此種の思想家が、よしそれ以上の進歩を示さぬとしても常に我々と我々の敵陣との、ツナギであり、ボカシ目であり、緩衝国である事を認める。そして随分多くの場合、我々の為に間接の味方となり、利益となる事を感謝する者である。(30)

堺は、文学者たちの置かれた「ツナギ」「ボカシ目」としての位置それ自体を擁護した。文藝領域が抱え込んだ曖昧さに戦略上の意義を見出そうとするこの批評は、その「不徹底」性そのものをまた肯定的に捉えようとする理路を開いている。

この立場からすれば、御風の抱えた問題はトルストイズムというよりむしろ、ジャーナリズムから撤退することで「ボカシ目」から退場してしまうことにあるともいえよう。実際、御風が隠棲の理由を記した書、『還元録』を読んでみると、『(月刊) 新社会』の一部の論調と類似した点を見出すこともできるのだ。例えば御風は、「不徹底不充実極まる日常生活」に「改造的努力を加へず誤魔化す方途として、「所謂「懐疑」の告白が最も都合よいものであつた」(31)と述べているが、ここだけ取り出せばほぼ山川の主張と一致している。『還元録』で御風が繰り返しているのは、「真実」を「回避」する「虚偽」の学生・文筆家生活、という論理である。御風は、「私と云ふ者の虚偽な、やくざな、からつぽな、殆んどもうゆるしがたい妄想者である」ことを「告白」する。[32]「卑しい模倣心、劣悪な虚栄心、［……］ずるく且臆病な修飾心」といった、「卑しい欲情」が文筆活動の動機だったのであり、投書や文学団体への加入、文壇勢力への参加や雑誌の発行もそのためだったとする。[33]それにうんざりした自分は「平凡人たるべし」と主張したが、それに対して次のような読者の反応がきた。「私はあなたが平凡人になれと云はれたことよりも、「平凡人になれ」と云ふやうな事を書いて居るあなたのやうな文学者になりたいのです」。御風はこれを「怖ろしい事」だと批判する。[34]

このように、御風は自己批判的なかたちで、実質的に「流行文藝に心酔する現代青年の心理」を撃っていた。前述の山川ほか、「独りよがりの夢想に耽つて譫言を吐く誇大妄想狂[35]」、「藝術家に志す人達は多くは懶怠であり、卑怯[36]」といった『（月刊）新社会』誌上の批判は、御風と共通する点をもっていたのだ。ただし、御風は社会改造の主張もまた「真実」の「回避」であるとし、逆に、『（月刊）新社会』の側からみれば、文壇から離れ田園生活を送ろうとすることが「流行」として捉えられるねじれが発生している。

五　「知識階級」と「民衆藝術」

御風は『還元録』のなかで、みずからが隠棲する根拠を次のように綴っている。曰く、自分の故郷には「平和と親善と健康と幸福」に溢れた人が住んでいるが、「所謂知識階級の人達に云はせれば、彼等の多数は無自覚な者共であり、謂ふところの衆愚であり、無学者である」。しかし、そのような「所謂無自覚な、無学な生活のうちに」こそ、「相互の幸福を求めつゝ生きて行く事の出来る強い力がある」。だが、「所謂知識ある人々」は「多く之れを見ない」だけでなく、「自分達の知識から得た抽象的真理によつて、徒らに彼等をその真理の自覚に導かうとまでする」。そして、「彼等にとりては彼等の生活の破壊となるやうな、なまじいな知識や、ひねくれた反抗心を彼等の胸に植ゑつけることによつて、彼等を向上させてやらうとなど、たくらんで居る」。だが、「若し彼等をして真により善き生活に向はしめんとならば」、「真に彼等のうちにある善きものによつてますく彼等の生活を幸福なものたらしめなければならぬ」のであって、「謂ふところの民衆宗教も、民衆藝術も、此の一点を離れては凡て無意味である」。そして、このような「無自覚」性の肯定は、ドストエフスキー、トルストイ、法然上人、親鸞上人の再評価に結び付けられる[37]。

これは内在的な「知識階級」批判であると同時に、「民衆藝術」論批判でもある[38]。加えて御風は、「自覚」「衆愚」という既存の語彙の価値体系を反転させ、「衆愚」の立場から倫理を打ち立てようと試みた（もちろん、こうした批評の宛先のひとつには大杉栄が想定される）。それは、「知識階級」／「衆愚」という対立図式を「所謂」という言葉をつけて借り受けながら、言論人と言論に関心のない者の価値観の乖離に着眼するものだった。前節でみたようなジャーナリズム場が孕む問題を、社会主義的な言論の特質に焦点を当てつつ、先の山川の論考とは別の角度から問うたものだといってもよい。

民衆藝術論争のきっかけとして知られる、本間久雄に対する安成貞雄の批判は、この御風の主張をふまえたものだった。御風によれば、「労働者」の「自覚」は「知識階級」が「徒に之れを導いた結果」である。だがそれは、「労働者」が「自然に得た自覚」だ、というのが安成の立場である。そして、「労働者階級の一人として、『私たち』と云ふ立場から、民衆藝術の問題を考へて貰ひ度い[39]」と、民衆藝術論を説いた本間に階級問題を突きつけた。

御風と安成は対立していたが、「衆愚」への「還元」にせよ「労働者階級」という立場にせよ、早稲田派の文学者への批判において方向性を同じくしている。また、一九一七年になるが、『(月刊)新社会』は大杉栄訳のロマン・ロラン『民衆藝術論』を次のように紹介している。「所謂民衆藝術を称へる人々の態度が、［……］智識階級から無智識階級に特権階級から平民階級に身分相応の藝術を与へよといふの態度である」のに対し、ロマン・ロランは「民衆藝術と民衆運動との完全なる融合一致に到着[40]」している、と。こうした「知識階級」に対しての認識は、「民衆」「平民」の文藝に評価を与える論理を用意した。

例えば、「平民的短詩」を評価した論考のなかで、堺は次のようにいう。和歌は「貴族的態度」だったものが、明治に入って「中等智識階級の趣味態度を代表する」ものへ変化した。俳句は「最初中流社会の間に生じた」のが「無学階級の玩弄」となっていたところを、「之を再び新中等智識階級の玩弄に引上げた」。だが、次第に「平民階級、労働階級、下層階級が、其の智識と実力とに於いて稍や独立の自覚を生じて来た」。そこで、「古い中等階級の、世棄人、風流人と云つた様な趣味態度」「新らしい中等階級の、逃避的、高踏的、神秘的、冥想的な趣味態度」に代わる、「平民的短詩」が生まれたのだとされる[41]。かくして、「中等」ならざる階級に文学の可能性が見出されるのだ。

また、堺は大石七分らの雑誌『民衆藝術』について、「大体上、我々の思想に合する藝術観が現はれてゐる」[42]と評価している。大石自身の民衆藝術論がそのようなものであったかは措いて、例えば同誌に掲載された西村陽吉の次の主張は、用語の点からみても堺の主張と類似している。「今日の歌壇は中等智識階級の智識的玩具に化した観がある」「平民藝術を樹立しなければならぬと思ふ」[43]。西村は今後現れるべきものとして「平民藝術」について語っているが、論敵を「中等智識階級」に設定する視座は共通している。

このように『（月刊）新社会』は、「中等階級」ないし『知識階級』を文学者との関係で捉えたうえで、かれらの存在意義を担保する言説も掲載しながら、繰り返し批判を遂行していったのである。そしてそれは、論者によって立場の差異はあれ、ある共通した論調を雑誌のなかで形作っていった。こうした文学者が抱え込んだ欠点は、堺によれば「逃避者」の問題に関わっている。「彼等はまだ自己の境遇について明瞭なる自覚を生じて居らぬ」状態にあるため、「直接に二個の大勢力に接触せずして、其の中間に自己の安全の地位を保持し、或は『逃避者』其者を以て生活の道として居る」[44]とされるのだ。

こうした「中間」に位置する文学者は、批判の対象となる一方で、批判に価する存在でもあるという価値もまた付与された。それは他者でありながら現在の自己と似通った面をもつ。曖昧さや両義性を抱え込んだ文学者という形象が、社会主義者にとってひとつの課題として認識されていた。こうした問題系を、当時の階級論の文脈のなかに持ち込むことは、ロシアの文学者像をその背景にもちつつ[45]、当時の日本の現実に対応しようと試みた、ひとつの思考実験であっただろう。堺自身も、御風や武者小路に期待を賭けながら、「勿論、それが滅多に本物にならうと信じた訳ではないが、兎にかく其面白い傾向を看過する訳に行かなかった[46]」と述べている。「冬の時代」の情勢は複雑であった。文学者たちとの共闘が現実的に模索されるなか[47]、権力の側もまた社会主義者と文藝の動向を追っていた。堺はそのなかで「面白い傾向」がどのような変革へと発展するか注視しながら、みずからが語るべきことばを追求していった。『（月刊）新社会』は、こうした当時の過酷な言論状況下において、文学者の可能性と限界をめぐる思索と実践の場として機能したのである。

付記　資料掲載にあたっては、法政大学大原社会問題研究所、東京大学大学院法学政治学研究科附属近代日本法政史料センター明治新聞雑誌文庫に御許可を賜った。心より御礼申し上げる。

【註】

（1）荒畑寒村「逃避者」『生活と藝術』第一巻第一号、一九一三年九月、一五―二四頁。「S」は堺利彦、「O」は大杉栄、「A」は荒畑寒村を示すとされている。これについて森山重雄は、「ここで使われているイニシャルを、実在した個人名に還元するのには、問題があるかもしれない」としたうえで、「O（大杉）やA（荒畑）がどういう態度をとろうとしているか」が「後半に書かれている真の主題」であり、「OやAの前には、つねにS（堺利彦）が意識されている」と述べている（森山重雄『大逆事件＝文学作家論』三一書房、一九八〇年、二〇六―二〇七頁）。この作品の当該箇所を引いて要約したものとして、ジェイ・ルービン『風俗壊乱―明治国家と文芸の検閲―』（今井泰子・大木俊夫・木股知史・河野賢司・鈴木美津子訳、世織書房、二〇一一年）を参照。

（2）竹内洋『丸山眞男の時代』中公新書、二〇〇五年、八一頁。

（3）拙稿「〈知識人〉言説の歴史を再考する―「有島武郎」の概念史的位置をめぐって―」『有島武郎研究』第

十六号、二〇一三年六月。なお、明治期から大正初期における「知識階級」の使用は例外的なものではなく、文化史的に看過し得ない文脈において多く観察できる。したがって、従来の作家研究等でも「知識階級」が用いられた文章の散発的な引用・言及がみられる。

（4）堺は第二巻第一号（一九一五年九月）の巻頭に「小き旗卜」という文章を載せ、「遠近の同族」と「呼応」し「励まし慰さめ」、「おもむろに時機を待つの決心」について語った（三頁）。堺の言論活動を軸に『（月刊）新社会』の画期的な意義を整理したものとして、林尚男『評伝《堺利彦》―その人と思想―』（オリジン出版センター、一九八七年）、川口武彦『堺利彦の生涯』下巻（社会主義協会出版局、一九九三年）、黒岩比佐子『パンとペン―社会主義者・堺利彦と「売文社」の闘い―』（講談社、二〇一〇年）等がある。また、初期社会主義史における思想的意義についてまとめたものとしては、荻野富士夫『初期社会主義思想論』（不二出版、一九九三年）を参照。玉城素は雑誌の時系列による展開を第一期から第三期に分けているが（「新社会」『日本近代文学大事典』第五巻、講談社、一九七七年）、この区分に従えば、本稿で主な考察の対象となるのは、第一期（第二巻第一号、一九一五年九月～第三巻第十一号、一九一七年七月）である。引用する資料は、復刻版『新社会』（不二出版、一九八二年）に拠った。なお、注で出典を示したが、『（月刊）新社会』に限って雑誌名は省略した。

（5）黒岩比佐子『パンとペン―社会主義者・堺利彦と「売文社」の闘い―』（前掲）、三〇九頁。

（6）堺生「林氏の『新社会』」第二巻第二号、一九一五年一〇月、二二頁。

（7）無記名「編集だより」『新社会』第一巻第二号、一九一五年一〇月、一一八頁。小野修三「林毅陸の政治的思考」（『近代日本研究』第七巻、一九九一年三月）に、注（6）の堺の文章と併せて引用されている。

（8）無記名「発行者より」第三巻第六号、一九一七年二月、［表紙裏］。

（9）（M生君より）とある。同趣旨の質問が（T生君より）としても紹介されている（第二巻第一号、一九一六年一〇月、四六頁）。

(10)（高畠生）「編集当番より」第四巻第六号、一九一八年三月、［表紙裏］。
(11)堺利彦「サアチライト（時評）」第二巻第十三号、一九一六年八月、二八頁。
(12)堺利彦「紅葉黄葉（時評）」第二巻第四号、一九一五年一二月、一〇頁。大隈重信「勢力中心の移動」（『新日本』第五巻第十号、一九一五年一〇月［談話筆記］）に対する論評である。
(13)堺が訳したHermann Gorter「唯物史観解説」（第二巻第三号、一九一五年一一月）には、昔の「中等階級」と現在の「中等階級」が「財産関係」のうえで異なるという説が展開されている（二三頁）。
(14)堺利彦「大雪小雪（時評）」第二巻第七号、一九一六年三月、二四頁。
(15)堺利彦「蕾と芽（時事短評）」第二巻第八号、一九一六年四月、一九頁。
(16)同右、同頁。
(17)堺利彦「思想の差異年齢の差異階級の差異」第三巻第一号、一九一六年九月、一頁。
(18)無記名「新刊提灯行列」『へちまの花』第十二号、一九一五年一月、四頁。紅野敏郎「堺利彦―「へちまの花」とその周辺―」（『文学史の園―1910年代―』青英舎、一九八〇年）で引用されている。
(19)無記名「提灯行列」『へちまの花』第十六号、一九一五年五月、一頁。
(20)堺利彦「紅葉黄葉（時評）」（前掲）、一一頁。
(21)「特別要視察人状勢一班　第六」『続・現代史資料1』みすず書房、一九八四年、四四八頁。林尚男『評伝《堺利彦》―その人と思想―』（前掲）で引用されている。なお、この内務省警保局作成資料について、二点付記しておきたい。まず、『（月刊）新社会』については、「同四年九月一日発行ノ分ヨリ之［『へちまの花』―引用者注］ヲ有保証雑誌ニ改メ同時ニ題号ヲ「（月刊）新社会」ト改題セリ」（四五二頁）とあるように、雑誌名は「（月刊）新社会」と記されている。これは「特別要視察人状勢一班　第九」まで共通している。もう一点として、林も前掲書で要約しているが、「第一　一般ノ状況」に以下の記述がみえる。「自然主義文学、頽廃的《デカダニツク》文学、世界主義的文学及社会的傾向ノ文学思想輸入ノ影響ニ依リ因習破壊、旧道徳打破、秩序無視ノ思想並非国家的、世界主義《コスモポリタニック》思想ノ学生其ノ他多少智識アル青年ノ間ニ瀰漫セントシツ、アルヲ以テ社会主義者無政府主義者等ハ自家ノ思想ニ感化シ得ヘキ人士ノ漸ク増加シ来レリト為シ之ニ乗シテ伝道的活動ヲ為スノ有効ナルヘキヲ予期セルコト」(四四八頁)。ここでは、文学的知識を通路とした「智識アル青年」の左翼化の問題が警戒されているといえる。

(22)堺利彦「蕾と芽(時事短評)」(前掲)、一八頁。

(23)題目への関心や受け取り方は個々の論者によって異なる。例えば荒畑寒村は、「どうしたつて構やしませんやネ、ウッチヤツてお置なさいナ」「こんな問題を擔ぎ出すなんて、売文社のヒマさ加減、思ひやられますね」(荒畑寒村「売文社のヒマさ加減」第三巻第一号、一九一六年九月、四五—四六頁)と、文学青年を問題化することそのものに興味を失っている。また、大杉栄の原稿は、「編集者」によれば「締切迄に到着しなかつた」(二四頁)。

(24)安成貞雄「現実を回避せんとするにあり」第三巻第一号、一九一六年九月、二五頁。

(25)山川均「秋晴(時評)」第三巻第二号、一九一六年一〇月、二二頁。

(26)山川均「日向ぼッこ(時評)」第三巻第三号、一九一六年、一月、二三—二四頁。

(27)堺利彦「社会主義者の杜翁観」(『トルストイ研究』一九一七年新年号)が論旨をまとめている。

(28)堺利彦「小説『復活』を評す」第三巻第四号、一九一六年、二月、四頁。

(29)白柳秀湖「科学の大泥棒」第三巻第四号、一九一六年一二月、一五頁。

(30)堺利彦「雪もよひ(時評)」第三巻第五号、一九一七年一月、二一頁。

(31)相馬御風『還元録』春陽堂、一九一六年二月、四五頁。

(32)同右、四頁。傍点原文、以下同様。

(33)同右、一六—一七頁。

(34)同右、一三九頁。

(35)青山菊栄「『俺が』『俺は』『俺の』『俺に』」第三巻第一号、一九一六年九月、三二頁。
(36)宮嶋資夫「一種の手淫に過ぎない」第三巻第一号、一九一六年九月、四七頁。
(37)相馬御風『還元録』(前掲)、一一一―一一九頁。もっとも、かかる論理展開は文壇的な教養を密輸入するアポリアを孕んでいる。この「知識階級」という語が用いられた第七章を引用して、金子善八郎『相馬御風ノート―『還元録』の位相―』(第二版、金子善八郎、一九七八年)が概要をまとめており、柳富子「御風のなかのトルストイ―「還元録」をめぐる一考察―」(『比較文学年誌』第二十六号、一九九〇年三月)が御風の「民衆信仰」について比較文学的観点から論じている。
(38)『還元録』は早稲田派の内部批判としても読みうる。背景に島村抱月の恋愛事件と藝術座の存在があったことを論じたものとして、松本克平「『還元録』と相馬御風―大正新劇史の思想的側面―」『俳句』一九六四年四月号。
(39)安成貞雄「君は貴族か平民か　本間久雄君に問ふ」『読売新聞』一九一六年八月一八日、朝刊七面。
(40)無記名「▲民衆藝術論　ロメン・ロオラン著　大杉栄訳」第三巻第十一号、一九一七年七月、三二頁。
(41)堺利彦「平民的短詩の意義」第四巻第二号、一九一七年一〇月、[巻頭言、頁数表記なし]。むろん、「平民」と「民衆」の差異には留意する必要がある。
(42)堺利彦「カライドスコープ(百色眼鏡)」第四巻第十一号、一九一八年八月、一六頁。
(43)西村陽吉「貴族藝術か、平民藝術か」『民衆の藝術』第一巻第一号、一九一八年七月、一七頁。
(44)堺利彦「四種の半無意識活動」第二巻第六号、一九一六年二月、一〇―一一頁。
(45)例えば、山本飼山は「新しい戯作者」(『近代思想』第一巻第一号、一九一二年一〇月)のなかで、「今日の若い智識階級の人々」は「ルーヂンの徒、オブロモフの輩」であり、「早稲田派の或る文士」は「不徹底な「オブロモフキスト」だと主張している(一〇―一一頁)。このくだりについて言及したものとして、秋山清「明治末の青春像　山本飼山」(『Ｂｏｏｋｓ』第一四〇号、一九六一年一一月)のほか、荻野富士夫の論考(「山本飼山と『近代思想』―飼山の社会主義思想―」『日本文学』一九七八年二月号、「山本飼山の生涯」西田勝・上條宏之・荻野富士夫編『定本飼山遺稿』銀河書房、一九八七年等)がある。『(月刊)新社会』誌上では荒川義英が、近代思想社の大杉栄、荒畑寒村と知り合ったときのことを回顧しながら、当時のみずからを「オブロモフイスト」と意味づけている(荒川義英「堺先生に呈して近情を報ず」第二巻第八号、一九一六年四月、二八頁)。冒頭で言及した寒村も、飼山同様『近代思想』第一巻第一号に「智識階級」の語を用いた文章(翻訳)を寄せていた。当該期の「知識階級」論については別稿を期したい。

(46)堺利彦「雪もよひ(時評)」(前掲)、二〇―二一頁。

(47)松尾尊兊「一九一五年の文学界のある風景と最晩年の漱石」(『文学』一九六八年一〇月号)によれば、一九一五年三月の馬場孤蝶の衆議院議員選挙立候補において、「文壇の、いわば自由主義者と社会主義者との共同戦線」が組まれ、夏目漱石はそこで自身を「大看板の位置」に据えた(六四頁)。なお、松尾が同論考で掲げている『孤蝶馬場勝弥氏立候補後援現代文集』(実業之世界社、一九一五年)の目次には、昇曙夢による「露西亞の知識階級」のタイトルが挙がっている。この論考は同年刊行の昇曙夢『露国及露国民』(銀座書房、一九一五年)にも所収された(前者の発行月は三月、後者は六月)。ちなみに孤蝶と曙夢は、雑誌『趣味』(第三巻第四号、一九〇八年四月)に「露国文学と本邦現代文学との交渉(一)」を揃って寄稿していた。選挙立候補の背景にかかるロシア文学的な知の問題が潜在していたことは注目に値しよう。注(45)と関連する情報を補足すれば、孤蝶は雑誌『スバル』にドブロリューボフの『オブローモフ』論の摘訳を翻訳していた。なお、本稿ではロシア研究の文脈にふれることができなかったが、例えば『(月刊)新社会』第三巻第四号(一九一六年十二月)の「本と雑誌」欄で紹介されている、教育学術研究会編『露国研究』(同人館雑誌部、一九一六年)には、八杉貞利「露国の智識階級」ほかロシア文化に関する情報が収められている。

第九章　文学から、そして文学へ――堺利彦と一九一〇年代労働文学

大和田　茂

はじめに

本年二〇一六年は、日本近代文学史のうえに、「労働文学」の成立を告げたといわれる宮嶋資夫の『坑夫』（近代思想社刊、一九一六年一月）が世に出て一〇〇年目になる記念すべき年である。ここで私に与えられた課題は、堺利彦がその一九一〇年代労働文学にどうかかわったか、また、それをどう評価していたかということの考察である。

一九一〇年代後半から二〇年代初頭にかけて、一見自然発生的にだが、実は初期社会主義思想・文学との連続性の中から、わが国文壇にはじめて労働者出身の作家たちが登場し、労働者や民衆の生活、闘いを描いた小説・詩・戯曲がつぎつぎと出現し、注目された。すなわち、いわゆる大正デモクラシーの隆盛の中で、文壇の一隅に生まれた「労働文学」「民衆文学／芸術」という潮流である。

日露戦争後の資本主義の発達・確立に伴い、主に大工場で働き、ある程度の教育を受けて、文学を享受する労働者層がいたが、その中から作家を志すものが出てきたのである。

具体的にその中核的な作家と代表作を挙げるならば、荒畑寒村「艦底」[1]、宮嶋資夫「坑夫」（前出）、宮地嘉六「或る職工の手記」、平沢計七「石炭焚」、新井紀一「友を売る」、内藤辰雄「馬を洗ふ」、吉田金重「雨を衝いて」、丹潔「玩具の閃き」、加藤由蔵「職工思想調査書」、細井和喜蔵「女工哀史」などである。そしてこれらに加えて、労働者そのものではないが、これらの労働者作家と多分につながりもって、同じく労働者や民衆を積極的に描いた作家・批評家には、秋田雨雀、中村吉蔵、小川未明、荒川義英、尾崎士郎、藤井真澄、渡平民、神近市子、加藤一夫、中西伊之助、平林初之輔、小牧近江、金子洋文、今野賢三、前田河広一郎、麻生久、江口渙、藤森成吉、賀川豊彦などが挙げられ、傍ら小説も文芸評論も書いていた運動家である堺利彦、大杉栄、伊藤野枝もこの中に入れてよいといえる。

これらの作家の労働文学あるいは初期プロレタリア文学作品としての集成は、一九二八年から三〇年にかけて平凡社から刊行された『新興文学全集』日本篇全一〇巻[2]にあり、労働文学作家らの主要な作品が網羅されている。

彼らの中からは、関東大震災（一九二三年九月一日）後の、本格的プロレタリア文学運動の流れに入っていくものもいたが、主に活躍した舞台は、最初は、大杉・荒畑らの雑誌『近代思想』（一九一二年一〇月創刊）、堺の『新社会』（一九一五年九月創刊）、小川未明を中心とした『黒煙』、加藤一夫の『労働文学』（ともに一九一九年三月創刊）、そして労働組合の各機関誌などであり、どちらかいえば小メディアから彼らは現れ、やがては『中央公論』『改造』『中外』『解放』など当時の総合雑誌、そして『新潮』『新小説』などの文芸雑誌というマスメディアにも進出していったのだった。

堺はこの頃、大逆事件後の「冬の時代」を乗り切るためあらゆる文章を請け負う代書業兼広告業をかねた売文社を運営し、多くの若いライターがここに集まり、そして通過していった。政治・社会を語るには、厳しい時代であるからこそ、文学が必要とされた。堺に先だって、慎重な再出発をした大杉・荒畑の『近代思想』(一九一二年一〇月創刊)でさえ、文学の領域に自己限定して二年間を過ごした。この頃、堺は運動家として再度の「旗揚げ」の時機をうかがいつつ、若い作家、それも私小説的な小さな殻にこもっているのではない、いわゆる社会性という広がりと問題意識をもった書き手を育てていきたいという強い思いを持っていたのではないかと考える。拙論では、以上のことも探っていきたい。

一　文士だった堺利彦

黒岩比佐子の本格的評伝『パンとペン――社会主義者・堺利彦と「売文社」の闘い』(講談社二〇一〇年、読売文学賞受賞)には、「文士・堺枯川」という一章が設けられている。堺は若いころから、養子にいって作家になった兄の本吉欠伸(本名・乙槌)の影響で作家志望であり、実に一九歳の頃には地方紙に連載小説を持つくらい、プロとして活躍しようというところまでいっていたことが、具体的に叙述されている。

自伝『堺利彦伝』（改造社一九二六年、中公文庫一九七八年）にも、文士時代がいくらか書かれているが、黒岩の本が出現するまで、文士・作家としての堺を詳しく描いた記述はなかったのではないか。[3]

黒岩の丹念な調査に基づく作家としての堺利彦像を見るかぎり、尾崎紅葉、森鷗外に一時的にせよその才能が認められたとはいえ、どうも断続的に仕事をしていて、もう一つ本気で作家を続けようという気概が感じられない。小説書きは約二年勤めた小学校教師と同様、一家の稼ぎ手として主要な収入源としていたのだが、堺にとっては作家生活と放蕩生活とは表裏一体の関係で、まともな生活からはほど遠かった。

彼は、二四歳のときからわずか二年間で、父母の連続する死に会い、これを機にきっぱり放蕩生活から足を洗って堀美知子と結婚したが、その直後、破滅的な作家生活を送った兄欠伸の若死にをまえにして、どうしても文学にしがみつくという執着より、新聞記者や『防長回天史』の仕事を通じて、広いテリトリーで著述の仕事をしたいと思うようになってきたのである。しかしそれでも、文学のテリトリーは、心の中では彼にちゃんと温存され、社会運動家の道を歩んでいくなかでも、翻訳小説や俳諧の道は捨てていないし、つねに文学への関心は非常に強かったと思える。

黒岩も、三〇歳で『萬朝報』記者になった堺について、メディアの発達につれて、文学が商品化する時代に入り、「この数年間の経験から、小説を書くことを職業とするのを「なんとなく不満足」だと感じていた。『萬朝報』に入社した時点で、堺は小説の道ではなく、ペンの力で世の中を改革していく道を選択したといっていい」と述べている。

北清事変（一九〇〇年六月）の従軍記者を経て、やがて日露開戦に「非戦」の論陣を張るジャーナリストとして、盟友幸徳秋水らと平民社を結成し、社会主義運動の険しい道に入る堺の姿は、いよいよ真骨頂が発揮される本番がやってきたという時期になるのであろうが、ここでは、これと並行してやはり「傍ら」文学にかかわりつづける堺の姿と文学／労働文学との関係を見ていこう。

二　文学への不即不離

堺が『萬朝報』記者になって以来、小説家の道からそれたのは本当のことであるが、また一概にそうだともいえない。生活のためもあろうが、バーナード・ショー、ジャック・ロンドン、アプトン・シンクレア、チャールズ・ディケンズなどの作品を多数翻訳したり、翻案小説・戯曲などを書いたりしていた。

また、一九三〇年二月、その頃普通選挙による衆議院議員選挙に出馬した堺を資金援助するため、実に五三人も知友たちが寄稿し出版された『堺利彦を語る』（秀文閣書房）という本があるが、本書には、作家、歌人、文芸評論家と目される人が二二人も名を連ねているのである。それだけでも、文壇人との付き合いは終生もちつづけたと理解できる。その中で、馬場孤蝶は、一九〇八年頃『二六新報』に文芸欄を設ける相談会で、堺に初めってあったことを記し、「その時は、堺君の方は、所謂る文芸の方を離れやうとしてたら」しく、自分たちも「社会評論家」とみなして最初親しまなかったが、「後で聞けば、堺君には文芸的作品は可なりあつたのであり、また堺君は文芸の趣味は何時も失つてはいなかつたの」（「快笑する堺利彦君」）だ、というようなことを述べている。実際、堺の名は、実に一九〇九年の雑誌『文章世界』二月号をはじめとして、一九二〇年まで毎年、同誌「現代文士録」に登録されつづけているのである。

さらに、二つほど具体例を挙げると、一つには、一九〇九年九月春陽堂の月刊雑誌『新小説』第二四年第九号に、「魚食人と宍食人の話」という短篇小説（翻案ではない）を発表していることである。本文の署名は「堺利彦」だが、目次はかつての号「堺枯川」となっている。「枯川」は一九一三年ごろに封印したはずで、以後めったに使っていない。この時期には「貝塚渋六」を頻繁に使っていた。目次の「枯川」は編集者の判断だったのかもしれない。

この号の巻頭を飾るのは、伊藤野枝との旧谷中村へのランデブー風視察旅行を描いた、大杉栄の小説「死灰の中から」で、二番目に芥川龍之介の「じゅりあの・吉助」が載っている。小さな旗揚げだった個人新聞『へちまの花』（一九一四年一月創刊）から脱皮して雑誌『新社会』を順調に出しつづけていた時代、久々に大手文芸雑誌にどうどうと小説を発表していることに、堺の文学への不即不離というべき、一貫した姿勢を感じとることができる。なお、この号は前号予告には「「九月拡大号」は何人も考へ及ばざる破天荒の創作欄に必ずや読者諸君の熱狂的歓迎を受けんとす」という触込みで、実際には「特殊作家小説号」と銘打たれ、右の三人のほか河竹黙阿弥、伊藤燁子、小山内薫（翻訳）、泉鏡花の作品が並ぶ。大杉、堺はわかるが、他の作家のどこが「特殊」なのか理解に苦しむところである。

この「魚食人と宍食人」は、堺の故郷豊前国の有史以前、彼の中にもその血が流れているという

「土蜘蛛」族という、「煤黒い色の、矮小な骨格の、貧弱な男女が多い」穴居部族、日本の高祖高宗の血筋にはけっしてつながらない「豊前土人」たちの抗争と原始社会形成の物語である。

あるとき、作者（堺）は、第一次世界大戦のおかげで隆盛を極めている炭鉱地帯をもつ故郷に帰った。そのとき、豊前の大昔、「猿らしい人間の生活状態」を記した写本を、ある古老から渡され、それを読みやすいように改めてみたという。

以下、魚食人の部族にいた髯長《ひげなが》という老人が、孫である若者たち三人に、子供時代から見聞した魚食村の歴史を語り出す場面から始まる。海辺近くに住む魚食人は、老人が子供ころに、窟《いわや》を出て木の上の家に棲むようになった。しかしまだ集落の三〇軒ほどの家々は、互いが助け合うということを知らず、むしろ敵対し合い女房を盗み、殺し合いを重ねることを善しとしていた。だから、山に棲み猟を共同でする宍食人の団結力を前にして戦争ではつねに負けつづけていた。そしてやっと寄合いをもって、みなが力を合わせ宍食人たちと戦う必要を悟り、やがて一つの村ができて村長を選んだ。

村内での殺人、妻盗みを禁じる法度を作り、谷には防御のため石塀を作るまではよかったが、安全な場所になったゆえに人々が集まりだし、共有の土地が個人に分配され、そこで作物栽培をするものが出てきて豊かになり、作物と土地を交換することも始まり、やがては少数のものたちが土地を独占するようになったという。

村長は世襲になって力を持ち、神の声の代弁者デブデブという名の男に勝手なことを語らせ、手下には漁業権や牧畜権を独占させ、土地も道具も持たないために食物にも困る多数者と、逆に食物が有り余り少しも不自由しない少数者という、大きな格差構造が出来上がってしまう。しかも、髯長は不思議なことに「働く奴等は段々余計に働いて段々食ふ物が少なくなつて来た」と言う。分配はあくまでも不平等なのである。そこで皆が不平を激しく募らせると、神の代弁者が村長や地主らの功績をたたえ、歌うたいの小袋という男が巧みに村の美しさと魚食人の優秀性を歌い上げ、人々に宍食人への憎悪を駆り立て、皆を戦争へ向かわせるようにし向けた。

何人かの勇気あるものたちが、支配者に反抗し、宍食人との和平・共同を考えたが、ことごとく殺された。そうこうするうちに、魚食人の村民たちは体力が衰え、子供は病気になった。そこへ宍食人が攻め込んできて魚食人を皆殺しにしたが、髯長は山に逃れ、宍食人から女房を盗んでこれまで暮らしてきた。――そう彼は話を結んだ。要領のいい小袋だけは、いま宍食の村長のたたえる歌うたいになっているという。

歴史時代以前の野蛮な社会の話である。だが、ここには、明らかに原始共産制の片鱗を垣間見ながら、民主主義の萌芽のようなものも生まれ、資本の原始的蓄積を経て祭政一致の独裁権力を握るものの出現により、階級社会が発生してきたことが、それとなく描かれていると言えないだろうか。いや、一九一〇年代末の堺は、描写力は弱いが、明らかに郷里の民話を語るかのようにして、資本の原蓄物語、そして国家の発生を描いたのである。「デブデブ」「ガミガミ」「ウーウー」「赤鼻」「猿顎」「犬歯」などオノマトペ風や風貌の特徴をとらえるユーモラスな名をつかい[(4)]、穏やかでとぼけた顔をして、その実、階級社会論を語っている堺の顔が浮かんでくる。これも一種のプロレタリア文学作品、それもイデオロギー色のあるプロパガンダ風小説ではなかろうか。

そして、この作品が一つの指標になったかどうか、同年翌一〇月一二日付け『読売新聞』の「労働文学号」と銘打った「日曜附録」欄には、「労働文学者」として八名の作家の顔写真が大きく並んでいる（写真参照）。何とその中の一人に、堺利彦の顔写真が中央に収まっているのである。これが具体例の二つ目である。

八名とは、沖野岩三郎、宮地嘉六、加藤一夫、葛西善蔵、大泉黒石、江口渙、小川未明と堺である。先にあげた労働文学とその周辺の作家たちにも入らない人もいて、労働者出身である宮嶋資夫、新井紀一などがいないことも奇異である。

「哀しき父」「子をつれて」など、いわゆる破滅派的な作風の葛西善蔵がそもそも「労働」とどう関係するのか。実はその葛西自身が五日後の同紙「ビールの泡」欄において人にこう語っていたという。すなわち「読売新聞では僕を労働文学者にしたが、何ういふわけかね、僕は労働問題などを書いたことがないぢやないか、まア貧乏人が書いたから貧乏文学者であるかも知れないが――労働どころでは無い、惰け者ばかり書いてゐるのだ、労働者を書いて労働文学なら、僕の小説は怠業文学とでも言ふものだらう」と、面白いコメントをしている。

この記事は、労働文学が当時たしかに文壇で話題になっていたことを物語るが、それにしてもおかしな人選と記事であることは否めない。ほかには大泉黒石だが、彼はロシア人の父を持ち、ロシア文学にも精通、ユーモア小説、怪奇小説を得意とし、これも「労働」を扱っているとは言えない作家である。ほかに、堺を含め沖野、加藤、江口、小川の五名は、神学校、専門学校、大学の門をくぐったことのある知識人作家といえるが、キリスト教社会主義、初期社会主義思想などの影響の中から出てきて、社会の底辺にいる人々、民衆に眼を向けた作品を多く書いている。この点では、労働文学の周辺作家といえるが、純正の労働者作家ではない。

つまり、純正の労働者作家は、同欄に「小説「煤煙の臭ひ」」いう文章を寄せている宮地嘉六一人だけである。副題に「十三歳から三十歳までの十七年間、鉄工場に働いた私の生活記録」とあるように、家庭の事情から「牢獄に等しい」モーターもない町工場に働き始め、その後大小工場を渡り歩き、「反抗」（ストライキを暗示）ばかりしていたため文芸の道に入ったこと、最初、編集者は労働現場を描いた作品を嫌ったが、いつの間に自分は「労働小説家」として文壇に認められるようになったことを、やや本意ではない突き放した調子で書いている。

この「労働文学号」（特集）で、わからないのは「労働問題と労働文学」と題した和辻哲郎のやや長い評論である。詳述はしないが、本文中に、この題名の二語句は一度も出てこない。ロシア革命後、ロシアでは「徳の支配」ではなく「暴力の支配」がはびこっていること、国家的利己主義である資本主義は終局だが、「白禍」に対抗し得るのは日本だけだ、キリスト教や仏教による革命が求められるなど、やや支離滅裂な論旨で、記者が記事を挿し間違えたのではないかと疑りたくなるような内容である。

この特集の前、同年六月、『中央公論』は「労働問題」を特集に組んだ臨時増刊号を発行し、創作欄には、小川未明、宮地嘉六、岩野泡鳴、加藤一夫、上司小剣、沖野岩三郎、菊池寛、久米正雄の八名の「労働小説」を掲載する充実振りで[5]、もはや岩野、菊池、久米などの文壇既成作家までが労働者を描くほど、一九一九年という年に労働問題及び労働文学は文壇でも、避けて通れない問題になっていた[6]。

さらに、一九二〇年一二月九日に成立した日本社会主義同盟に対する堺の並々ならぬ努力のひとつに、この同盟に「文芸家」を加入させようとしたことがある（堺「文芸家と社会主義同盟に就て」に詳しい。『人間』一九二〇年一一月）。これは思うに、マルキスト、アナキスト、そして社会主義に理解を示す自由主義者らの大同団結の組織をつくるため、「知名の文士」が加盟することは、話題作りと同盟へのソフトなイメージを与える効果があり、堺が考えた戦術であった。労働文学の領域のみならず、文学者の方でも、堂々と社会運動に従うものも出ている現実もあった。実際、文学者の加盟は、新聞、雑誌で話題になった。加盟した文学者は、秋田徳三（雨雀） 新井紀一 荒川畔村 五十里幸太郎 井上康文 江口渙 越中谷利一 大須賀健治 岡本保太郎（岡本潤） 小川未明 尾崎士郎 加藤一夫 嶋田清次郎 丹潔 千葉武郎 内藤辰雄 新居格 根岸正吉 林柾木 藤井真澄 藤森成吉 前川二享（里村欣三） 松本淳三 宮地嘉六 虫明申太郎 安成貞雄 吉田金重など三〇名近くになった。

三　宮嶋資夫と宮地嘉六――純正労働文学と堺

『読売新聞』の先の記事で堺が労働文学作家だというのは、半ば不可思議、半ば真実の感がある。一九一〇年代後期、堺を労働者作家とみるかどうかはさておき、労働文学はゾラやショーなどに学んだ堺が考える文学の理想像と同じ方向にある文学潮流であり、当時、彼はそれに対する批評家であり、育成者・保護者としての役割を演じることになる。

労働文学の成立を告げた記念すべき作品は、前述したように宮嶋資夫（一八八六―一九五一）の「坑夫」というのが定説である。その宮嶋に堺はどう対したのか。『坑夫』は、一九一六年一月近代思想社から発行された。わずか一七六頁の小さな本であるが、序文には堺利彦、大杉栄が並んでいる。直ちに発売禁止なった。宮嶋は、高等小学校卒業後、小僧、工員、店員、事務員とさまざまな職業を転々としてきて、あるとき露店で『近代思想』を手にとったのがきっかけで、大杉らのサンジカリズム研究会や近代思想社に出入りして、のちに『近代思想』が月刊『平民新聞』から復刊するときには、発行人に名を出すまでに大杉ほか同人と親しくなった。そして、大杉の伊藤野枝との恋愛問題などで、同誌がごたごたするなか、終刊やむなきに至るころに同書が最初で最後の「近代思想社刊」の本として出たのであった。

その意味では、宮嶋は『近代思想』から生まれ育った、アナキズム系の新人労働作家である。その彼の最初の小説本の巻頭に、堺が序文を書いたのは、大杉（あるいは荒畑寒村）の勧めによるのでろうし、堺自身も『近代思想』の常連執筆者であり、大杉も荒畑も売文社社員だから、何ら不思議はない。(7)「冬の時代」の堅氷をまず割って出ようとしたのが大杉たちで、さら前進して運動紙『平民新聞』を発禁つづきでも出す。一方、堺は「時機を待つ」と、のらりくらりと『へちまの花』を出して趣味的世界に徘徊している、そのように大杉には思えて堺への苛立ちは一時激しいものがあったが、堺もやっと『坑夫』が出ようとする少しまえ、一九一五年九月から『へちまの花』を改題した雑誌『新社会』を発刊し、徐々に大杉たちに追いつきつつあった。

二人の序文は、ともに作者宮嶋が主人公の生活ばかりか、性情、心理を深く理解して描写している点に賛辞を与え、今後将来、これまでの体験をもっと深化させ創作することを望んでいる。堺が、スケールの点では『ジェルミナール』に及ばないが、その作者であるエミール・ゾラに宮嶋が匹敵するほどの実力だと絶賛しているのだが、しかも「門外漢である」自分のこの賛辞が、文壇内での批判、反発、無視を惹き起こさないか、とまで心配しているのである。それに対し、大杉は、『坑夫』の読後の興奮が、ゴーリキー作品を読んだときのそれと同じであったが、宮嶋にはゴーリキーほどの荒削りな強さが感じられないと不満を漏らし、あくまでゴーリキーのように社会性をもって種々の反逆者を描いてほしいと注文をつけている。

大杉には後年「労働運動と労働文学」(『新潮』一九二二年一〇月)という評論があり、当時の労働文学作品へはオール否定に近い酷評をしているが、そこでも宮嶋についてては「謂はゆる労働文学の中で、資夫君のものが割合一番うまいやうに思つてゐる」といいながら、つねに作品全体が「暗い絶望と感傷主義」に陥っている欠点を指摘し、そこを突き抜けるよう要望している。

労働文学のまえでも、「憎悪美と反逆美」を芸術の理念としている大杉はこのようにあくまでも原則的な批評家である。それに対し、『坑夫』序文だけからでもうかがえるように、堺は批評家である前にその庇護者、育成者であろうとしていることが理解できる。作家をともかくもやめたのであるが、堺の中に依然として潜在する文学への愛着のようなものが、若い作家を育てたいという思いを駆り立てたのであろうか。

その庇護者、育成者の堺のもとに、渇ききって倒れる寸前、一杯の水を求めるようにたどり着いたのが、宮嶋と並ぶ労働文学の代表的作家、宮地嘉六（一八八四―一九五八）だった。宮地は、佐賀市の旅館の息子だったが、継母との折り合いが悪く、小学校を中退して家出同然に佐世保海軍造船工廠の手伝い人夫になり、そこを振り出しに、前述したように各地の大小工場を渡り歩き、一七年間、労働者生活をつづけた。呉海軍工廠ではストライキに参加し、収監され、呉にいられなくなった。もともと一九歳のころから、尾崎紅葉や川上浪六などを愛読し自然主義文学にも親しんで、つらい工場労働をやめるために作家になろうと思っていた。

以後、上京して工場づとめをしながら創作をつづけようとするが、警察の干渉が厳しく、それが困難になったため、呉時代、そこに来ていた社会主義者の及川鼎寿と相坂佶を頼って、売文社の門を叩いて堺を紹介されたのだった。一九一三年秋か冬のころである。翌年、宮地は宮嶋資夫と知り合い、作家修行時代の約一ヶ月間を共同生活したことがあった。宮嶋が書いた「坑夫」草稿をいち早く読んで感想を述べたのが宮地だった。

さて、堺は売文社で宮地を写字係に雇い、彼の経歴を聞き、工場生活を小説にするように勧めた。

その結果、雑誌『廿世紀』（一九一四年九月）に「汗の人」という匿名で「鉄工場」という短篇を掲載、初めての稿料四円を得た。その後もおそらくは堺の紹介で、雑誌記者になったりやめたりで、食うや食わずの中、またしても堺の世話で雑誌『中外』（一九一八年九月）に「煤煙の臭ひ」を発表、これが労働文学隆盛の機運に乗って出世作になった。以後、第一作品集『煤煙の臭ひ』（天佑社一九一九年）をはじめ、『或る職工の手記』（聚英閣一九二〇年）、『放浪者富蔵』（新潮社同年）と、波に乗って次々と労働小説集を発刊していった。

実は宮地は、元来労働小説が書きたかったわけではなかった。一九〇八年、二度目の上京の折には、早稲田の文科生グループ（舟木重雄、広津和郎ら）の『稲風』同人会に出入りしたり、のちそれを継ぐ『奇蹟』同人に名を連ねたりしている。彼はこのグループの作家たちのように、「労働」を素材とするより、むしろ人間の「心理」や「神経」を描く私小説が書きたかったと思われる。しかも、『坑夫』発刊以前の時代、労働現場を描いた作品はまだ世に受け入れられなかった。まさに、堺の励ましと時代の機運によって、宮地は労働文学作家にプロデュースされていったのである。(8)

宮嶋資夫の場合は、『近代思想』からぽっと出てきた、まったくの無名作家であったが、ある意味では、堺に泣きついたおかげで、宮地は二度も作家デビューを用意してもらったのだ。つまり、堺の乳母日傘のもとに出発した恵まれた新人作家だともいえる。宮地は当時を回想してこう述べている。

私などは正系の堺部屋出身ではない。唯苦しかつた時分に宿無し犬のやうに時々尾をふつて行つて何かと救はれた方の部である。堺さんの方では、それほど私のためにはなつてやつたこともないと云つてゐられたさうであるが、私には唯一人の恩人のやうに感銘が多い。（「堅忍不屈の人」、前掲『堺利彦を語る』）

さらにいえば、一九二一年、おそらくこれも堺の勧めなのであろう、堺の友人の弁護士山崎今朝弥の義妹山形俊子と結婚[9]、式の媒酌人も堺夫妻なのである。この結婚をめぐる経緯は、長編小説『群像』（太陽堂一九二一年）に詳ししく描かれている。この作品は、一九二〇年末の日本社会主義同盟結成（宮地も堺の勧誘で加盟）を背景にして、翌年の第二回メーデーのころまでの時期、堺や山崎、売文社や周辺の人々がモデルとなっていることでも興味深いが、これによって宮地は結婚後もますます堺家と家族ぐるみの交際をしていたことが理解できる[10]。

このように堺は、宮地に対して保護者の如く温かく、作家としての道を用意していたが、作品に対する評言は書かれたものとしてはほとんどない。わずかに『新社会』の改題『新社会評論』一九二〇年七月号には『放浪者富蔵』の紹介が載っているのみである。「二つ三つ読んで見たが皆おもしろい。著者の筆は可なり円熟の境に達してゐる。しかし『労働作家』と呼ばれる人としては内容に今一段の力が欲しい」とあり、無署名だが明らかに筆者は堺で、宮地作品への不満をやんわりとだが、的確に指摘しているのである。

その点は、大杉のほうが例によってはるかに辛辣で、先述の宮嶋を評したすぐあとで、「同じ労働者出身でも、宮地嘉六君になると、またずつと落ちる。其のうまくない事、面白くない事、おびただし過ぎる。そして其の描く労働者が、文士と云ふのらくら者の生活を羨望して、筋肉労働を棄てて三文文士になり上がった喜びと、さらに其の新しい地位から押し落されようとする憂ひとに充たされてゐるのだから、実にいやになつちやふ」と、大変手厳しい。やはり大杉は原則的批評家で、堺のように育成者ではないのである。

四　中西伊之助と丹潔ほか——運動家にして労働文学作家と堺

中西伊之助（一八八七—一九五八）ほど、リーダーとしてさまざまな社会運動に長くかかわり、傍ら多くの小説を書いた人はあまりいない。ほかには賀川豊彦、加藤一夫という同時代の労働文学の範疇に入る作家が思いつく。翻訳の文学書も考慮すれば、堺利彦もそうだといえる。彼らは、関東大震災前後に静かに運動から、そして堺とその周辺から遠ざかっていった宮地嘉六とは対照的であり、中西は戦後に至るまで、生涯、労働組合、農民組合、部落解放、植民地解放、プロレタリア文学、政治・議会などをテーマに運動にかかわり、幅広く活動した人物だった。

彼は京都府宇治の小作農の家に生まれたが、養子の若い父親が出奔、母が他家へ嫁ぎ、貧しいなか母方の祖父母に育てられ、火薬工場の雑役、機関車庫の掃除夫、海軍修理工場工員、新聞配達夫などの職業を転々とした。しかし、海軍兵学校入学の夢を断ちがたく上京するが、日露戦後の日比谷焼討ち事件の「暴徒」の一人に加わり、社会主義に傾倒して平民社解散後に出た『光』『新紀元』の読者になり、再興された平民社に出入りし日刊『平民新聞』へ投稿を重ねた。二十歳になった一

九〇七年二月日本社会党第二回大会にも参加、幸徳秋水の熱弁に酔いしれたと回想している。(11)

おそらくこの時期に堺とはすでに接していると思われるが、中西が堺と親しむのはその後のことで、再婚して朝鮮平壌にいる母を頼っていって、出世作である長編小説『赭土に芽ぐむもの』(改造社一九二二年)に描かれているように、そこで新聞記者になり、寺内総督攻撃や日本企業の鉱山労働者虐待を暴いて収監される経験を経て、一九一三年後半に東京に戻り、やがて売文社に堺をたずねたときである。

堺先生は、私の恩師である。それは、三十年前からは間接に先生の著書を通じて、二十年前からは直接に先生の謦咳に接して。

日比谷の山カン横道、ビルディングの売文社楼上にて、「コムミユニスト・マニフエスト」「ソウシアリズム・ユトピアン・エンド・サイヱンテイフイツク」等の講義や、翻訳の練習を受け、二円の月謝を持つて行くと、先生はその金で夕飯を御馳走してくれた。もう二十年近くになるが、なつかしい思ひ出である。

今、先生と共に、同志として共に立つのは、心からなる悦びである。

先生よ、必ず当選して下さい! 闘争三十年の尊い生涯の中で、今こそ先生の輝ける生涯が初まるのだ!

(二月五日、三河島警察署の検束からかへりて、選挙戦を戦ひつつ記)

(「恩師堺先生」、『堺利彦を語る』)

教師としてなんとやさしい堺であろうか。宮地にとって堺は命を救ってくれた恩人だったが、中西にとっては社会主義思想や運動を教えてくれた恩師だった。この差異はのちの人生を決定付けるのに、意外に大きいのではないか。この文章（全文）は、前述したように第二回の普通選挙実施によって、堺が東京無産党から衆議院議員に立候補したとき、その選挙戦の最中に書かれた。

実は中西は、一九一九年に東京市電の従業員組合結成に尽力し理事長になり、激烈なストライキを決行、指導するが、一方では『種蒔く人』『文芸戦線』同人、『赭土に芽ぐむもの』ほかを書いたりしていた作家時代、どちらかとえばアナキスト的立場を鮮明にし、マルキスト文学者たちと対立していた。また同時に、農民自治会の創設にかかわり、幹部となって各地の農村争議も指導するが、一九二八年九月、突如としてマルキストに転向し、堺のいた無産大衆党に入る。中西によれば、現場の労働者、農民に寄り添って運動していると、組織的な指導より彼らの不屈の精神とその意思を尊重しなければならないという思いが強かった。しかし、アナキズム的な活動に展望が見出せなくなった結果、転向したということらしい。

これ以降、中西は、無産政党の離合集散の荒波の中で、一九三三年一月二三日の堺の死まで行動をともにした。アナキズムの道を遠回りして戻ってきた放蕩息子を迎える慈父のように、堺は中西を受け容れたのであろう。もっとも中西がアナ派であった時期も、「老革命家堺利彦氏の労に報ゆ」という献辞が巻頭に置かれた『芸術戦線　新興文芸二十九人集』という文学アンソロジーが、一九二三年六月に編まれ自然社から発刊された。ここに名を連ねた作家、評論家たちはのほとんどが労働文学系の人たち、初期プロレタリア文学の担い手であるが、中西は、前田河広一郎、青野季吉、藤井真澄、尾崎士郎とともに中心的発起人であり、堺との関係は切れてもいなかったことを物語る(12)。それにしても、多くの労働文学系、社会派文学者たちが、堺とつながりがあり、いかに恩顧を蒙むっていたかを本書は示しているといえる。

あと一人、ここにとりあげるべきは丹潔（一八九六―一九六八）という、文学史にあまり出てこない青年作家についてである。彼は東京に生まれ、父親の事業失敗で幼いときから給仕をしたり、パン工場で働き、苦学して高輪中学を卒業、ついで早稲田大学文学科予科に入るが、ほとんど大学へは行かず、売文社などに出入り、のち大杉栄のもとにも通うようになったらしい。これを書いていて思い出したが、筆者は荒畑寒村氏や近藤（堺）真柄氏にお会いしたとき、丹潔について尋ねたところ、お二人とも記憶されていて、売文社内などでは「タンケツ」と皆から呼ばれていた潑剌たる若者だったことを教えていただいた。

丹潔は、無謀にも二二歳で作品集『民衆の為に』（如山堂書店・星文館書店併記一九一八年）を出版している。「無謀に」といったのは、一部作品は姉の丹いね子が主宰している雑誌『婦人文芸』に自己の労働体験を小説化、発表したものだが、表現が十分熟していないものも含む二二篇の小説・戯曲を一挙に収め出版したことである。ただ、序文を寄せた人たちは、吉江孤雁、中村古峡、広瀬哲士、堺利彦と、当時の著名人物が名を並べている。広瀬が序に代えてロマン・ローランの『民衆芸術論』の一説を引いているように、丹の労働体験や底辺社会に対する見聞を描くこの本は、当時盛んになりつつあった民衆芸術論争のなかから出てきたともみられる。その意味では、同書の訳者でもあった大杉栄が序を寄せていないのは、少し不自然である。丹は売文社に飽き足らず、大杉に近づいたが[13]、大杉は一読し出す価値なしと断ったのかもしれない。

書名「民衆の為に」は、当初、杉村楚人冠が「民衆へ」とつけてくれたが、それを堺が「厭な感じ」で上から目線だというので「為に」と直したのだという。堺の「序」にも、丹の「自序」にもそう書いてある。丹の方でも最初「弱者の為に」を考えていたので、素直に堺の助言に従った。「自序」を読むと丹はかなりの自信家である。丹には、社会主義運動に芸術を役立てたいとの思いが強い。労働運動が「広い意味における人間運動であるやうに、僕等の芸術運動も人間運動である」(「黒耀会作品展覧会拝見記」)と『新社会評論』(一九二〇年五月)に書いている。その彼の書を堺は暖かく批評する。当初の書名から、丹の傲慢を疑ったが、次のように述べる。

内容の諸篇を拾ひ読みしてみると決してそんな態度や心持が現はれてゐる訳ではない。文章といふ点については我々の如き古い筆を標準にして云へば、今一いき消化した字句を使つてほしいと思ふ節も少くないが、さすがに若い人の書いた物には到る処に新味が溢れてゐる。(中略)終りに更に丹潔君に告げる。君の斯くの如き傾向は、確かに今後に於ける文学社会化の傾向に合してゐる。そうして亦実に僕等の希望する文学の種類に属してゐる。願はくば他日、僕をして更に一層大なる驚きを以て君の作に感心せしめよ。

堺は友人間で「よく感心する人」と評されているというが、褒め上手というのとはちがう。書名のことを含めて、言うべきこと、指摘すべきことはちゃんと言っているのである。丹は本書以後、小川未明を囲む若手作家の会である青鳥会に入りそこから出されていた雑誌『黒煙』を、さらに労働／民衆文学色の濃い誌面にしていき、自らもやや描写力を上げて、プロレタリア童話の先駆的作品や階級・民族問題を扱った小説を発表したが、関東大震災後の大杉栄の虐殺や社会主義者への圧迫などを前にして、社会運動・文学運動の戦線から離脱していってしまった(14)。

おわりに

堺利彦が擁護・育成した労働文学作家は、まだほかに多数いると考えられる。前掲『芸術戦線』に寄稿している一人ひとりを追えば、さまざまなかかわり、ドラマがあるかもしれない。売文社の若き社員で、その父と旧知の仲だった荒川義英。満州で放縦懶惰な放浪の末に客死した彼のために、堺は遺稿集『一青年の手記』(聚英閣一九二〇年)を編んだ。純正労働者作家の吉田金重、内藤辰雄も『新社会評論』に職工(工場労働者)や坑夫を描いた小説を書いている。表面的には、つながりが見えない平沢計七だが、もし震災がなくて『種蒔く人』が続刊していれば、堺の推挙で同人になる可能性があったといわれている。労働文学隆盛のころに文芸評論家となった平林初之輔は、方向性として労働文学を支持し、是々非々で作品を批評したが、彼は堺から『共産党宣言』の英訳本を借りて勉強した。等々、堺利彦が、暖かく新人作家を迎え育てていったことがわかる。そして社会運動家の枠だけに納まらない人物として、堺自身が実は労働文学者的存在でもあったということに思い至るのである。

【註】

（1）荒畑は社会運動家だが、大杉栄ほかが認めるほどプロ作家でもやっていける資質を持っていた。

（2）この全集は、日本初のプロレタリア文学全集と言っていい。のちに三一書房版『プロレタリア文学大系』全九巻が出るのが、戦後、一九五〇年代半ばであり、新日本出版社版『プロレタリア文学集』全四〇巻・別館一巻が一九八〇年代後半である。前者は第一巻に労働文学作家の作品を収録、後者は第一巻から四巻「初期プロレタリア文学集1～4」と「プロレタリア戯曲集1」第三五巻に、同様それら作品を収録している。

（3）黒岩本以前には、林尚男『評伝《堺利彦》—その人と思想』（オリジン出版センター一九八七年）、川口武彦『堺利彦の生涯』上・下（社会主義協会出版局一九九二年、九三年）があるが、ともに文学者としての堺の記述はきわめて少なく、後者は無に近いほどである。

（4）このことは小林多喜二の「蟹工船」において、漁民・労働者が互いをあだ名で呼び合っていた場面との共通性を連想させる。

（5）この特集も読売における人選の参考になったとも推測できるが、ここに堺はいない。

（6）「労働文学」という言葉は、一九二三年の関東大震災まではつかわれていたのだが、一九二一年の雑誌『種蒔く人』創刊後には、「第四階級の文学」「プロレタリア文学」という言葉も出現し始める。平野謙「『種蒔く人』の時代」（『政治と文学の間』未来社一九六六年所収）などに詳しい。

（7）宮嶋も一九一六年から一七年にかけて『新社会』に三篇の感想、エッセイを書いている。ただ、彼は売文社のライターではないようである。

（8）ただ、宮地の労働作家から私小説作家への転身は早く、関東大震災前から徐々に始っていた。そしてイデオロギー色の濃くなったプロレタリ文学隆盛に伴って決定的となり、私小説作家として、文壇の片隅に位置を得て、息の長い作家生活を送る。本来、運動家気質でもなかったところに、労働文学者として行き詰まりがあったと考えられる。

（9）ただし、一児をもうけて、その子は死亡、翌年一九二一年離婚した。

（10）ほかに小説「観劇会」（『淑女画報』一九二〇年九月）、「新婚日記」（『中央文学』一九二一年六月）にも、堺家との親しい交際振りがうかがえる。

（11）中西の著書『冬の赤い実』（実践社一九三六年）ほかによる。

（12）このとき、堺は第一次共産党事件で入獄中であり、本人と家族への慰問をかねた出版だった。執筆者名は、掲載順に以下のとおり。秋田雨雀、新井紀一、有島武郎、麻生久、江口渙、藤井真澄、今野賢三、金子洋文、加藤一夫、小泉鉄、前田河広一郎、松本淳三、宮嶋資夫、内藤辰雄、中西伊之助、小川未明、尾崎士郎、佐々木孝丸、鄭然圭、吉田金重（以上小説・戯曲）、青野季吉、藤森成吉、長谷川万次郎（如是閑）、平林初之輔、細井和喜蔵、小牧近江、新居格、新嶋栄治、佐野袈裟美（以上詩・感想・評論）

（13）丹には大杉や労働運動社の連中との交流を描いた「拾円」（『青年雄弁』一九二〇年二月）という小説がある。一九一九年一一月、東洋大学の学生ら（丹たち）の主催で大杉を招く座談会開催をめぐって、警察の干渉とその攻防が描かれている。

（14）ただし、堺が先述した衆議院議員選挙に出馬したとき、応援を惜しまない内容の丹のはがきがある（小正路淑泰氏よりご教示あり）。文面は左の通り。

前略僕は先生の道具（書）売立に泣いてゐます。どうぞ最高点で当選せんことを望みます。僕には僕の新戦術があり、且つ宣伝もあります。

ハガキは有効に使用します。一発一揆に。恩師堺先生をこんど是非立たせたい。悲観しながら進むことです。楽観は禁物です。
宛先　麹町区八丁目廿四
　　堺利彦先生待史
差出人　芝区三田台町一ノ十六
　　　　丹　潔　　十六日

（官製はがき　消印　一九三〇年二月一七日）

第一〇章　「公の政党」を守り抜いて——第一次日本共産党と堺利彦

黒川伊織

はじめに

本章では、「冬の時代」を脱した日本の社会主義者が結集する場となった日本社会主義同盟の成立（一九二〇年一二月）を起点に、第一次日本共産党の解党に至る一九二四年春までの堺利彦の思想と行動を、ソ連邦崩壊後に公開されたコミンテルン文書日本共産党ファイル（一九一〇年代末—一九四三年）により跡づける。筆者は、同ファイルの精査により、これまで自伝・回想録や官憲文書により描かれてきた第一次日本共産党史——その代表的研究が、犬丸義一『第一次共産党史の研究——増補日本共産党の成立——』（青木書店、一九九三年）である——の刷新を志し、その成果として『帝国に抗する社会運動——第一次日本共産党の思想と運動——』（有志舎、二〇一四年）を上梓した。本章は、第一次日本共産党の創立とその具体的活動のなかで堺利彦が果たした役割を明らかにするとともに、初期社会主義から第一次日本共産党を経て合法無産政党の成立に至る日本の社会民主主義の系譜を跡づけるものともなるだろう。

なお、コミンテルン文書日本共産党ファイルは、マイクロフィルムのかたちで販売されており、日本国内でも国立国会図書館をはじめ、北海道大学・早稲田大学・同志社大学などで閲覧・複写が可能である。また、同ファイルのうち重要な文書は、ロシア史研究者の富田武・和田春樹により日本語訳されており（『資料集　コミンテルンと日本共産党』、岩波書店、二〇一四年）、同書を手がかりとして原文書にあたることもできる。したがって、現在では、同ファイルを精査する作業は、第一次日本共産党に限らず、戦前期日本の社会運動史を研究するうえで、基本的前提となっていると言ってよい。

ここで、第一次日本共産党期の堺利彦についての先行する叙述を顧みておくと、コミンテルン文書公開以前に利用可能であった資料を可能な限り渉猟した最も信頼性の高い実証的研究として、「日本マルクス主義の源流」（犬丸一九六二）にはじまり前掲書に結実する犬丸義一の研究をあげることができる。犬丸の叙述は、党内的な党史という性格を持ってはいるものの、その極めて高い実証性のゆえに、共産党の党派的な公式党史に修正を迫ることにもなった。『日本共産党の四〇年』（日本共産党中央委員会出版部発行、一九六二年）では党の創立者に数えられていなかった堺利彦が、『日本共産党の五〇年』（日本共産党中央委員会出版部発行、一九七二年）では初代委員長とされることになったのは、そのような修正の最たる例である。

この修正について補足しておくと、二〇一三年一二月、筆者は犬丸義一の自宅より、山辺健太郎旧蔵と表紙に記入された『日本革命運動史　稿本』を見つけ出した。『日本革命運動史』は、一九五五年八月の日本共産党第六回全国協議会の直後、共産党より渡部義通に編纂が委託され（渡部一九七四）、渡部のほか、山辺や井之口政雄ら戦前からの党員が結集して執筆にあたったもので、四〇〇字詰め原稿用紙八〇五枚におよぶ大作である。一九五五年中には執筆が終わっていたにもかかわらず、諸般の事情――おそらくは「党章草案」問題をめぐる党内対立の激化――によって公表されることのなかった、まさに幻の「党史」であると言ってよい。

ところで、『日本革命運動史』の副本は、慶應義塾大学所蔵水野津太資料にも残されている（その経緯については、由井二〇〇八参照）。寺出道雄・慶應義塾大学教授のご厚意により閲覧させていただいた副本と、山辺旧蔵の原本を比較すると、副本では、第一一節「極東共産主義団体・革命団体第一回会議」から、第一八節「党のボルシェヴィキ的再組織の進展」が、おそらくは故意に落丁させられている。すなわち、第一次日本共産党の成立から、一九二六年一二月に共産党が再建されるまでの期間の記述は、山辺旧蔵の原本によってしか知ることができないのである。

このことを踏まえて、原本に記された第一次日本共産党成立の事情を、以下に引用する。

一九二二年七月一五日は、日本の労働者階級の歴史に大きく特筆すべき日であった。この日、東京市渋谷区伊達町の一民家で主要な共産主義者のグループと、それに親近なグループの第一回代表者会議が極秘の裡にひらかれて、労働者階級の歴史的使命をつらぬくために、支配階級の権力と決定的に斗争する革命的政党――日本共産党を創立したのである。この会議は、日本共産党第一回大会となった。（中略）堺、山川、徳田、高津、橋浦、吉川の七名が執行委員会メンバーに、堺が委員長になった。

この叙述は、いわゆる「党創立記念日」の神話――それは徳田球一が創りだした神話である――（加藤二〇〇六a、二〇〇六b、黒川二〇一二）に引きずられているものの、堺利彦こそが日本共産党の初代委員長であると認めているところに、極めて重要な意義がある。実は、堺が日本共産党の委員長だと早い時期から述べていたのは、一九五三年に北京で客死していた徳田球一であった。徳田は、一九三〇年一月三一日に行われた第一一回予審尋問の場で、一九二三年二月の第二回大会（いわゆる市川大会）で、堺が「中央執行委員長」に就任したと供述している（山辺一九六八）。そして、一九四七年二月に刊行され版を重ねた『獄中十八年』では、第一回大会すなわち「一九二二年七月一五日」の会合で、堺が「（中央執行―引用者）委員会の議長となった」と記すに至る（徳田・志賀一九四七）。

ここまで見てくると、堺を日本共産党の初代委員長と指摘したのは徳田であり（実際には、山川均が初代委員長であったことについては、拙著参照）、徳田の言説を受け継ぐかたちで、一九五五年の少なくとも秋の時点では、堺が初代委員長であることに何の疑いも持たれていなかったことがはっきりとわかるだろう。そうであれば、なぜ『日本共産党の四〇年』は堺の名に一度も言及していないのであろうか。容易に推察されるのは、社会党との関係である。社会党にとってもその原点である労農派の象徴・堺利彦の名を共産党の創立史に刻むことなどできなかったのだ。戦後政治の安定的枠組みとしての「五五年体制」がすでに成立していた一九六〇年代初頭の時点では、社会党との差異化をはかることこそが、共産党にとっては重要だったのである。

第一次日本共産党期の堺利彦をめぐる叙述のうち、講座派＝共産党系の叙述は犬丸の前掲書に代表されるとすると、労農派＝社会党系の叙述は川口武彦『日本マルクス主義の源流――堺利彦と山川均――』（ありえす書房、一九八三年）や石河康国『労農派マルクス主義』（社会評論社、二〇〇八年）に代表されると言えようが、この系統の叙述は、もっぱら労農派関係者の自伝・回想録に依拠する一方で、歴史研究者による実証研究の成果（犬丸一九八二、一九八三、松尾一九七四、岩村一九七七など）は一顧だにしておらず、歴史研究者の目から見ると、労農派＝社会党の立場からの啓蒙的叙述の域を出ない。ここには、経済学者が中心を占め現状分析に力点を置く労農派系の特質が反映されていると言ってよいだろう。

ベルリンの壁の崩壊、そして「六四」をCNNの生中継で固唾を呑んで見守った一九七四年生まれの筆者にとっては、講座派も労農派も、そして社会主義体制すらも、過去の遺物にすぎない。本章では、「短い二〇世紀」（ホブズボーム）が終わって二〇年以上が経つ二〇一六年の地平から、社会主義に希望を賭けた堺利彦の生を、第一次日本共産党の成立前後に即して描き出すことで、初期社会主義から第一次日本共産党、そして合法無産政党から戦後の日本社会党に至る日本の社会民主主義が、現在にどのように継承されているのか、あるいはいないのかを、検証していきたい。

一　「大同団結」を目指して

大逆事件後の社会主義運動「冬の時代」に、堺が売文社を設立して各地に孤立する同志を糾合するとともに、同志の生計の途を開いたことはよく知られている。その傍ら、堺が打ち込んだのが、マルクス主義の論説を学問的に紹介する作業だった。「冬の時代」にあって社会主義運動の宣伝・実践が厳しく抑圧されるなかで堺が訳出した文献は、「冬の時代」が終わり、社会主義運動が復活するなかで、運動の理論的フレームワークが構築される際の礎となった。本節第一項ではそのことを見ていく。

一九二〇年一二月、「冬の時代」を生き延びた社会主義者と、ロシア革命をきっかけに運動に身を投じた若い世代の社会主義者の大同団結の場として、日本社会主義同盟が誕生した。このとき、最長老格の堺は、日本社会主義同盟の機関誌『社会主義』に「日本社会主義運動小史」を連載して、自由民権運動を源流とする抵抗の歴史を詳らかにした。本節第二項では、なぜこの時期に堺が日本の社会主義運動の歩みを叙述せねばならなかったのか、そして、その叙述はのちの日本社会主義運動の自己認識にどのような影響を及ぼしたのかを確認していく。

（1）　堺利彦による明治維新史研究の先見性

一九一一年に幸徳秋水らが処刑されたのちの逼塞した言論空間のなかで堺が取り組んだ重要な仕

事が、マルクス『経済学批判』（一八五九年刊行）の序文にある「唯物史観要領記」の紹介だった。堺がいう「唯物史観要領記」とは、端的に言えば、「アジア的→古代的→封建的→ブルジョア的」と生産様式が発展するさまを記した部分である（『マルクス・エンゲルス全集』第一三巻では、六頁上段一三行目「私を悩ました疑問の解決のために…」から七頁下段一〇行目「したがってこの社会構成でもって人間社会の前史は終わる」の部分）。すでに一九〇〇年代から、京都帝国大学の経済学者・河上肇により『経済学批判』序文の訳出は進められていた。しかし、堺「唯物的歴史観」は、山路愛山が主筆を務める『国民雑誌』（第三巻第一号、一九一二年一月）に掲載され、誌上で堺と山路が唯物史観をめぐる論争を展開したように、一般に唯物史観の存在を知らしめたという点で、その意義は極めて大きい。直後に刊行された堺『売文集』（丙午出版社、一九一二年五月）にも収められた「唯物的歴史観」は、『売文集』が版を重ねるのと歩を同じくして、ひろく知られていったのである。

注意しておきたいのは、この時点での堺がマルクスを学ぶうえで典拠とした文献の多くが、カウツキーをはじめとする第二インタナショナルに関わる人々の著作だったことである。『売文集』に収められる論説の執筆と並行して、堺はカウツキーの翻訳に取り組み、『社会主義倫理学』（丙午出版社、一九一三年）を刊行している。

「唯物史観要領記」を紹介するなかで堺が次に関心を抱くことになったのは、明治維新の性格をどのように規定するか、という問題についてであった。もともと堺は、一八九七年から九九年にかけて毛利家編集所で『防長回天史』の編纂に携わっていたように、幕末から明治維新にかけての歴史的経緯に造詣が深かった。社会主義を受容し、そしてマルクス主義の根幹たる唯物史観を受容した堺が、唯物史観の立場から明治維新の性格を捉え直そうとしたのは、自然な流れであっただろう。堺による維新史研究の最初の論となった「ブルジョアの維新——経済的に見たる維新前後の社会——」(『解放』第三巻第一号、一九二一年一月、同号は「特集　明治維新の新研究」と題されていた)において、堺は、明治維新が実現した「ブルジョア的改革」に着目して、「維新改革は即ち資本家的革命である、一七、八世紀のイギリス革命やフランス革命が、ブルジョア革命であるのと同じく、日本の維新革命も亦一種のブルジョア革命である」と、明治維新＝ブルジョア革命とはじめて唯物史観の立場から規定したのである。

のちに「維新史の新研究」と改題されたこの論説は、マルクス主義理論誌『新興科学の旗のもとに』創刊号(一九二八年一〇月)に掲載された羽仁五郎「清算明治維新史研究」の冒頭で、最も重要な先行研究として詳らかに紹介されることになる。講座派歴史学の祖のひとりである羽仁は、ドイツ留学から帰国して、「大正中期までの維新史研究の、いちおうの総括」(松島一九六六)として堺の研究を仰ぎ、それを受け継いで自らの維新史研究を深めようとしたのであった。実際、堺の維新史研究は、服部之総『明治維新史』(一九二八年)、羽仁五郎『明治維新解釈の変遷』(一九二九年)、野呂栄太郎『日本資本主義発達史』(一九三〇年)、『日本資本主義発達史講座』(一九三二—三三年)につながる「唯物史観系」——のちの評価軸によるなら講座派系——の維新史研究の原点として、史学史上に枢要な位置づけを与えられている(大久保一九五九)。このように堺が史学史上に果たした役割を踏まえるならば、講座派／労農派の対立という構図を遡及的に適用するかたちで一九二〇年代の思想空間を単純に裁断してはならないことが容易に了解されるだろう(たとえば黒川二〇〇一四)。講座派が講座派として、そして労農派が労農派として、それぞれ独自の役割を果たし得たのは、一九三〇年代以降のことなのである。

（2） 日本社会主義同盟の成立と「日本社会主義運動史」の執筆

一九二〇年九月に山崎今朝弥らが刊行した『社会主義――社会問題批判雑誌――』（一九二〇年九月―一九二一年九月、約三〇〇〇部刊行）は、『へちまの花』（一九一四―一五年）、『新社会』（一九一五―二〇年）、『新社会評論』（一九二〇年）と培われてきた売文社の出版事業を継承するものであり、日本社会主義同盟の機関誌の役割を果たした。堺はその創刊号から「日本社会主義運動小史」の連載をはじめて、日本社会主義同盟の創立に至る日本の社会主義運動の歩みを、当事者の側から語ろうとした。堺のそのような意図は、以下に引く連載第一回の「前がき」からもはっきりと読み取れよう（仮名遣いは改めた）。

久しく沈滞鬱屈していた日本の社会主義運動が、昨年以来漸く再び底力のある活気を呈し来り、此ごろに至って、諸方面に散在せる新旧の諸分了、諸要素の自然に結合した「日本社会主義同盟」の創立が計画されている折柄、此の運動の淵源と其発展の経過と趨勢とを概観した「小史」を書いて見るのは、最も適当な企てであろうと考える。

一九二一年七月まで続くこの連載は、「冬の時代」を乗りこえた日本の社会主義運動の着実な発展を確認するとともに、社会主義運動を同時代史的視点から通時的に語り直すことで日本における社会主義運動史研究の幕開けを告げる記念碑的叙述だったと言ってよい。

その内容を具体的に見ていくと、堺は、①自由民権運動を起点とし徳富蘇峰ら民友社の活動を経た自由党左派の流れと、②一八九〇年代に勃興した労働組合運動の流れと、③アメリカ帰りのクリスチャン――ユニテリアン協会系――との結集として、一九〇一年の社会民主党の創立を位置づけている。つまり、明治維新後の日本において、さまざまなかたちで藩閥政府に抵抗した人々のなかに、堺は日本の社会主義運動の淵源を見出したのである。平民社の創設、日露戦争下の苦闘、そして幸徳秋水の渡米と帰国をもって、直接行動派と議会政策派の対立に触れることなくこの連載は未完のままに終わってしまったが、堺はこの連載を通じて何を訴えたかったのだろうか。

堺がこの連載において試みたのは、日本社会における抵抗の系譜のうちに日本社会主義同盟の創立、そして日本共産党暫定中央執行委員会＝第一次日本共産党の成立を位置づけることで、共産主義インタナショナル（コミンテルン）の指導――すでに一九二〇年の夏から日本への接触ははじまっていた――から自立した運動として日本の社会主義運動を提示することであった。連載が中断した直後には、すでに日本共産党暫定中央執行委員会＝第一次日本共産党が成立していた。

次節で見ていくように、第一次日本共産党は、コミンテルンの日本支部でありながら、コミンテルンの指導に粛々と従うことなど、一度もなかった。モスクワで起草された「日本共産党綱領草案」＝「二二年綱領草案」に代わる新たな綱領を、各国共産党に共通する世界綱領の部分も含めて起草しようとするし（その詳細および第一次日本共産党が新たに起草した綱領の原文については、黒川二〇〇八・同二〇〇九参照)、解党すらコミンテルンに諮ることなく実行してしまった。このように、コミンテルンと対等な立場であろうとした第一次日本共産党の一貫した姿勢は、すでに一九二〇年から二一年の時点で、堺「日本社会主義運動小史」によって予言されていたのである。

二　第一次日本共産党の成立前後

一九二二年四月、日本共産党暫定中央執行委員会が成立して、コミンテルンとの連絡のもと日本における共産党の活動がはじまった。日本共産党はその創立記念日を「一九二二年七月一五日」としているが、この日を創立記念日とすることには、一九八〇年代から研究者の間で異論が噴出していた(詳細は犬丸一九九三参照)。「一九二二年七月一五日」が「党創立記念日」と決定されたのは、一九三一年の日本共産党公判闘争における政治的駆け引きの産物にほかならず(加藤二〇〇六a、二〇〇六b)、実際に筆者がコミンテルン文書日本共産党ファイルを閲覧した限り、同時代において第一次日本共産党の創立を「一九二二年七月一五日」と明記した文献はない(黒川二〇一一)。よって、筆者は日本共産党暫定中央執行委員会の成立をもって第一次日本共産党の成立と捉える立場をとる。本節では、一九二二年四月に成立して一九二四年春に解党するまでの第一次日本共産党の三年間の歩みのうち、堺が検挙される一九二三年六月五日の一斉検挙――いわゆる第一次共産党事件――に至るまでの具体的活動を、とくに堺の行動に注目して跡づけていく。なお、詳細に関しては、拙著を参照されたい。

（1）　日本共産党暫定中央執行委員会＝第一次日本共産党の成立

シベリア干渉戦争が一段落し、ロシア共産党の地方機関（シベリア・ビューロー、極東ビューロー）がイルクーツクに拠点を置いた一九二〇年夏から、コミンテルンの日本への接触がはじまった。一九二〇年七月に日本にやってきた朝鮮人密使・李春熟の誘いに応じて上海に渡航した大杉栄が、コミンテルンのエージェント・ヴォイチンスキーと接触して受け取った資金二〇〇〇円を元手として第二次『労働運動』を創刊したのは、一九二一年一月のことである。この第二次『労働運動』は、日本社会主義同盟の創立に結実したアナ・ボル「協働」の象徴として輝きを放った。前節で見た堺「日本社会主義運動小史」は、このようにすべての社会主義者が結集して「革命」が近づきつつあるかのごとき雰囲気のなかで執筆されたのであった。

ところが、アナ・ボル「協働」が軌道にのったそのとき、再びコミンテルンの密使が日本にやって来た。上海に日本人を派遣するよう要求して堺・山川のもとに現れた朝鮮人・李増林である。山川は、アメリカ帰りの社会主義者・近藤栄蔵と協議して、この機に日本共産党暫定中央執行委員会を結成し、自らが起草した「日本共産党規約」「日本共産党綱領」を近藤に携行させ上海へと送り出したのである。近藤は、上海からの帰途下関で遊興中に逮捕されたために、すこぶる評判が悪い。しかし、日本共産党暫定中央執行委員会成立＝第一次日本共産党成立の時点では、総務幹事すなわち日本共産党の初代委員長を山川が、国際幹事を近藤が務めたように、第一次日本共産党の活動において近藤の果たした役割は極めて大きかったことを、あらためて確認しておきたい。

この山川・近藤の独断とも言える行動に、堺はどこまで関わっていたのか。一九一九年に片山潜の命を受けて「日本で共産党を創立する」ために日本に戻ってきた近藤は、直後に堺・山川と接触している。一九一四年に事実上亡命するかたちでアメリカに逃れた片山が日本で信頼し得る同志は、多くはなかっただろう。そう考えると、片山が、初期社会主義以来の同志であり、年齢も近い堺に、近藤の日本での前途を託した可能性は極めて高い。実際、日本共産党暫定中央執行委員会の設立に関わった七人の筆頭に堺はおり（他は、荒畑寒村・橋浦時雄・近藤憲二・高津正道、そして山川・近藤である）、第一次日本共産党の成立にあたって最長老格の堺による承認があったことは疑いない。

一九二一年五月、下関で近藤が逮捕されたことで、第一次日本共産党の活動の主たる部分は、近藤と親しい高津正道ら暁民会に集う人々が担うことになった。その活動拠点となったのが、近藤が上海で受け取った資金を元手に、堺の同意を取り付けて一九二一年九月に再興した売文社であった。暁民会グループは、一九二一年一〇月から一一月にかけての反軍ビラ撒き事件（暁民共産党事件）により検挙されるが、このような具体的活動と並行して第一次日本共産党が水面下で行っていたのが、アナキスト・サンジカリストを第一次日本共産党に糾合しようとする働きかけであった。

堺もまた、この動きを承認していたであろう。堺が「第一次（日本―引用者）共産党結党時においてもなお、日本社会主義同盟の理念を継承し、アナ・ボル連携による「多元的多数派の結成」を模索していた」（小正路二〇一二）という指摘は的を射ている。繰り返しを恐れずに言うなら、堺「日本社会主義運動小史」が、自由民権運動にはじまる抵抗の経験のうちに日本社会主義同盟成立を位置づけようとし、しかもコミンテルンから一定の自立性を保とうとしていたように、第一次日本共産党もまた、「冬の時代」を乗りこえ復活した日本の社会主義者の「大同団結」の場として引き続き機能するはずだったのである。

このアナキスト・サンジカリストを第一次日本共産党に糾合する試みは、一九二二年一月の極東諸民族大会にアナキストの印刷工を出席させたように、一定の成果をあげた。しかし、一九二二年の五月までにこの試みは事実上破綻し、アナキスト・サンジカリストを排除したボルシェヴィキのみの組織として、第一次日本共産党は結党後わずか一年足らずで再編されることになる。

（2） 第一次日本共産党の「再組織」と堺の役割

一九二二年八月、第一次日本共産党はボルシェヴィキのみの組織として再組織された。その再組織大会に参加したのは、堺・山川・荒畑・橋浦・吉川守圀・高津・徳田・高瀬清・渡辺満三・浦田武雄、そして近藤であった。従来の「一九二二年七月一五日」党創立とする見解は、この再組織大会を示唆しているのかもしれない。暁民共産党事件の責任をとって身を退いた近藤にかわり、総務幹事に荒畑が、国際幹事に堺が、橋浦が財政責任者にそれぞれ任命された。

荒畑（青木クメキチ）・堺（阪谷ゴロウ）が連名でコミンテルンに送付した英語報告書（一九二二年九月二四日付）の末尾には、荒畑・堺による直筆の署名と「日本共産党幹部之印（The Executive Committee of the Communist Party of Japan）」と記された党の公印が押印されている（写真参照）。これが、第一次日本共産党が公式文書としての体裁を整えてモスクワに送付したはじめての報告書であった。その内容を確認しておくと、とくに重要なのは、①アナキスト・サンジカリストを排除して党を再組織しつつ、「ボルシェヴィキに傾く可能性のある」アナキスト・サンジカリストの労働者に働きかけを続けること、②「ご覧の通り我が党の綱領は完全に完成してはいない」と、自ら日本共産党の綱領を不十分ながらも起草して、報告書とともにモスクワに送付していたことである。このとき送付した綱領が、加藤哲郎が紹介した「二二年九月綱領」にほかならない。①からは、なお「大同団結」を目指そうとする強い意欲が読み取れるし、②からは、コミンテルンの指導に諾々と従うのではなく、コミンテルンと対等であろうとする日本側の強い意志が読み取れる。「ボルシェヴィキ」のみの組織に再編してもなお、コミンテルンの指導に全面的に服する意志が第一次日本共産党の側になかったことがわかるだろう（一方では、コミンテルンの側も日本側の一定の自立性を許したと評価できる）。

　コミンテルン第四回大会（一九二二年一一月）に日本代表として参加した高瀬清・川内唯彦の帰国を待って、一九二三年の二月初旬に、第一次日本共産党の第二回大会（市川大会）が開催された。この大会は、暁民共産党事件以来党内にくすぶっていた高津ら暁民会系の人々と山川ら水曜会系の人々の対立関係を再燃させた。その対立を収める

ために担ぎ出されたのが、堺だった。暁民会系・水曜会系の人々を党の幹部から退かせるために、最長老格で人望を集めていた堺が、荒畑にかわり総務幹事に就任することになったのだ。一九二二年末に自宅で暴漢に襲われ怪我を負うなど、相当に疲れがたまっていたはずだが、それでも、堺のほか激しい対立を収められる人材はいなかった。堺は、まさに身を削って「大同団結」のために献身したと言ってよい。

このとき、モスクワでは、第一次日本共産党がモスクワに送付した「二二年九月綱領」にかわる綱領草案としてブハーリンが「二二年綱領草案」を起草し、日本に送付していた。一九二三年三月に開催された石神井臨時党大会は、この「二二年綱領草案」の内容について討議を行うために開催された。書記を務めた高瀬が残したとされる石神井臨時党大会の議事録は、すでに全文の紹介がなされている（松尾一九七九）。通説では、「二二年綱領草案」における「天皇制」問題の議論を、高瀬が機転を利かせて議事録に記さなかったことで、第一次共産党事件において「大逆罪」が適用されなかったとされてきた（高瀬一九七八）。しかし、石神井臨時党大会で主として議論されたのは、天皇制——当時の言葉では君主制——を打倒するか否かという問題ではなく、非合法共産党の指導下に合法無産政党を組織して議会進出をするか否かという問題であった。ブルジョアジーによる政治的・経済的支配を転覆するために、ブルジョア議会に進出してブルジョアの政治と戦うこと、これこそが第一次日本共産党が抱いた戦略だったのである（その限りで、天皇制＝君主制の打倒は副次的課題となる。詳しくは拙著および加藤二〇一三参照）。しかも、石神井臨時党大会では、コミンテルンより送付された「二二年綱領草案」の採択を行わず、これにかわる新たな綱領を日本で起草するために、党内に綱領委員会を設置してもいた。

赤旗事件により獄中にあり、辛くも大逆事件への連座を免れた堺・山川・荒畑は、このような石神井臨時党大会の議事進行に、どのような感慨を抱いたのか。荒畑だけが合法無産政党を組織して議会進出するという党内の大勢にひとり抵抗していた（そのために荒畑はモスクワに送られた）。堺・山川が議会進出に積極的であったことは、堺の東京市会議員選挙出馬からも明らかであろう。石神井臨時党大会の開催以降、堺・山川そして第一次日本共産党の人々は、「公の政党」＝合法無産政党を組織するために水面下での活動を続けていく。そのさなかに起きた第一次共産党事件で貫いた堺の対応は、第一次日本共産党の最長老者としての面目を果たしてあまりあるものだった。

（3）　獄中の堺利彦

一九二三年六月五日早朝、治安警察法違反容疑で、第一次日本共産党関係者八〇余名の一斉検挙が行われた。検挙自体は事前に察知されており、近藤・佐野学・高津を上海へ脱出させ、コミンテルン執行委員会の指示のもと国外で党活動の継続がはかられた。最長老の堺は、若い同志の命と軌道に乗ったばかりの運動を守ろうと、獄中で抵抗を続ける。その老練な抵抗のさまは、「堺利彦予審尋問調書」（松尾一九九〇）に生々しく記録されている。

覚悟を決めていたとは言え、「共産党の首謀」として引致されることは、このとき満五二歳の堺には心身ともに辛いものだっただろう。市ヶ谷刑務所に留置された堺は、翌六日に第一回予審尋問を受けて以来、一二月二四日に保釈されるまで計八回の予審尋問を受けた。六月八日の第二回予審尋問以来、一貫して堺の取り調べにあたったのは、戦後日本大学に着任して民法の権威として名をなすことになる東京地方裁判所の予審判事・沼義雄だった。当時四〇歳の沼は、朴烈事件で金子文子の予審尋問を、虎ノ門事件で難波大助の予審尋問を担当することになるように、この時期は主として思想犯を担当していたようだ。沼が飴と鞭を用いて尋問を行うさまは、のちに堺が述懐する通りである（「判検事の「文化的」進歩」『改造』一九二四年五月号）。

堺の予審尋問調書はそう長いものではない。その後三・一五事件や四・一六事件で検挙され法廷闘争に持ち込もうとした再建共産党のコミュニストが積極的に事実関係を供述しているのと比べると、堺は、極めて要を得て簡潔、かつ「人名その他党の全容に関することは一切供述し」ない「非協力的」立場を貫き通している（松尾一九九〇）。この点、参考人として呼び出された娘の真柄が、石神井臨時党大会で議長を務めた戸田とは猪俣津南雄ではないかと問われて、「貴方の方で其那に判って居るなら夫れでよいではありませぬか」と言い返し、さらなる追及にも「只笑って居るだけで返答を為さ」なかったさまを思い出させる（松尾一九九〇）。堺父娘のしなやかな対応から、「冬の時代」の逼塞を生き抜いた社会主義者の図太い生き様をあらためて思い知らされる。

一二月二四日に保釈された堺は、翌年一月、関東大震災後に神戸に転居していた山川を訪ねている。垂水の海岸沿いを歩いたであろう五二歳の堺と四三歳の山川は、どのような会話を交わしたのだろうか。堺の獄中での抵抗は、山川の検挙を防ぐためであった。実際、山川は第一次共産党事件で起訴されるものの、収監されることはなく、しかも一九二五年の第一審判決では無罪となっている。最長老の堺が命がけで山川を守り抜いた成果は、のちの合法無産政党の結党に結実することになる。

おわりに

筆者は、高津正道氏のご遺族から、堺の揮毫した書を見せていただいたことがある。『働かざる者食うべからず　プロレタリア・ロシア』と大書された端正な筆致から、筆者は、貧富の差が激しかったあの時代にあって、ロシア革命そしてソヴィエト・ロシアの成立に社会変革の希望を見出した人々の切なる思いを確かに感じ取った。

逮捕・拘留を経て堺が守り抜いたもの、それは社会主義者の「大同団結」の場としての「公の政党」を存立させることだった。実際、堺が予審検事の度重なる誘導にも屈することなく「非協力的」立場を貫き通したことで、山川を第一次共産党事件で無罪に導き、一九二四年五月の政治研究会創立、そして一九二五年一二月の農民労働党の結党と、合法無産政党＝「公の政党」が実現するに至ったのである。もし、合法無産政党組織化の理論的指導者であった山川が第一次共産党事件で検挙されていたら、病身の山川が獄舎での生活に耐えることはできなかっただろう。実際、結核に侵されていた川崎憲二郎は、第一次共産党事件で獄死を遂げた。仮に山川が投獄され命を落としていたら、合法無産政党の結党は大幅に遅延していたであろうし、そもそも労農派も生まれていなかっただろう。その限りで、堺をはじめとする被検挙者が獄中で全力を傾注して山川を守り抜いたことに、山川は終生感謝の念を抱いていたにちがいない。

戦後、社会党左派・社会主義協会の長老となった山川は、自らと第一次日本共産党との関わりを全否定するに至る（山川一九五七）。しかし、拙著でも繰り返し述べたように、第一次日本共産党とは〈山川の党〉にほかならなかった。創立から解党に至るまでのすべての局面で、党活動のイニシアチブを握っていたのは山川ただひとりだったのだ。その山川は、戦後共産党が合法化されたからと言って、自らが第一次日本共産党の中核にあった事実を認めようとはしなかった。病身の自らを救おうとして、山川の第一次日本共産党への関わりを全否定して獄中で粘り強く抵抗を続けた堺らの厚情に報いるためにも、山川はその死に至るまで第一次日本共産党と無関係であると主張し続けねばならなかった。山川は、山川なりのかたちで、社会主義者の「仁義」を通し、堺ら懐かしい仲間の待つ場所へと旅立っていったのである。

拙著を上梓してあらためて抱いたのは、第一次日本共産党は、たしかに現存する日本共産党の源流ではあるけれども、それ以上に、日本の「非共産党マルクス派」「日本の社会民主主義」（小山・岸本一九六二）の源流である、という感慨であった。本章冒頭で、筆者は、「日本の社会民主主義の系譜」のうちに堺の思想と行動を位置づける、と述べたが、堺自身に即して言うなら、彼は、自らが言うように、「マルクス派」としてその生を全うしたはずだ。平民社に集って「非戦」を掲げ、大逆事件後の逼塞の時代に同志を支え、「大同団結」の場としての第一次日本共産党で若い世代を糾合し、そして一度としてコミンテルンという国際的権威に屈服することのなかった堺のしなやかな生き様には、「マルクス派」の革命家としての、またひとりの生活者としての、矜持が垣間見える

その堺の時代の日本において、「社会民主主義」は、思想上、運動上、政治上の、重要なオルタ

ナティヴとしてあった。このオルタナティヴは、一九二〇年代後半から戦後にかけて、戦時期にはいろいろな問題をはらみつつも、ともかくも一定程度は機能した。しかしながら、とくに戦後について言えば、このオルタナティヴが政権を担い得た西欧諸国の場合とついに政権を担うことのできなかった日本の場合との懸隔は大きく、あまつさえ日本においては冷戦構造の解体後このオルタナティヴは雲散霧消してしまうに至っている。このようなことになってしまった原因は、堺らによる受容の仕方にあったのか、一九二〇年代後半以後の戦前期の展開にあったのか、それとも戦後の展開にあったのか。この点を見極め、このオルタナティヴが持っていたはずの潜在的可能性を見定めるためにも、堺というパイオニアの思想と運動に立ち返り、そこからその後の歴史を見通し直すことがいま求められているのである。

【参考文献】（発表年順）

徳田球一・志賀義雄　一九四七　『獄中十八年』時事通信社
山川均　一九五七　『社会主義への道は一つではない』合同出版社
山辺健太郎　一九五七　「綱領問題の歴史」『前衛』第一三〇―一三五号
信夫清三郎　一九五八　『大正デモクラシー史』第二巻　日本評論新社
大久保利謙　一九五九　「王政復古史観と旧藩史観・藩閥史観」『法政史学』第一二号
信夫清三郎　一九五九　『大正デモクラシー史』第三巻　日本評論新社
犬丸義一　一九六二　「日本マルクス主義の源流」『講座現代のイデオロギー』第二巻、三一書房
小山弘健・岸本英太郎編　一九六二　『日本の非共産党マルクス主義者―山川均の生涯と思想―』三一書

房
松島栄一　一九六六「日本におけるマルキシズムの展開」『マルキシズムⅠ』（現代日本思想大系二〇）筑摩書房
山辺健太郎編　一九六八『社会主義運動（七）』（現代史資料（二〇））みすず書房
犬丸義一　一九七二「堺利彦」『前衛』第三四五号
松尾尊兊　一九七四『大正デモクラシー』岩波書店
渡部義通述　一九七四『思想と学問の自伝』河出書房新社
川口武彦・塚本健編　一九七五『日本マルクス主義運動の出発』（日本労働者運動史一）河出書房新社
岩村登志夫　一九七七『コミンテルンと日本共産党の成立』三一書房
高瀬清　一九七八『日本共産党創立史話』青木書店
松尾尊兊　一九七九「創立期日本共産党史のための覚書」『京都大学文学部研究紀要』第一九号
犬丸義一　一九八二『日本共産党の創立』青木書店
川口武彦　一九八三『日本マルクス主義の源流―堺利彦と山川均―』ありえす書房
林尚男　一九八七『評伝堺利彦―その人と思想―』オリジン出版センター
松尾尊兊　一九九〇『社会主義沿革（二）』（続・現代史資料（二））みすず書房
犬丸義一　一九九三『第一次共産党史の研究―増補日本共産党の創立―』青木書店
加藤哲郎　二〇〇六a「「党創立記念日」という神話」加藤哲郎・伊藤晃・井上學編『社会運動の昭和史―語られざる深層―』白順社
加藤哲郎　二〇〇六b「国家権力と情報戦―「党創立記念日」の神話学―」『情況』第三期第七巻第三号
石河康国　二〇〇八『労農派マルクス主義』社会評論社

黒川伊織　二〇〇八「日本共産党「二二年綱領草案」問題再考」『大原社会問題研究所雑誌』第五九二号
由井格　二〇〇八「数奇なる女性　水野津太の生涯」『マイクロフィルム版『戦後日本共産党関係資料』解題・解説』不二出版
黒川伊織　二〇〇九「一九二四年二月の日本共産党綱領草案」『大原社会問題研究所雑誌』第六〇八号
小正路淑泰　二〇一一「第一次共産党事件の堺利彦獄中書簡解題」堺利彦獄中書簡を読む会編『堺利彦獄中書簡を読む』菁柿堂
黒川伊織　二〇一一「「第一次共産党」史のメタヒストリー」『社会科学』第四〇巻第三号
加藤哲郎　二〇一三『日本の社会主義―原爆反対・原発推進の論理―』岩波書店
黒川伊織　二〇一四「一九二〇年代日本思想史と第一次国共合作」『日本思想史学』第四六号

付記　犬丸義一氏は、二〇一五年一〇月二日、八七歳で逝去された。日本共産党の創立史に堺利彦の名を刻んだことを、歴史家として終生の誇りとされた。謹んでご冥福をお祈りする。

第Ⅲ部

無産戦線の統一と発展を目指して

第２期堺利彦農民労働学校。福岡県京都郡行橋町。1931（昭和６）年８月。前列左より長千万太郎（会場提供者）、１人おいて平野学、堺利彦。みやこ町歴史民俗博物館所蔵

第一一章　プロレタリア文学の源流――堺利彦と「文芸戦線」系の人びと

大﨑　哲人

一　「堺利彦氏を弔う」

葉山嘉樹の「堺利彦氏を弔う」を掲載したプロレタリア文学雑誌『労農文学』第一巻第三号は、一九三三年三月に発行された。敬愛に満ち溢れたきりっとした文である。


堺利彦氏は、福岡県豊津村に生れた。私も亦た同じ村に生れた。

堺氏は、私たち故郷の先輩であり、先覚者であった。

氏は、日本無産階級解放運動の、創始者ともいうべき、先覚者であった。私たち、後に続くものの、指導者であり、模範的闘士であった。

氏は、日本プロレタリア文学の、又創建者たる地位に在った。売文社時代、その他、『日本一のユーモリスト』として、私たちの、困難なる現在の、プロレタリア文学の進路を、夙くに暗示せられた。

こんな風に、堺利彦氏の運動上の行進は、至難、迫害の中に、深刻、且つ多岐を極められた。私は、堺氏が同村の出なることによって、氏を郷土に縛りつけようとするものでは無い。氏の功績は、遥に郷土を超え、日本を超えて、インターナショナルである。

堺利彦氏は逝かれた。

今、氏の逝去をいたみ、惜しむものは多い。功績を称うるものも多い。

人、多くの場合、死後、年を経るに従って、その功を忘れられ、その在りしことを忘却し去られる。だが、わが堺利彦氏の場合に於ては、その年と共に、功績は高まり、その名は拡がるであろう。

氏が、生前、生命を堵《ママ》して、念願せられ、運動されていた、その日までは、堺利彦氏の本当の葬は行われないといっていいであろう。

私たちは、堺利彦氏の死に際して、深き哀しみを覚えると共に、心中、深く激励されるを覚ゆる。

われ等は、氏を裏切らざることを以て、亡き堺利彦に誓うものである。

この弔いの文に色濃く煮詰まっているのは、労農派マルクシズムの思想の糸で繋がった「労農派」と「文芸戦線」系の絆の深さである。堺利彦は、日本の社会主義の父といわれ、その運動の源流を

堺利彦社会葬、青山斎場、1933年1月27日。右から大森義太郎、山川均、石川三四郎、鈴木茂三郎

つくりあげた人である。葉山嘉樹は「淫売婦」、「海に生くる人々」で、近代文学史のなかでも充分に評価される作品を残したプロレタリア文学の作家として第一人者であり、重厚な存在感を絶えず放っている。

労農派の秀でた理論家であった向坂逸郎は、葉山嘉樹の特質を『戦士の碑』(労働大学刊)のなかで語っている。

一九二五年五月(大正一四年)に、私は、震災の痕跡を残した東京に帰って、六月には九州大学に赴任した。このころ、私は、葉山嘉樹の『海に生くる人々』を読んだ。これは、私の留学中に改造社で公刊されていたようであるが、私が読んだのは、一九二五年、大正一四年の夏のころかと思う。なんでも汽車の中で一気に読んでしまった。そして、永年考えていたプロレタリア文学とは、これだな、と思った。新しい社会を創造する人間の歴史的運命が、迫るような強さで描かれていると思った。

私は、しばらくは葉山の徒であった。彼の作品を片っぱしから読んだ。

『文芸戦線』第二巻第七号（大正一四年十一月）の「淫売婦」で葉山嘉樹の文壇における評価はぐっと高まる。その葉山の作品を読んで、「永年考えていたプロレタリア文学とは、これだな、と思った。」と見抜いた向坂逸郎は、『文芸戦線』に「金融資本の話」を書く縁で結ばれていた。文士は酒ばかり飲んで勉強をしない、ということで酒を飲まない向坂がその役割を担ったという逸話までが残っている。

雑誌『文芸戦線』は一九二四年六月に創刊号が発行された。大正デモクラシーと資本主義社会のなかで労働者、農民の悲惨な生活と労働の現実を表現し芸術にまで結晶させて時代の申し子となった。同人には、青野季吉、今野賢三、金子洋文、小牧近江、佐野袈裟美、佐々木孝丸、中西伊之助、前田河広一郎、松本弘二、武藤直治、村松正俊、平林初之輔、柳瀬正夢の十三名、二カ月後に山田清三郎が参加してきた。この時に、「種蒔く人」同人で加わらなかったのは上野虎雄、津田光造、松本淳三である。

『文芸戦線』の綱領は、芸術の共同戦線が謳われているのが特徴である。

一　われらは無産階級解放運動における芸術上の共同戦線に立つ。
二　無産階級解放運動における各個人の思想及び行動は自由である。

『文芸戦線』は、『種蒔く人』の後継誌である。『種蒔く人』は、小牧近江がパリ留学から持ち帰ったフランスで産声をあげた国際的な反戦平和運動の『クラルテ』の日本版である。クラルテとは光明という意味で、歴史的、世界的に「平和」ということでの脈絡がある。『種蒔く人』は秋田の「土崎版」と「東京版」を発行し、共同戦線を目的意識化した紙面づくりとインターナショナリズムの特色を持ち、日本のプロレタリア文学運動の源流となった歴史的事実は近代文学史においても光彩を放っている。

『種蒔く人』は終刊号ともいえる今野賢三の執筆による『帝都震災号』で朝鮮人虐殺に抗議し、金子洋文の手による『種蒔き雑記』で南葛労働組合員の平澤計七、川合義虎、鈴木直一、山岸実司、近藤広造、北嶋吉蔵、加藤高壽、吉村光治、佐藤欣治が国家権力によって惨殺されたことを告発した。命を賭して、『種蒔く人』の根本精神であった「行動と批判」、言葉を換えれば理論と実践の統一を体現した不滅のルポルタージュ文学として歴史に刻みこまれたが、この関東大震災で打撃をこうむり一幕をおろすことになった。

「種蒔き社」の解散の事情について、青野季吉が『文芸戦線』創刊号の「『文芸戦線』以前（『種蒔き社』解散前後）」でつまびらかに説明している。その主張を要約すると次のようになる。「種蒔き社」解散の理由を①「団隊《ママ》の統制」力を失ってきた、②経済的に全く行詰まった、③無産階級解放運動における実践で意見の相違が生じた、ということを理由にあげている。その上で、「『文芸戦線』が文芸方面の共同戦線を主として生れたという点からすれば、『種蒔き社』のその方面の復活と云って差支えない。」と、『文芸戦線』発行が果たす芸術運動における位置づけを鮮明にしている。

芸術運動における共同戦線として船出した『文芸戦線』の進路は階級闘争の嵐の中で困難さを強いられることになる。一号から八号までは『中央新聞』政治部記者の田村太郎から資金を得て、金子洋文が編集責任者となったが資金難のために一時休刊となる。一九二五年六月号、第二巻第一号から、前田河広一郎の宮城一中の同窓生、横田直の資金援助を受けて復刊、編集責任者は山田清三郎に交替する。復刊後、雑誌の内容は豊富化し、労働者階級の歴史的使命を意識した作品が現れてくる。第二巻第七号に葉山嘉樹の「淫売婦」、第三巻第一号に「セメント樽の中の手紙」、黒島伝治の「銅貨二銭」などが掲載され文壇における評価は高まっていく。特筆すべきは葉山の「淫売婦」である。当時の文壇に大きな衝撃を与え、プロレタリア文学を無視できない存在と認めさせることに貢献した。その後、第三巻第二号に林房雄の「林檎」、第三巻第六号に里村欣三の「苦力頭の表情」、第三巻第七号に小堀甚二の「転轍手」、第三巻第十号に黒島伝治の「豚群」、第四巻第九号に平林たい子の「施療室にて」などの芸術性を持った優れた作品が次から次へと輩出してきた。その一方で、プロレタリア文学の理論といえる評論も現れた。第三巻第九号に青野季吉の「自然生長と目的意識」、第四巻第一号に「自然生長と目的意識再論」を掲載した。その頃の文壇をプロレタリア文学が席巻する勢いを有し歴史的に文学上の刻印をしたともいえる。

それでは労農派の人びとと「文芸戦線」系の人びとの接点はどこにあったのだろうか。

小牧近江の堺利彦、山川均との出逢いの記述は印象深いものがある。それは一生の交わりとなる同志愛という親愛感にあふれた思い出の記である。

東京版が出る前に、私は、山川均先生に会いに行っています。それには、こういう事情がありました。ある日、外務省に秋元俊吉というヴェテラン英文ジャーナリストから電話がかかってきて、「今日は僕の誕生日だからご馳走したい。それに、ぜひ会わしたい人がいる」というのです。

秋元さんは、ジャパン・アドバタイザー紙の寄稿家で、牧野伸顕全権についてフランスに来られ、そのときの知り合いでした。指定された烏森の待合いにいって待っていますと、私のすぐあとから、頭の禿げた老人がやってきました。あとで紹介されると、これが堺利彦元老でした。

ほかに松岡洋右、木村鋭市の二人で、外務省の若手、若手きってのチャキチャキでした。みんな、堺先生とは初対面でした。おやおや、とんだ組合せになったものだ、と思っているうち、酒がまわるにつれ、天下の若い役人たちは、社会主義なにものぞ、と、老社会主義者に喰ってかかります。しかし、堺老は、ぜんぜん相手にせず、せせら笑っていました。

その時、私はこっそり堺さんに、「あなたは第二ですか、第三ですか?」という質問を行なってみました。堺さんは、私を外務省の小役人ぐらいに思っていたらしく、藪から棒にこういうキワドイことをきかれたので、ちょっと、ガクゼンとしたようです。しかし、さすがに老巧、堺さんはこう答えました。「それは、山川君にきけばわかるよ。」

　それで、私は、紹介状ももらわずに、大森の山川均先生をたずねたのでした。山川さんは、幸い家におられました。非常に慎重な人のように見うけられましたが、じっと私の話をきかれ、いろいろと相談にのってくれました。『種蒔く人』発行についてです。その後もお会いしました。

（『ある現代史――〝種蒔く人〟前後――』法政大学出版局）


労農派マルクシズムは何を特質としていたのだろうか。一言で表すならば、「大衆の中へ」ということになる。戦前においては無産者運動のなかで共同戦線を追求し、無産政党の強化を通して絶えず労働運動、農民運動の階級的強化を目指した。戦後においては日本社会党、労働組合の階級的強化に力を尽くし、日本での平和革命、社会主義への道をただひたすら歩んだ。その理論と実践の統一として具現化されたのが、三池の労働者運動であった。長期抵抗統一路線・大衆闘争路線である。労働者一人一人のなかに、「社会の主人公は労働者である」という労働者思想を確立していく運動でもある。それは職場闘争、学習運動、家族ぐるみが柱となる。資本主義的常識にどっぷりとつかっている意識を一つ一つはがしていくために労働者が社会の主人公という意識、貧乏の原因は資本主義の仕組みのためであるという認識、仲間との団結づくり、科学的社会主義の展望をはっきりとさせていくことを課題とした。

　労農派の「大衆の中へ」は、日本資本主義社会の現状分析にもとづいて具体的に練られた革命戦略でもある。この提起は、山川均の「無産階級運動の方向転換」に発する。

日本の無産階級運動――社会主義運動と労働組合運動――の第一歩は、先づ無産階級の前衛たる少数者が、進む可き目標を、はっきりと見ることであった……。そこで次の第二歩に於ては、吾々はこの目標に向って、無産階級の大衆を動かすことを学ばねばならぬ。無産階級の前衛たる少数者は、資本主義の精神的支配から独立する為に、先づ思想的に徹底し純化した。それが為には前衛たる少数者は、本隊たる大衆を遥か後ろに残して進出した。今や前衛は、敵の為に本隊から断ち切られる憂いがある。そして大衆を率いることが出来なくなる危険がある。そこで無産階級運動の第二歩は、是等の前衛たる少数者が徹底し純化した思想を携えて、遥かの後方に残されている大衆の中に、再び引き返して来ることでなければならぬ。尚お資本主義の精神的支配の下にある混沌たる大衆から、自分を引離して独立することが、無産階級運動の第一歩であった。そして此の独立した無産階級の立場に立ちつつ、再び大衆の中に帰って来ることが、無産階級運動の第二歩である。「大衆の中へ！」は、日本の無産階級運動の新しい標語でなければならぬ。

その上で、「吾々は第二歩に於ては、この目標と思想との上に立ちつつ、大衆を動かす唯だ一つの道は、吾々の当面の運動が、大衆の実際の要求に触れていることである。」（『前衛』第二巻第十号、一九二二年八月）と核心に触れている。この革命理論は「純化した思想を携えて、遥かの後方に残されている大衆の中に、再び引き返して来ることでなければならぬ。」と社会主義運動の本質を適確に述べている。その精神、その思想は本質的に共同戦線としていつの時代にも追求されてきた。

二　マルクス主義の二つの潮流

日本における社会主義への道をめぐって、マルクス主義の理論と実践では二つの潮流が歴史的に厳然としてある。労農派と共産党という形をとって戦前、戦後の無産者運動、労働運動のなかで、その運動のあり方を中心に路線論争が続いた。革命戦略と、その革命主体をどうつくっていくかの問題であった。その影響をまともにプロレタリア文学運動は受けた。何度かにわたる団体の組織分裂があったが、歴史的に決定的なのは、『文芸戦線』第四巻第十二号（一九二七年十二月）に掲載された山川均の「或る同志への書翰」を載せるかどうかをめぐる対立からの分裂だった。この背景には、労農派と共産党を支持する人々の間での対立があったからだ。

一時期、共産党を覆っていた極左的な「福本主義」を批判した山川均の論文の扱いをどうするかであった。山川は、「彼らは第一には、プロレタリアの闘争目標は、『絶対専制政治』であると云うのです。第二には、革新党は独占的金融資本の支配に対して闘争するところの有力な小ブルジョア的勢力だというのです。第三には、他の無産諸政党は、ファシズム化し、またはしつゝある反動政治団体だというのです。この三つの命題は、遺憾ながら悉く、事実の上に立つ代りに、宙空に逆立ちしている人の、充血した眼に映じた幻影です。」と冷徹な眼で批判している。

これを機に、プロレタリア文学運動は大きく二つに分裂していくことになる。労農芸術家連盟で労農派を支持した青野季吉、金子洋文、小牧近江、今野賢三、小堀甚二、葉山嘉樹、前田河広一郎、平林たい子、里村欣三、黒島伝治ら二十三名は少数派であったが、『文芸戦線』を機関誌として引き継いだ。それに対して、多数派の蔵原惟人、林房雄、藤森成吉、山田清三郎、佐々木孝丸、村山知義、川口浩らは脱退して前衛芸術家同盟を結成、雑誌『前衛』を発刊、「反動化せる折衷主義者の伏魔殿『文芸戦線』を叩き潰せ！」と激しい口調でののしっている。この後、小さな水の流れが集まるかのように共産党支持を前提にした、マルクス主義芸術研究会と前衛芸術家同盟が一九二八年三月二十五日に合同を声明、全日本無産者芸術連盟（ナップ）を結成した。創立大会を一九二八年四月二十九日に開催、『プロレタリア芸術』と『前衛』が合同し、機関誌『戦旗』が翌年の五月に創刊された。これに左翼芸術同盟、闘争芸術連盟も参加してきた。

その後、プロレタリア文学運動においては「文戦系」と「ナップ系」に分かれて激烈な論争が繰り広げられ、作品で競争が展開されていく。その根っ子には日本のマルクス主義、労農派と共産党が日本の社会主義をどう実現していくかという路線と思想の問題があったのである。

堺利彦の思想的立場は一貫して労農派マルクス主義に立っていた。その生涯は、社会主義の実践と社会主義者を育てることに身を費やした。その一つの功績として、故郷の福岡県豊津に作られた農民労働学校があった。

福岡県豊津の郷土からは、作家の葉山嘉樹、『コシャマイン記』で芥川賞をとった鶴田知也、画家の福田新生、音楽家の高橋信夫を輩出、皆、「文芸戦線」系の人びとである。

三　幻の人、松本文雄

「大逆事件」後、堺利彦が日本の社会主義運動が冬の時代を過ごしていたとき、立ち上げたのが「売文社」。筆ひとつでもって挫そうになる社会主義者の精神の拠り所となり、食い禄を得る場所を確保した。かしこまらず、おごらない堺利彦の機智がいかんなく発揮されている。その売文社に出入りしていた若者がいた。同じ豊津中学校出身の松本文雄という。詩と、時代を先どりした新興美術運動の評論活動をしている。

時代の中での人の繋がりの妙味を感じるとることができる。画家であり、風刺漫画で時代を疾走した柳瀬正夢に、松本文雄は社会主義に接触するきっかけをつくった。柳瀬は漫画雑誌『ユーモア』（一九二七年、第二巻第二号）の「自叙伝」に記している。

　私が社会主義に触れたのも此の年だった。私はその夏小倉のとある洋画展会場でその男に出くわしたのである。松本文雄君だった。堺さん等の経営していた鍋町時代の売文社の助手をしていた男で不思議な魅力を持っていた。私は彼によって先づ導火的啓蒙をうけた。私の社会主義なるものは二三年前まで概念的な此処から一歩も発展していなかったのだから驚く。彼は電車賃さへあれば小倉の奥から出て来た。尾行がついていた。

柳瀬正夢に社会主義とは何か、その思想的影響を与えた松本文雄とはどういう人物だったのだろうか。未だわからない謎めいた人である。

当時の警察権力を調べた「要視察人状勢一班」(『社会文庫』編「社会主義者 無政府主義者 人物研究資料(1)」)によると松本文雄の解説は次のようになっている。

本籍 福岡県企救郡足立村荻野四八五
族籍 士族
生年 明治二五年八月一九日
特徴 丈五尺一寸位 顔細長、色白、口耳鼻竝、頭髪五分刈濃、近視眼ニシテ常ニ眼鏡ヲ用ユ
戸主 父文吾 村長ニ擬セラレ資産三千円
交際 豊津中学ノ先輩堺利彦ヲ尊敬、荒畑勝三、大杉栄、徳永政太郎、浅枝次郎(以上主義者)、久津見息忠、梅崎仁人、磯部幸一(準主義者)等ト交ル

明治四十四年に豊津中学校を卒業、東京に出て明治大学、慶応義塾大学を中退、大正三年頃には売文社に出入りして起居していた。福岡県に帰省後、田川郡添田町の坑内見習書記となったが、整理解雇され、肺結核のために自宅療養をする。

雑誌『へちまの花』(大正三年八月一日、第七号)に、「今日此頃」の題で詩を社友及特約諸家として載せている。第八号では、大杉栄らと同列の常任特約執筆家として名を連ねるようになる。

▲銀座の夜

酔《よ》ふて酔《よ》ふて酔《よ》つぱらつてサ
銀座《ぎんざ》の町《まち》をヒヨロ〳〵とフラフラと
歩《あゆ》めば並木《なみき》がヨイヤサ
瓦斯《がす》の光《ひかり》は青白《あおじろ》く
肺病《はいびやう》やみの物思《ものおも》い
やりたもなさそにたゝずめば
カフエーの扉《ドアー》がササさし招《まね》く

酔《よ》ふて酔《よ》ふて酔《よ》つぱらつてサ
銀座《ぎんざ》の町《まち》をヒヨロ〳〵とフラフラと
歩《あゆ》めばカフエーがヨイヤサ
瓦斯《がす》の光《ひかり》にほの白《しろ》く
恋《こい》にやつれた物思《ものおも》い
やりたもなさそにたゝずめば
カフェーの扉《ドアー》がササさし招《まね》く

（大正三年七月七日夜）

バッカス
グデグデにへベレケに
熟柿《じゅくし》のようにたはいなく
酔《よっ》て酔《よっ》て酔《よっ》ぱらつた飲《のん》だくれが
立《た》ち上《あが》りざま、のめりざま
ギヤマンの杯《コップ》を取《と》つてヤツトセ
（大正三年七月八日夕）

これは詩というよりも、民謡詩のような印象を受ける。民衆の即興的な気分を唄った謡の韻律がある。民謡は古代からの伝統的な歌唱曲でおおかたは歌のみである。明治時代後期から大正時代にかけて北原白秋らによって新たに作られた民謡は、創作民謡といわれた。あるいは、添田啞蟬坊が流行らせた「流行歌」の一種とも考えられる。松本の「銀座の夜」にも、何か世の中をななめに眺めた、倦怠感が臭う言葉がリズムをもって流れている。庶民の遣る瀬なさが表現されている気がしてならない。

美術の世界で、松本文雄は先駆的な仕事を成し遂げている。絵画論である。美術雑誌『現代の洋画』に、大正二年十二月号から大正三年五月号まで五回にわたたって連載をしている。「立体派」の題で、アルベル・グレイズ、チャン・メチンガーの評論を翻訳したものである。前衛的なヨーロッパの後期印象派から立体派、未来派、表現派と進展する新興美術運動の流れを先どって日本に紹介したものとして注目に値する。『現代の洋画』は北山清太郎が発行、日本洋画協会が発行所で日本において洋画の普及を広げていくのに多大な貢献を果たした。明治四十五年から大正三年七月まで出版された。執筆者には、高村光太郎、坂本繁二郎、石井柏亭、竹久夢二らのそうそうたる画家がいて、新進の評論家や画家も加わった。そのなかに松本文雄も参加していた。日本に革新的なヨーロッパの後期印象派をはじめとして立体派という新興美術を最も早く紹介したことに大きな存在感がある。

その絵画論は、松本文雄が美術雑誌『研精美術』編輯部として第八十二号（大正三年一月）に「後期印象派に就いて」を書いているが、そこにも特徴的に表れている。

> 後期印象派――セザンヌを斯う云う名称に入《いれ》るのは不適当かも知れないが――は一の復興に他ならない。古典的芸術の復興である。然しジオットや夫等の人々の精神、態度の復興であって、方法や手段の復興ではない。低能児とも見るべき芸術史編纂者が幼稚と見なして顧みなかった瓦礫の中に彼等は『生命の源泉』や『内生活の流露』や『現在の喜悦』の宝石を見出した。そこに真の創造があり、真の進化がある。これこそは永遠に新しい唯一の順程でなければならぬ。彼等は此の順程にあって自己を高めようと努力する。

というように、後期印象派とは何かという問題の本質に端的に切り込んでいる。

さらに、『現代の洋画』（大正三年二月、第二十三号）の版画特集号に「葛飾北斎」論がある。

彼の筆致は豪邁とのみ評するよりは超自然な処がある。彼は写実に重きを置いたとは云うもの、皮相的な写真的写実ではなかった。皮相的な描写は彼の才能をまたなくも唯の凡人で充分に完成される。彼は自然の核心を画紙の上に画筆の方法により表出した。

彼の絵画を、その筆致の豪邁な理由によりミケランヂェロやレオナルド・ダ・ヴィンチと対峙して見る事は絶対に不可である。彼の絵画は只に彼自らの絵画である。

北斎の画の本質に迫ったところで、その技量を高く評価する。

彼の絵画には全然無駄がない。彼の描く毛髪は一つ〳〵の足の指の先にまでも堪えがたき衝動の瞬間の現象を忌憚なく啓示している。彼は早取写真や精巧な活動写真でも表し得ない瞬間機微の運動を永遠に描き残す方法を知っていた。

西洋の印象派と日本の浮世絵の密接な絵画的関連性を摑みとっていたことがわかる。その上で進取的な絵画論を展開していたと考えていいのではないか。

また、同号に「芸術片語」がある。そこでは芸術論を展開している。

「○何うも私には浮世絵と自然主義《ナチュラリズム》、それから廃頽主義《ハイダニズム》との間に近似点があるように思われる。モオパッサンと西鶴を比較した人はあるが、私のような事を云い出したのは他に聞いたことがないように思う」と前置きして、「○自然主義に道義的帰結なかりしと、浮世絵画家の多くに道義的帰結なからしとは共に共通している。又想像べくんば共に諷刺に流れる傾向があったのはこれに起因するのではあるまいか？　モオパッサンと女達磨の作家英一蝶にこの傾向の見られるのは両者相通じた特色であるように思われる。」と論じている。その上で、「風俗を写すにはよく人間の本能の力を認知して心理描写に重きをおき、自然に忠実でなければならぬ。この態度があってこそ始めて風俗を活写し得る。風俗を写すのはやがて時代を活写するのである。モオパッサンが時代を活写したそれとこれと！」と画風の本質に論及している。さらに、「○自然主義が読者の眼前に事物を生動さすには作家自ら先づ細密な精確を以て之を読者の眼前に提供しなければならぬと云う態度と、浮世絵師――北斎や歌麿が自然を愛して写真に重きをおいたのとピッタリと触れている。」と西洋の自然主義と日本の浮世絵の絵画の共通した特質を適確に捉えた絵画論を述べているが、共に平易な人生そのものを確実に描こうとしていたことに言及しているのは注目に値するものである。

幻の存在となっている松本文雄、秀れた絵画への審美眼をもち、新しい思想をあくなく求め、その天分がありながらも故郷の福岡に戻り療養生活をした。その後、門司鉄道局鹿児島運輸事務所に勤め、豊津高校同窓会名簿の昭和四十一年には死亡の欄に「松本文雄　下城井」と記入されているだけだ。ただ、川内唯彦の治安警察法及び出版法違反で起訴された際、第12師団軍法会議一審判決文のなかに、全九州無産者青年同盟の組織化をめぐって通知を送付した人物に「松本文雄」の名前があげられているが、大正十三年の頃である。その後、どういう人生を歩んだかは霧のかなたとなっている。

四　歴史の流れる方向に

労農派と「文芸戦線」系の人的、思想的なつながりの濃さを示した運動の実績がある。堺利彦を校長とした故郷、福岡での農民労働学校の設立がある。『文芸戦線』を改題した『文戦』第八巻第四号（一九三一年四月）にはページを大きくさいて落合久生の「第一期堺利彦農民労働学校報告」が掲載されているが、詳細な内容である。「全無産階級の至大なる期待と待望とを以って迎えられた」学校は、学生の延人員は八百名、有料講演会には五千人の大衆が集まり、二百人の同志からの激励、祝辞があったと伝えている。期間は二月十一日から二十五日にわたり官憲の弾圧のなか、授業を行った。当時としては珍しい飛行機で校長の堺利彦が到着、駅には二百人の学生が出迎え労働歌を高唱したという。この際、校舎では葉山嘉樹、文戦社の祝辞、祝電が紹介されている。

想像以上の成果を獲得して第一期を終了、「――荒れ狂う反動の嵐を衝いて此堡壘を建設するプロレタリアート解放の十字軍は、今やこゝに大いなる武器と力とを見出すであろう」と宣言を発している。そして、今後の運動の課題を二つに要約する。

一、吾々は如何に反動的に見て如何に退嬰的に見ゆる土地に於いても学校の形×による×争を行い得ること。

二、婦人の組織は極めて重大なもので之には全力を注ぐ必要がある。
「此一見平凡なる結論こそ実践に於て吾々の進路に一大指標をなすものであろう。」とまとめている。この反省と確信は、今日の運動にも共通した課題である。労働者、農民の思想的教育、社会の仕組みを知り、自らの階級的立場を自覚することは労働運動、社会主義運動にとって一番大事な原点である。そのことを実行したことに堺利彦の思想の真骨頂がある。

堺利彦が社会主義運動、労働運動のなかで人間的に思想的にどれだけ広い人々から慕われていたかがわかる証拠がある。『芸術戦線』という本が一冊、この世に出版された。自然社から大正十二年六月七日に発行された。発起人に、藤井真澄、中西伊之助、尾崎士郎、青野季吉、前田河広一郎がなっている。扉に「老革命家堺利彦氏に酬ゆ」と記されている。末尾の「事情」に理由が書かれている。

「本書は記念出版物である。日本の社会主義系思想評論家として、また、実際運動家として、多年の功労ある老革命家堺利彦氏の、二度目の遭難を偶然の機として、殊に今度の検挙のため、家族の慰問をも兼ね、多年の労を犒わんがために、同氏の友人や同志や後輩たちが、慰問の意味で、それぞれの自信ある作物をだしあって本書を成すに至ったのである。」と述べている。

さらに重要さを、この本が持っている意味について「同時に、思想芸術上にも無産階級の共同戦線を認める新思想家や作家たちの崛起と進路とを、一巻のうちにとどめて置きたいという希望をも併せて居ったのである。」と真摯に述べているところに、歴史的にも社会主義運動史としても価値

堺利彦記念講演会、国鉄労働会館、1955年９月21日。「凡人堺利彦」と題して講演する荒畑寒村。その左から鈴木茂三郎、高津正道

があったといえる。

『文芸戦線』第一巻第五号（大正十三年十月）に「憎まれ口二三」という軽妙な文章で鋭い皮肉を堺利彦は書いている。

今一つ僕の憎まれ口がある。近来、労働者出身の文士が頗る珍重される。文壇にそういう新しい要素を加へたという点に於いて、確かに珍重に値する然し、労働者という低い地位から文士小説家という稍や高い地位に立身したという形の見える場合があるのは有りがたくない。

又、労働運動出身、社会運動出身の小説家がある。これも非常に面白い現象である。殊にそれが、比較的便利な生計法として実行された場合は誠に結構なことだと思う。只、いつの間にか、

運動者としての実質が無くなって、専門の文士になる傾向があるとすれば、余り感心した事ではない。

プロレタリア文学を志す人、社会主義運動を志す人、労働運動を志す人への警鐘である。人類の歴史のなかを埋草捨石として生きた人、社会主義への道、その大道を歩いた堺利彦という人がいたことを永遠に忘れてはならない。その思想は、日本の社会主義運動史のなかで運動の主流となる方向に立っていたといえる。言い換えれば、堺利彦が向いた方向に運動の主流が動いていた、常に正しい歴史の流れる方向に向いていたということを証明していたのである。日本の社会主義の父、堺利彦の思想の種は永遠に生きている。

第一二章　『労農』同人時代の堺利彦

石河康国

一　第一次日本共産党の後始末

第一次日本共産党と堺については黒川伊織論文に譲るが、一九二三年六月の共産党検挙事件後の堺の態度と、世評について、簡単に触れておこう。

一斉検挙が迫った際、「幸徳事件を身近に経験していた先輩の堺利彦、吉川守国、橋浦時雄の諸氏は万事休すとばかりに死刑を密かに覚悟され」、堺は国外亡命を拒み「一身にこの事件の全責任を負い、従容として死につくという悲壮な覚悟を決めておられた」（高瀬清『日本共産党創立史話』）という。権力は「第二の大逆事件」とフレームアップしていたから、高瀬が「悲壮な覚悟」と表現したのも大げさではなかったと思われる。

一九二三年六月に検挙され一二月に未決で出獄したが、獄中の取り調べで一番追及されたのは山川均の関与であった。山川は実際の活動にはあまり関与していなかったので検挙はされなかったものの、理論的な最高指導者と目されていた。だが証拠が挙がらない。そこで堺にたいし、党の機密文書に「大森」とあるのは当時大森に居た山川のパーティーネームではないかと攻めたてた（「判検事の『文化的』進歩」『改造』一九二四年五月号）。だが病弱で獄中生活に耐えられない山川を守り抜こうと、「それは大森細胞のことだ」とおし通した。ところが刑事との雑談の場で、つい「大森が」云々と失言してしまったので、山川も予審訊問されることになってしまった。

そこで、堺は一二月末に出獄すると疲れも厭わず年明けすぐに、当時関東大震災で兵庫県垂水に疎開して病臥していた山川を訪ねて、「予審訊問が近くおこなわれる」ことと「大森は大森細胞」云々のいきさつを伝えた。その後幾日も立たぬうちに、山川のもとに検事が予審訊問にあらわれ、起訴はされたものの、堺との口裏あわせも効を奏して無罪となった。他方、有罪となった堺は二六年六月に上告を取り下げて入獄。その年いっぱいの獄中生活を送ることになった。

こうした堺の態度は、多くの「主義者」から敬意をはらわれるに足るものだった。

しかし堺の人徳の範囲は「主義者」仲間だけではない。世間一般からも高く評価されていた。それは共産党事件への論評によくあらわれている。たとえば『中央公論』一九二三年七月号は事件の特集を組んだが、多くの著名人が堺に言及した。

「何と云っても堺君や、山川君のような人は多年社会主義運動に携り、十分経験にも思慮にも富んで居るのであるから、暗殺というような事を企てる筈がない」。「政府の転覆」などは「老練な堺君や山川君などが斯う云う考えを抱いて居るとは信ぜられない」。「堺君や山川君などが運動費をロシアから仰いで赤化運動をやったということは本当らしくない」（吉野作造）。「社会主義者は虐められて僻むようになっている。……虐めるのでいよいよ僻む。その中で何と云われても堺氏が、社会主義で通して来ている処、少なからぬ骨折りと云わねばならぬ。山川氏の性格および学識は敬意を植する」（三宅雪嶺）。

このように、冬の時代を生き抜きながらも、エキセントリックになったり世間を僻むようなことのなかった堺は（山川も）、世の識者から一目おかれていたのである。

さて、堺の獄中生活半年の間に情勢は大きく変わっていた。共産党事件と関東大震災の白色テロで左翼分子が委縮した一方で、山本権兵衛内閣が「普通選挙断行」を宣言したので、大衆的な無産政党作りの機運が急速にもりあがった。共産党事件には連座しなかった鈴木茂三郎らからリベラルな識者まで、幅広く参加して二三年末に「政治問題研究会」（半年後に「政研」）が発足した。

保釈中でなければ堺は当然これに参加したであろうが、札付きの共産党頭目とされていた以上、そうもいかなかった。堺は、一方で無産政党結成への精神的なエールを送りながら、他方で二四年三月の共産党森ケ崎会議に自ら参加して解党を決し、その始末をつける仕事にもとりくんだ。

当時のスタンスを一番明快に述べた論文は「無産政党組織に関する意見」（『マルクス主義』一九二四年九月号）だ。

> 無産政党組織の問題が盛んに論議されている折柄、それに対するお前の考えはどうだという質問を、私は今あちこちから受けている。……お前がハッキリした意見を発表しないのは、甚

だ不都合じゃないかという非難さえも受けている。私としては、共産党事件で大味噌をつけ、目下保釈謹慎中の身の上であるのだから、余り差し出た事は云わない方が宜しいのだと考えていた。……然し謹慎を曖昧と解釈され、さらに狡猾と認定されることは、余り有りがたくない。（欧州ではどこでも）最初は旗幟の不鮮明な、云わば曖昧な無産党が発生する。……次に一個或は数個の小党が合同する。……最後に社会党（若しくは労働党）と、共産党との対立が生ずる。……そこで我国に於ける現在の事情を考えて見るに、前述の如き初期の性質と、最近現在の傾向とを、同時に併せ示している。……こういう諸種の形勢を集めている現在の無産政党運動であるのだから、それに十分明白な態度を求める事は無理である。十分明白でない所が即ち其の本質である。我々は兎にかく此の漠然たる形勢を促進して、この際一個の大無産政党を成立させる事が肝要である。……綱領の不鮮明などは憂うるに足りない。分子の純不純なども甚だしく気にするには足りない。兎にかく一個の大政党を成立させさえすれば、その発達は必然である。労働党でも。無産党でも、実質上は必ず社会党となる。……初めどんなに用心しても次の分裂は不可避である。腹の底にその辺の覚悟をさえ持っていれば、当面のことは随分譲歩妥協しても構わない。

山川が「単一無産政党論」として緻密に理論化して主張したことを、堺流におおざっぱに述べたものといってよい。

他方、共産党は解党を決したものの、荒畑寒村など解党自体に反対した者もおり、「残務処理委員会」としてビューローを残すことになった。これはのちに事実上の再建準備会になるのであるが、堺は困窮していたビューローの面々に仕事を手配した。一九二四年五月に創刊された雑誌『マルクス主義』の編集長は西雅雄だが、「西氏はこれといって仕事がなかったので堺氏が援助してこの雑誌を出すようになったもの」（人民戦線事件での山川の獄中手記。以下「山川手記」）という。自分は創刊号にローザの翻訳ものを寄稿した。

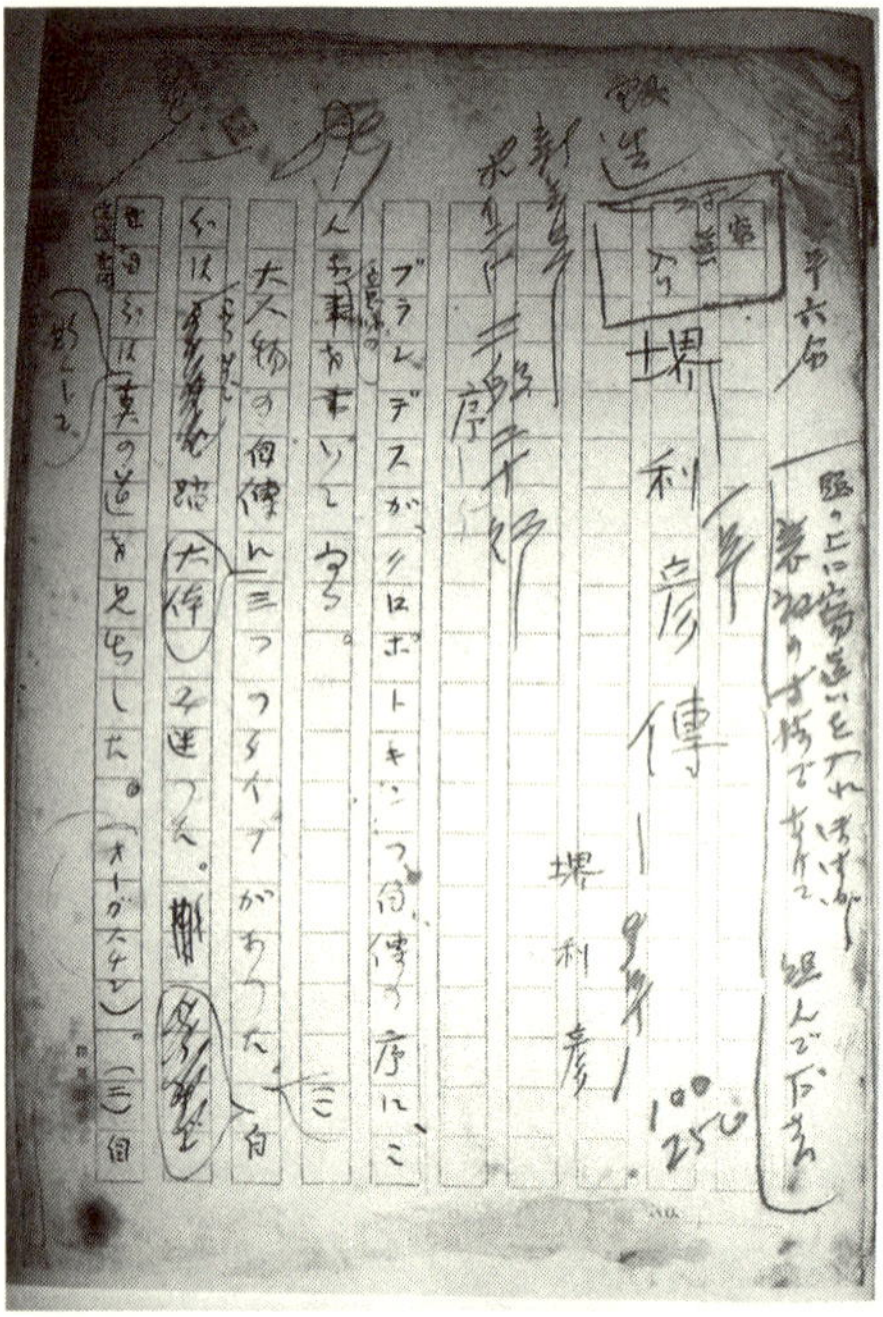

『堺利彦伝』自筆原稿。みやこ町歴史民俗博物館所蔵（安本淡氏寄贈）

荒畑は党再建のために上海でコミンテルン関係者と協議し、二五年春に帰国した。コミンテルンはなお、堺と山川を日本における共産主義運動の重鎮として一目おいていたので、荒畑に「堺、山川とも相談せよ」と指示をした。そこで二月に堺、荒畑、山川の会談がもたれたのだが、堺と山川はきっぱりと再建反対を明言した。二人に期待していた荒畑はショックでしばらく落ち込んだが、堺、山川と荒畑の人間関係は決して切れるようなものではなかった。

翌一九二五年二月には、堺はビューロー会議に出席して再建反対を表明し、以降、共産党関係の組織活動とは縁を切る。だからと言って、政研を母体に進捗しつつある無産政党結成運動にはしばらくはかかわりをもたず、二四年の『改造』一二月号から「堺利彦伝」の連載（写真参照）を始めるなどの文筆活動と、旅行に専念した。二五年五月以降だけでも、神戸、須磨、宝塚、熱海、湯河原、大阪、年明けて正月には御影といった具合によくでかけた。

御影には山川が住んでいたが、五月には山川宅で荒畑と落ちあい、三人で宝塚に遊び一泊した。荒畑がなお挺身していた共産党再建問題については「痛いものに触れぬよう」口にしなかった（山川手記）。いかに親しき仲であっても秘密には触れない、堺をはじめとした古参の「主義者」の厳格さであった。にもかかわらず大阪の新聞が「三巨頭の秘密会議」と報じたように、旧友と会うのにも神経の休まることがなかった。

二　分裂主義に対抗して

一九二六年六月二八日、堺は上告を取り下げて入獄した（禁錮一〇ヶ月　未決通算）。

既決囚は、当局が簡単に許可する聖書や漢籍、洋書、外国語辞書などは読めたから、語学を習得したり、雑学を仕入れるのに大いに活用してやろうというふてぶてしさを「主義者」はもっていた。

そして堺は、獄中記で、獄の待遇の悪さ、検事や判事の姑息さや非人間性を面白おかしく嘲笑して原稿料をかせいだ。明治期における三回の入獄を『楽天囚人』という本にして一九一一年に世にだし、二三年の未決拘留とこれから触れる既決入獄を加えてその「新版」（改造社一九二七年）を出したほどだ。

獄中生活は一九二六年一二月二九日までの半年だった（途中で豊多摩（中野）から巣鴨へ移る）。獄中では漢籍に親しんだ。それを留守を守る夫人・為子にマメに書き送っている。

四書のほかに古文真宝、三体詩、唐詩選、唐宗八家文、……赤壁の賦などと来ては、やはりたまらなくうれしい。前赤壁は昔暗唱していたのだから、今度はすぐ暗唱できた。……これから詩経、老子、荘子、韓非子などが面白いだろうと期待している。……後刻ドイツ語の文法書が渡してもらえることになっている。マアそれで当分楽しめる。……日本風俗志三巻では日本全国を漫遊した。……（一〇月一四日）。

しかし余裕の陰でこうも書き送っている。

生まれて以来これほど暑さに苦しんだ覚えはない。中野に入ったときが一五貫で、一昨日出る（巣鴨への移送—引用者）時が一三貫二〇〇……飯はまだ食えないが、これも喰い過ぎて下痢などするよりは、少なくて腹具合のよい方がいいだろう（八月一三日）。寒い寒い。昨夜のこがらしなどずいぶんすごかった。その代わり今日は快晴だ。朝はかなりこたえたが、午後はひがさしてだいぶ暖か（一二月九日）。

当時堺は五六歳。今なら七〇は超えている。入獄で血圧は上がり動脈硬化がひどくなった。その無理が約一年後の最初の脳溢血の発作を引き起こすのである。

さて、堺が出獄したとき、また運動界は大きく様変わりをはじめていた。出獄の直前、一二月四日に日本共産党が再建されていた。一方、やっと生まれた単一の無産政党は大衆の期待に反してすぐに分裂してしまった。分裂の責任は、労働総同盟指導部などの意識的な右派セクト主義と合わせ、再建共産党の「福本イズム」による分裂主義にもあった。堺や山川の影響をうけながら育った人量の活動家も、再建共産党に参加する者と、合法無産政党結成に専念する者に、また、福本イズムに惹かれる者と、福本イズムを意識的に批判する者に、分かたれていった。

一九二七年一月、堺より二週間ほど遅れて出獄した荒畑とともに鎌倉の山川宅を訪問して江ノ島に遊んだ。三人揃うのは二六年一月以来のことで、一年前は荒畑は共産党再建に努めていたので話もぎごちなかったろうが、今回は荒畑も同じ立場になっていた。堺や荒畑が獄中にある間、たった一人で福本イストからの「経済主義」「折衷主義」等々の批判の嵐をあびていた山川も、心を許して話し合える同志と再会できた。三人の話は楽しく弾んだであろう。

一九二七年四月には、再建共産党員だが福本和夫に反発していた佐野学が、堺と山川に反福本イズムの雑誌発行を持ちかけてきたので、資金の調達を引受けた（刊行は頓挫）。同じころと思われるが鈴木茂三郎らが反福本イズムを意識して出していた雑誌『大衆』が、共産党系の妨害で出版元の弘文堂から断られて困っていたとき、京都の南宋書院を紹介した。このように後方支援的に反福本イズム陣営を助けることはしたが、福本イズムとの論争に登場するようなことはまったくなかった。四月ころ堺のもとに、かつては堺と山川の徒であったが今や福本派になった西雅雄から福本擁護の手紙が来た際、堺は山川に転送して意見を求めた。山川からは長大な福本イズム批判が返信できた（その内容は山川がはじめて福本イストに反論した「私は斯う考える」（改造社『社会科学』一九二七年八月）として公にされる）。

けれども堺は第二インタナショナル流のマルクス主義の素養はあっても、第三インタナショナル時代の理論闘争の次元になると苦手であって、もっぱら山川に任せていた風であった。その後も福本イズムについては、「日本社会主義運動小史」（改造社『マルクス・エンゲルス全集』「月報」に連載）で、「極左分裂主義」として数行でかたづけただけだった。

時間はなお旅行にさいた。五月は利根、野田、銚子など、七月は秩父にあそぶ、八月は北海道、九月は熱海、名古屋、伊勢、一〇月は別府、帰京して深川・本所の木賃宿めぐりという具合だった。旅行記は『中央公論』で「当てなし行脚」として連載され（七月～一二月）、翌年五月に『当てなし行脚』という単行本で改造社から出版された。ただ漫遊したわけではない。「その稿料を以って半年間の生活費に充てた」（改造社版自序）。切実な必要があっての旅行だった。『中央公論』で連載したものを、ライバル出版社の改造社からすぐに単行本で出せるというのも、堺が出版界でも格別にあつかわれていたことをうかがわせる。

そうこうしているうちに、九月に、鈴木茂三郎が雑誌の発行の相談にきた。鈴木が主宰する『大衆』がゆきづまり、反福本イズムの新雑誌を発行して山川たちと共同戦線を張ろうというわけだった。堺は山川を「経営の方は鈴木君あたりに自信があるから」と誘った（山川手記）。そして手分けをして新雑誌発行の同人をつのったが、堺は橋浦時雄と吉川守圀をさそった。

こうして、一九二七年晩秋に二〜三回、堺宅などで相談会がもたれ、鎌倉の大森義太郎宅で開かれた会合には「堺氏が妙な旅装のままで出席し、この席から又旅に出ると云っていられた」（山川手記）というから、「当てなし行脚」の合間を縫って準備会合に参加したものと思われる。人民戦線事件での「大森義太郎聴取書」では、雑誌発行の資金として九〇〇円を要したが、そのうち堺は山川、吉川守圀と同額の二〇〇円を拠出したとしている（鈴木茂三郎と猪俣津南雄は各一〇〇円）。

こうして、「戦闘的マルキスト理論雑誌」と銘打った『労農』は、一九二七年一二月号から創刊された。世にいう「労農派」の旗揚げである。

三　菊池寛、荒畑寒村と

しかし『労農』には、堺はしばらく登場しない。

一九二七年一一月末に、軽度の脳溢血で倒れたのである。最初の発作だった。獄中生活の無理も祟ったものと思われる。以降数か月あまりは執筆もはかどらず、講演もことわるほかなかった。

一二月八日の山川からの来信には「引きつづき御快方のよしで何よりです。……今後は絶対禁酒の必要があると思います。……」とあったが、実際に以降は禁酒にはげむようになる（禁煙は以前の獄中ですでにしていた）。

一九二八年二月にはいよいよ初の男子普通選挙が実施されることになった。初春のある日、菊池寛が訪ねてきた。菊池とは新聞記者時代から見知ってはいたが、このときはもう『文芸春秋』を主宰する「文壇の総裁」となっていた。東京一区から無産派の候補として堺を推す動きがあったので、「堺が衆院選に出るなら自分は立候補を辞退する」と申し出てきたのだ。体調不調の堺は不出馬を明言し、菊池の推薦人になることを約した。「当時わたしは何党にも属していなかったが、……社会民衆党とはあまり近くないことだけは明白であった。しかし無産諸党間における選挙協定の精神に従えば、……社民の候補者を応援するを当然と考えた」（「菊池寛君とわたし」『文芸春秋』一九三〇年一月）。当時無産政党は四つに分裂していたが、社会民衆党は中でも右翼で、共闘の相手をおもに労農党と日労党にしぼっていた『労農』の面々からはあまり好感は持たれていなかったが、堺らしい幅の広さだった。

菊池は社会民衆党から立候補し、堺は推薦人に名を連ねた。落選はしたが恩義を感じた菊池は、後に東京市会議員選挙では堺の推薦人となる。

総選挙直後に、再建共産党関係を根こそぎ検挙した三・一五事件（一九二八年）が起きた。検挙の手は堺には及ばなかったが、再建に途中までかかわった荒畑は連座して、七月から翌二九年三月まで未決拘留されることになった。彼にとってはとばっちりだった。堺は山川と二人で不運な荒畑に気を使ってできるだけのことをした。収監されたのが市ヶ谷監獄だったので、家の近い堺はたびたび面会にも行った。

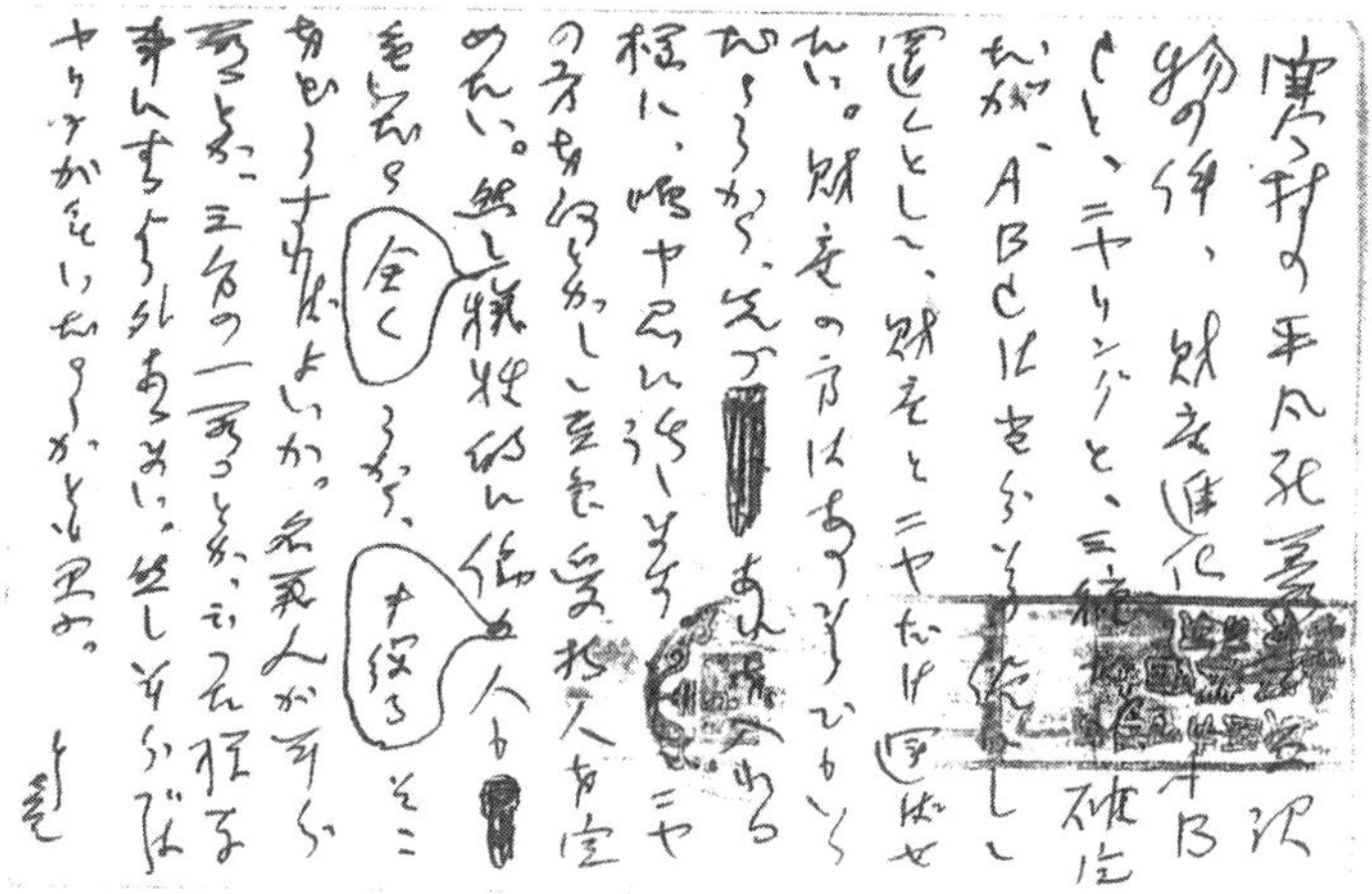

堺利彦の山川均宛ハガキ。1928年６月頃。山川均遺族提供。

一九二八年九月一八日に獄中から山川へしたためた荒畑の書簡にはこうある。「平凡社の金は堺氏の御努力にて、毎月お玉に渡されている由……改造文庫に二つ（生物進化と社会進化、及び財産進化論）入ることになっているが……堺氏にあまり何もかも頼むのも余りに心ない仕業のようでキマリが悪い」。「お玉」は荒畑の連れ合いである。

日付は不明だが、このころ堺が山川に出したハガキ（写真参照）にはこうあった。「寒村の平凡社翻訳物の件、財産進化論とＡＢＣと、ニヤリングと、三種を確定だが、ＡＢＣは当分その侭にして置くとして、財産とニヤだけ運ばせたい。……ニヤの方を何とかして至急受持ち人を定めたい。然し全く犠牲的に働きうる人も無いだろうから、そこをどうすればよいか。……」

荒畑が平凡社などと契約をしていた翻訳もの（ラファルグやブハーリンのもの。ニヤリングとはスコットニヤリングの「アメリカ帝国」と思われる）を、わずかの謝礼で引き受けてくれるような、荒畑の代理の翻訳者を探すなどして継続させ、その稿料を玉夫人に平凡社から渡したり、改造社からの出版を頼むなど、堺が骨を折っていたようだ。実際ラファルグの『財産進化論』とリュイスの『社会進化と生物進化』は改造文庫から刊行される。

荒畑への援助の件は、たまたま筆者が関連する荒畑や堺の書簡類を見ることができたから紹介しただけであって、おそらく獄中や不遇の同志たちには同じような気配りを数多くしていたに違いない。一九二九年一月の山川の堺宛てハガキには、（改造社の『マルクス・エンゲルス全集』、の企画に）「積極的にご参加になることをお勧めする……なるべく多く引受けておいて頂きたい」とある。これも堺の名で翻訳仕事を若手に分配するための依頼と思われる。他の山川のハガキ（一九二九年五月一四日）では、『マル・エン全集』の鳥海篤助の翻訳に堺の署名を求めている。

一方体調も回復し、軽いもの以外にも執筆を再開した。『労農』二八年七月号に登場し、「日本社会主義運動における無政府主義の役割」を二九年一月号までの間に六回連載した。『労農』への執筆は、ほかに二〜三本あるが、東京市会議員選挙に関するものとこれだけが本格的な論文だった。また『改造』（一九二八年一〇月）に、「当てなし行脚」での取材をもとに、秩父事件の裁判記録など調査したものを材料にして「秩父騒動」を寄せた。これも力作だった。『マル・エン全集』の月報に三〇年六月配本から「日本社会主義運動小史」を一四回にわたって連載しはじめた。

四　東京市会議員に当選――政治活動の最盛期

無産政党の離合集散の過程で『労農』同人たちが重要な働きをして、一九二八年七月二二日に小ぶりながらも無産政党の統一を最大の使命にかかげた「無産大衆党」が結成された。堺は顧問（実質的には委員長）に就き、鈴木茂三郎が書記長になった。

こうして急に多忙になった。無産大衆党機関紙『無産大衆新聞』に「数・組織・力・戦い」を寄稿し、九月には無産大衆党の全国遊説で関西を回った。演説会場は盛況だったようで、山川からの来信（九月二四日）には、関西遊説で「『時』が三千の大衆の前に老兄を立たしめるにいたったことは、感慨無量ともいうべきものがあります。しかし身体の方も御注意を願ひます。奥山先生も大分御心配のようでした」とある。奥山先生とは、三田に開業していた堺や山川のかかりつけの名医・奥山伸だが、昨年（一九二七年）一一月の発作があっただけに、多忙な堺を心配していた。翌一五日にはまた山川から「奥山氏はいまに老兄を預かると云われるだろうと思います」とハガキが来た。

奥山の心配が的中し、一〇月初と思われるが、無産大衆党の遊説先の秋田県土崎で脳溢血で倒れてしまった。前回より重い発作で、しばらく伊豆長岡で休養するほかなかった。

一〇月二七日付けの山川よりの来信は、AとBの会話形式で書かれていた。「A堺君にも困ったものだ、……B奥山さんも今度は少し硬化なさるでしょう。A奥山さんの『困りましたな』位ではへこたれまいて。何しろ堺君はあれでなかなか感激家だからな。……Bヒロイズムですか、A演壇で斃れたら本望だといったような気持が多分にあるからな。つまり死処を求めるという気持だな。」とあった。大森義太郎あたりとの実際の会話をそのまま伝え、ヤンワリと、しかし厳しく自重を求めたわけだ。

しかし休んでいるわけにいかなくなった。一九二八年一二月二〇日に、いわゆる無産派の「七党合同」によって日本大衆党が結成され、中央委員になった。『労農』同人も懸命に努力した結果の「七党合同」であったから、知らぬ存ぜぬというわけにはいかない。実は無産大衆党系は顧問に堺を推薦したのだが、労農派を心よく思っていなかった旧日労党系の麻生久らが拒んで実現しなかった（鈴木茂三郎「堺さんの事ども」）。結党大会で堺は演説をした。山川の来信（一二月二二日）には「小牧氏から老兄の大演説の模様相承。小牧氏は近来の大演説として感嘆していました」とあった。小牧氏とは小牧近江である。

一九二八年末、再び政治の表舞台に出た堺は、翌年三月実施の東京市会議員選挙に日本大衆党から立候補する意欲を示した。これが新聞で報じられると、奥山医師は出馬に強く反対し、大森を介して山川にも説得を頼んだ。他方、麻生派が右派の経済評論家・高橋亀吉を擁立する動きがあり、堺は立候補を辞退しようとしたようだが、高橋の立候補は立ち消えになり、堺の去就が注目されることになった。

堺は「自分はどちらでもいいが、山川に一任する」という態度だった。一方の山川は「堺立候補についての意見徴せられ非常に当惑しました」（一九二九年二月一八日　橋浦宛書簡）。判断をゆだねられた山川は健康上は引き留めたいが、「何時も折角老兄の気乗りのされていることを、自分自身の消極主義からして、次から次と水を掛けてゆくことは、これまた忍びざることです」（一九二九年の堺宛て賀状）と悩みつつ、堺とやり取りをつづけ、選挙まで一月を切ったころ、とうとう「やると極めてしまっては何うですか」（二月一一日）と書き送った。堺は、山川から出馬を勧めてもらいたかったのだろう。

こうして立候補は固まった。『労農』二月号に「市会を階級闘争の新戦場たらしめよ」と題し、普通選挙とは名ばかりで、二年間という居住期間、二五歳以上、男性のみなど「事実上の制限選挙にすぎないことを指摘する必要がある」などとアピールした。

走り出せばさすがに堺だけあって、菊池寛からは百円のカンパが寄せられ、他に高野岩三郎、長谷川如是閑ら著名人が推薦人となった。一九二九年三月五日に、労農党代議士・山本宣治が東京の宿舎光栄館で右翼テロに斃れたが、「同志山宣が倒れた夜、私が電話で通知した七八人の内、深夜、危険（?）を冒して、光栄館に駆けつけた人は堺さんだけであった」（浅原健三『階級戦の老闘将堺利彦を語る』）。『労農』同人は日本大衆党に参加していて労農党とは当時競合していたが、当の労農党党首だった大山郁夫が「危険」だからと姿を見せなかったこともあり、堺の行動は冴えた。

開票結果発表前の山川からの来信には「最高位当選などという番狂わせが起こったら尚更ら面白いのですが」（一九二九年三月一六日）とあった。周囲は健康を心配してヤキモキしながらも、なんとか当選しそうだというので安堵していたのだろうが、「番狂わせ」は本当になり、牛込選挙区で一二七五票。最高位当選だった。彼の政治的活動の方面では、一番のピークだったといってよい。

市会議員としてとりくんだ運動で有名なのは、東京瓦斯料金値上げ反対運動だ。東京瓦斯会社とは徹底抗戦し、自宅の前のガスの鉄管を掘り下げる工事には大の字になって抵抗したり、料金不納同盟を組織して話題となった。

五　山川の『労農』同人脱会をめぐって

しかし堺の政治活動の最盛期だった二九年は、無産政党の統一が大きな蹉跌をし、関連して『労農』同人内部が混迷した年でもあった。

鈴木茂三郎らの尽力で、堺や山川が希求した無産政党の統一は日本大衆党の成立で漸くその一歩をふみだしたのだが、結党早々、「清党運動」という右派幹部追及運動が、福田狂二という政治ゴロによって引き起こされて再分解してしまうのである。この怪しげな策動に、猪俣津南雄や『労農』同人の若手が巻き込まれ、党本部の役員をしていた鈴木や、堺も成り行き上ひっこみがつかなくなり、役員を辞任しただけでなく党から除名されてしまう。そして二九年五月に「大衆党分裂反対同盟」（「分反」）を結成し、堺は委員長にかつがれたが、こういう左翼主義的な行動は事態を悪化させるだけだった。やむなく『労農』同人たちは二九年末に、以前の無産大衆党より一回り小さい東京無産党を結党せざるをえなくなった。堺はここを拠点としてまた無産政党の統一に向け努力するのだが、「清党運動」の失敗は、『労農』の無産政党運動全体におよぼしていた精神的な影響力を大きく低下させたのは否めない。「どんなにいいことでも、福田とはいっしょにやるな」と猪俣に注意を促した山川だけが、事の深刻さを最初から気づいていたが、病気がちで鎌倉にこもり会議もほとんど出席できなかった彼の力ではどうにもならず、責任を痛感した山川は『労農』同人に脱退を通告した。猪俣もまた同人を離れた。山川と猪俣という二大理論家が退いた後の『労農』誌は精彩を欠き、唯一の長老となった堺の苦労は心身ともに重なった。

「清党運動」に同調する同人内部の左翼主義的な傾向にたいしては、山川は『労農』誌上でも早くから警鐘を鳴らしていた。五月ころから堺は三田の奥山医院に通うようになり、療養のために鎌倉から三田の奥山医院の近くに下宿していた山川と会う機会も多くなった。

折々落合ッテ近クノ喫茶店デ……雑談的ニ之等ノ諸問題ニ付イテ触レタ話ヲ致シマシタ……清党運動ニ反対……ノ事ハ堺氏ニモ話シテオイタノデアリマス堺モ此ノ運動ニハ疑問ヲ持テオリマシタ分反運動ノ委員長ニ推サレタモノノ万事若イ人達ノ意向ニ任カスト言フ態度デ積極的デハナカッタ様デアリマシタ（人民戦線事件での山川聴取書）。

しかし山川の忠告も、持ち前の責任感が裏目に出たのか、脳梗塞の悪化で政治判断力がにぶって若手の暴走を心情的に止められなかったのか、堺はあまり深刻にはうけとめなかったらしい。分裂反対同盟の活動資金として五〇円を拠出するなど、ブレーキをかける気配はなかった。

その堺が仰天するのは、一九二九年六月六日に、いつものように奥山医院で会った山川から『同人脱退申出書』を渡されたときだ。堺は翌七日に、鈴木宅に「自分もかねがね心配をしながらやむなくここまで来たものの、僕としてもこうなれば丸坊主になって失敗を償いたい」と駆け込んだ（鈴木徹三『鈴木茂三郎』)。しかし長老として慎重にあつかってきた堺にたいしても、大衆党本部は一五日に除名を決定してしまった。山川を『労農』にひきとめようと堺、荒畑、鈴木らは心を砕いた。しかし山川にとって、猪俣が去れば復帰するなどと受け止められるのは、もっとも不本意だった。両人とも脱会の意志は固かった。一九二九年九月二一日には、「山川君の態度が無責任とも冷淡とも感ぜられて」荒畑寒村が自殺未遂をはかった。堺は『中央公論』一一月号に「荒畑寒村の『自殺未遂』始末」を寄せた。悲痛な文章だった。

己の非力を嘆き山川への切々たる思いを綴る荒畑の遺書を公開しつつ、こうのべていた。

山川君は今でも深く「労農」を愛して居り、又実際上、大いに「労農」を助けて居る。然し彼は労農同人たることを辞している。労農同人は今でも常に、多くの点において山川君に事を謀り、その教えを受けて居る。然し労農社は矢張り彼を同人として引止める事ができないで居る。何というワケの分からない事だろう。一体その理由、その原因、その救済策は何処に在るのか。寒村は実にその「関係の復旧」を切望しつつ「苦心焦慮」して居たのである。……こんな謎のような書方をしたのでは、この事件の意義を幾分でも読者に伝えることは出来ない。然し私は今、その意義を伝えるべき任務を帯びて居るのでなく、只この事件の如何に難問題であるかの一片鱗を示して、寒村の「苦心焦慮」を想像させる一材料としたに過ぎない。然るに悲しいかな、寒村の「徴哀」は今だに「諒察」されて居ないのである。

堺も荒畑同様、『労農』の窮状打開を山川に頼った。山川が奥山医院近くの下宿から鎌倉に戻ったので会う機会がなくなったせいもあるが、その思いが総合雑誌誌上でのこうした異例のアピールとなったのであろう。山川もまた困惑した。自分の理論的な見通しにしたがって努力した同志たちの挫折に責任を痛感して脱会しただけだったからだ。山川はこう述べている。「堺氏は先年来ひどく健康を害していましたが、その為に斯うした事も人一倍気にかかり、それがまた病勢を進ましめる状態でありましたが、この世評についても非常に心配して私に色々注意を促して呉れました。で、私はたしか書面を以って猪俣氏に『労農』への復帰を勧めました」がそうはならなかった。そこで山川は猪俣に、両者がともに「同人外の立場から『労農』に寄稿してはどうか」と提案した。「この妥協案は実は堺氏の発案で、……私の思いつきとして提案しました」（山川手記）。堺は、同人以外にも執筆を依頼するように編集方針を変えて、山川に「書いて貰いたいという再三の懇願」（同手記）をしていたが、山川を翻意させる条件として、「猪俣にも執筆させるから、猪俣を口説いてくれ」と提案したのだ。猪俣は山川の説得にも応じなかった。

結果、堺に根負けした山川は『労農』一九三〇年一二月号から、初めは筆名ではあったが、執筆を再開する。

六　総選挙に立候補

さて、堺は一九二九年一二月に結党された東京無産党の顧問に就いたが、すぐに翌三〇年二月に実施される総選挙に立候補することになった。日本大衆党の失敗と『労農』同人の混乱から立ち直ることもできていない悪条件の下だった。今回も奥山医師らは心配し、大森は山川に宛てて、(堺は)「実際運動をしなくとも、社会運動史の著述を完成させるためだけに健康でいてもらう方が……どれくらい有益だかしれない」と書き送った。この手紙を山川が堺に転送したところ「宝物扱いされるのは迷惑だ」と、はなから聞き入れなかった。

東京無産党はできたばかりの小世帯。一方本人は「生活程度は所得届高千二百円、家賃二五円、稿料、印税等の不定収入の外財産なし」(『堺利彦を語る』自記略伝)と、家賃が年収の三分の一を占めるありさまで、蓄えもない。一九三〇年元旦に、大森の壽々元旅館(堺の行きつけの鉱泉)から、橋浦時雄に宛ててこう書き送っている。(橋浦に選挙事務次長を)「やって貰うより外はあるまいと考える。君の近頃の多忙は察しあげるがこれだけは枉げて引受けて貰わねばならぬと思う。……僕は今大勉強で『不安と疑問』の書直しに掛かっている。ここの滞在費もそれの前借をして来て居るのだが、これがウマク行けば、少しは選挙費に使えるだろうと楽しんでいる……」。「事務次長」を要請しているが、橋浦以外に選挙実務に精通している者はおらず、実質的に事務局長の依頼であった。候補者自らが事務局長を口説かねばならなかったのだ。しかも告示まであと一月足らずというのに、資金つくりのために自著(『現代社会生活の不安と疑問』)改訂に正月も旅館にこもらねばならなかった。堺が『改造』一九三〇年二月号に寄せた立候補の決意文のタイトルは(無産政党同士の)「対立はイヤ、金は貰い集める」というふるったものだった。しかしされど堺であって、各界の有名人が助けを出した。選挙直前に『階級戦線の老闘将　堺利彦を語る』が刊行され、資金つくりに大いに役立ったと思われる。

扉は岡本一平の漫画。五二名の著名人が寄稿しているが、常連の『労農』派メンバーや左翼以外では、長谷川如是閑、小川未明、上司小剣、馬場孤蝶、高島米峰、山崎今朝弥、沖野岩三郎、石山賢吉、杉村楚人冠、与謝野寛・晶子、白柳秀湖、小汀利得、吉野作造、土岐善磨、野依秀市などが寄稿していた。吉野作造は「私の理論は必ずしも堺利彦君の当選を希望しない。が私の感情は必ずや私をして堺利彦君に一票を投ぜざるを得ざらしめたであろう」などと、味のある一文を寄せた。

しかし娘の真柄はこんなことを書いていた。「今日の総選挙に当って、私は……人から、政敵だとか、親不孝だとか云われる事になりました。……政敵であろうと、不幸者であろうと、お父さんを尊敬することは、勝手であって、まさか選挙妨害だと、早まる方もありますまい。……今日のような運動上の混乱は、運動にたずさわる者全体の責任ですね。ね、お父さん、そうでしょう。政敵と親不孝者の為に、無産政党の政治戦線が、分裂したのではないんですから」。実は堺と同じ東京一区で立候補し競合関係に立ったのは堺たちを追放した大衆党の河野密であったが、彼の「参謀長は、娘真柄の夫高瀬清であった。鼻っ柱の強い堺は、敵方の運動の旺盛なのを見て、『敵ながら天晴れ』などと呑気そうなことを書いて、同志からしかられたりしたが、その身辺にいた私には、決してそんな呑気な彼ではなかったことが分かっていた」（堺為子「妻から見た堺利彦」『中央公論』一九三三年四月号）。

親子の「対立」まであった悩ましい選挙ではあったが、落選はしたものの五八〇〇票を獲得。河野密は三三七三票、社民党の候補は一二四五票、当選した民政党の候補は八七〇七票だったから、落選したとはいえ、好成績であった。

七　心身ともに無理が重なる晩年

さてこの選挙での無産諸党の結果は、社民二議席、大衆二議席、新労農一議席、合わせても五議席という惨敗だった。

無産政党の間にふたたび統一への機運がおこった。堺は、一九三〇年三月には無産政党合同促進のための「長老会議」と称された、安部磯雄、下中弥三郎、賀川豊彦、河上肇との会合に参加したり、東京無産党はじめ地方無産政党を糾合した「無産政党戦線統一協議会」の議長に就任したり、活動分野はひろがった。そして七月にはいくつかの無産政党が合同し全国大衆党が結成された。その結党大会で堺は麻生久、宮崎龍介とともに顧問に推され、「合同宣言」を読み上げた。

以降、東京市会議員と大衆党の党務で忙殺されるようになった。また秋には故郷豊津に久しぶりに帰省し、農民労働学校開設の相談にのった（豊津農民労働学校については小正路淑泰論文に譲る）。一二月二一日には、生誕六〇年記念会が開催され、各界名士数百人で盛況だった。このように表舞台の出番が多くなったが、いかんせん二年前の脳梗塞の発作のあとの無理も重なり判断力や自制心にゆるみがひどくなったようである。当時、堺の世話係的な立場にあった荒畑は、山川に堺の世話にあたっての愚痴をしきりと書き送っている。

堺をいさめることのできるのは山川を措いて他にはいなかった。山川は時折堺に忠告の手紙をだしている。

全国大衆党には、大山郁夫を委員長とする労農党は参加しなかった。全合同を実現するには労農党を合流させる必要があった。堺も何かと動いたようである。その動きに対して、関係者に良からぬ風評がたったらしい。山川は、この風評を堺に知らせる手紙を出した（一九三〇年一二月二三日）。

（ある人の情報によれば）……（一）最近労農一派は堺を通じ、しきりに大山に色目を使い接近を焦慮しつつある。（二）これは労農一派が大衆党内に孤立して無力なため、労農党と結んで立場（合同後の）を有利にせんとする策謀である。（三）これは大山および労農党の人々より嘲笑的に見られ、これに対する反発から、吾々は合同後は寧ろ大衆党内の反労農派と結び労農一派に当たらんとする気勢を煽りつつあり、この鼻息すこぶる荒し、云々…多分何かの間違いとは思いますが、この報告者は誤りを報告する人ではないのでご注意までにお知らせします…。

荒畑は堺没後に、晩年の堺をこう回想している（中央公論社版『堺利彦全集』六巻「解説」一九三三年一〇月記）。

脳溢血の発病が、爾後の先生の肉体上及び精神上の活動に、少々ならざる障碍を及ぼしたるべきは疑いのない事実である。……その平生……恬淡と飄逸とを愛するの反面、事を論ずるに当っては論理の透徹を喜び、理論の精緻を尚ぶ上に於いて、寧ろ甚だしく『理屈っぽ』かった先生の特性が、晩年に於いては著しく異なって、時としては殆んど別人の如き観すら呈した。……先生は晩年、事毎に『死処を得る』事を口外せられ、且つそのためにかなり焦慮せられた傾きがある。

平生あれ程、理論的であり論理的であった先生が往々……少なくとも人情的、若しくわ正義派的な主張、態度に出づるに至った。……「合同促進長老会議」の際の如き、先生の主張は畢竟、人情的、正義派的な立場を出でず、毫も戦略的な態度を取られなかったが、その結果は却って君子の標本の如云わるる安部磯雄氏などから、煮え湯を呑まさるるような目を見なければならなかった。

山川もまた、堺没後にこう語っている（「堺利彦を語る」『改造』一九三三年三月号）。

私は堺君を、どちらから見ても、議会の行動に適した人とは考えていなかった。堺君はいい意味でも悪い意味でも、決して政治家ではなかった。……当時の堺君は、むしろ政見発表の演説会の演壇で斃れよと云われることを、最も満足に感じたろう。それほど堺君は感激的であり、それほど堺君にはヒロイズムがあった。晩年には市会の仕事、政党関係の旅行、講演会や演説に引っ張りまわされることなどのため、生活のための仕事が出来ない出来ないとこぼしつつも、堺君はそういうものなしには、安んじて一日も過ごせなかったろうと思う。発病後は、郊外の閑静なところに引越してはというようなことを勧めたこともあった。しかし運動に対する堺君の良心は、運動の賑やかさから離れることを許さなかったらしい。

自分でも実際運動上での衰えに焦燥を感じ、疲れたにちがいない。大森義太郎などがかねてから「無理な実際運動で寿命を縮めるよりは、社会主義運動の記録をのこしてほしい」と頼んでいたこともあり、一九三一年一月から『中央公論』に「社会主義運動史話」の連載を開始した（七月号で中断）。これは書きかけている「自伝的に見た社会主義運動史」の中の「最も面白い数個の部分」だと断っての連載だった。山川宛ての書簡で保存されている最後のものは六月二六日付けであるが、「自伝的に見た社会主義運動史」への意見をもとめるものだった。

八　戦争反対に斃れる

一九三一年七月には全国大衆党と労農党が合同して全国労農大衆党が発足し、これで社会民衆党を除く全無産政党の合同ができた。外見は堺や山川が追求してきた単一無産政党が実現したのだが、時すでに遅く、すでにファッショ的な空気が社会に満ち始めていた。社会民衆党にも全国労農大衆党にも、軍部ファッショに迎合する勢力が急速に台頭する。

新党の顧問になった堺はふたたび実際運動に忙殺された。一九三一年九月一八日に満州事変が関東軍によって引き起こされた。労農大衆党は九月二九日に「対支出兵反対闘争委員会」を堺を委員長に発足させた。しかし鈴木茂三郎起草の「出兵反対」の党声明は、右翼団体の脅迫で本部が公表に躊躇し、やっと二五日になって公表されるありさまだった。「第二次世界大戦の危機と闘え！」とのアピールを巻頭に掲げた『労農』一〇月号はたちまち発禁処分とされ、一二月以降は毎号発禁とされた。社会民衆党は一一月に「国民大衆の生存権確保」のために、満州事変支持の声明を発した。

労農大衆党代議士・松谷與二郎は同じころ、「満蒙権益擁護」の意見書を党本部に提出した。無産政党までもがファシズムに冒され始めた空気の中で、無理に無理を重ねていた堺は、心身ともに切れる寸前だったと思われる。

一一月二五日に東京で催された「堺利彦・農民学校の夕べ」のための演説の草稿を書いているさなかに異変をきたし演説も混乱した。三回目の発作であろう。それでも対支出兵反対闘争委員長の職責をはたそうと休まなかった。一二月二日の朝、荒畑宅を訪れ「党幹部は松谷処分を躊躇している」とじれったそうに語り、奥山医院によってその足で労農大衆党本部で開催された闘争委員会に出席した。「松谷與二郎を処分できないようで、どうして戦争反対闘争ができるか」と強硬に主張し激論を交わした。しかし体調の異変は周りも気が付き、鈴木茂三郎が心配して帰らせたが、帰路、麹町の電車の停留所で倒れた。

以降、筆を執ることはできなかった。一時小康状態になり、周囲も治療費捻出のために中央公論社の島中雄三に頼んで、荒畑が中心になって一九三一年一一月から『全集』編纂に着手した。三二年五月には配本を開始することができたが、完結を待たずして、翌三三年一月二三日に、六四歳でその生涯を閉じた。

菊池寛は、『中央公論』一九三三年六月号の「堺利彦全集に寄す」という広告に、次のような文を寄せた。

片山潜はロシアに逃げた。某某（大山郁夫—引用者）はアメリカに逃げた。だが彼は飽くまで日本の地に踏み止まり、身をもって国内階級運動の苦難極まる実践に生きた。勿論此のやうな意味に於いての不屈の闘士は世に相当多い。だが、社会主義勃興の波に浮き沈みしては、人間としての父としての悩みを胸に秘めながら、その人間苦を満喫しながら而も不屈の闘士としての職責を立派に果たした所に、闘士堺利彦の輝かしさがあるのだと思う。

第一三章　都市構造転換期における堺利彦——選挙・市会活動・市民運動

成田龍一

はじめに

一九二〇年代後半から一九三〇年代にかけては、東京において都市化が加速度的に進行した時期である。市街地が拡がり、交通網が発達し、新たな盛り場も登場した。モダニズム文化が謳歌されるとともに、都市型のライフ・スタイルも定着し、東京の人々の生計費のなかに占める社会的経費の割合がふえた。この現象については、石塚裕道・成田龍一『東京都の百年』（山川出版社、一九八六年）に記しておいたので参照されたいが、これは、都市化の進展にともない東京の都市構造が転換し、東京が新たな段階を迎えたことを示している。一九三二年一〇月一日の「大東京」市の成立は、このことを象徴的にみせた出来事であった。

階層構成の局面からいえば、サラリーマンを中核とする新中間層が、ひとつの階層を形成したことで、一九二〇年にその数は約二〇万人、家族をふくめると府人口の三割近くに及んできた。また、工場労働者は都市スラムから離脱・独立し、都市スラムも、都市郊外への「分散」と「拡散」の傾向をみせる。

民衆運動も、一九〇〇年代後半から一九一〇年代後半までの都市雑業者・職工・職人による「都市民衆騒擾」が終焉し、労働運動の本格化がすすむ。中小商工業者による都市公益事業への働きかけである「都市住民運動」は持続しているものの、中小商工業者と都市雑業者らの間の、ゆるやかな連携は一九二〇年代後半には失われてしまっていた。

この点と連関して、東京の地域秩序は再編の動きをみせていた[1]。政治の世界でも、一九二五年に成立したいわゆる普選法が、一九二九年には東京市会選挙に適用される。

この東京の都市構造の転換に、ひとりのオールド・ソシアリストが敏感に対応し、行動をおこした。その人物の名は堺利彦。堺は一八七〇年生まれ、日本における社会主義運動の草分けの一人であり、「大逆事件」後の社会主義の「冬の時代」にもその火種を守りつづけていた。一九二二年の日本共産党の結成に参加したが、後に解党を主張したため仲間の社会主義者から批判されたこともある。しかし堺は運動の第一線から退くことなく、社会主義運動の長老格として、この時期にも依然重要な位置を占めていた。

本章では、堺の一九二九年三月の東京市会議員選挙への立候補・選挙戦、および市議としての活動と、この時期の社会運動への関与をさぐり、それを通じて都市構造転換期の東京の様相の一面を探ってみたい。ここでは、もっぱら世相・風俗の面からのみ描かれていた一九二〇年代後半から一九三〇年代にかけての東京に、政治の局面から接近することになる。すなわち、政治の局面から転換期の東京のまちづくりを考察することになろう。同時に、理論やイデオロギーの対抗史として叙述されてきた社会主義の歴史を、限られた問題からではあれ、都市という「空間」のなかで考えることにもなる。

そして、さらにつけ加えておけば、「冬の時代」の時期までに集中しているかにみえる堺利彦の晩年の活動に照明をあてる作業でもある。

一　東京市会議員選挙への出馬

(1)　立候補までの曲折

堺利彦の同志であるとともに、かれを先達として深く慕ってきた荒畑寒村は、最晩年の堺を論じて、堺らしさがなくなったと嘆いている。「理屈ッポ」い特性がなくなり、理論的・論理的態度こそ放棄していないものの、「少くとも人情的、若くは正義派的な主張態度に出づるに至つた」と。荒畑は、それをすべて一九二七年一一月末に堺が罹った脳溢血に帰し、ここでとりあげる一九二九年三月の東京市会議員選挙への出馬に対しても批判がましい口調で述べている。

当時、堺と荒畑は、無産運動の方針や現状の認識に異なった見解をみせていた。このいい方は、敬愛する先輩の、納得しかねる行動へのいかにも荒畑らしい言い方である。しかし、労働者のなかでいまだ払拭しきれない反議会主義の「気分」をもつ人々や、無産政党のなかで左派に共鳴し、さらに「前衛党」の必要を訴える人々は、堺の東京市会議員選挙への出馬に対し、荒畑と大同小異の感想をもっていた(2)。

だが、それにもかかわらず、堺が還暦に近い年齢をおして市議選に出馬するのには、いくつかの理由がある。まず、堺は選挙を、人々への格好の思想の宣伝の舞台と考える。堺はすでに、一九一七年四月に衆議院議員選挙に立候補している。普通選挙・言論集会の自由・土地と資本の公有などの主張を掲げた選挙戦の様相は、松尾尊兊『大正デモクラシー』(岩波書店、一九七四年)に詳しいが、松尾は、民本主義の盛行のなか、堺は「いまこそ社会主義者が公然姿をあらわし、世人にその存在を訴えるべき機会とみた」と分析する(3)。とすれば、東京市会議員選挙に初めて普通選挙が適用される、この選挙に堺が立候補するのは自然であろう。

むろん、前年二月に実施された初の普通選挙は国政選挙でもあり、こちらに立候補するのが本来である。実際、堺は左派の労働農民党から出馬をすすめられ立候補するつもりであった。しかし、堺が予定していた東京第一区に同じ無産政党の社会民衆党から菊池寛が立候補することになり(4)、堺は出馬を断念している(『都新聞』一九二九年一月)。

同時に、一九二九年の市会議員選挙は、大規模な汚職のために市議の大半が逮捕され、市会が内務省から解散を命じられた後の「出直し選挙」であった。内務省による「解散」という『自治権の侵害』に対して態度こそ一様ではなかったものの、市会の「出なおし」は当然とされ、東京の人々は「市政浄化」の運動を展開していた。運動の主体は、(一)東京市政調査会に代表される都市研究機関・都市専門家の集団、(二)区会や、市政浄化各町聯合会、選挙違反告発同盟など地域の住民による諸団体、（三）東京聯合婦人会・婦選獲得同盟など女性団体、（四）日本労働党・社会民衆党などの無産政党であり、その動きを『東京朝日新聞』などの新聞が伝えた。新聞は、このとき独自に市会議員候補者を推薦する行動もみせた。

「真正なデモクラシーへの一大躍進」（『都市問題』第八巻第三号、一九二九年三月）をめざした市政浄化運動は、後にふれる東京ガス料金値下げ運動とともに、東京の都市構造転換期の代表的民衆運動である。こうした運動が展開されるさなかの選挙に立候補することは、民衆の動向に敏感な堺にとり当然といえる。堺は「今度の選挙は無産政党も活躍する事だらうし、また進出すべき好機会だと思つてゐる」（『東京日日新聞』一九二九年一月一〇日）と述べている。そして堺が所属する日本大衆党は「東京市会を民衆の手に奪還せよ、市会を無産大衆の赤血に依つて浄化せよ」というスローガンを掲げた。しかも、長年、社会主義運動にたずさわり、一般にも名前を知られている堺には当選の可能性もあった。

だが、堺利彦の立候補には曲折がみられた。一九二九年一月一〇日の『東京日日新聞』で、堺は「日本大衆党から〔堺を〕推す事になつてゐるといふ話をきいたが、まだ正式に決定はしてゐない」と述べている。事態は、無産政党内部の対立にかかっている。

日本大衆党内部で、市会議員選挙候補者の選考が開始されたのは一九二八年一二月である（「選挙部報告書」一九二九年一月頃のメモ、大原社会問題研究所所蔵、以下「報告書」と記す）。日本大衆党は、日本労農党を中心に、無産大衆党など七党が合同して結党されたばかりであった。そのため、候補者は、旧日本労農党と旧無産大衆党のそれぞれの支部聯合会の予選で選び出し、党本部の書記長・

選挙部でさらに厳選し、いくつかの段階をへて常任委員会で最終決定するという手順をふんだ。誰が市議としてふさわしいかではなく、無産政党内の派閥にのみ、配慮したやり方にほかならない。

常任中央執行委員会選挙部に、当初、名前が挙ってきたのは、高橋亀吉（赤坂区）、吉川守圀（小石川区）、泉忠（浅草区）、加治（加藤）時次郎（京橋区）ら一五人で、堺は麴町区の立候補とされていた。一二月二八日の会議で「候補選定に対する基準」を設け、一選挙区ごとに候補者一人、全区に候補者をたてることとした。また、候補者は党員であるとともに、「戦闘的闘士たること」が条件とされた。年があけて、一月一八日の市会対策委員会でまず五人の候補者が決定された。堺は牛込区の候補へと変更されたが、同区ではすでに高橋亀吉（かれも赤坂区より変更されていた）、上森健一郎が挙げられており、同日は牛込区は「否決」とのみ「報告書」に記入されている[5]。

だが、一月二四日に選挙部で「未決定区」の議論がされ、牛込区では「堺氏を推すこと」となった（「報告書」）。ところが、その決定を、おそらく知らないまま、一月三一日付で「旧無産大衆党東京府支部聯合会」名による怪文書が出される。そこでは「吾等が三十有余年の闘将堺利彦氏を牛込区に樹立せよ！」と訴え、堺が立候補することの意義と効果を主張していた。同時に、日本大衆党の委員会は「表面的策動に災ひされて、今日に至るも堺氏の公認を保留し、一方に立候補の意志なき高橋亀吉氏を擁し来つて、問題を益々紛糾せしめて居る」と非難した。「大衆的示威を以て表面的策動を圧伏せよ！」と述べるこのビラは「旧無産大衆党員の総動員」をはかる立場からのものである（ガリ版、大原社会問題研究所所蔵）。

このビラは「支部聯合会」ではなく、個人の仕業とわかり、聯合会自身も「遺憾の意を表する」が、堺の立候補は、一時とどこおってしまう。一月二七日の常任委員会では、「不穏当なる決議文声明書」のため、「既決定公認を除き全部保留」とした（『情報』第二号、一九二九年二月八日、ガリ版、大原社会問題研究所所蔵）。

堺の立候補が承認・決定されるのは、ようやく二月二日のことである。日本大衆党から六区七人が立候補することになり、そのなかに「牛込、堺利彦」も加わった。堺は、二月二〇日に立候補の届出をし、「着々準備を進めて居る」旨の報告を日本大衆党におこない、「今後諸事よろしくお世話を願ひます」と述べている（自筆書類、一九二九年二月二〇日、大原社会問題研究所所蔵）。だが、立候補に至るこの一連の出来事による選挙戦への出遅れはいなめない。また、これは無産政党の「脆さ」を露呈した出来事でもあった。無産政党は地域に基盤をもちえていないにもかかわらず、主張（イデオロギー）により支持基盤の拡大をはかるため、党派や派閥の立場のみが声高に論議される。ひろく有権者に訴えるのではなく、無産勢力相互間や派閥の利益を優先する。一九二八年二月の普選で、無産政党の得票率が五％に満たないという状況を打破し、市会議員選挙を有利に展開するには、地域の民衆の要求を探り、かれらの利害を追求するという方向での地道な努力こそが必要であったと思われる(6)。

（2）　選挙活動の様相

堺利彦は、居住区の麴町区をさけ、牛込区から立候補したが、新聞のインタビューに答え「三木や立川の牙城をつくのは愉快です」（掲載紙不明、一九二九年）と述べている。東京市政の黒幕である三木武吉や立川太郎の基盤が同区にあったためだが、麹町区には堺の支持者たる人びと(「無産市民」「小市民」)が少ないという判断もあった。民政党・政友会という既成政党は、地盤を固め、金をばらまき、これまでの実績や候補者の経歴・地位で票を集めていた。

しかし、金がなく選挙資金に不足し、地盤もない無産勢力は、新たに選挙権を獲得した階層にねらいをつけつつ、宣伝を主体とする選挙戦をくりひろげる。日本大衆党の党員は全国でも三万四〇〇〇人ほどであったため、いわゆる浮動票の獲得が、当選への必須の条件であった。既成政党もこの点を重視したため、すでに一九二八年二月の選挙でもカラフルなポスターが氾濫したが、堺利彦は都市型の宣伝をもっぱらとする選挙戦を展開する。郵便物・講演会、そしてビラ・ポスター・立看板による選挙戦である。

選挙事務所は、牛込区肴町の南宋書院内におかれ、総務部長には初期の社会主義活動以来の同志である吉川守圀がつとめ、文書部長は近藤栄蔵、演説部長は服部浜次が就任した。情報部や庶務部もおかれ、事務は橋浦時雄、鈴木茂三郎、葉山嘉樹、岡田宗司、鶴田知也、川内唯彦ら、新旧の社会主義者が従事した(7)。

まず、堺利彦の主張を「政見の大要」(活版四ページ)でみよう。(ア)「市政の政党化防止に反対」、(イ)「普通選挙の不徹底」の指摘、(ウ)「無産市民と小市民との密接なる提携」を図る、(エ)汚職事件には調査をし、常に監視を怠らない、(オ)税制改革・整理の必要の指摘、(カ)「貧民階級への「応急の社会的施設」の要求を掲げている。

(イ)では、女性の参政権が必要であると述べるとともに、市長の公選や市会議員の発案権も要求した。（エ）では、公共料金の値下げに言及し、（オ）では、「貧者」の負担を軽減、減じた分は「富者」が担うべく、免税点の引きあげと累進高率課税の導入を訴える。地方団体が財源をうるために、地租・家屋税の市への委譲を唱え、義務教育費用の国庫負担も述べる。また、（カ）では具体的に、車税・授業料の廃止、学用品の無料貸与、市営の住宅・下宿・質屋・職業紹介所の新増設が必要であるとしている。さらに、無料（実費）診療所や産院・託児所の設置や家賃の値下げの必要も指摘する。

一見しただけでも、堺が民衆の実利と権利を具体的に追求しているさまがうかがえるが、スローガンでは一層端的に、「市長の公選！」「電灯・瓦斯・水道・電車賃の値下げ！」とともに「資本家に重税！」「無産市民に減税！」と主張している。

この時、「資本家」「無産市民」という分類、特に「無産市民」という概念を創出することは、堺が転換期の東京の構造をどのように認識していたかをよく示している。また、（ウ）で「小市民」という把握を行い、「無産市民」との「提携」を訴える点も同様である。これらの点については次節で分析することとし、ここでは堺の選挙活動を続けて紹介しておこう。

堺が選挙で撒布したビラは、推薦状・宣言ビラが三万六〇〇〇枚、演説会の予告ビラが六万五〇〇〇枚その他、新聞折込み・葉書などが二四万五〇〇〇枚である。既成政党の数量が不明のため比較はできないが、無産政党候補者としては、ほぼ平均的な枚数である（表1）。ビラによる活動に力を注いだことは、選挙費用中に印刷費の割合が高い点にうかがえる（表2）。いずれのビラも、ガリ版または活版であるが主張や予告を伝えるのみで意匠には注意をまったく払っていない。しか

表1　日本大衆党より立候補した者の選挙活動

氏名	区名	選挙費用（円）	演説会回数（回）	聴衆総数（人）	推薦状・宣言ビラ（枚）	演説会宣伝ビラ（枚）	その他の文書（枚）	得票数（票）
堺利彦	牛込	1,486.56	18	10,620	36,000	65,000	245,000	2,275
泉忠	浅草	649.67	20	6,000	20,000	70,000	20,000	692
細野三千雄	四谷	1,283.66	14	3,330	30,000	48,000	84,700	649
伊藤誠	本所	1,791.63	35	8,500	40,000	91,500	80,000	1,072
浅沼稲次郎	深川	1,164.46	24	11,000	50,000	84,000	300,000	1,198
浜田藤次郎	芝	不明	11	1,105	20,000	21,100		445

＊『本部情報』No.4（1929年）より作成。
＊他の資料と一部あわない個所もあるが、訂正していない。
＊堺以外は、みな落選した。

表2　堺利彦の選挙費用内訳（単位：円）

報酬	家屋費	広告	船車馬賃	通信費	印刷費	飲食費	筆墨紙代	その他	合計
211.70	285.05	135.09	93.40	213.56	313.96	89.15	65.15	79.50	1486.56

＊堺利彦の報告書による。
＊『本部情報』No.4（1929年）掲載のものとは、異なる個所が多い。

し、堺が訴えかける民衆、つまり地域に借家あるいは長屋住まいをする人々や、知識人階層には、きわめて有効な伝達方法にほかならなかった。

堺利彦を推薦するビラは何種類か存在するが、安部磯雄（社会民衆党）、水谷長三郎（労農大衆党）、浅原健三（日本大衆党）、加藤勘十（同）という無産政党のライバルが、「超党派的の立場から」堺への支持を表明したものが注目される。互に民衆そっちのけで争いあう無産政党の大立物が顔を揃えているのは壮観である（『早稲田学生新聞』一九二九年三月五日にも、同様の広告が掲げられた）。堺は市会議員選挙に際し、安部磯雄を訪れ、「立場は異ふがお互いに提携してやらう」（『都新聞』一九二九年一月）と述べており、このビラはいかにも堺が無産勢力中にしめる位置と役割を象徴している。

山川均・荒畑寒村・猪俣津南雄・青野季吉・鈴木茂三郎・大森義太郎ら労農グループ一一人によるビラは、堺の「志操と威力とを十分に信頼」し、堺が「明白儼然たる階級的立場を固執し」、「最も果敢に、最も有力に〔市会で〕闘争を展開し得る」人物であることを表明している。また、文芸戦線・労農芸術家聯盟は、「堺さんを落すな！」といい、前田河広一郎・金子洋文・葉山嘉樹・黒島伝治・小牧近江・里村欣三・平林たい子・細田民樹ら著名な小説家が名をつらねた。また早稲田大学校友会有志として、安部磯雄・猪俣津南雄・鈴木茂三郎・浅沼稲次郎・青野季吉・秋田雨雀・高野実が名をつらねた推薦状や、長谷川時雨のものなど、校友会や、牛込区内の著名人による推薦のビラもある。

選挙戦の終盤になり、「堺利彦選挙事務所」（吉川守圀）が、「有産派の諸候補」はそれぞれ堅い地盤をもち、人気こそあるものの「実際上では堺氏は非常な苦戦に陥つてゐます」と訴えたビラもある。選挙戦防衛同盟から、テロに注意を促したものなど、窮状を示すビラも存在している。

だが、堺の選挙戦で中軸となり、もっとも人びとに訴えかける点で効果があったのは演説会である。戸別訪問や電話での活動が禁止されていたため、他の候補者も演説会を重視するが、堺はもっとも効果的に利用した。健康に支障があり一八回と開催数こそ多くはないものの、一万六二〇名と多数の聴衆をあつめた（表3）。「社会主義の元老である丈けに既に人気は一切の候補を圧倒し」（『選挙ニュース』第三号、ガリ版、一九二九年三月一日、大原社会問題研究所所蔵）、日本大衆党本部へのペン書きの報告書（一九二九年三月九日、大原社会問題研究所所蔵）には、「聴衆は場外に溢れて、入れろ、入れろで警官と揉み合いがある」と記されている。

演説会では、堺が毎回登壇するほか、五二人（延二三〇人）の多彩な弁士が応援の演説を行なった。その顔ぶれは、娘の堺真柄（一三回）、小説家の葉山嘉樹（一〇回）をはじめ、小説家では、今野賢三（七回）、前田河広一郎（七回）、細田民樹（四回）、金子洋文（三回）、中西伊之助（一回）、黒島伝治（一回）らのほか、白柳秀湖（二回）、上司小剣（二回）も参加している。社会運動家では、浅原健三（三回）、加藤勘十（五回）、鈴木茂三郎（七回）、河野密（二回）、松谷与二郎（一回）、稲村順三（二回）、岡田宗司（一回）らのほか、安部磯雄（一回）、布施辰治（一回）、水谷長三郎（二回）ら党派の異なる人々も顔をみせた。猪俣津南雄（一回）、大森義太郎（一回）、向坂逸郎（六回）ら労農グループの学者も加わっている。さらに、市川房枝（三回）、山内とみ（一回）、橋浦ひろ子（三回）、河崎なつ（一回）、奥むめお（一回）、生田花世（一回）ら、それぞれ立場を異にする女性たちが演説を行なっている点も注目される（日本大衆党牛込支部準備会「選挙運動報告」ガリ版、九二九年）。

かれらは応援のみならず、社会主義の宣伝も行ない、臨席の警官から注意や中止を受けた。その数は、中止四九人・注意一〇回に及んでおり、堺の選挙活動が厳しくとりしまられたことを示している。だが、このことは堺の演説会が評判となり、人々が関心をもつことを防げなかった。高名な社会主義の元老の顔を間近に見ること、著名な人物の謦咳に接することとともに、「何事かおこる」ことは、堺の演説会に人々をおもむかせた要因のひとつであったろう。

聴衆が、社会主義の理論や堺の政見のみを求めているのでなかったことは、次のエピソードからよくうかがえる。すなわち、堺の娘である真柄が応援弁士にきた時、「妾は娘として父を推薦する

表3　堺利彦の演説会

回数	月日	場所	聴衆総数（人）	弁士数（人）	注意（回）	中止（人）	備考
1	2月26日	神楽坂倶楽部	170	9	−	−	満員
2	3月1日	城西仏教会館	400	9	2	1	〃「非常に感動を与へたり」
3	4日	緑雲寺	300	9	−	−	〃「聴衆静粛非常ナ感動ヲ与へたり」
4	5日	八千代クラブ	650	14	−	3	〃
5	6日	牛込公会堂	1,200	12	4	1	〃演説中に、前日刺殺された山本宣治にたいし黙禱している
6	7日	宗源寺	300	11	−	5	〃
7	8	早稲田小学校	850	17	−	5	
8	9日	牛込小学校	500	17	2	5	「聴衆にやゝ野次気分あり」
9	10日	江戸川小学校	1,250	14	1	6	満員「気勢頗る昇る」
10	11日	長延小学校	450	12	−	5	〃
11	〃	乃木山	300	11	−	2	
12	12日	鶴巻小学校	1,500	17	−	4	満員
13	13日	愛日小学校	800	10	−	−	〃
14	14日	余丁町小学校	350	15	−	4	荒畑寒村が検束されている
15	〃	牛込高等小学校	450	15	−	1	満員
16	15日	城西仏教会館	500	12	−	2	〃
17	〃	宗源寺	350	16	−	3	〃
18	〃	朝日装飾工芸社	300	10	1	2	〃
合計			10,620	230	10	49	

＊「選挙運動報告」（ガリ版、1929年）および毎回の「演説会調査票」より作成。
＊上記の資料に互に異なる個所があるが、そのときは前者によった。
＊注意・中止の−印は、「なし」を示す。

のでなく社会主義者としての堺を推薦します」といいつつ、「どうぞ、父のためによろしく」と述べたため、「聴衆が、又ヤンヤ、ヤンヤ」とわいたというのである（前掲、日本大衆党本部選挙部へのペン書きの報告書）。

演説会で堺はかれの持ち味である軽妙洒脱な語り口で、寓話を用いて人々に語りかけた。無産者・貧乏人が有産者・金持ちを選出することは、ちょうど鼠が猫に自らの処遇を依頼しているのと同じだと述べた「猫と鼠」はとくに好評であったという。「「ナール程、よくわかつた」と、小商人の諸君が、さゝ《ママ》きあつてゐ」（同上）た。堺の「政見の大要」で第一に掲げられていた「市政の政党化防止に反対」する主張もわかりやすく説かれる。市政の政党化防止とは、「資本家党の内輪喧嘩防止及び無産党の侵入防止を意味するに過ぎない」と。

さて、選挙戦を通じて堺が基調としていたことは、「富者」と「貧者」の対決の必要の強調である。堺は「市会を有産党と無産党の対立場とする事」、換言すれば「市会を富者と貧者、上流と下層の間に於ける利害の戦場とする事が大切」と訴える。そのため、選挙中に手段として「曝露」も行なった。

これは、地域の網の目、生業を通じての上下関係、情実に基づく人間関係のなかにからめとられ、囲い込まれている「貧者」たちにショックを与え、「覚醒」を促す方策である。また、すでに「覚醒」している人々を鼓舞し、昂揚させるいい方である。旧来の市政に不満をもち、その刷新を望む人々には期待を抱かせたであろう堺は二二七五票を獲得して、牛込区の最高点で東京市会議員に当選した。以下、高木謙（一八二六票・中立）、土倉宗明（一五五〇票・政友会）、溝口信（一四四七票・民政

東京市会議員選挙の最高位当選を喜ぶ堺利彦と長女真柄。1929年3月。故近藤千浪氏提供

党前)、大野伝吉(一三八〇票・民政党)の順であった。市議当選者に新人が七割以上を占めたこと、ほかに五人の無産政党市議が誕生したことは[8]、東京の「人心」が動いたことをうかがわせる。堺は、選挙事務所に「無産党万歳」「無産市民万歳」のはり出しをして自ら祝った。

だが、堺を支持した層が「俸給生活者の下級の部分」であり、「筋肉労働者の間に於て、堺さんの得票が却つて思わしくなかつた」という(近藤栄蔵「堺さんの得票」『無産市民』第二号、一九二九年七月一〇日)。逆説的ないい方であるが、これは堺が都市構造の転換期の状況をうまく把握し、そのもとで登場してきた人々の支持を受けたことを表わしている。その人々こそ、堺のいう「無産市民」にほかならない。

二　東京市会の無産市議として

（1）『無産市民』

堺利彦を始めとする六人の無産政党市議が誕生したことは市会開設以来のことであり、多くの関心を集め、反響を呼んだ。かれらの発言や行動はいちいち細かく報道され、「市政浄化」の旗手としての役割を自他ともに認識していた。かれらは東京市会無産議員団を結成、「明白に勤労無産市民の利害を代表し」、さまざまな団体・個人と協力しつつ、「有産階級の金力的支配と闘争」することを図る。市会の構成は、市民会[9]（民政党系三八人）・更新会（政友会系一六人）の二大会派と、二つの小会派――中立倶楽部（一六人）・中心会（六人）、および無所属（二人）と無産市議団（六人）である。

「浄化」をしたはずの市会であったが、二大会派の「反省」はみられず、さっそく正副議長の選出をめぐってもめる。市民会が内部調整に手間どり、市会の休憩がくり返されるため、島中雄三が時間の空費に対し抗議・発言する一幕もあった。無産市議団は議長に堺、副議長に馬島僩を推しそれぞれ六票ずつ得たが、二大会派を中核とする既成勢力の談合で、柳沢保恵（無所属六六票）、溝口信（市民会六六票）が選出された。市会開会初日に、これだけで八時間を費やしている。

翌日に行われた市参事会の選出も同様に混乱する。市民会・更新会が内輪もめをし、市会の開会が遅れたため、あきれた堺が時間励行の議案を提出した。市参事会には市民会（六人）、更新会（二人）、中心会（一人）のほか、無産市議団から島中雄三が加わった。無所属の本多市郎の一票を獲得しえたためで、「市政浄化」をめざす本多は、この後も無産市議団と行動をともにする。ここで得た手当で無産議員団参事会書記を雇うことができ、無産派の活動の連絡と事務が円滑になった。

こうして市会内で、堺ら無産市議は共同歩調をとりつつ、既成勢力＝「富者」との「闘争」を積極的に開始した。不明朗な「従来の慣例」「不公明な遣口」を批判、一切を「公明正大」にせよと主張することがその第一歩であった。「浄化」を手続きの点からはじめ、議論を公開し、公表することにより培っていこうとするのである。

市長の選出をめぐって、「慣例」の市長銓衡委員会の設置ではなく、堺が本会議会場で議論をし、そこで決着をつけるように主張するのはこの点に基づくものである。「市会の本会議は、ホンの形式だけの物になりつゝある。市会の事は殆ど総て本会議以外の小会議、或は少数個人で取扱はれて居る」現状を憂い批判する。これは「少数者支配がいよいよ強く実現される」ことにほかならないのであるから（「東京市会日記」『無産市民』第三号、一九二九年八月一〇日）。

市長問題は結局、馬島僩をふくむ市長銓衡委員会が設けられ、井上準之助、堀切善次郎、新渡戸稲造、永田秀次郎らが候補者として取り沙汰される。堺らは、市長公選を主張しつつ、市会が市長を選出する現行法規のうえではという留保をつけたうえで、安部磯雄を推す。堺は「私は安部君が人格者たるが故にでなく、社会主義者たるが故に彼を推薦する」という（「党首、天道、号、面影等」『朝日新聞』一九二九年四月五日）。

市長選出をめぐっては、虚々実々のかけ引きが水面下で展開し、錯雑した動きが行なわれた。とくに二大会派の動きは外部からではうかがえない不透明なものであったが、結局、堀切善次郎が推され選出されることとなった。無産市議団はこの段階で、市長候補者は市政に関する意見を公表すべきであるという態度から、堀切に面会を申し込む。堀切が拒否したため、無産市議団は選挙延期の動議を出すが、一部呼応する動きがあり「一時は市長選挙は遂に延期の外なきかともみえた」(『東京日日新聞』一九二九年四月二四日)。こうした「波乱」を最後まではらみつつ、堀切善次郎が市長に選出された。安部磯雄は六票であった。

無産市議団の参画により、東京市会は旧来の不明朗な体質を基調としつつも、それに揺さぶりをかけられた。島中雄三が市参事会で工事請負の指名入札に反対し(この時は議場が混乱している)、馬島僩・和田操が市営住宅・ガス増資について市会で質問した。また堺も機密費について質問するなど、無産市議団でなければ立入らない領域に向っていった。

市会内の様子が外側に伝えられ論議の対象とされたことが、無産市議団のもたらした、いま一つの成果であるが、堺は独自に「小いさな通信機関」を発行、より自覚的にその方向をおしすすめた。誌名は『無産市民』、一九二九年六月一〇日に創刊され、月刊で第一〇号(一九三〇年七月一日)まで続くが「市会議員としての、堺の報告書」を標榜していた。

これは、いく度もミニコミ誌を発行して同志のネットワークをつくり、相互の交流と支持者の拡大を図る堺のもっとも得意とする方法である。『無産市民』は一部三銭といく分、高価であるが、今村力三郎・沖野岩三郎らかつての同志のほか、吉野作造・柳田国男の関心もひき、牛込区、麹町区やその周辺の四谷・芝・赤坂・麻布区を中心としつつ、大阪・神戸・東北や九州にまで読者がいた。中野町会員有志一同、自由自働自治会と団体読者が存在することも、この小誌の特徴といえる。『無産市民』誌上で、堺は市会の状況を伝え、問題点を指摘、市会における自らの活動を逐一報告し、「東京市会日記」を毎号掲載した。とともに、堺は「同志なり、友人なり、選挙人諸君なり、同情者諸君なりが、あらゆる方法手段を以て、私に教へ、私を助け、私を励まして呉れなくては駄目です。ツマリ、諸君が私を使って、出来るだけ多く私を役に立たせて呉れなくては駄目です」(『無産市民』第一号)と、市会外での「後援」の体制の必要を強調する。市会内の無産市議と、市会外のこの人々(「無産市民」)が手を携え、「富者」と「対決」し、市会の浄化と改革を行ないうると堺は主張した。

さて、誌名の『無産市民』には、堺が訴えかけ働きかけていく階層が、ずばりと表現されている。堺は「自分の労働、或は勤労に依つて、日々の生活を営むものは、皆な無産者の部類に属」すというが、その人々に「労働者」「小作百姓」とともに「俸給生活者(或は月給取)」をあげる。むろん、「大月給取」は、「有産者の仲間であり、相棒であり、同類である」と堺は注釈をつけ、「大月給取」は除外する。そして改めて、「無産市民」を定義して「無産市民とは、都会の居住者たる市民の中、労働者、雇はれ人、小月給取などを指す」とする。堺はかつて、「平民」という概念で自らの依拠する人々を把握していた。「平民」とは、「大多数」の人々を考察するとき、一九〇〇年代に都市に居住していた職工や都市雑業層を中心とする人々を念頭においた表現=概念である。しかし都市化の進展にともない、都市構造が変化し「市民の大多数」の現象が変化した時、堺はあらたに「無産市民」という把握を行なう。

ここでは、都市構造の転換期に階層として登場してきた「俸給生活者」を加えての表現である点が注目される。たしかにかれらは、「腰弁党」「洋服細民」と呼ばれ、生活が楽ではない人びとが大多数を占めていた。しかし、無産勢力がこぞって「プロレタリアート」の固有の立場を強調する時、あえて堺は「俸給生活者」を自らの陣営としたのである。これは、堺がイデオロギーや党派の戦略にとらわれず、現状を冷静に分析していることをうかがわせる。

この点は、堺が同時に主張する「無産市民と小市民の密接なる提携結合」の提唱を考察する時、一層明瞭になる。「小市民」とは「自前の小工業者」「小商人」「中くらいの月給取」であり、独立の営業をいとなみ「万皿の貧乏人」「万皿の無産者」ではない人々である。「云はば貧富の中間、有産無産の継目に位して居る」この階層と、「無産市民」とが結合することにより「弱い者の強さが現はれて来る」と堺は述べる。「小市民」＝「プチ・ブルジョア」という言葉が悪罵としてのみ語られていた当時の無産勢力にむかって、「小市民」との連携を訴えることは、まことに大胆な提言であった。

しかし、一九二〇年代末の転換期の都市において、「小市民」と「無産市民」は同根の要因に基づく生活難という共通の課題を抱えこんでいた。次節に触れる東京ガス料金値下げ運動はそれをよくあらわすもので、両者が同じ問題をめぐって運動に立ちあがっている。堺はこうした状況をみてとり、テーゼ化したのである。一見すれば無産勢力の「理論」を逸脱するようにみえつつ、実際には現実の変化した部分の根幹を把握し、もっとも適切な主張を堺は展開していた（以上『無産市民』第一号による）。

堺がこの主張を『無産市民』というミニコミ誌で展開したことは「俸給生活者」や、堺が基盤にしていたもう一つの階層である知識人のように、地域でネットワークをもたない人々に相応したものである点も指摘しておきたい。もちろん、堺の活動のスタイルの柱として、ミニコミ誌発行は長年の蓄積をすでにもつが、マスメディアが登場し情報が一元化するなか、そのことに不信と不満をもつ「俸給生活者」・知識人には歓迎される伝達手段であった。声高に、一つの理論に基づく主張をくり返し語るのでなく、事実に重きをおき、それを通じて自らの主張を行なう記事のスタイルも、かれらの心性にそぐうものであったといえる。

（2） 無産運動・住民運動・市民運動

市会議員としての活動のみならず、堺利彦はさかんに社会運動へも参画、無産運動へますます肩入れをし、都市住民運動に着目した。

一九二九年一一月、東京市内の区会、町会議員選挙の際、堺は日本大衆党より立候補した無産勢力の候補者を支援する。たとえば女婿である高瀬清（麴町区）に対して、かれを「無産市民と小市民を代表する区会議員として蓋し最も適当な人物」（ビラ、活版、大原社会問題研究所所蔵）と推薦するかたわら、応援演説会に三回出席した。四谷区より立候補した佐藤三郎にも推薦の辞を述べている。このほか、堺が推薦者の一人として名をつらねた候補者は、田尻十之助（亀戸町）、佐藤進造（南千住町）、渡辺喜一（砂町）、望月昭雄（蒲田町）、平賀亮治（荏原町）ら多数にのぼる。

堺が信頼され、人望があり、一般にも名前を知られていたことを示しているが、日本大衆党という無産政党・無産勢力にかかわる「場」を通じての活動であった。この時期の堺の活動は同時に、互いに対立する無産政党の状態を憂い、その合同を実現させようとする点に精力が注がれ、大きなウエイトを占める。また、日本大衆党が、旧日本労農党派と旧無産大衆党派との対立により内紛がおこった時、堺は「分裂防止は大衆の要望」であり、かかる事態は「誠に憎むべき」ことと訴え（『朝日新聞』一九二九年五月二三日、「鉄箒」欄）、党の内外に働きかける。[10]

無産運動への関与として、東京市電の従業員の運動への支援も挙げられる。一九二九年八月に給与規定の改定をめぐって争議がおこった時、堺は無産市議団（島中・阿部・馬島）の一員として調停のため市電気局を訪れた。また、同年年末・翌年四月の市電従業員の罷業の際には、無産政党を介してこれを支援した。

しかし、この時期に堺が中心的に取り組んだのは、当時の東京で最大の社会運動となった東京ガス料金値下げ運動である。都市化の進展とともにガスが各家庭に普及していたこと、大口のガス利用者としての中小商工業者がガス料金にたえず関心を持っていたことが、この大規模な運動の背後にあり、一九二〇年代末の転換期の都市構造に要因を持つ運動であった。

発端は、一九二九年四月六日、無産市議団がガス料金値下げ、メートル使用料撤廃の建議案を東京市会に上程することを表明したことにある。物価下落の折からガス料金値下げは当然である。会社は利用者に還元すべき利益を株主にのみ振り向けようとしているとの理由であるが、堺は「結局は敗戦するとしても我々の暴露戦術は甚だしい不当を引止めることが出来るでせう」（『東京日日新聞』同年四月六日）と述べた。

無産市議団の建議案は、一〇日の市会で決議され、市長は東京ガス会社に値下げを要求した。だが、この要求を会社は無視したため、市会外で無産勢力が動き始める。社会民衆党による瓦斯料金値下期成同盟、日本大衆党による瓦斯値下要求同盟はその中心的組織になり、このとき堺は「差し当り、会社の不当を市会に訴へ延いては市民大会まで開き市民の利益擁護を第一に解決したい」（『東京日日新聞』四月二〇日）と述べていた。

女性団体の活動も活発で、婦人市政研究会・婦選獲得同盟・婦人参政同盟・社会民衆婦人同盟のそれぞれ主張を異にする団体が共闘して運動に取り組んだ。中軸になったのは婦選獲得同盟であるが、女性団体の参加がこの運動を活況づけたといっても過言ではない[11]。五月上旬には会社が値下問題の論点をそらそうと増資の申請を行なうが、運動はかえって活発となり、六月に入ると連日のように無産勢力と女性団体による演説会が開かれた。

ガス会社の運営に大きな権限をもつ東京市会内部では、市会外の動きに呼応するため無産市議団（堺・島中）や本多市郎・糟谷磯平らが市会内に値下実行委員会の設置を建議するが、総じて動きはにぶかった。だが、中立倶楽部・中心会など小会派は市会が「前線」に立つべきことを主張し、特別委員会の設置を要求し、これに反対する市民会との間に確執が現われる。ここには各区会・区議の活動が盛んになってきたことがその理由としてあげられる。かれらの動きの背後には、地域住民＝中小商工業者の運動があった。もっとも、堺は、特別委員会など少数の委員が市会全体を動かすことに批判的で積極的に賛成せず、「何処までも只だ独自の立場を守」っていた（『無産市民』第三号）。

結局、六月一五日から一七日にかけて各派聯合会の主宰による演説会が開かれ、一九日には市会でガス会社の増資を満場一致で否決した。さらに、無産市議団の和田と馬島も含んだガス問題に関する調査委員会が、設置されることとなった。市会外での運動の圧力と、それを内部に伝えた無産市議団の役割を見逃せないものの、基調は旧来の都市住民運動の延長上にあるといえる[12]。小会派のメンバーで活躍する市議は、区議とパイプをもち、中小商工業者の利益を代表し、これまでたびたび都市住民運動に参画していた人々であった。したがって、一九二九年に東京で開催された東京ガス料金値下げ運動は、旧来の都市住民運動の要素に、無産勢力、女性団体が加わる形態で行なわれた。これは、この時期の都市構造が中小商工業者(旧中間層)とともに、無産者や新中間層に共通の課題を提出したため展開された運動ではあった[13]。

都市構造に由来する、特徴的な社会運動に市会の内外から堺が発言・参加したことは、かれの情況観察の確かさを示すが、それ以上に、堺の本領はこのなかから新たな形態の運動を創出したことに求められる。堺は運動の展開する中で、この運動を「消費者運動」と規定し、戦術としてガスの「不買か不払か」という方策をうち出した。「東京市民と瓦斯会社とは、今ま明かに敵味方となった」としつつ、「但し滅多なことをしてはイケナイ。我々は何処までも合法的にやらう」(『無産市民』第二号、一九二九年七月一〇日)という態度から導き出されたものである。

「無産市民」の中の「労働者」と「小月給取」は、生活態度・生活状態、利害の様相がおおきく異なり、互に対立する側面をもつ。「無産市民」と「小市民」においてその相違と対立の度合いは一層拡大する。しかし、「消費」という観点を導入すれば、これら相互の対立は解消せずとも、極小なものとなり、逆に利害の共通する側面が浮びあがってくる。すでに消費組合運動や、湯銭や電車賃値下げ要求運動など物価をめぐる運動が展開されていたものの、「生産」の場における関係が依然として基軸となっていた時、意識的に「消費」を追求することは、「階級利益」から逸脱することと考えられやすい。しかし、あえて「消費」を前面に掲げ、より多くの人々に共通し、参加し得る「場」を設定したことは、社会運動に新たな地平を切り拓く試みであった。

同時に、「小月給取」や「小市民」であれば、「階級意識」に「覚醒」した「労働者」(「プロレタリアート」)と違い、非合法な行動や過激な行為には及ばない。日常意識の延長での運動への参加がもっぱらであったが、堺はこの点も認識し、「合法的」に運動を行なうことを強調している。

こうした「消費」の場における「合法的」な運動の意図的な展開は、六月二七日に「瓦斯料金供託同盟」という組織へと結晶していった。無産市議団と婦選獲得同盟を中心に、婦人参政同盟・社会民衆婦人同盟・瓦斯料金値下期成同盟・瓦斯料金値下要求同盟が参加し、代表には吉野作造が就任した。無産市議七人と市川房枝(婦選獲得同盟)が役員(会計監督)を行ない、事務所は無産市議団の事務所内におかれた。

供託同盟は、会社の料金請求額から値下げ要求額(二割)と、メートル使用料を差し引き、残額を裁判所に供託する、「総て合法的に、そしていつまでも根気よく、会社の横暴と戦はうとする活動団体」(「供託同盟案内」)である。街頭でビラを一〇万枚まき宣伝する一方、堺をはじめ五人の同盟員が実際に六月分のガス料金を供託した。以後、同盟員の数は次第に増え、四一人におよび、供託者の数も三〇人を越えた。ガス会社は供託運動や供託者に対し、あくまで使用料を払うように要求し、応じない場合には非常手段に訴え、ガスの供給を差し止めると脅した。堺は、供託行為は「何等違法にあらずして」、会社の供給停止こそが「違法」と断じ（掲載紙不明、七月一四日）、供給停止という行為に及べば「吾々の戦術は成功したもので、市民は黙つてはゐまい」（『東京日日新聞』七月九日）と述べた。

しかし、七月二〇日、ガス会社の工夫が金子しげり（婦選獲得同盟）宅へおしかけ、供給をとめ、八月二日深夜に、島中雄三宅のガス管を切断した。さらに八月一〇日には堺宅へ来たが、このときは娘の真柄が二階から工夫にホースで水をあびせかけ、堺は道路に「大」の字になって寝そべり、工事を阻止した。一週間後には、深夜、杉並・高円寺・野方方面の同盟員宅でガス管が切断され、橋浦時雄が工夫ともみあった際に負傷するという騒ぎになっている。ガス供給が停止された人数はあわせて三三人にのぼった。

会社の行為に対し、同盟はただちに会社を告訴し、さらに瓦斯供給不法停止防禦団も組織される。防禦団は、日本大衆党四谷・牛込支部が提携し組織したもので、「極力合法手段による対抗」を主張しつつも、「敵の非合法手段に対抗すべき相当の実力的防禦策を講ずることを決意した」（ビラ、ガリ版、一九二九年八月、大原社会問題研究所所蔵）と述べる。堺は、「市民諸君のためガスは日常生活に重要なことであるから断然と戦ふ」（『中央新聞』八月一七日）と依然として「対決」の姿勢をくずさない。しかし、この局面では、「小月給取」「小市民」は、「非合法手段」の実施や運動にさきうる時間の「余裕」がないなどの理由から離反し、「信念」をもち運動に専心する人々が残るのみとなってしまう。そしてその結果、供託同盟はうち切られる。「瓦斯がトメられた為、種々の不便に堪へられない人びとがあつた」ことは堺は率直に認め、「我々は確に敗北した」と苦渋にみちた声で述べた（『無産市民』第六号、一九三〇年一月一日）。

堺がこのガス料金値下げ運動にかけた情熱は並々ならないもので、多くの新聞から丹念に関連記事を切りぬき（スクラップブック二冊分）、それをもとに、『無産市民』誌上で毎号、事態の解説と行動の提起をおこなった。また、多数の覚え書きを記したノートも残されている。[14]「牛込区々議員の演説会」と記されたページには、その会での演説と草稿と覚しきものが記され、『無産市民』の宣伝を行なった様子がうかがえる。またここには「注意〈我々不合法運動ではない　市民大衆―合法的にやる」「払はない――不合法」「払へない――不合法でも何でもナイ」とも記されている。このほか「一、社民との交渉 社民の期成同盟とのレンラク 当方は要求同盟」など多くの走り書きがあり、堺の思考と活動の一端がうかがえる。

最後に、運動のさなか公表された興味深い一文を紹介しておこう。『無産市民』第四号（一九二九年九月一〇日）に掲げられた「瓦斯料金滞納大流行」で、供託運動に共鳴しつつ、ガス停止は困るし、それに抗議する「暇」をもたない人々が、運動自体は「専門の運動者」にまかせ、自らは「自然の滞納で、何となく、間接に、その手伝ひ」をしていると述べている。また「只何となく瓦斯料の支払に厭気を生じた人、それを馬鹿くさく思ふ人」「一種の茶目気、イタズラ気を感じる人」が滞納をしているため、ガス料金の滞納が「大流行」であるという。

ここには当時の運動従事者が持ちがちな悲壮感や指導者意識、あるいは声高なものいいは、まったくみられない。現実に柔軟に観察し、肩の力を抜きユーモアをまじえて述べるこの一文が、「小月給取」「小市民」の心性に訴える力は大きかったであろう。こうした点にも、堺の情況をみる眼がうかがえる。この後、それを「瓦斯料金滞納同盟」へと組織しようとする時、滞納の「暗黙の流行」という自由さが失われ束縛へと転化し、それが持っていた意義がなくなってしまうのではあるが。(15)

さて、ガス料金値下げ運動はこの後、舞台が市会内に限定されつつ、一九三一年一月まで続く。市会内の会派による調整という側面をもつ運動の段階では、堺らの指導力は薄れてしまう。そして堺には、無産政党の合同問題に全力を注がなければならない時期がやってくる。

おわりに

一九二九年三月の東京市会議員選挙への立候補と、無産市議としての市会内外での活動は、長年の活動歴をもつ堺利彦の生涯に、単なる晩年のエピソードにとどまらない比重を占める。また、東京市の政治や社会運動においても、オールド・ソシアリストの時代おくれの運動ではなく、新鮮な意味をもつ役割をはたした。

堺利彦は、硬直した理論や党派の利益によらず、現実から問題を引き出したため、かれの活動は一九二〇年代末の東京の都市構造の転換を体現する都市史上の一齣ともなったといいうるのである。

付記　本稿の作成に関して、法政大学大原社会問題研究所が所蔵する資料を多く利用させて頂いた。厚くお礼申しあげる。また、向坂逸郎氏の旧蔵資料にも多く拠っている。特に所蔵を明記していないものは、新聞をふくめてこの資料によるものである。利用を快く許して下さった向坂ユキ氏、向坂家を御紹介下さったのみならず、数々の厚情をたまわった竹田行之氏に、心より厚くお礼申しあげる。

【註】

(1) これらの点についてはいずれも実証しなければならないが、とりあえず東京都立大学都市研究センター編『東京 成長と計画 一八六八―一九八八』(東京都、一九八八年)所収のシンポジウム「大東京の成立へ向けて」における私の報告を参照されたい。

(2) 荒畑寒村「巻末に記す」(『堺利彦全集 第六巻』、中央公論社、一九三三年)。

(3) 堺の得票は二五票。落選している。

(4) このとき、菊池は落選している。無産政党の当選者は東京では安部磯雄のみとふるわなかった。

(5) 以上、報告書による。「第一回市会対策委員会報告」(日付なし、ガリ版、大原社会問題研究所所蔵)では、牛込区は「審議未了」とされている。激論があったことがうかがえる。

(6) 無産政党も、もちろん地域での活動を日常的に行なっていた。この点については、荒川章二「無産政党の地方政策、地方闘争」(鹿野政直・由井正臣編『近代日本の統合と抵抗 第四巻』日本評論社、一九八二年)が詳しい紹介をおこなっている。

(7) 同時に、日本大衆党牛込支部創立準備会もつくられる。準備会内には選挙対策委員会がおかれた。準備の役員は委員長が鈴木茂三郎、委員は吉川守圀、橋浦時雄、近藤栄蔵ら一一人。

(8) 他の無産派の市議当選者は、島中雄三(小石川区)、馬島僩(本所区)、和久利幾之助(麻布区)、和田操(芝区)、阿部温知(京橋区)である。このうち島中は市内最高点、馬島は区内最高点であった。

いずれも社会民衆党所属。

（9）市民会は、三木武吉につく三木派と、反三木派に分裂した。反三木派の八人は民政倶楽部を結成する。

（10）一九二〇年代後半からの堺の行動を貫く無産勢力の合同のための努力については、その指摘にとどめ、本稿ではこれ以上立ちいらないことにする。

（11）阿部恒久・成田龍一「婦人運動の展開」（鹿野政直・由井正臣編『近代日本の統合と抵抗 第三巻』日本評論社、一九八二年）を参照されたい。

（12）都市住民運動の概要については、成田龍一「大正デモクラシー期の都市住民運動」（『地方史研究』一六七号、一九八〇年）を参照されたい。

（13）東京ガス料金値下げ運動については、前掲「婦人運動の展開」でその一局面を論じたが、「大正デモクラシー期」の民衆運動の転回点を示す運動である。再論を準備中であるので、運動の全体や、細かな推移など詳しくはそちらで論ずることにしたい。

（14）向坂逸郎氏旧蔵。竹田行之氏の御紹介と、向坂ユキ氏の多大な御厚情により、私はこれらの資料を閲覧する機会を得た。同資料は現在、大原社会問題研究所に移管されている。

（15）さきに紹介した堺のノート中に、「瓦斯料金延納同盟の檄」とメモされ、「延納運動を大衆化せよ」と書かれた個所がある。「一　問題は片付いたか（否）」「延納の大衆化（巧妙延納策）―（延納同盟）―（社民、大衆両党の総意）」などの項目がある。

後ろ書き

初出は、東京都立大学都市研究センター編『東京 成長と計画 一八六八—一九八八』（東京都、一九八八年）として刊行された共同研究の報告書に収められた。東京都立大学の都市研究センター（当時）では、現状分析とともに都市史のプロジェクトも活動しており、石塚裕道さんと石田頼房さんを中心とし、文系と理系の共同作業による都市史研究がなされていた。ここでは「都市史・都市計画史」がキーワードとされ、政治学、経済学、財政学、建築学、都市計画学、社会学、あるいは歴史学などの〈学〉を持ち寄っての共同研究となっていた。

私は、『加藤時次郎』（不二出版、一九八三年）で初期社会主義者の都市意識と都市事業の考察をおこなって以来、都市史上の社会主義者の活動については関心をもってきた。加藤は一九一〇—二〇年代を中心に活躍し、とくに疾病を中心に食、住、法や娯楽の領域から「問題」を解決しようと、実費診療所（のち平民病院）や平民食堂を設立し、社会政策実行団を営んだ。「都市事業」の領域に専念する傾向の強かった加藤に対し、堺利彦は、選挙、市会活動、市民運動と、おりからの都市空間の構造と文化に対応する接点で運動展開しており、空間の均一化に亀裂を入れ、あらたな主体を立ち上げようとする試みをおこなっていった。

本稿は、政治文化の領域に踏み込み、東京の政治空間における社会主義の政治文化を追った論稿ということができよう。一九九〇年前後の冷戦体制崩壊以降、社会主義への関心が薄くなり、社会主義のもつ可能性の探求も途切れがちとなっている。しかし、社会主義が都市空間のなかの政治文化として存在し、社会主義者にとつて都市空間が活動の拠点となり、都市史上に大きな足跡を残したことは疑いようがない。さらに検討を進めたいと思う。

（『近代都市空間の文化経験』岩波書店、二〇〇三年　への収録にあたって付した文章である）。

第一四章　堺利彦農民労働学校——校舎建設運動を中心に

小正路　淑泰

はじめに

荻野富士夫は「堺利彦総監督、山川均監督、寒村コーチ兼選手」（渡部徹）と例えられた大正期の社会主義陣営の構図を修正して、「堺は名誉職・顧問格的な「総監督」におさまりきったわけではない。平民社以来、転向も挫折もなく第一線で活躍してきたが故の「総監督」就任ではあったが、同時にその死まで第一線の現役選手であり続けた」と指摘している。[1]昭和期に入り、最晩年の堺利彦がまさに「その死まで第一線の現役選手」として死力を尽くしたのが、無産政党の合同促進（本書第一二章）、東京市議選出馬・市会活動・市民運動（本書第一三章）、そして、一九三一年二月一一日、郷里福岡県京都郡地方に開校した堺利彦農民労働学校であった。

同校開校時には、落合久生[2]（「労農」派地方同人）、蓑干万太郎[3]（全国大衆党京築支部長）、高橋信夫[4]

（キリスト教的人道主義の同人誌『村の我等』主宰者）、宮原敏勝[5]（無産大衆党に参画した自由労働者）など全国大衆党――全国労農大衆党京築支部に所属する在地農村青年が運営を担い、堺利彦、葉山嘉樹[6]（「文芸戦線」派プロレタリア作家）、鶴田知也[7]（同右・「コシャマイン記」で第三回芥川賞受賞）、田原春次[8]（ジャーナリスト・水平運動指導者）ら京都郡出身の在京知識人と浅原健三[9]（第一回男子普選で当選した無産派代議士）、古市春彦[10]（元西南学院高等部教授で浅原のブレイン）など福岡県の地方無産政党・九州民憲党系が全面的に支援した（表1参照）。

堺利彦は四〇〇字原稿用紙六枚程の短文「故郷のあこがれ」（『中央公論』一九三一年三月）に「校長」という立場で郷里に迎えられる喜びを凝縮させている。（カッコ内原文）

然るに今、明日の朝を以て、私は実に、この故郷に迎へられるのである。生まれて初めての『校長』といふ身分を以て、この故郷に『錦を飾る』のである。私の『錦』は、可なりに毛の抜けた背広と、くの字なりのズボンとに過ぎないが、それでも私の胸中には、やはり多少の誇りらしい子供心が浮かぶのです。

況んやこの学校の主事として、最も善く最初から働いてくれた豊津の落合久生君、同じく最初から最も多くの世話をしてくれた行橋生れの（今や大衆党本部員たる）講師の一人田原春次君、同じく講師の一人たる（『文芸戦線』の有名なる劇作家）鶴田知也君等が、皆同じく、数十年或は十数年を隔てた、私の（この豊津中学の）同窓生たるに於いてをや。――猶この豊津中学の同窓生の中には、葉山嘉樹君、川内唯彦君等の如き、尊敬すべき多くの同志があるに於いてを

表１　堺利彦農民労働学校の開催状況

名称	開催年月日、会場、参加者数 講義名（講師名）　※備考
第１期 堺利彦農民労働学校	1931 年２月 11 日～ 25 日、福岡県京都郡行橋町蓑干万太郎宅、参加者約 800 名 社会主義思想史（堺利彦）、農村経済学（古市春彦）、農民運動史（行政長蔵）、財政学（岡田宗司）、社会運動史（田原春次）、婦人問題（堺真柄）、プロレタリア文学論（鶴田知也）、唯物史観（落合久生）
第２期 堺利彦農民労働学校	1931 年８月 25 日～ 31 日、福岡県京都郡行橋町蓑干万太郎宅、参加者約 200 名 日本歴史の話、唯物史観要領、日本社会運動史（以上堺利彦）、マルクス政治学（平野学）、続マルクス政治学（田原春次）、プロレタリア文学論（鶴田知也）、闘士列伝（落合久生）、自然科学の話（高橋信夫） ※ 1931 年 10 月 10 日校舎建設起工（豊津） ※同年 11 月 25 日農民学校の夕（東京）
堺利彦農民労働学校大会	1931 年８月 31 日、福岡県京都郡行橋町都座劇場、参加者約 600 名 演題不詳（落合久生）、太平洋をめぐる第二世界戦争（田原春次）、日本歴史の最後の大変革（堺利彦）、戦なき所に勝利なし（浅原健三）など
堺利彦農民労働学校移動講座（第３期）	1932 年 10 月 18 日～ 19 日、福岡県京都郡行橋町新地区公会堂、参加者 88 名 全農闘争史（杉山元治郎）、小作争議戦術（稲村隆一）、ファシズム批判（田原春次）、堺先生の思い出（浅原健三）、北九州農民運動史（林英俊）、社会主義概論（落合久生）
堺利彦社会葬	1933 年１月 27 日、福岡県京都郡豊津村堺利彦農民労働学校、参加者約 100 名 司祭の辞（落合久生）、弔辞（浅原健三）、堺利彦病状経過報告（田原春次）、学校経過報告（蓑干万太郎）、決別の辞（副地英吉豊津村長）、各無産団体からの弔辞など
第４期 堺利彦農民労働学校	1933 年８月 20 日～ 22 日（開催中止・延期） ファッショ批判論（浅原健三）、市町村財政学（古市春彦）、実用経済学（田原春次）、プロ政治学（落合久生）、無産者法律学（森田春市）、農民組合組織教程（前川正一）、水平運動史（松本治一郎） ※ 1933 年８月松本治一郎を講師に招聘し高松事件真相報告会（行橋）
第５期 堺利彦農民労働学校	1933 年９月 22 日～ 23 日、福岡県京都郡豊津村堺利彦農民労働学校、参加者 24 名 プロレタリア政治学（落合久生）、小作争議戦術（佐保高）、農村経済学、金銭債務調停法、小作調停法（以上田原春次）、ファッショの研究（浅原健三）
大陸植民講座	1934 年５月１日、福岡県小倉市、参加者８名、内容不明 ※ 1934 年１月 23 日堺利彦農民労働学校主事・落合久生転向声明発表 ※同年７月 16 日田原春次が九州植民学校創立構想発表
九州農民学校	1938 年５月 16 日～ 19 日、福岡県京都郡行橋町豊前農民会館、参加者 55 名 二宮尊徳論、最近の国内状勢（以上田原春次）、農地調整法解説、米穀検査改正運動（以上前川正一）、町村財政の解剖（織本侃）

出典：小正路淑泰「部落解放と社会主義―田原春次を中心に―」熊野直樹・星乃治彦編『社会主義の世紀―解放の「夢」にツカれた人たち―』法律文化社、2004 年。

堺利彦農民労働学校大会の記念写真。中列左から蓑干万太郎、浅原健三、堺利彦、落合久生、高橋鬲太郎。福岡県京都郡行橋町都座劇場にて。1931年8月31日。みやこ町歴史民俗博物館所蔵

> や。――そしてこれらの諸君の力に依つて、現にこの地方に大衆党支部が組織され、従つて又、現にこの農民労働学校まで設立されて居るに於いてをや。
> 　猶一つ、私の娘なる堺真柄（廿九歳）が、同じくこの学校の講師の一人として、迎へられ、この度、初めて『父の故郷』に接するの光栄を有して居るに於いてをや。豊前、豊津、行橋、万歳!!

福岡県京都郡行橋町大橋八〇三番地（現行橋市）、蓑干万太郎の自宅兼精米所二階六畳三間を仮校舎に開校した第一期堺利彦農民労働学校は、延べ人数で約八〇〇〇名の参加者があり、門司、小倉、行橋、豊津での有料演説会に約五〇〇〇名の大衆動員を成功させた。開校に際しては、国内外から

二〇〇件以上の問い合わせが殺到するという大きな社会的反響を巻き起こした。(11)

本稿では、第一期堺利彦農民労働学校の成功を契機に開始された校舎建設運動を中心として、満州事変期における堺利彦の動向とその思想圏内にあった無名の地方民衆の抵抗と挫折の軌跡を追跡したい。

一　校舎建設運動の胎動——堺利彦最後の闘い

（1）　校舎建設運動の開始

堺利彦農民労働学校の設置者である全国大衆党—全国労農大衆党京築支部は、短期講習会方式から常設的な学校運営を目指して校舎建設運動を開始した。結論を先取りすれば、図書館三坪、教室（講堂）一五坪、総建坪二三坪の木造校舎は、現在、堺利彦記念碑が建つ福岡県京都郡みやこ町豊津五二番地付近に一九三一年一〇月一〇日起工、同年一二月一日棟上、一九三三年八月落成している。


建設用地の確保は、校舎建設に対する反対運動もあって難航したが、豊津出身の福田新生（『文芸戦線』の表紙等を描いたプロレタリア美術家）が所有していた「二銭か三銭ほどの税金を払っている竹やぶ」(12)が無償で提供された。この用地提供は、福田新生の実父で、元豊津村長の高橋㢶太郎（作家以前の葉山嘉樹に影響を与えたクリスチャン）の決断によるものであった。(13)

校舎建設運動に関する重要史料が、リーフレット『堺利彦農民労働学校校舎建築に就いて』である。現物は、みやこ町歴史民俗博物館と法政大学大原社会問題研究所が所蔵している。後者には「大衆党本部6．6．1」の受付印が押印されており、また、荒畑寒村が堺利彦の妻為子に宛てた一九三一年六月一一日付書簡に「本日御送附の学校趣意書拝見、キフ金は序での折に持参いたします」[14]と書いていることから、このリーフレットは一九三一年六月上旬に各方面へ配布されたものであった。

『堺利彦農民労働学校校舎建築に就いて』では、学校の設立趣旨を「異常な白色テロルの十字火の中にある九州地方殊に北九州の工場地帯と炭坑地方との重要な場所に、運動の新しい確固たる足場と理論的道場を築くことであり、今一つ、我等の先駆者たる堺利彦氏の永き闘争を、その生れ故郷の地に於いて真に階級的に記念せんが為めのものであります。」と説明した上で、校舎建設費用として一五〇〇円の予算を計上し、一口一円の資金カンパを訴えている。

発起人として二七名がイロハ順に列記され、大原社研所蔵分には手書きで行政長蔵が追加されているので、発起人の総数は二八名ということになる。発起人は、①「労農」派――「文芸戦線」派（葉山嘉樹、大森義太郎、＊岡田宗司、＊鶴田知也、山川均、山川菊栄、荒畑寒村、青野季吉、向坂逸郎、鈴木茂三郎）、②堺利彦旧知人（長谷川如是閑、粟須七郎、佐々弘雄）、③日本労農党系（＊田原春次、麻生久、三輪寿壮、＊平野学、＊行政長蔵）、④全国大衆党系無産婦人同盟（織本貞代、＊堺真柄、平林たい子）、⑤労農党系（＊稲村隆一）、⑥九州民憲党系（堂本為広、＊古市春彦、＊浅原健三）、⑦在地農村青年（＊落合久生、蓑干万太郎、重松栄太郎）に類別できる。これらの発起人が、すなわち農民労働学校の豪華講師陣である。実際に講義を行った講師には＊印を付した。

表２　堺利彦農民労働学校校舎建設資金寄附（予定）者

類別		人名と寄附・寄附予定金額
堺利彦関係	本人	堺利彦○５０円
	親族	浦橋かつ子○１円　浦橋邦枝○１円　浦橋幸雄○１円　篠田静子○１円　篠田恒太郎○１０円　延岡常太郎○１５円
	旧知人	稲垣政次郎○２円　奥山伸○１０円　木島武司○１０円　栗須七郎○１円　水平道舎栗須七郎扱４２人分○５５円　柴田三郎○１円　佐々弘雄２円　野依秀市１００円　長谷川如是閑○２０円　山崎今朝弥○１５円　和気律次郎○５円　内野辰次郎○１０円　柏井徳一１０円　中島及○１円　菊竹淳２０円　坂口二郎１０円
	労農派	荒畑寒村１円　岡田宗司１円　山川均○１円
	堺真柄関係	堺真柄○１円　高瀬清○１円　北川千代○１円　高野松太郎○１円　第四回プロレタリア政治学校有志○２円３５銭　第五回プロレタリア政治学校有志○１円３８銭
鶴田知也関係＝文芸戦線派		鶴田知也５０円　青野季吉１円　石山健二１円　田中忠一郎１円　長野兼一郎５円　前田河広一郎１円　水木棟平１円
田原春次関係＝日労党系ほか		田原春次○１０円　麻生久１円　河野密１円　三輪寿壮１円　吉川兼光３円　吉永栄１円５０銭　蛭谷孫太郎扱（「日布時事」及びマキキ聖城キリスト教会関係者）○６６円３３銭
地元関係	労大党福岡県連・京築支部	浅原健三１００円　落合久生４０円（うち○３０円）　楠木光雄○１円　重松栄太郎２円　高橋信夫５円　養千万太郎５円　宮原敏勝○１円　森毅１円　家成亨１円
	それ以外の地元関係者	藤岡一弥５０円　藤田勇３００円（うち○２００円）　門司匿名２円　小倉一有志５円
その他		小林葉２０円　金沢匿名○２円　鎌田□四郎○３円　斉藤勝二１円　島根県警部補○５０銭　西真直○１円５０銭　原田直造２円　星野亨二○１円　安野○１円　山本円次○１円　某省某官吏２円　某省某官吏５円

凡例
一、堺利彦農民労働学校校舎建設資金寄附（予定）者を①堺利彦関係（親族、旧知人、労農派、堺真柄関係）、②鶴田知也関係＝文芸戦線派、③田原春次関係＝日労党系ほか、④地元関係（労大党福岡県連・京築支部、それ以外の地元関係者）、⑤その他の５グループに類別した。
一、金額の左に付した○印は、1931 年 10 月８日現在で納入済を意味する。
一、判読不明文字は□で示した。

出典：「堺利彦農民労働学校ニュース」第４号（1931 年 10 月７日）、「堺利彦農民労働学校ニュース第４号附録」（1931 年 10 月 10 日）、「社会新聞・北九州版」第 17 号（1932 年７月５日）

発起人の構成には、堺利彦の幅広い人間関係が反映されており、創設期農民労働学校の特徴である「労農」派――「文芸戦線」派を軸に日労党系や九州民憲党系が提携する構図が、ここにも顕著に表れている。

約四カ月後の一〇月一〇日、学校の中心的な担い手であった落合久生が発行した謄写版刷りの『堺利彦農民労働学校ニュース第四号附録』（法政大学大原社会問題研究所所蔵）によれば、この段階で長谷川如是閑、山崎今朝弥、奥山伸、栗須七郎、荒畑寒村、山川均、青野季吉、前田河広一郎、麻生久、河野密、三輪寿壮、野依秀市、藤田勇（京都郡出身の政商、柳条湖事件、一〇月事件の資金提供者）などから総額一、〇二七円五六銭の資金提供の申し出があり、五五三円六銭が納入されていた（表2参照）。しかし、納入金額は目標の三分の一にすぎず、落合は、次のように訴えた。

◎校舎建築にはかゝつた。

同志諸兄姉！

本日（十月十日）私達は愈〻校舎建築にかゝりました。今の予定では今月末日には上棟式が出来る筈です。尤も予想外の大雨があれば予定は些か異ります。

学校は今月中に上棟する！

そこで私達は「約束を御果し下さいませんか」と申上げたいのですが如何なものでせう。

同志諸兄姉よ！

私達の仕事は今や起工された。私達の仕事は常に妨碍と弾圧によつてはゞまれてゐる。

同志諸兄姉よ！
私達を見殺しをするな！
十月十日
堺利彦農民労働学校建築委員一同

そこで、建設資金の不足を補うために、一九三一年一一月二五日午後六時三〇分より、東京芝区田村町の飛行会館で「農民学校の夕」というイベントが開催された。『農民学校の夕プログラム』（法政大学大原社会問題研究所所蔵）によれば、司会（葉山嘉樹）、漫談（徳川夢声）、独唱・農民の歌（及川道子、伴奏・清水秋子）、校長挨拶（堺利彦）、講師挨拶（堺真柄）、レコード演奏（コロンビア名作）、犯罪と医学（高田義一郎）、煙草の話（馬場孤蝶）、マンドリン独奏（永井叔）、題未定（麻生久）、感想（交渉中）（長谷川如是閑）、舞踏（A鞭、Bインターナショナル、花園歌子一党）、雑話・野球と芝居（森田草平）、漫談・ハリウッド挿話（交渉中）（上山草人）、レスリング・解説と模範試合（解説・田原春次、審判・庄司彦雄、選手・庄司氏推薦）、拳闘・解説と模範試合（解説・平澤雪村、審判・川田藤吉、選手・拳道社推薦）、映画（A短編一編、説明・渡辺狂花、Bソビエト名画トゥルクシブ全七巻、撰曲・コロンビア社）、閉会（鶴田知也）という内容であった。

『農民学校の夕プログラム』には、「堺利彦農民労働学校後援会委員」として堺真柄、平野学、岡田宗司、浅原健三、葉山嘉樹、鶴田知也、高橋信夫、田原春次の連名による以下のアピールが掲載されている。

★　堺利彦農民労働学校を支持せよ！
一、学校は、福岡県京都郡豊津村にあり、北九州工場地帯と筑豊炭坑地帯との中間に位してゐます。
二、この学校は、わが国、社会運動の先進たる堺利彦氏を階級的に記念するものであり同時に西日本における階級的教育機関であります。
三、第一教育期（本年二月、十四日間）、第二教育期（本年八月、七日間）は既に了り、延人員八百六十四名を教育しました。
四、本年七月、宿舎・図書館附校舎建築計画を決定し、現在、資金千五百円を募集中です。
五、敷地・材木の寄附あり、熱烈な地元同志達によつて、建築工事は着々進行してゐます。
六、この『農民学校の夕』の純益は全部工事費に当てます。
七、竣工は本年内の予定です。
諸君の御支持を俟ちます。

「農民学校の夕」は、八〇銭という当時の無産運動主催のイベントとしてはやや高めの入場料を徴収したのだが、松竹の人気女優・及川道子の出演もあり盛会となった。「農民学校の夕」に参加した「文芸戦線」派の労働者作家・広野八郎の回想によれば、及川道子は「農民の歌」を独唱せず、「このようなお席で、わたしのまずい唄などおきかせするのはかえって失礼と存じます。かねて堺先生のことは父からうかがっております。今日まであらゆる迫害に耐え、たたかいつづけていらっしゃった先生を、わたくしは尊敬申し上げています。」と簡単な挨拶を行った(15)。及川道子の父・及川鼎壽は、一九〇五年に結成された社会主義的青年の文学団体・火鞭会のメンバーで、堺と旧知の間柄にあった。

また、広野によれば、「はじめ演壇に立った堺利彦氏は、「私が開校式に飛行機を利用したことに対して、或る新聞から労働者農民の学校というのに、飛行機で行くなんてブルジョア的行為だと批判を受けましたが、実は航空会社の好意により乗せてもらった薩摩守忠度でありました」といって、どんと力を入れて床を蹴ったので、場内から爆笑と拍手がわいた。」という(16)。

校舎建設は当初の計画どおりに進み、一九三一年一二月一日に上棟式を迎えた。『大阪毎日新聞』北九州阪同年一二月二日は、「労働《マ》農民学《マ》校／きのふ上棟式挙行／明春盛大な落成式」という見出しで、「開講二《マ》年《マ》目、相当世間に衝動を与へた堺利彦氏の労働《マ》農民学《マ》校は当初の計画通り九月《マ》十《マ》日堺氏の生誕地京都郡豊津村本町に起工、一日上棟式を挙行、本月中に竣工の予定。新校は工費一千三百円で建坪廿三坪、図書館に三坪、教室に十五坪、寄宿舎の用意もあり来春第三期開講を待ち盛大な落成式を挙行するはず。」と報じている。

（2）　堺利彦最後の闘い

ところが、校舎上棟式翌日の一九三一年一二月二日午後五時頃、堺利彦は、東京市麴町区麴町八丁目二四番地の自宅近くの電停付近において脳溢血で倒れ、人事不省に陥った。この日、堺は朝から大久保百人町三〇七番地荒畑寒村宅を訪れ、芝区三田四国町二番地三田医院で主治医・奥山伸の診断を受けたあといったん帰宅し、それから、芝区芝口二丁目二三番地新橋ビルの全国労農大衆党（労大党）本部で開催された対支出兵反対闘争委員会に出席、そこからの帰宅中のことであった[17]。

堺が倒れたとき、偶然にも鶴田知也、高橋信夫、猪本軍治、林友信、中原醇が堺宅の夕食に招待され、堺の帰宅を待っていた。猪本、林、中原は、社会科学研究会活動を理由に福岡県立豊津中学校（現育徳館中学校・高等学校）を退学処分となった同郷三青年である。彼らは、「親しく先生のお話を聞く代りに、先生の節操一貫三十年の苦闘を包む今は人事不省の肉体を抱き上げ」、近所の八百屋に借りた雨戸に乗せて堺を自宅に運びこんだ[18]。

この年九月一八日に勃発した満州事変に際して、労大党は、同日堺利彦を議長とする本部会議を即座に開催し、鈴木茂三郎起草の「吾党は全労働者農民の要求を代表して戦争反対の闘争を強化し、帝国主義ブルジョアジー並にその協力者と徹底的に抗争することを宣明す」という「声明」の発表を決定した[19]。九月二九日、労大党常任執行委員会は、対支出兵反対闘争委員会の設置を決定し、委員長に堺利彦、総務主任に阿部茂夫、行動部主任に浅沼稲次郎、調査部主任に鈴木茂三郎が就任した[20]。

翌日、対支出兵反対闘争委員会の第一回会議が開催され、「隣邦中華民国に対する政府並に軍部の採りつつある帝国主義政策――出兵、策謀等々――は、世界戦争を誘発すべき危機を胎むものにして吾等は断固として反対す。吾等は政府に対して即時撤兵と、対支内政絶対非干渉を要求し、軍部の跳梁に向つては徹底的に抗争す。」という「声明書」を発表し、一〇月三〇日には、主として鈴木茂三郎が起草した「対支出兵反対闘争方針書」に基づき、「満蒙軍事干渉反対、軍事費の徹底的縮小、対支出兵絶対反対、帝国主義戦争絶対反対、ファッショ運動の排撃」を訴えていた。[21]

ところが、「対支出兵反対闘争方針書」が指摘した「帝国主義ブルジョアや軍部の成心ある宣伝に追従せんとする傾向」が、労大党の内部に派生する。例えば、同党顧問の衆議院議員・松谷与二郎は、一〇月一六日から衆議院の「満蒙視察団」の一員として「満蒙の平野及び上海」を視察し、一一月上旬に帰国するや、「一、満蒙の権益は擁護すべし。二、満蒙の権益は之を資本家より奪還し労働者農民の手に渡せ。三、我国現在の失業者二百万を満蒙の野に送り満蒙の権益は彼等の其手に依て処理せしむべし。」という、いわゆる松谷意見書を党本部他に提出した。「吾軍今回の出兵は実に万已を得ざるに出でたる行動にして、只一片の帝国主義戦争反対の公式論を以つて片附け得べき問題ではない」と主張する松谷意見書に、最も強硬に反対したのが堺利彦であった。

そして、問題の一二月二日を迎える。この日開催された対支出兵反対闘争委員会第二回会議において、堺利彦は松谷意見書に関し、「満州事変を帝国主義戦争ではないというような不都合な見解をもつ代議士を処分し得ないようなことで、どうして戦争反対の闘争が出来よう。満州事変の拡大はわかり切ったことであって、戦争に断固として反対するにはお互いはこの闘争のなかで死ぬ決意をもたなければならない。」と「いつになく激しい口調」で主張した。[22] それからしばらくすると、鈴木茂三郎は、堺の気分が優れないように見えたので、無理に中座を奨めて帰宅を促した。堺が脳溢血で倒れたのは、この労大党本部からの帰宅中のことであった。

翌一二月三日のことを妻の堺為子は、次のように書いている。[23]

翌三日、堺は書くものをくれといふ、何か書かうとするが、二三字書いては調子が乱れる。五度書きかへて書けないので、私が代つて筆をとると縺れながらも「僕ハ諸君ノ××〔帝国〕主義××〔戦争〕反対ノ叫ビノ中ニ死スルコトヲ光栄トス」と書かせた。これが真実の堺の遺言になつたのである。

一二月五日〜七日の労大党第二回大会では、最終日に中心議題「帝国主義戦争反対に関する件」が提案された。提案者の対支出兵反対闘争委員会総務主任・阿部茂夫は、その冒頭で、「僕は病床にゐて諸君の帝国主義戦争反対の叫びの中に死ぬ事を光栄とす」という堺利彦のメッセージを披露し、参加者たちは、「喜びと悲しみの複雑な感情を籠めた拍手をおくった」という。[24] 阿部茂夫の説明は中止を命じられ、代わった森田喜一郎も中止、さらに交代した岡田宗司もまたもや中止となり、議長の労大党委員長麻生久が臨監の愛宕警察署長の制止を押し切って「帝国主義戦争反対に関する件」を採決、満場一致で可決したため、ただちに大会は解散させられた。

しかしながら、このような労大党の方針は、必ずしも多くの民衆の支持を得たわけではなかった。それを象徴するのが、翌年二月二〇日に施行された第三回男子普選第一八回衆議院総選挙における福岡四区（門司市・小倉市・企救郡・田川郡・京都郡・築上郡、定数四）と福岡二区（若松市・八幡市・戸畑市・遠賀郡・鞍手郡・嘉穂郡、定数五）の選挙結果である。福岡四区では、労大党の古市春彦と社会民衆党（社民党）の小池四郎の二人の無産派候補が立候補し、満州事変への対応が争点化され

表3　第3回男子普選第18回衆議院総選挙の成績(1932年2月20日)

(1)福岡2区

候補者名	政派名	当落	若松市	八幡市	戸畑市	直方市	飯塚市	遠賀郡	鞍手郡	嘉穂郡	総得票数
実岡半之助	政友(新)	当	194	163	143	2,701	2,999	75	5,631	12,891	24,698
亀井貫一郎	社民(元)	当	1,973	7,627	2,136	1,291	871	3,071	2,804	3,740	23,513
田尻　正五	政友(新)	当	3,771	10,529	2,790	136	77	4,278	569	265	22,415
田島勝太郎	民政(新)	当	3,312	6,597	2,135	95	64	3,939	297	346	16,785
高野　善六	民政(新)	当	33	88	33	2,097	2,097	678	3,392	8,406	16.711
浅原　健三	大衆(現)	落	394	5,824	926	196	444	1,013	1,043	3,320	13,160

(2)福岡4区

候補者名	政派名	当落	門司市	小倉市	企救郡	田川郡	京都郡	築上郡	総得票数
内野辰次郎	政友(前)	当	7,402	247	1,322	371	4,983	6,442	20,767
坂井　大輔	政友(前)	当	277	5,537	2,178	11,619	230	102	19,943
小池　四郎	社民(新)	当	3,910	3,114	1,127	4,220	1,357	651	14,379
勝　　正憲	民政(前)	当	166	3,797	1,056	8,018	82	26	13,145
末松偕一郎	民政(前)	落	5,325	233	51	179	3,339	3,858	12,985
古市　春彦	大衆(新)	落	196	494	382	388	132	25	1,617

出典：衆議院事務局編『第18回衆議院総選挙総覧』

る中、「帝国主義戦争絶対反対」「満蒙既得権益の放棄」を訴えた古市は得票数わずか一六一七票と泡沫候補と化し、「満蒙の権益を民衆の手に」という選挙スローガンに掲げた小池四郎は、一万四三七九票を獲得して初当選を果たした(表3参照)。

福岡県の無産運動の中心地であった福岡二区でも同様の構図となり、社民党元職の亀井貫一郎は二万三五一三票で返り咲き、労大党現職、堺利彦農民労働学校講師の浅原健三は、一万三一六〇票と惨敗し、第一回男子普選第一六回総選挙以来死守してきた議席を失った。

選挙戦終盤、古市春彦は、社民

党の選挙スローガンが急速に支持を拡大していることに危機感を抱き、労大党と九州合同労働組合の合同選挙対策協議会（一九三二年一月二四日）において、「「ファッショ」主義戦術ヲ利用スル」こと、すなわち、「満蒙権益擁護」への転換を主張したが、浅原健三らの反対から採用されなかった。[25] そして、一九三四年頃には、古市をめぐって、「頽勢を辿る無産運動に見切りをつけ満洲に行つて公職に就くとか、又京都府の某新聞社に奉職する等の風評」[26] がたち始め、古市は、その「風評」どおりに、同年末、労大党系の社会大衆党福岡県連委員長を辞職し、京都の地方有力紙『京都日出新聞』記者を経て、「満州国」協和会総務処長へと転進した。[27] こうして、堺利彦農民労働学校創設以来の講師であった古市春彦は、無産運動を離脱していった。

二　校舎建設運動の展開——堺利彦「真実の遺言」

（1）　堺利彦農民労働学校移動講座

堺利彦の病臥後も、在地農村青年によって校舎の建築作業は継続された。堺利彦農民労働学校主事・落合久生は、社会大衆党系の旬刊紙『社会新聞』第一七号北九州版、一九三二年七月五日で、次のように経過報告している。

> 堺利彦農民労働学校は、昨秋起工以来、大工さん、左官さん、瓦屋さん、井戸屋、基礎工事等々各村の専門家が利害を度外視した実費で工事を引きうけてくれた為め九分通り完成した。

あと二百円あらば、天井張りも外壁も立派に出来るばかりとなつた。このヒドイ農村不況のため、郡内の農民組合員や共鳴同情者有志だけの力では、その金もあつまりかねるので堺利彦氏の友人知己や、その他から東京方面で、少しずゝ金を集めて送つてくれつゝある。八月の第三期開校までには、どうにかこうにか、資金も出来る見込ゆえ、今迄待つていたゞいてゐる工事関係者へも、支払ひが出来そうである。

このように上棟式から七カ月後には、校舎はすでに「九分通り完成」し、「あと二百円あらば、天井張りも外壁も立派に出来る」という状態になっていた。

延期されていた第三期は、一九三二年一〇月一八日、一九日の二日間、堺利彦農民労働学校移動講座という形で、校長堺利彦不在のまま、全農中央執行委員長・杉山元治郎、全農新潟県連書記長・稲村隆一らを講師に行橋町新地公会堂において開催された（参加者八八名、表1参照）。杉山と稲村は、前日一七日、企救郡企救町北方記念館で開催された全国農民組合総本部派福岡県連結成大会参加のために来福していた。

第三期については、協調会福岡出張所「堺利彦農民労働学校移動講座開催状況」という講義内容等に関する概要報告がある。[28] ここでは、落合久生「社会主義概論」を取り上げてみたい。「京都郡に於ける只一人の奮闘者たる年若き落合君」（田原春次）、「若い落合君が献身的に農民労働学校を造って奮闘して居る」（浅原健三）と紹介された落合は、本講座で次のように述べている。

昔或る部落に大きな一つの梵鐘がありました。或時老人が子供に向って梵鐘は何にするのかと聞きますと、子供は即座に梵鐘を打つと火事が出来るのだと答へたのであります。

又南洋の無智なる土人は暴風雨警報台に赤旗が出るから暴風雨が襲来するのだと云ひます。然し之等は何れも間違った反対の考へ方で、火事が出来たから梵鐘を打つのであります。又暴風雨があるから其の予報に赤旗を掲ぐるのであります。是は堺先生が無産運動の講義の例御用ひになる有名なる話であります。

即ち社会制度に欠陥がある故に無産運動が起るのであって、無産運動をするから社会制度に欠陥を生ずるものではありませぬ。

寓話や既成道徳を読み替えたり、卑近な例を引いたりしながら民衆に意識変革を迫ることは、堺利彦が最も得意とした手法であった。なかでも、『解放』一九二〇年一一月に掲載した演説草稿「火事と半鐘の関係」は、落合が「堺先生が無産運動の講義の例御用ひになる有名なる話」というとおりに、『火事と半鐘』（三徳社、一九二一年）、『地震国』（白揚社、一九二四年）、『桜の国地震の国』（現代ユウモア全集刊行会、一九二八年）と三度も再録され、人口に膾炙していた。もっとも、「南洋の無智なる土人」という差別的表記は、「火事と半鐘の関係」では使用されておらず、落合のオリジナルであり、落合も時代的な制約を受けていた。

昭和恐慌の影響が深刻化し、農村危機が進行していた一九三二年夏、政府は、救農土木事業と農村経済更生運動を柱とする農村対策を決定した。そして、小作争議など対立や対抗を沈静化するため、産業組合、農事実行組合、農会による経済的組織化と、少学校（少年団）、実業補習学校（男女青年団）、全村学校（婦人会・戸主会）の学校系列（年齢集団）による社会的組織化が全国的に進められていく。その過程の様々な場面で、農民運動参加者を「隣保共助・醇風美俗」といった農村社会秩序の「攪乱者」とするキャンペーンが執拗に繰り返された(29)。

そこで、落合久生は、そうしたネガティブ・キャンペーンを払拭するため、堺利彦の「火事と半鐘の関係」を紹介しながら、杉山元治郎が前日の講義「全農闘争史」で述べた「今日の地主協会の宣言書など見ると「白昼火なきに警鐘を乱打し平和なる農村を攪乱す」と農民運動を称しておるが、決して其んなものではありませぬ。」を再度補強したのであった(30)。

翌年、常設校舎建設運動も三年目に入った。落合久生は、『社会新聞』第三三号九州版、一九三三年一月二一日に「学校ニュース」を掲載した。

我等の学校、九州最初の常設無産教育機関として、幾多のダンアツ迫害の裡に建築進行中の福岡県京都郡豊津村の堺利彦農民労働学校は、もはや畳、建具、井戸等も全部出来上り、附属図書室の書籍も各方面からの寄贈で数千冊集まつたので、一月末迄には完成する。図書は分類整理がをはり次第、巡回文庫をつくり、労働組合、農民組合、無産政党各支部の申込順により配達するし、青年団、在郷軍人団、処女会、消防組等々にも喜んで貸与する。校内に設立準備中の九州農村問題研究所も、近々、所員の人選を終へ次第直ちに事業をはじめる。最初は小作人生計費統計や農村に於ける金融状勢の調査をやり、つゞいて、九州農民運動史、九州社会運動史等々の資料を右翼左翼の別なく公平に蒐集整理して出版する計画である。尚又、九州各地方から申込があれば、常任講師が出張し、移動講座として、政治学、経済学、唯物史観、法律学、日本史、世界史、農民組合論、労働組合論、消費組合論、争議戦術、柔道、拳闘等々の座談会、実習等々をやる準備が出来てゐるからドシ〳〵申し込んでもらひたいと。

一九三三年一月の段階で、校舎は「畳、建具、井戸等も全部出来上り、附属図書室の書籍も各方面からの寄贈で数千冊集まつた」とほぼ落成間近な状態にあった。「政治学、経済学、唯物史観、法律学、日本史、世界史、農民組合論、労働組合論、消費組合論、争議戦術、柔道、拳闘」など「移動講座」の開催を社大党や全農総本部派のネットワークが拡充しつつある「九州各地方」に呼びかけている点に、落成を待つところまでようやくこぎ着けた落合の高揚感が伝わってくる。「校内に設立準備中の九州農村問題研究所」は、その後、九州農村研究所という看板だけが掲げられたが有名無実化し、「小作人生計費統計や農村に於ける金融状勢」の調査や「九州農民運動史、九州社会運動史等々の資料」の出版は実現しなかった。

（2）　堺利彦の死と「真実の遺言」

病床にあった堺利彦は、その後、原稿執筆、演説、談話など一切の社会的発言を発することなく一九三三年一月二三日午前一〇時二〇分、ついに「棄石埋草」の生涯を閉じた。

一月二七日午後一時より東京・青山斎場で開催された無宗教告別式（社会葬）には、約一〇〇〇

人の参列者があった。服部浜次司会者挨拶、山川均葬儀委員長挨拶、荒畑寒村「故堺利彦先生略歴」紹介、黙禱のあと、社会大衆党代表・安部磯雄、旧友代表・石川三四郎、同・馬場孤蝶、評論家代表・長谷川如是閑、前進社代表・鈴木茂三郎、郷友およびプロレタリア作家代表・葉山嘉樹、東京市長代理・斉藤守圀助役、東京市会議長代理・溝口信副議長、東京市会無産議員団エスビー倶楽部・島中雄三、全国農民組合・杉山元治郎、全国労働組合同盟・河野密、総同盟・松岡駒吉、社会大衆党東京府連・浅沼稲次郎、日本交通労働総連盟・島上善五郎、全国水平社・栗須七郎、社会大衆婦人同盟・赤松常子、東京交通労働組合・目黒留吉、社会大衆党本部・麻生久と一八人もの弔辞が送られた[31]。

長女堺真柄は、二年前に堺利彦が脳溢血で倒れた際に堺為子が口述筆記した「諸君の××××××××〔帝国主義戦争絶対反対〕の声をききつつ死ぬことを光栄とす」を紹介しながら、次のような謝辞を述べた[32]。

　これが、皆様に対する、堺利彦の本当の意味での最後の御挨拶ではなかつたかと存じます。明治三十七八年日露戦争当時の非戦論から、今日の世界戦争の危期《ママ》をはらむ時の××××〔戦争反対〕まで、常に棄石埋草として働きたいとしてゐた父でありました。今日の父を、棄石とし、埋草として、全無産階級の××××〔戦争反対〕運動の肥料たり、口火たり、糸口たらしめていただけたらと私共は思ふのであります。××××〔戦争反対〕の声をききつつ死ぬことを光栄としてゐた堺利彦であります。どうか××××〔戦争反対〕の声を更に拡大させ、その光栄を更に強く感じさせていただきたいと思います。

「諸君の帝国主義戦争絶対反対の声をききつつ死ぬことを光栄とす」は、「本当の意味での最後の御挨拶」（堺真柄）、「真実の堺の遺言」（堺為子）、「事実上の遺言」（荒畑寒村）(33)、「我が無産階級に与へた最後の指令」（鈴木茂三郎）(34)、「この世に於ける大衆への最後の叫び」「最後最愛の遺言」（山崎今朝弥）(35)となったのである。堺は「腹の底からの帝国主義戦争××××〔絶対反対〕主義者」（同右）であった。

新聞各紙は堺利彦の訃報記事のなかで、「畢生の事業として郷里福岡県豊津に『堺利彦農民学校《ママ》』を創立、後進の指導につとめてゐた」（『読売新聞』一九三三年一月二四日付夕刊）、「郷里豊津には同志と共に農民学校《ママ》を建設して校長となり地民労農民の教育組織に（つ）とめてゐた」（『時事新報』同日付夕刊）、「晩年はじめて郷党に迎へられて豊津在に農民学校《ママ》を起し」（『東京朝日新聞』同日付夕刊）、「最近は郷里に無産農民学校《ママ》を開き自ら校長講師を兼任して奮闘してゐた」（『万朝報』一月二四日朝刊）、「先年豊津に農民学校《ママ》を起しはじめて郷党に迎へられた」（『帝都日日新聞』一月二四日）、「福岡で農民《ママ》学校を開し社会主義運動に宣伝煽動して居た」（『日本』同日）と堺利彦農民労働学校に言及した(36)。

福岡県地方においても、『九州日報』、『福岡日日新聞』、『大阪朝日新聞』、『大阪毎日新聞』の各紙が堺の訃報記事を一斉に掲載した。

『九州日報』一月二四日は、第七面約四分の一のスペースを割いて、堺の経歴や浅原健三、堺真柄、安部磯雄の談話を載せ、落合久生、田原春次、小祝藤吉、野沢四郎らの緊急協議により東京・青山斎場での無宗教告別式と同時刻に京都郡豊津村の堺利彦農民労働学校校舎で社会葬の挙行が決定されたと報じた。三・一五事件で九州帝国大学法文学部を追放された前期新人会OBの政治学者・佐々弘雄（校舎建設発起人の一人）は、同紙二月一二日掲載の「堺利彦翁」（『人物春秋』改造社、一九三三年再録）で、「終生社会運動の巨柱」、「戦闘的インテリゲンチヤ」と堺を追悼し、堺利彦農民労働学校について「翁の闘争記録や著述に劣らぬ位の意味があらう。況や有力なる後継者がこの孤塁を守るに於てをやである。」と讃えた。

『福岡日日新聞』は、一月二五日と二六日に「逝ける堺利彦氏」を連載し、堺が落合久生に宛てた「発音式仮名づかい」書簡や、「号の枯川は錦陵（豊津―引用者）の東方を流るゝ祓郷川を愛しその川は水少く常に涸れがちであつたところから取つたものださうだ」と「枯川」という号の謂れを紹介している。

豊津での社会葬は、一九三三年一月二七日午後二時半より執り行われた。祭壇には、堺の遺影と「飛行船あとは裸木昼の月」「一日も血を見ざるなし蚊を殺す」「赤土の痩松原の茸わらびそれに交じりて生れにし我」の遺墨や、各無産団体からの赤い弔旗が飾られ、社会大衆党福岡県連、全農福岡県連、旧労大党系の九州労働組合、九州合同労同組合、宇部合同労同組合、熊本一般労働組合、旧社会民衆党系の日本労働総同盟九州連合会、官業労働同志会、日本海員組合や全国水平社九州連合会、九州借家人同盟など九州・山口の無産団体代表約一〇〇名が参列し、床が張られていない校舎の講堂に藁筵を敷いて着座した。[37]

落合久生司会者挨拶、浅原健三の弔辞、田原春次の堺利彦病状報告、蓑干万太郎の学校経過報告、「貴方とは思想を異にしてゐましたが幽明を異にする今日貴方のような偉人を失ふたことは誠に哀悼に堪へませぬ」という副地英吉豊津村長の弔辞があり、各無産団体代表九名の弔辞は注意・中止を乱発され、全農福岡県連青年部長・藤本幸太郎はその中止命令に従わず弔辞を続けたため検束されてしまった(38)。

鶴田知也は前掲「堺利彦先生逝去さる」で、次のように追悼している。

私は先生の最後のそして最も力を注がれ(た)運動の一つたる、堺利彦農民労働学校に就いて触れざるを得ない。

私達は先生と故郷を同じうした。私達は、北九州の要地―運動の最も困難を極める不毛の地に確固たる運動の基礎を据えたいと念願した。私達は先生の御同意を得るや勇躍して農民学校闘争を開始した。然るに或る者は、私達をそしるに郷土主義者を以つてした。この笑ふべき逆宣伝も、学校闘争に狼狽した敵の逆宣伝に比ぶれば物の数ではなかつたし、郷土主義にしては余りに偉大な、先生の最後の運動であつたのだ。

今や堺先生は無い。併し先生の遺された最後の運動は、各種の影響を与へつゝあり。中にも農民組合の出生と、日を追ふて盛なるそれが組織の拡大を招来しつゝ、あるではないか! 死せる堺先生、活けるブルヂヨア地主を震撼せしめるものは、運動一般に活きる先生の精神であると共に、日本の三つの心臓の一つたる北九州の一角に、厳として建つ堺利彦農民労働学校の旗であると信ずる。

三　堺利彦農民労働学校の終焉

ここに堺利彦の死から半年後、一九三三年八月中旬頃に投函された一通の書簡がある。差出人は堺利彦農民労働学校主事・落合久生。受取人は同校講師の前衆議院議員・浅原健三。東京市芝区今入町六芝甫館内浅原健三より下目黒二ノ二〇〇山崎方堺為子に宛てられた書簡（消印は一九三三年八月三日）に同封されていた。「The Daily People 544 Powell Street,VANCOUVER,B.C.」（カナダの日本語新聞『日刊民衆』[39]）用レターヘッド二枚に記されたものだ（みやこ町歴史民俗博物館所蔵）。

　御健闘のことと存じ上げます。二十四日より本日只今迄の所減価の要求通らず坪根と言ふ代書人も既に堤《ママ》（匙）を投げて終ひました。その理由として最近豊津に中学校教員を目当とした借家が十軒計りも出来たが皆申し合はせた様に私の言ふ様なことを申し出た相で登記官から説教を食つたとのことでした。私は1、家が荒廃する迄放置してあつたこと　2、しかも期間は二年に渡る長期であつたこと　3、位置は藪を両厘にうけた条件としては最悪のものの一つであること　を強調しましたが何よりも前に約五百円のテイトウに入つてたことがどうしても決定的に不利な事情となり遂にこちらの主張は通りませんでした。只今硝子のない建具を立てゝおります。目下講堂の床だけが残されてゐます。講堂の建具も少しづつやつております。昨日ある豊津の友人来て此家に「ツバメ」館と言ふ別号をつけぬかと言います。何故だつて問ひますと此家はツバメが巣を作る様にアンタたちが少しづつ材料を運んで来たぢやないかと言ふので大笑いを致しましたがどうもツバメ館ぢやア「特急」に出来たと考へられもするからどうかねエと言ふことに決定しました。登記は如何しませうか　会計報告は致しておきましたが御受取下さいましたでせうか　何かと御願い計りですが硝子床張りが出来ます様御忙しい中を申し上げ兼ねますけれども恐縮に御願ひ致します。八月の二十日から三日は是非とも御願ひします。社大党の「政策」転向どうも転向がはやります。詳細は知りませぬが大阪福岡あたりの意見が生きて反映する様になりますか？　勿論流会等の消極的なものは「生きて」あるでせうがそうではなくて委員会で本部案を粉砕し得るだけの『生きた』実力が役員の間にありますかしら　御健康を祈り上げます。（傍点原文）

このように、堺利彦農民労働学校の校舎は、無産運動の諸史料に記録されていない全く無名の在地農村青年たちが、「ツバメが巣を作る様に」「少しづつ材料を運ん」だ「ツバメ館」として落成したのであった。

落合の言う「社大党の『政策』転向」とは、同年六月二四日社会大衆党政策委員会（委員長亀井貫一郎、委員片山哲、浅沼稲次郎、田所輝明ら）で決定し、七月二二日第三回中央委員会に提出された「転換期建設政策」を指している。(40)「転換期建設政策」は、①国民経済会議の開催、②東洋経済会議の招集、③大衆インフレーションの徹底化、④財政均衡増税案の四政策を提唱するものであった。とりわけ、①の国民経済会議は、国会外に設置する国策統合機関として構想され、構成団体として労働・農民団体代表の他に、資本家・地主団体、陸海軍代表などを含んだ案であったため、社大党内の左派勢力は、「ファッショ的誤謬」として反発を強めていた。

そして、落合の希望的観測どおりに九月一九日、特別委員会と常任委員会の合同会議において「転換期建設政策」は撤回され、③④を骨子とする「秋季闘争政策」が発表された。

「八月の二十日から三日は是非とも御願ひします」は、八月に予定していた第四期堺利彦農民労働学校の講師としての来豊を再確認したものである。第四期は中止・延期され、九月に第五期を開講し、浅原健三はその最終日に「ファッショの研究」を講義している（表1参照）。

浅原が「さゝやかなりし二十年、無産運動の過去と訣別」し、「社会大衆党籍を退き、同時に党選出の公職を今日限り辞職致します」という「声明書」を発表したのは、第五期堺利彦農民労働学校から二年四カ月後の一九三六年一月二九日である。[41] だが、前年の第一八回総選挙での落選要因を「満州、上海事件ニ因ル民衆性理ノ変化ニ基因セシ結果」と分析していた浅原は、第五期の前後、一九三三年には、すでに元関東軍参謀石原莞爾らのグループとの接触を開始し、[42]「社会情勢の変化に適応する指導理論を把握し、潑剌たる行動戦術に立脚した、新運動の展開」[43]を標榜していた。

したがって、本講座からは、無産運動を離脱する直前の浅原が、次第に方向感覚を喪失していく様子が窺われ、「民衆性理」を引き寄せることに特異な能力を発揮した浅原らしい躍動感は影を潜めていた。[44]

そして、一九三四年一月二三日、すなわち堺利彦没後一年の命日に落合久生が、突如として社会運動からの絶縁引退する旨の「声明書」を発表し、『福岡日日新聞』、『九州日報』、『大阪朝日新聞』北九州版、『大阪毎日新聞』北九州版の各紙は、翌日の朝刊で一斉にこのニュースを報道した。以下は、落合の「声明書」を最も詳細に報道した『九州日報』一月二四日朝刊の全文である。

落合氏転向／今後社会運動とは絶縁／北九州の左翼戦線に衝動

既報北九州及び北豊前地方に於ける農民運動の輝ける指導者として活躍してゐた堺利彦労働農《ママ》民学校主事並に全農福岡県聯合会教育部長落合久生氏が突如思想的転向を表明し、堺利彦労働農《ママ》民学校主事並に全農県聯教育支部長を辞任し今後は一切の社会運動から手を引いた事は地元、豊前北九州を始め各地の左翼戦線に異常なシヨツクを与へて居る。しかし今回の転向は非常時の重圧にたへかねたのは勿論である左翼スパイ事件で、ある同志が撲殺されたるもその後始末を持ち得なかつたのが重大な一因ではないかと見られてゐる

△声明書

永い間お世話になりましたが今回感ずるところあつて堺利彦労働学《ママ》校主事及全農福岡県聯合会教育部長を辞任すると共に一切社会運動と称するものと絶縁し引退します。その理由は複雑で沢山ありますが

一、堺先生死去されるやその親しき人々の態度の移変《ママ》が意想の外にあつた事

二、或る同志撲殺されたるも後始末に自信を持ち得ず責任を感ずる事

三、自分が今にして漸く従来の認識不足を知りたる事

等であるます、社会の大勢が如何に動いてゐるかを知らぬのではありません、然しかくする私の動機に如何に深く又強いものがあるかそれは御想像にまかせます

福岡県豊津　落合 久生

落合の転向理由は、自己の正当化ではあるが、一点目と二点目については、落合の周辺で発生した事実が反映されている。

まず、一点目の「堺先生死去されるやその親しき人々の態度の移変《ママ》が意想の外にあつた事」について。落合がほぼ独力で結成した「労農」派系地方政党・無産大衆党京都郡支部をルーツとする社大党京築支部は、堺利彦の没後、左派の蓑干派＝労大党系社大党京築支部（九名）と右派の田原派＝社会民衆党系社大党京都支部（五〇名）に分裂した[45]。蓑干派は次第に有名無実化し、落合とともに堺利彦農民労働学校の運営を担った蓑干万太郎（第一・二期の会場提供者）も、全農福岡県連第二回大会（一九三三年一〇月）での「京都郡農会差別糺弾の件」提案を最後に、その後、無産運動の表舞台に立つことはなかった。

また、かつて落合の影響下で一旦は大衆党系農村社会運動に参画していた青年層の一部が急進化し、共産党系全農全会派の福佐連合会、大分県評や、日本赤色救援委員会筑豊地区委員会、ソヴエートの友の会京都支部、全協九州地方協議会準備会（未確立）など共産党系諸組織との関係を強め、一九三四年一月二七日、治安維持法違反事件（第二次九州共産党事件）で目的遂行罪により一網打尽に行橋署に検挙されている[46]。つまり、「堺先生死去されるやその親しき人々」が右と左に分化し、

浅原健三、古市春彦のあいつぐ離脱もあって、落合は次第に孤立していったのである。

つぎに、二点目の「或る同志撲殺されたるも後始末に自信を持ち得ず責任を感ずる事」について。これは、全農福岡県連組織部主任・社会新聞九州支社長小祝藤吉の撲殺事件を指している。この事件は『九州日報』が報じた「左翼スパイ事件」ではなく、一九三三年五月の町村議会議員選挙をめぐる政治抗争から生じた白色テロ事件であった。小祝藤吉は、五月七日、京都郡節丸村（現みやこ町）で、「村会議員選挙に落選した地主に買はれたゴロツキ共十数名の卑怯なる暗打ちを受けて重傷」[47]を負い、それが致命傷となって一〇日後に死去した。小祝のこの惨劇に落合は大きな精神的打撃を受けていた。落合久生は、「声明書」発表後、「満州国」に逃避し、「満州国」協和会総務処長古市春彦の下、協和会関係の仕事に従事した[48]。

落合転向のニュースは各地の堺利彦農民労働学校支援者にも衝撃を与え、例えば、荒畑寒村は、「九州の落合は学校の仕事をメチヤ〳〵にして満州方面へ高飛して了つたそうだ」という書簡を同年五月一六日付で葉山嘉樹に送っている[49]。「新聞で見たかも知れんが、落合は転向して行ったぞ……会長（田原春次―引用者）の入獄と同時に百姓を搾って逃げて行く奴が何んになる」とは、豊津の堺利彦農民労働学校校舎に管理人として転居していた全農福岡県連常任書記・野沢四郎が、全農第一四回全国大会準備委員会に宛てた同年二月の書簡[50]の一節だが、その野沢も同年六月、運動を離脱、大分市の日本メソジスト大分教会に副牧師として赴任し、高橋庸太郎が校舎を管理することとなった[51]。

こうして、「我等の先駆者たる堺利彦氏の永き闘争を、その生れ故郷の地に於いて真に階級的に記念」する「運動の新しい確固たる足場と理論的道場」（前掲『堺利彦農民労働学校校舎建築に就いて』）は終焉した。

むすびにかえて

落合久生の離脱後、堺利彦農民労働学校は、田原春次主導による校舎移転と再編が行われた。全農福岡県連（書記長藤本幸太郎）、旧社民党系日本農民総同盟田川支部（支部長許斐親三郎）、社大党京都郡支部（支部長牧野渡）の三者が豊前農民会館建設委員会（委員長田原春次）を結成し、校舎の行橋移転準備を進めた。一九三七年九月二一日、現在の行橋市中央一丁目一三番二一号へ移転が完了し、豊前農民会館として再建される。翌年五月一六日〜一九日、鹿児島、熊本など県内外から社大党九州地方協議会傘下の農村青年五五名が参加して豊前農民会館において九州農民学校が開催されているが、そこでは、国民高等学校系列校の教育方針が模倣され、校長田原春次は、財団法人金鶏学院（学監安岡正篤）経営の日本農士学校（一九三一年四月開校）に類似した農本主義的な教育内容を準備していた[52]。

ここに至って、堺利彦農民労働学校の理念は完全に消失し、九州農民学校という校名に改称されたのである。

本稿をむすぶにあたり、落合久生とともに堺利彦農民労働学校の運営を担った宮原敏勝が、戦後、『田原春次自伝』に寄せた「とらえ所のないほど大きな人」の一部を引用したい。

私は昭和三年頃、郷里で労農党《ママ》（正しくは無産大衆党―引用者）の看板をあげておりましたが、なにしろ党員は、京都郡で三人という状況でした。当時の大地主ときたら、一人で一万四千俵も小作料を取っていたもので、小作人の生活たるや、人間の生活なんてものじゃなかったんです。私は、御承知の通り、親が貧乏で食うや食わずでありましたので、小学校三年で終りました。子供の頃は、偉い人になろうというようなことは、毛頭考えたこともありません。只、サバの刺身を一匹食うてやろうとか、そういう事ばかり考えて育った訳であります。ところが一人前になって働くようになったら、自分の隣に人がいるということを忘れていた。これはいかんということで、それからボツボツ勉強しようとしている時に、田原先生を知った訳であります。田原先生が京都郡に帰って来られて、堺利彦農民学校《ママ》を開き、小波瀬村の干拓争議（石田新開争議―引用者）をやった訳ですが、京都郡で、組織的な運動がこの時から始ったのでした。

このように、初等教育すら十分に保障されず、少年期より底辺労働に従事していた宮原敏勝は、堺利彦農民労働学校に学ぶなかで「自己」と「隣人」と「社会」を発見し、「社会」との接点を模索しながら「自己」を形成していった。その意味で、堺利彦農民労働学校は、教育的機能を十分に果たしており、宮原敏勝をはじめとする学校関係者に鮮烈に記憶され続けたのである。一九五六年学校関係者は堺利彦顕彰会を結成し、今日に到るまでの六〇年間、地道な顕彰活動を続けている。

【註】

（1） 荻野富士夫『初期社会主義思想論』不二出版、一九九三年、六一〇頁。

（2） 落合久生は、三・一五事件の余波で九州帝国大学法文学部を中退し、福岡県京都郡豊津村豊津二八〇番地（現みやこ町）に帰郷、「労農」派の動向に呼応しながら、無産大衆党京都郡支部（一九二八年一二月九日）を結成し、日本大衆党京都郡支部、日本大衆党分裂反対統一戦線同盟、日本大衆党分裂反対全国実行委員会に所属したが、堺利彦農民労働学校開校以前に落合久生の運動実態として特筆すべきものはなかった。田口運蔵の葉山嘉樹宛書簡（一九二九年六月五日付）の「それにしても九州特に豊津支《ママ》部が動いてゐない様ですが、どうなつてゐるのでせう。旧民憲党が主となつて九州を一つにして旧日労党に当たるべきできではないかと思ふが。この方針を中央に立て、動き出させてはいかゞです。」（浦西和彦『葉山嘉樹―考証と資料―』明治書院、一九九四年所収、二八一頁）という記述は、日本大衆党分裂前後の京都郡支部の実態を正確に見取っている。なお、葉山嘉樹「空腹と胃散」『新潮』一九三二年八月の主人公「越智九州男」、鶴田知也「僕達と志摩氏」『改造』一九三七年二月に登場する農民運動家「久能廉平」は落合久生をモデルとしている（拙稿「堺利彦農民労働学校（一）―農村社会運動の諸相―」『部落解放史・ふくおか』第一〇五号、二〇〇二年三月）。

（3） 蓑干万太郎については、拙稿「承認と逸脱をめぐる政治―全国水平社未組織農村における農民運動と水平運動―」『法政研究』第七一巻第四号、二〇〇五年三月、同「独立系水平社・自治正義団と堺利彦農民労働学校―一九二〇～三〇年代福岡県京都郡地方の水平運動―」『佐賀部落解放研究所紀要』第二五号、二〇〇八年三月を参照されたい。

（4） 高橋信夫は、その後、上京して実兄鶴田知也らの労農文化連盟に加盟。桐野一郎のペンネームで『レフト』や『新文戦』に習作（作曲）や音楽批評を発表。一九三五年東京音楽書院に入社して曲集やピース楽譜の編集に従事。一九三七年五月合唱音楽雑誌『メロディー』を創刊して編集主幹となる。木名ならびに宮原敏勝、大井辰夫、北澤三郎、T・N・グロッスのペンネームで作詞、訳詞、編曲、作曲など約一〇〇〇曲を発表。作品集に津川主一監修・大井辰夫・草野剛編『女性合唱曲集』音楽之友社、一九五七年、同『混声合唱曲集』(同右)、関根和江『白薔薇の匂ふ夕は―音楽家高橋信夫の作品集―』福岡県豊津町、二〇〇〇年がある。

(5) 宮原敏勝は、戦後、無産運動の語り部として堺利彦農民労働学校における堺の講義内容など貴重な証言を後世に残した(川島成海「堺利彦農民労働学校」『堺利彦全集月報』第三号、一九七一年 月、八頁。林尚男『評伝〈堺利彦〉―その人と思想―』オリジン出版センター、一九八七年、一一～一二頁)。他に無署名「葉山嘉樹の思い出を語る宮原敏勝さん」『朝日新聞』西部本社京築版一九七八年六月一三日。宮原敏勝「恨みの一説」『葉山嘉樹と中津川』葉山嘉樹文学碑建立二〇周年記念実行委員会、一九八〇年(のち三人の会編『葉山嘉樹・真実を語る文学』花乱社、二〇一二年再録)。

(6) 拙稿「堺利彦農民労働学校のアドバイザー葉山嘉樹」三人の会編前掲『葉山嘉樹・真実を語る文学』所収。

(7) 拙稿「鶴田知也「コシャマイン記」断章」『部落解放』第六一六号、二〇〇九年七月。東條慎生「裏切り者と英雄のテーマ―鶴田知也「コシャマイン記」とその前後―」岡和田晃編『北の想像力―《北海道文学》と《北海道SF》をめぐる思索の旅―』寿郎社、二〇一四年。

(8) 拙稿「部落解放と社会主義―田原春次を中心に―」熊野直樹・星乃治彦編『社会主義の世紀―解放の「夢」にツカれた人たち―』法律文化社、二〇〇四年。町田聡「田原春次再考―聞き取りと新資料から―」『リベラシオン』第一三八号、二〇一〇年六月。辰島秀洋「田原春次―マイノリティの声を代弁した大衆政治家―」『部落解放』第六七一号、二〇一三年一月。野口道彦「ブラジル日系コロニアと部落問題―部落問題は、どのように語られてきたのか?―」『人権問題研究』第一二・一三合併号、二〇一二年三月。山本冴里『戦後の国家と日本語教育』くろしお出版、二〇一四年。

（9）一九二九年九月八日、日本大衆党福岡県連創立大会兼九州民憲党解散式（八幡市寿館）で採択された「運動方針」は、組織と運動が「北九州の工業地帯と筑豊の鉱業地帯に偏在」し、「東部、西南部、殊に農村地帯は未組織」となっている点を問題視していた（『社会運動通信』一九二九年九月二三日）。浅原健三は、福岡県東部の農村地帯・京都郡への政治的進出という明確な意図を持って、堺利彦農民労働学校へ九州民憲党系（全大党―労大党八幡支部、九州合同労働組合、西部鉱山労働組合）の講師と聴講者を派遣したのである。浅原健三については、桐山圭一『反逆の獅子―陸軍に不戦工作を仕掛けた男・浅原健三の生涯―』講談社、二〇〇三年参照。

（10）古市春彦は、小学校卒業後、郷里の鹿児島県熊毛郡南種子島村で農業に従事した苦労人で、東京の錦城中学校、五高を経て、一九一二年九月、二一歳の時、京都帝国大学法科に進学した。さらに同大学院に進んで河上肇の指導を受け社会主義思想発達史を専攻。一九二四年西南学院高等部商科教授（のち商科長）に招かれたが、無産運動に専念するため二年後に辞職、浅原健三らとともに九州民憲党を結党し同党顧問に就任。浅原は古市のことを「心の兄であり、運動の羅針盤」（『溶鉱炉の火は消えたり』新建社、一九三〇年、三九八頁）と述べている。

（11）拙稿「堺利彦農民労働学校（二）―第一期を中心に―」『部落解放史・ふくおか』第一一四号、二〇〇三年三月。

（12）鶴田知也「『農民学校』の断片」『美夜古文化』第一三号、一九五九年一一月、八頁。福田新生については、喜多孝臣「プロレタリ美術をひらく―福田新生のプロレタリア美術―」『美術運動史研究会ニュース』第一一八号、二〇一一年六月参照。

（13）友石孝之「豊津と堺枯川」『九州文学』第二巻第一号、一九五五年一二月、四四頁。

（14）荒畑寒村『久闊多罪―荒畑寒村の手紙―』平凡社、一九八三年、三六頁。

(15) 広野八郎「回想「堺利彦農民労働学校の夕」―没後六十周年を迎えて―」『読売新聞』西部本社版一九九三年一〇月一日夕刊。他に同「『葉山回想』こぼればなし(五)」『九州人』第一四一号、一九七九年一〇月、同「『堺利彦農民労働学校の夕』のこと」『西日本文化』第二九七号、一九九三年一二月参照。

(16) 堺利彦は第一期堺利彦農民労働学校開校日当日、東京・立川飛行場から大阪経由で空路福岡入りした(本書第一八章参照)。日本航空運輸株式会社(日航)は一九二九年八月に福岡支所を開設して東京―福岡、大阪―福岡の二便を就航させていたが、後者の片道航空運賃三五円は、東京―博多間の特急列車運賃の二倍以上とかなりの割高であり、しかも安全性に対する信頼も確立されていなかったために利用者が伸び悩んでいた。そこで、日航は各界著名人の無料試乗キャンペーンを実施、田原春次の発案で堺利彦農民労働学校の宣伝効果を高めるためにこのキャンペーンを利用したのである。

(17) 堺為子「妻の見た堺利彦」『中央公論』一九三三年四月、二〇六頁。荒畑寒村『寒村自伝』上巻、岩波文庫、一九七五年、二八八〜二八九頁。

(18) 鶴田知也「堺利彦先生逝去さる」『レフト』一九三三年三月。

(19) 増島宏・高橋博彦・大野節子『無産政党の研究―戦前日本の社会民主主義―』法政大学出版局、一九六九年、三六九頁。鈴木徹三「『労農』小史―大原社会問題研究所々蔵『鈴木茂三郎氏からの聴き取り』について―」『経済志林』第四三巻第四号、一九七九年一二月、六二頁。岡本宏『日本社会主義史研究』成文堂、一九八八年、三二三〜三二四頁。

(20) 鈴木茂三郎『ある社会主義者の半生』文藝春秋新社、一九五五年、二一〇頁。

(21) 鈴木徹三『鈴木茂三郎〈戦前編〉―社会主義運動史の一断面―』日本社会党機関紙局、一九八二年、三一一〜三一二頁。

(22) 鈴木茂三郎前掲書二一一頁。鈴木徹三前掲書三三頁。向井啓二「晩年の堺利彦」『国史学研究』第一六号、一九九〇年三月、三七〜三八頁。
(23) 堺為子前掲「妻の見た堺利彦」二〇六頁。
(24) 鈴木茂三郎前掲書二一一頁。松尾尊兊『大正デモクラシー期の政治と社会』みすず書房、二〇一四年、五七〇〜五七一頁。
(25) 小西秀隆「地方における無産政党運動—福岡県無産政党史—」『福岡県史　通史編　近代　社会運動（一）』福岡県、二〇〇二年、一一六頁。
(26) 甲斐募編『八幡製鉄所労働運動誌』八幡製鉄所、一九五三年、五一六頁。
(27) 『満州人名辞典』上巻、日本図書センター、一九八九年、四九五頁。
(28) 『福岡県史　近代史料編　農民運動（三）』福岡県、二〇〇〇年所収。なお、木永勝也「協調会福岡出張所の組織と活動—福岡出張所史料の検討を通して—」『九州史学』第八八・八九・九〇号、一九八七年一〇月によれば、一九三一年一二月一五日付で開設された同出張所の史料源は、警察機構（特高課）、県行政機構（調停課、農務部小作係・小作官）、経営者団体（筑豊石炭鉱業組合）、一部労働団体（日本労働組合会議九州地方協議会）などであった。
(29) 大門正克『近代日本と農民世界—農民世界の変容と国家—』日本経済評論社、一九九四年、三〇四〜三〇八頁。森武麿『戦間期の日本農村社会—農民運動と産業組合—』日本経済評論社、二〇〇五年、一八四〜一八六頁。
(30) 拙稿「堺利彦農民労働学校（四）—第三期講義内容の検討—」『部落解放史・ふくおか』第一二一号、二〇〇六年三月。
(31) 『社会運動通信』一九三三年一月二八日。石河康国『労農派マルクス主義—理論・ひと・歴史—』上巻、社会評論社、二〇〇八年、二二〇〜二二二頁。
(32) 堺真柄「謝辞」『労農文学』一九三三年三月、六頁。のち近藤真柄『わたしの回想（上）—父堺利彦と同時代の人々―』ドメス出版、一九八一年再録。無産婦人同盟―社会大衆婦人同盟時代の堺真柄については、大森かほる『捨石埋草を生きて―堺利彦と娘近藤真柄―』第一書林、一九九二年、石月静恵『戦間期の女性運動』東方出版、一九九六年、宮坂広作『自己形成者の群像―新しい知性の創造のために―』東信堂、二〇〇七年参照。

(33) 荒畑寒村「巻末に識す―第六巻解説―」『堺利彦全集』第六巻、中央公論社、一九三三年。

(34) 無署名（鈴木茂三郎）「『前進』同人、同志堺利彦告別の辞」『前進』一九三三年三月、三頁。

(35) 山崎今朝弥「堺利彦論」『人物評論』一九三三年三月、三七頁、三九頁。

(36) これらの新聞記事については、堺（近藤）真柄作製の『堺利彦逝去関係記事スクラップブック』（みやこ町歴史民俗博物館所蔵）を元に国立国会図書館や東京大学法学部附属日本法政史料センター明治新聞雑誌文庫所蔵のマイクロフィルム、原紙で確認した。『堺利彦逝去関係記事スクラップブック』には、野依秀市が創刊した週刊紙『我等の新聞』や、住谷悦治が「堺利彦氏を想ふ」を一九三三年二月二五日より五回連載した『民潮新聞』（神戸市）など他の機関に原紙等が所蔵されていない貴重な史料が含まれている。拙稿「解題」〈豊前地方の近世・近代史料集第7集―目録編3―〉『堺利彦記念館旧蔵資料目録』みやこ町歴史民俗博物館、二〇一三年。

(37) 『大阪毎日新聞』北九州版一九三三年一月二九日。『九州日報』一九三三年一月二九。『福岡日日新聞』一九三三年一月二九。『社会運動通信』一九三三年一月三一日。

(38) 藤本幸太郎「自由日記」『部落解放史・ふくおか』第六号、一九七七年一月、一六〇～一六一頁。

(39) 田原春次、浅原健三、木村毅は、一九三一年四月九日より八月二〇日まで全国労農大衆党海外視察団として、アメリカ、メキシコ、カナダの三カ国を視察した。カナダでは、ブリテッシュ・コロンビア州バンクーバー市パウエル街（リトルトウキョウ）にあったキャンプ・ミル労働組合（Canp and Mill Workers' Federal Labor Union No.31 Vancouver and Vicinity）の機関紙『日刊民衆』（The

Daily People）編集部を訪問した。『日刊民衆』のレターヘッドはこの時持ち帰られたものと思われる。キャンプ・ミル労働組合（一九二〇年七月一日結成）は、伐採、筏流し、製材、パルプなど最大時一六〇〇人の日本人・日系人の木材労働者を組織し、労働運動という回路を通してホスト社会へ同化することを目指してナショナルセンター・カナダ労組会議（TLC）に加盟した。『日刊民衆』の読者層は、同労組内だけでなく日本人コミュニティのすみずみに及んでいた。『日刊民衆』の編集長・梅月高市は、福岡県築上郡角田村（現豊前市）の出身である。そうした関係からか、一九三三年にキャンプ・ミル労働組合から北野為三という人物が、全農福岡県連京築地区委員会の書記に招かれている（前掲『福岡県史　近代史料編　農民運動（三）』一五六頁）。全国労農大衆党海外視察団については、浅原健三「粗描『アメリカ』十数景」『改造』一九三一年一〇月、木村毅「アプトン・シンクレアと語る」『改造』一九三一年九月、中田幸子『父祖たちの神々―ジャック・ロンドン、アプトン・シンクレアと日本人―』国書刊行会、一九九一年を参照。梅月高市と『日刊民衆』については、田村紀雄『エスニック・ジャーナリズム―日系カナダ人、その言論の勝利者―』柏書房、二〇〇三年、同『日本人移民はこうして「カナダ人」になった―『日刊民衆』を武器とした日本人ネットワーク―』芙蓉書房出版、二〇一四年、廣畑研二「カナダから水平社に届いた連帯メッセージ」『解放研究』第二一号、二〇〇八年三月を参照。

(40)　「転換期建設政策」については、山室建徳「社会大衆党小論」『年報・近代日本研究』五、一九八三年、有馬学「田所輝明と満州事変期の社会大衆党―一九三〇年代における『運動』と『統合』（一）―」『史淵』第一二五号、一九八八年三月、小泉洋「社会大衆党の国家社会主義的画一化と小市民―大阪府連合会を中心に―」『史林』第七三巻第三号、一九九〇年五月を参照。

(41)　甲斐編前掲『八幡製鉄所労働運動誌』五七四頁。

(42)　小西前掲「地方における無産政党運動」一五七～一五九頁。したがって、この時期の浅原健三は、「市会に議席を有しながら殆ど市会には出席することなく東京方面にばかり居た」という状態となり、一九三四年七月、「岡田内閣となつてから帰幡しての時局談には満洲問題に非常な関心を持つていたとも噂され」ていた（甲斐編前掲『八幡製鉄所労働運動誌』五一六～五一七頁）。

（43）浅原健三「無産運動を去るの日」『中央公論』一九三六年三月、三〇六頁。

（44）拙稿「堺利彦農民労働学校（五）―第四期・第五期と学校の再編―」『リベラシオン』第一二八号、二〇〇七年一二月。

（45）全農分裂の影響で発行が滞っていた全農機関紙『土地と自由』は、一九三二年五月二〇日発行の第一〇〇号を再生一号と銘打ち、編輯兼印刷発行人がそれまでの杉山元治郎から黒田寿男に変更され、発行所も大阪の全農総本部から東京の全農関東出張所に移された。こうした編集発行体制の刷新を契機に、全農総本部政治部長・黒田寿男を中心とする「労農」派が、『土地と自由』の編集実権を掌握し、財政的にも支えていった。前年の全農分裂直後は、全会派への対抗という共通目標で提携していた全農総本部内の「労農」派と日労党系中間派は、一九三二年になると対立を顕在化させる。日労系は、『社会新聞』紙上において、「政治闘争至上の時代」「経済闘争の政治化」、すなわち「党が一切の経済団体を指導」する「党の組合支配」を強調し、これに対して「労農」派が編集実権を握る『土地と自由』は「全農の独自の立場」を主張し対立していた（横関至『農民運動指導者の戦中・戦後―杉山元治郎・平野力三と労農派―』御茶の水書房、二〇一一年）。蓑干派（「労農」派）と田原派（中間派・右派）の分裂は、堺利彦という精神的支柱を失ったことに加え、以上のような対立状況が地方レベルへ波及したために生じた現象であった。

（46）急進青年層を代表する森毅は、第一期堺利彦農民労働学校第二日目、未成年者による「学校の名称を持てる政治集会」への参加を理由に検束されている（落合久生「第一期堺利彦農民労働学校報告」『文戦』一九三一年四月）。森毅は第二次九州共産党事件での検挙後、翌年に上京し、ＰＣＬ映画製作所（のちの東宝映画）の助監督試験で最終面接まで残った。同年春に帰郷、地方紙『豊州新聞』『行橋新報』や

『大阪毎日新聞』の記者・通信員となるが、一九四一年三月一五日、日本共産党北九州地方組織準備会事件（北九州社研事件）で前田俊彦ら一〇名と再び検挙された（『特高月報』一九四一年三月分）。戦後、行橋市議を一期つとめ、堺利彦顕彰会初代事務局長に就任して堺利彦記念碑建立（一九六〇年一二月一七日）に尽力した。森毅（俳号緑青）については以下を参照。森毅「土蜘蛛旅行の頃」『美夜古文化』第一三号、一九五九年一一月。同「記念碑建設の経過―顕彰会の五年―」『堺利彦先生生誕九十周年記念顕彰記念碑』堺利彦先生顕彰会、一九六〇年。渡辺凡平「森緑青氏と豊津」『みやこ俳句会報』第三〇五号、一九七八年六月。蟹江利男「みやこの俳人たち」京築文化考出版会編『京築文化考』第三巻、海鳥社、一九九三年。都留忠久『大分県抵抗の群像』治安維持法犠牲者国賠要求同盟大分県本部、一九九七年。

（47）『土地と自由』第一三号、一九三三年六月二七日。

（48）落合久生は、一九三九年二月二二日、河北省東部（冀東）の工業都市唐山市で発行されていた『冀東日報』の記者となり、その後、華北傀儡政権（中華民国臨時政府→華北政務委員会）の民衆教化団体・中華民国新民会に採用され、一九四一年、ナザニエル・ベツフアー『亞細亞に於て我等相鬪はざる可からざるか』、ヴィクター・ヤコントフ『支那に於けるソヴィエット』の翻訳書を新民会中央総会弘報室より刊行した。一九五四年一月、京都郡今元村（現行橋市）に逼塞する落合久生を取材した文芸評論家・野田宇太郎は、「歩きながら私は行橋で会つた落合久生さんの言葉を思ひ出した。「堺のおぢいさん（と落合さんは言つた―原文）の思想は今日の時代からみれば社会党くらゐかも知れませんが、とにかく人間として偉かつたと思うとります」――私は素朴ながらしみじみとしたその言葉の裏に、枯川の名によつて生れた農民労働学校の成果が如何に大きく、郷党の枯川敬慕が如何に今も尚ほ深いかをよみとつた」と記している（『続九州文学散歩』創元社、一九五五年、傍点引用者）。この年八月、落合は、実姉サカエの嫁ぎ先、京都郡蓑島村（現行橋市）で病没する。享年四六歳。郷土史家・玉江彦太郎の追悼文「落合久生さんのこと」『時事新聞』一九五四年九月一〇日によれば、落合の遺稿は、高橋侀太郎の評伝（未発表・未発掘）であった。
(49) 荒畑前掲『久闊多罪』五四頁。
(50) 前掲『福岡県史　近代史料編　農民運動（三）』一二三六頁。
(51) 福岡県農地改革史編纂委員会編『福岡県農地改革史』上巻、農地委員会福岡県協議会、一九五〇年、六八〇頁。
(52) 拙稿「戦時下の田原春次—堺利彦農民労働学校の再編過程を中心に—」『部落解放研究』第一八三号、二〇〇八年一〇月。

第Ⅳ部
資料紹介とエッセイ

堺利彦碑前祭。福岡県京都郡豊津町（当時）。1960 年代初頭。渡辺英生（堺利彦顕彰会創立メンバー）旧蔵資料、渡辺裕子氏提供

第一五章　ユーモアの裏にあるペーソス――木下順二作「冬の時代」を観て

山中千春

木下順二作「冬の時代」が、初演（一九六四年）から半世紀を経て、丹野郁弓の演出により劇団民藝で再演された（二〇一五年四月一六日〜二八日。紀伊國屋サザンシアター）。急速に右傾化が進む現在の状況において、大変意義のある再演である。「冬の時代」は、大逆事件後の厳しい弾圧の時代を背景に、堺利彦が設立した売文社に集まった社会主義者たちの姿を、ときに鮮烈に、ときにユーモラスに、そして生き生きと描いた討論劇である。

明治以降、多くの海外の思想や文化が流入し、強引かつ皮相な近代化が進められる中、日清戦争、日露戦争による財政難、急速に拡大して行く格差、公害問題を抱える明治政府。旧体制的な伝統を引きずる保守派と幸徳秋水ら社会主義者との相剋は緊迫さを増してゆき、政府は、天皇の権威を強化するための政策を次々と打ち出して行く。国民の意識を皇室に集中させるべく、思想言論弾圧を強化。メディアは社会主義者を〈悪者〉として書き立て、幸徳秋水と管野スガはスキャンダラスにクローズアップされ、管野は男を翻弄する悪女であるかのように書きたてられ、読者の欲望をあおる。時代は急速に右傾化し、その一つの到達点が大逆事件（一九一〇年）とその処刑（一九一一年）であった。赤旗事件（一九〇八年）による投獄で大逆事件の拘束をまぬがれた堺利彦、大杉栄、荒畑寒村らは、堺利彦が立ち上げた売文社によってその後の弾圧を堪え忍んだ。第一幕は、そうした東京四谷の売文社執務室を舞台に、各社員が赤旗事件と大逆事件をどのように捉えたか、という回想と議論からはじまる。高畠素之をモデルにした「ノギ」とあだ名された人物は、赤旗事件によって大逆事件連座を免れたことを「無責任」と批判するが、橋浦時雄をモデルとした「不敬漢」がそれに反論する。こうしたやり取りから次第に登場人物たちのあだ名についての討論に移行し、大逆事件後の弾圧をいかに切り抜けてゆくか、という問題に発展して行く。堺利彦をモデルとした「渋六」は、売文業を営みながら世の中を茶化すといったスタンスを主張するも、大杉栄をモデルとした「飄風」と荒畑寒村をモデルとした「ショー」はそれに我慢がならないので『近代思想』を創刊するとし、激しい討論が交わされる。しかし、日野道夫をモデルとした「キリスト」（村木源次郎と推測している者もある）が尾行が復活したことを告げにくると、渋六は「時機を待つ」ことの必要性を説き、『へちまの花』を発行する計画について述べる。最終的には全員で「革命の歌」を合唱し、飄風が「春三月、くびり残され花に舞う」と歌い、幕を閉じる。

まず、この一幕目はなかなか印象的で、唐突にはじまる議論の数々は、唐突でありながらもテン

木下順二作・丹野郁弓演出「冬の時代」第三幕。劇団民藝提供

ポよく軽快に進むので、だんだん馴染んでくる。また、劇の中心人物である渋六の、落ち着いていて飄々としながらも、ユーモア溢れる振る舞いは、白熱する議論の中に心地よい間を作り、観る者を議論の中へと引き込んでゆく力がある。一幕目の終盤、議論の末に力強く合唱される「革命の歌」もなかなかの迫力で、弾圧の世を吹き飛ばすような溌剌とした明るさと力強さが舞台全体に漲る。

　第二幕は、それから三年後に麴町永田町へ移転した売文社が舞台である。売文社での渋六の共同経営者として、白柳秀湖をモデルとした「デブ」が就任する。飄風とショーの動きにやや危機感を抱いている不敬漢も、デブを適任と考えていた。劇は「へちまの花」の編集会議や忍術の本の出版など、渋六をめぐる具体的な仕事の数々を軸として展開し、そうした中、飄風とショーが現れて「近代思想」を廃刊すると告げる。その理由は「知識的手淫」だと飄風は述べる。飄風は、渋六のスタンスが若い人々には物足りず、若い世代を遠ざけていると批判し、社員たちの思想的な分裂が描き出される。渋六は社会主義の雑誌を刊行することをほのめかし、「奥方」に宣言文『小さき旗挙げ』を朗読させて幕が降りる。

二幕目の見所は、渋六と飄風との議論であろう。若い飄風にとって、長年社会運動に携わって、明治国家と社会主義との軋轢を幸徳秋水らとともに歩んできたが故の、長期的な目線で主義を確実に守り通すかのようにも見える渋六の慎重かつ堅実なスタンスは〈卑怯〉に映る。こうした、世代の違いとも思える二人の思想的な相違は、社会運動史においても、思想史においても、一つの大きな分岐点のようにも見えてくる。

第三幕は、二幕目からさらに三年後、有楽町に移転した売文社が舞台となる。渋六が東京市選出衆議院落選「報告第演説会」当日である。その準備をするなかで、売文社に集った人々の思想的相違が明らかとなり、それぞれの道へと分かれて行く姿が描かれる。ショーは飄風の恋愛観や思想には共感できず、次第に離れてゆき、不敬漢は無思想なデブに失望する。ノギは、天皇を中心とした国家社会主義に傾く。そして山川均をモデルとした「二銭玉」が登場。終盤、渋六が「奥方」に心内を吐露する。

渋六　とにかく人間自然の感情を圧し殺す社会制度は必ず改革しなきゃならんということさ、いま生きている人たちのためにも、死んでしまった人たちのためにも。そのために闘って行かなきゃならんということさ。それでやがてわれわれが死んだら、まだ若いものがやってくれる。少しづつかしこくなりながらね。

この劇の最大の特徴は、登場人物の一人一人の個性が豊かに造形されている点と、全体として潑剌とした明るさがある点だ。この独特の明るさについては、既に高橋敏夫『民芸の仲間』(二〇一五年三月)、五十住和樹『朝日新聞』(二〇一五年四月二三日夕刊)、『東京新聞』「大波小波」(二〇一五年四月二三日夕刊)などでも評価されている。弾圧を跳ね返す力は、弾圧に屈しない「明るさ」の中にこそ存し、その背後には大逆事件で失った同志への想い、運動を継続して行く上での苦悩や悲哀がある。議論の内容は、時代背景を知らない者には難解なところも多いだろうが、そうした難解さ以上に、議論の真剣さと激しさ、そして渋六のキャラクターそのものに観客は引き込まれるのだ。そして、この劇が、皮相な潑剌さと明るさに陥らず、どこかしら大逆事件の影を色濃く滲ませているのは、渋六の達観したスタンスと、その背後に存在するある種の悲哀——木下順二の苦い眼差しがあるからであろう。その意味では、この作品は単に明るく潑剌と弾圧の時代を生き抜いたという点だけでなく、明るければ明るいほど、その背後に広がる深い悲哀をも見据える必要がある。その悲哀は、先に引用した渋六のセリフにも読みとれる。

ただ、少しだけ贅沢なことを言うならば、役者が若すぎるからか、台詞の一つ一つが孕んでいる思想を咀嚼できていないような、そんな違和感のようなものを覚えた。とくに「ショー」は、どうしても荒畑寒村を髣髴できなかったのだが、どうだろう。ちなみに筆者は、堺利彦ら三人顕彰会会員、初期社会主義研究会会員、日本社会文学会会員ら十数名と観劇したのだが、その中に初演を観た方がいた。芦田伸介が初演の際「ショー」の役を演じたようだが、爪を嚙むしぐさが印象的だったという。爪を嚙む……果たして寒村にそうした癖があったのかどうかはわからないが、役者なりの荒畑寒村という人間の解釈が、そうした仕草にも現れていたのかもしれない。

そしてもう一点、最後に書き添えておきたいことは、渋六のキャラクターを見ていて、どことなく大石誠之助を髣髴したことである。大石誠之助は、大逆事件の犠牲となり処刑された人物であり、堺利彦との親交は厚く、誠之助の墓は堺利彦の揮筆である。堺利彦は、大石について次のように述べている。

紀州新宮の大石禄亭君、彼は実に吾党の先輩長者、医術は如何に秀でたるかは僕の知る所でない。然し僕は若し病ありて彼の手に治療を受くるならば即日死んでも本望。彼の反面は慈眼愛賜、反面は狷介不羈。彼は浮世を茶にして三分五厘を観ずべき飄逸の質をも備へてゐる。（一九〇七〔明治四〇〕年二月『大阪平民新聞』、引用は『明治社会主義史料集』第五集、明治文献資料刊行会）

ここで堺利彦が捉えた「慈眼愛賜」「狷介不羈」「飄逸の質」といった、大石のキャラククーは、「冬の時代」に描き出された渋六の飄々としたキャラクターと相通ずるものがあるように思える。そして、先に引用した渋六の台詞は、一九一〇（明治四三）年、獄中で大石が、自身の理想について述べた以下の文章とも重なる。

自分はこれまで種々の理想を抱いたり、捨てたりした。さうして又没理想とか無理想とかいふ言説にも多少は耳を傾けて見た。併し自分は決して全く理想といふものを打ち捨てる事が出来ない。／此宇宙の構成を説明して精神的なものとする人があるならば、自分は敢えてそれに反対しようとは思はぬ。唯だ自分の心持として之を目的論的なものと見た方が呑込みやすいのだ。それが必ずしも人格を持つた神とか霊智あるものの意志だときめるわけではないが、何か知らぬ、其処に一つの目的があつて、その方に向つて動いて居るもののやうに思ふ。そして終に人間はいふに及ばず、万物の間に一大調和の実現する日が来るであらう。それで今の世に行はれて居る事は、悉く其処に達するの動行だといふ事を信ずるのみである。（一九五〇〔昭和二五〕年、神崎清編『大逆事件記録第一巻、獄中手記』実業之日本社）

獄中にある大石は、自身をとりまく世界が「目的論」として動いていると見ているが、渋六の言う「人間自然の感情」というものは、その「目的論」へと導く核であるようにも思える。そして、大石の未来を見据えた長期的な眼差しと、渋六の「それでやがてわれわれが死んだら、まだ若いものがやってくれる」という眼差しは、重なるものがある。木下順二がどこまで大石と堺の親交を意識していたかは不明だが、「冬の時代」を観ることで、堺と大石との親交が深かったことを、改めて再認識した。こうした細かなところにも大逆事件の影があり、劇全体が重みと深みを増す。

大石の理想とした「万物の間に一大調和の実現する日」は、まだ来ていない。そして、渋六の言う「それでやがてわれわれが死んだら、まだ若いものがやってくれる」ということも、果たして、現在どこまでできているのだろうか……。

付記　劇評を執筆するにあたり、小正路淑泰氏のお世話になった。この場をお借りして、感謝申し上げたい。

第一六章　祖父・藤岡淳吉と堺利彦――彰考書院版『共産党宣言』をめぐって

中川右介

私の祖父・藤岡淳吉が歴史に残るとしたら、「幸徳秋水・堺利彦訳『共産党宣言』を日本初の合法出版として刊行した」ことだろう。一九四五年十二月、敗戦から三カ月後のことだった。版元名は彰考書院という。東京は焼け野原で、食糧難で、出版界も混乱を極めていた時期だ。食糧も不足していたが、出版のための紙もなかった。戦後すぐのベストセラーは『日米会話手帳』、そういう時代だ。そんななか、戦前戦中は陽の目をみなかった『共産党宣言』が天下晴れて刊行されたのだ。「自由」と「マルクス・エンゲルスを読む」の間には、かなり飛躍がある。これはかなりの情熱とある種の狂気がなければできないことだと思う。そしてこれはビジネスとしても成功した。

しかし彰考書院は十二年後の一九五七年に倒産した。すでに『共産党宣言』は他の訳がいくつも出ていたので、その後はあえて旧い訳で出そうという版元もないまま、入手しづらくなっていた。一方、我が一族は凝りない一族で、祖父が出版で失敗したのに、私の父もまた出版社インタープレスを起こし、それもまた倒産し、私もまた出版社アルファベータを起こし、どうにかやっていた。そんな二〇〇八年、小林多喜二の『蟹工船』がブームとなった。私はたまたまヨーロッパ旅行でブリュッセルを訪れ、ブラブラと歩いていたら、工事中の建物に、「KARL MARX」というプレートがあった。マルクスがその建物に滞在していた時期に、『共産党宣言』は書かれたのだった。帰国後、彰考書院版『共産党宣言』を読み返し、これはいまこそ読まれるべきだと思い、アルファベータはクラシックの音楽書を専門としていたが、「彰考書院版『共産党宣言』」と題して、刊行した。

その復刊した本の巻末に、「ある左翼出版人の略伝」として、祖父のことを、彼が生前に書き遺した表紙に「年譜」とある大学ノートをベースにして書いた。以下、改めて、「年譜」をもとに、堺利彦との関係を中心に記してみる。

藤岡淳吉は一九〇二（明治三十五）年に高知県安芸郡安田村で生まれた。堺利彦とは二十九歳離れている。家業は網元で地引網の持ち主だったが、漁業のほか、呉服、反物、雑貨を扱う商店を経営し、かなり羽振りがよかったらしい。

淳吉が二歳になる一九〇四年、幸徳秋水と堺利彦は『共産党宣言』を日本語に翻訳し、二人が創刊した週刊新聞「平民新聞」に掲載されたが、すぐに発売禁止となった。この時の訳文は文語体による翻訳で、第二章までしかない。

一九一〇（明治四十三）年、淳吉が小学校二年の夏に、父が突然、病死した。まだ三十歳だった。幸徳秋水が大逆事件で死刑になるのはその翌年（一九一一年）だ。相次いで祖父も亡くなり、母は妹を連れて再婚した。淳吉と弟は母方の祖父の家に引き取られる。そこには伯父一家もいて、子守や草刈り、草履作りなど、毎日酷使され、「この世の地獄」を味った。尋常小学校を卒業する時は、成績がよかったので、担任や校長までもが中学校へ入れてやれと祖父と話したが、「ともてそんな余裕はない」と断られ、卒業式の翌日、高知の呉服店に丁稚奉公へ出された。

一九一五年から二年ほど、淳吉は呉服店で丁稚として働いたが、あまりに可哀想と思った伯母のはからいで、神戸の鈴木商店で働くことになった。当時、鈴木商店は三井、三菱と並ぶ大商社で、その大番頭が金子直吉という高知県出身者だった。その高知人脈のおかげで、淳吉は鈴木商店の大連支店の見習社員となった。これが一九一七年、ロシア革命の年のことである。この史上初の社会主義革命の成功によって、日本国内の社会主義運動も盛り上がっていた。

一九一八年、鈴木商店大連支店は社屋が新築され、見習い社員も十五名になっていた。そこで淳吉は同僚と「互いの啓発を計る」目的で社内雑誌を作ることになり、「旭」と名付けた。ちょうどその時、鈴木商店の神戸の本店が「米騒動」で焼き討ちにあった。淳吉は雑誌「旭」に「米騒動と鈴木商店」と題して、自分の会社のことを批判的に書いた。当然、支店長からは叱られた。そんな論文を書いたのは、「ロシア革命に刺激されて、社会主義の理屈を知り、爾来、河上肇、堺利彦、山川均などの他を夢中で読む」日々となったからだった。

「かくて十六歳にして社会主義者となる。これがわが生涯の不幸の始まりであった。せっかく立身出世の道が開かれ、人並みの生活ができるようになったのに、昨日までの丁稚の惨めさを忘れ、貧乏人のために生涯を捧げる決意、日に高まり、経済学、社会学、哲学に夢中」。たしかに立身出世の道は閉ざされた。大連支店は社員が多いため、「こんな奴を置いといたら、他の社員にも悪い影響が出る」と言われ、北満州の長春出張所に左遷されてしまうのだ。「当時の長春は、大連と違ってまったくの片田舎。若いものの住めるところではなかった」。その地では友だちもいないので、本を読むしかなかった。その結果、社会主義文献を読み漁る日々が続き、多くを学んだ。

長春での鬱屈した日々は続いた。一九二一年、十九歳になる淳吉は、「社会主義の意識、日に高まりしも現在の満州における自分の存在が、日本帝国主義の番犬であることを考え、一日も早く鈴木商店をやめることに考えを集中」した。そして、何の面識もない「社会主義の巨頭堺利彦」に手紙を出すことにした。

堺からは「君のような青年がひとりでも多く我が戦列に参加してくれるとありがたい」との返事が届いた。その一言だけでよかった。淳吉はもう自分が革命の戦士になったつもりになった。だが、所長がなかなか退職を認めてくれない。そこで、「鈴木商店退社の声明」と書いたビラを印刷して社内に配ると、ようやく辞めることができた。

満州を出て、東京へ向かう途中、神戸の鈴木商店本社に寄り、金子直吉と会った。その場で、「社会、国家について論じる」と、金子は二百円もの、当時としてはそれなりのお金をくれた。活動資金を得た淳吉は東京に向かった。これが六月末のことで、「上京して、堺の書生となる。満十九歳」と誇らしげに書いている。上の学校へ行けなかった淳吉にとって、堺は生涯で唯一人の師となった。

堺利彦が主宰した社会主義小グループＭＬ会の集合写真。前列左より仲宗根源和、堺利彦、川内唯彦、後列左より塩田貞男、藤岡淳吉。1922 年。藤岡啓介氏提供

その年の十二月の暁民共産党事件で、淳吉も検挙され、十九歳と六ヵ月だったので市ヶ谷監獄の未成年監に入れられた。これが初入獄となる。翌一九二二年二月に保釈されたものの、すぐに神田青年会館で演説してまた検挙され、二十九日の勾留。五月一日のメーデーでも検束と、出たり入ったりの生活が続く。

そんななか、七月に日本共産党が結成され、淳吉は八月に入党した。その直後のこととして、「年譜」には、「九月三十日、大阪天王寺で労働組合総連合大会開かれ、堺と共に下阪」とあり、さらに「この年、徳田球一、山川均、荒畑寒村、その他、多くの先輩を知る。とくに大杉栄に感銘。」とある。一九二三年の出来事としては、以下が書かれている。「二月四日、市川で共産党大会。委員長堺利彦決まる。当日、市川駅でピケを張る。」「六月五日、早暁、共産党の一斉検挙。四日の夜、堺から

いろいろと注意を受ける。爾来、地下に潜る。暁民共産党の判決四カ月。」「七月初め、政治部長北原龍雄の命でウラジオへ行くことと定まり、静岡県焼津の海岸で待機。印刷工見習いをやる。」

こうして待機していたのだが、九月一日、関東大震災が起きた。東京、神奈川には戒厳令が布かれ、社会主義者への弾圧が激化、その過程で、十六日には大杉栄と伊藤野枝が殺される事件も起きた。淳吉が潜んでいたアジトが当局に発見されるのは大杉が殺される六日前の九月十日で、淳吉は夜間、雨の中をひたすら西へと走った。途中では鉄道も使ったらしいが、京都から大阪までは歩き、さらに神戸に向かった。鈴木商店に寄って金子直吉と会い、またも五百円をもらう。淳吉は逃亡資金の調達に成功すると、そのまま満州へと逃げた。しかし、長春に着いたとき、背後から「おい、藤岡君」と声をかけられ、思わず振り向いたのが運の尽きだった。尾行されていたのである。その場で逮捕され、東京に戻され、十月末に豊多摩監獄へ入れられた。

淳吉は翌年二月に出所するが、堺をはじめとする共産党幹部は市ヶ谷の監獄にあり、党は壊滅状態だった。そこで淳吉は大阪へ行き、「潮流」という雑誌を創刊、これが出版の道への第一歩となった。一九二六年、二十四歳の年には、共生閣という出版社を起こし、レーニンの『国家と革命』を友人の岡崎武に訳させて出し、本人曰く、「天下に名を上げた」。共産党もこの頃再建されるが、当時の主流派は福本和夫の影響下にあり、堺利彦を批判していた。堺の門人である淳吉は反主流派となり、党に居辛くなって離党した。そこで、出版で生きていくことにする。

こうして始めた共生閣は、とりあえずは成功した。だが、資金繰りがうまくいかず苦労する日々となり、ゴーリキー全集を企画して出したはいいが、同時期に改造社から立派な装幀のゴーリキー全集が出たので全十五巻のつもりが三巻で中止にし、莫大な負債となる失敗もあった。そうかと思えば、「プロレタリア辞典」を編纂して出したところ、版を重ねるベストセラーになるなど、浮き沈みが激しい。

国会図書館で調べると、共生閣が発行した堺利彦の本は、ハイドマン著『共産制より資本制まで生産方法の歴史的小観察』（一九二六）、シンクレア著『スパイ』（一九二八）の二点の翻訳書しかない。「年譜」にも、出版事業に乗り出してからは、堺の名は出てこない。

一九三二年、月日はないが、「堺利彦、病気。見舞いにいきたるところ、おいおい泣く。かつての先生にあらず。その異常に驚いて帰る」と記している。堺が青山脳病院に入院したのは六月なので、それ以降だろう。一九五二年に『共産党宣言』を版を改めて出した際には「例言」に、「幸徳の刑死後、「平民新聞」紙上に訳載された初訳稿に、堺枯川が幾たびとなく推敲を重ね、一九三〇年、やがて合法出版の可能となる日を期しつつ、ひそかに大学ノートに記載してあった草稿を原本とした」と書かれているので、まだ堺がしっかりしていた一九三〇年に原稿を預かったのではなかろうか。

淳吉が見舞った数カ月後の一九三三年一月二十三日、堺利彦は亡くなった。ドイツでヒトラーが首相になるのはその一週間後の一月三十日だ。

それから敗戦までの十二年、日本も世界も激動の日々だが、淳吉の人生も激動が続いた。堺が亡くなって数カ月後、それまでに出版した二百点のうち六十七点を警察に納本していなかったことがバレて、警視庁特高課に呼び出され、全出版物が発売禁止となり、倒産する。その後は聖紀書房を興し、石原莞爾の本など民族主義の本を出した。教科書出版もやり、これは儲かったこともあった。荒畑寒村、向坂逸郎らが生活に困っていると、民族学の翻訳の仕事を回した。どういう伝手か、軍関係からの翻訳の仕事もあったという。

一九四三年になると、当時日本には千五百の出版社があったのだが、国家による統制が始まり、一割ほどの百七十社になってしまう。淳吉は六社を合併させ、彰考書院として設立し、その百七十のなかに留まった。社員が五十名もいる会社となり、その専務になった。知り合いが保険会社の代理店をやっていたので、社屋から自宅から倉庫まで関係する建物全てに保険を掛けると、空襲で焼ければ焼けるほど保険金が入り、それを社員の退職金にしていったと、「年譜」にはある。

戦争も末期になると、空襲のときに避難するための地図を売った。いまの防災マップみたいなもので、原価二銭のものが五十銭でも売れに売れたので、かなり儲かった。実際には何の役にも立たない、お守りのようなものだと自嘲気味に振り返っている。

そんなことをやりながら、一九四五年八月、四十三歳の夏に敗戦を迎えた。

敗戦直後、淳吉は駿河台のニコライ堂の近くにあった倉庫を買うと、そこを事務所に建て直し、社員も雇い、彰考書院の再起を図った。最初に何を出すか。出版界に乗り出した時の原点に戻ろうと、『国家と革命』を、今度は合法的に出すと決めた。占領軍の政策として、出版言論の自由が与えられたので、何の心配もなく出すことができる、と信じたのだ。さらに、どうせならば堺から預かっていた『共産党宣言』も出すと決め、朝日新聞と毎日新聞に二冊の広告を出し、予告した。するると「全国から、まるで飢えたるものが飛びつくように、各地各方面から、注文殺到して、たちまち数十万円のカネを握ることができた」。

手許にある『共産党宣言』の奥付には、昭和二十年十二月十日発行、定価十円とある。一万部で十万円だ。数十万円というから、数万部が発売前に売れていたことになる。この版は、旧字旧かなで、八四ページ。簡略な版だが、売れに売れた。

『共産党宣言』のヒットの勢いに乗じて、彰考書院はマルクス、エンゲルス、レーニンなどの著作を次々と翻訳出版していった。新刊が出るたびに、社屋のまわりに何百人もの学生が行列をつくって買い求めたという伝説がある。堺の訳書だけでも、一九四六年にはマルクス著『賃労働と資本』、マルクス著『ゴーダ綱領批判』、ハイドマン著『社会変化の必然』、エンゲルス著『空想から科学への社会主義の発展』、四七年にはマルクス著『価値・価格及び利潤』、パンネコック著『社会主義と進化論』、カウツキー著『倫理と唯物史観』などを出した。『共産党宣言』も何度も版を改めて出された。一九五二年版は新かなづかいになっている。さらに五二年版は彰考書院編集部による校註と「解説」もある。その時点では、他の訳者による日本語版が丁寧な解説や註をつけて出ていたので、本文だけでは競合商品に勝てないと思われたのであろう。

しかし、放漫経営がたたり、彰考書院は一九五七年には倒産した。その後、淳吉は出版とはまったく無縁のセメント工場の経営者になり、それも一九六九年に倒産する。「年譜」はこの年で終わり、「万事休す。中小企業の哀れな末路であった。闘い破れ、からだ参る」とあり、入院したと書かれている。晩年はひっそりと暮らしていた。妻と二人で暮らしていた小さな借家は居間と台所が奥にあり、玄関を入ってすぐのところが、淳吉の書斎兼寝室だった。「東京に来たときは堺の玄関番をしとっちゃが、いまもまた玄関番じゃ」と言っていた。

私が祖父・淳吉と最後に会ったのは、一九七五年五月の連休中だ。一緒に神田神保町の書店に行くと、当時話題になっていたソルジェニーツィンの『収容所群島』を、「読まねばならん」と言って買った。それを読んだせいなのか、あるいは読まないままだったのかは分からないが、藤岡淳吉はその一週間後に急逝した。

羽振りがよかった頃、祖父は知り合いの画家に、マルクス、エンゲルス、レーニン、毛沢東の肖像画を描かせた。マルクスとレーニンは日本共産党に寄贈し、エンゲルスは娘（私の伯母）に与え、毛沢東だけは自分で持っていた。毛沢東が死んだのは、祖父の死から四カ月後だ。まだ毛沢東が英雄だった時に死んだのは、祖父にとってはよかったと思う。その毛沢東の肖像画は、いま私の手許にある。祖父の唯一の遺産だ。

第一七章 《資料紹介》堺利彦が恩師に謹呈した次兄・本吉欠伸肖像写真

小正路 淑泰

(1)

本資料は、堺利彦が大逆事件直後、福岡県立豊津中学校時代の恩師・緒方清渓(本名達太郎、一八五八・二・二二～一九二〇・一〇・二九)に謹呈した次兄・本吉欠伸(本名乙槌、別名欠伸居士、一八六五・五・三～一八九七・八・一〇)の肖像写真(写真A)とその台紙(写真B、C)である。緒方清渓の遺族が半世紀以上にわたって大切に保管し、一九七〇年代に堺利彦顕彰会へ寄贈、かつて堺利彦記念館で常設展示されていたもので、同館閉館後、みやこ町歴史民俗博物館に寄託されている。

緒方清渓は、大逆事件時の検事総長・松室致や、堺が敬愛した豊前地方における自由民権運動のリーダー・征矢野半弥らとほぼ同時期に豊津中の前身、豊津藩校育徳館―育徳学校に学び、一八八一(明治一四)年に豊津中の七等教授に就任し、その後、三六年間、同校で主として漢文を担当した。

五高教授で漢詩人の秋月韋軒が、三顧の礼を尽くして緒方を後任教授に迎えようとしたが、緒方はそれを固辞し続ける。何故ならば、緒方には、自らの地位や名声を獲得するよりも、郷党の教育に生涯を捧げることが価値高い生き方であったからだ。「人柄は俗気なく無欲活淡、飄々として仙骨をおびた逸人」(中村十生『増補　新豊前人物評伝』新豊前人物評伝刊行会)と言われる所以である。幕末の対長州戦争で壊滅的な打撃を受け後方の仲津郡錦原《にしきばる》(明治二年豊津と改称)に撤退した緒方ら豊津藩関係者にとって、豊津中こそが旧藩再生のシンボル、精神的支柱であり、地域の諸力を凝縮させて廃校の危機を乗り越えていった(荒井明夫『明治国家と地域教育――府県管理中学校の研究』吉川弘文館)。

一九〇五年三月に豊津中を卒業した中国文学者・青木正児(一八八七・二・一四〜一九六四・一二・二)が、「清渓先生逸事」(『豊津中学校史』所収)で、京都帝国大学支那文学科を志望した理由の一つに「清渓先生から受けた良い印象も大いに与つて力あつたこと」を挙げ、「其後教を受けた先生であのくらゐ風韻のある先生に接したことは無い」と回想しているように、緒方清渓は、豊津中随一の名物教師として多くの生徒に大きな影響を与えた。没後の一九二一年に全国の豊津中同窓生が基金を集め、高さ三・八メートルというひと際大きな「清渓緒方達太郎之墓」が豊津藩の菩提寺・峯高寺に建立されている。遺稿集『清溪詩鈔』全二巻(私家版)がある。

さて、本資料の台紙表紙(写真B)には、「緒方清渓先生／亡兄紀／明治廿六年頃の硝子写真より複写したるもの／明治四十四年十月／堺利彦記」という恵存署名があり、堺利彦が、この本吉欠伸の肖像写真を謹呈したのは、大逆事件直後の一九一一年一〇月であった。後述するように堺はその半年前、大逆事件遺家族慰問旅行の途中、緒方清渓を訪ねている。

台紙の表紙見返り（写真C）には、「酒飲んで見しよ去年は今日の月　欠伸／木守の柿赤うして時雨降る　〃／短夜といふは逢ふ夜の名なりけり　〃／あれも聞く人か木か草か蟲の声　〃／朝寒や白粉くさき髭男　〃／花に向ひ月に向ひて恥かしやいのち惜しとて酒飲まぬ我」と欠伸晩年の俳句五句と短歌一首が記されている。

本吉欠伸は明治二〇年代の関西文壇で新進作家として活躍しながらも、肺結核により満三二歳で夭逝してしまった。堺利彦は、「彼れの数奇なりし生涯と、彼れの飄逸なりし性情とは、彼れの詩文の上に其の面影を止めたり。追懐の料に供せんため茲に其二三を併せ収む。」と注記した上で『半生の墓』（平民社百年コレクション第二巻『堺利彦』論創社、所収。原著刊行は一九〇五年）に欠伸の短篇「風流乞食」（初出は『なにはがた』第六冊、一八九一年一〇月）と「俳句と和歌」を収録している。写真Cの俳句と短歌は、この『半生の墓』より転記したものである。

写真A

欠伸の豊津中卒業は一八八三年一二月一四日（卒業生一〇名）、利彦は三年後の一八八六年二月二四日に卒業（卒業生五名）し

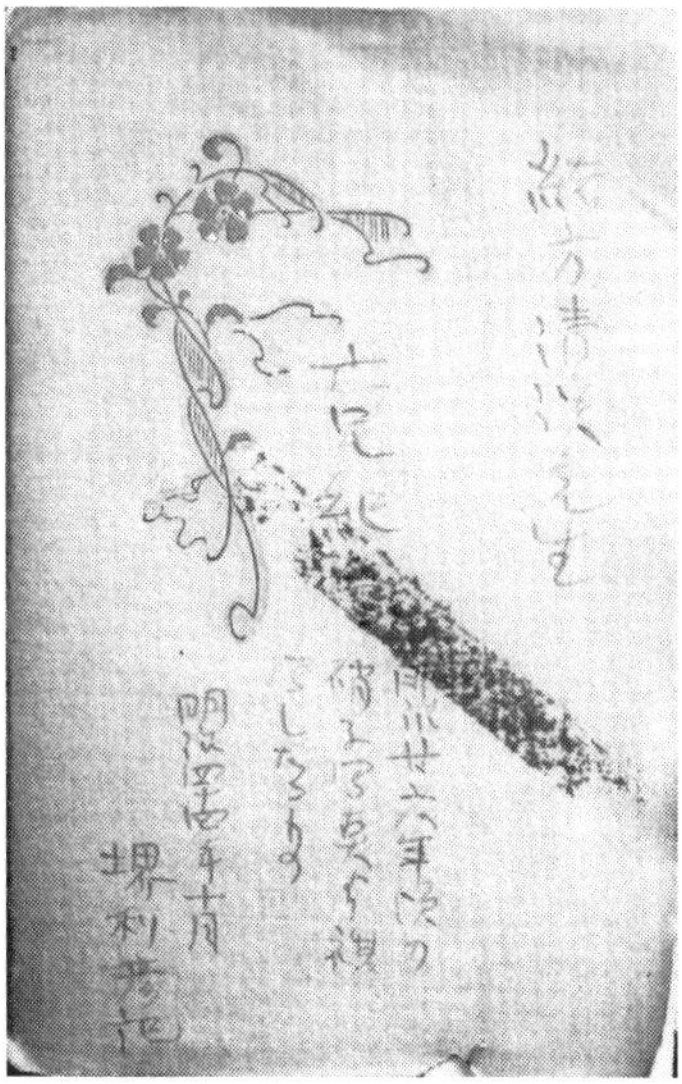

写真B

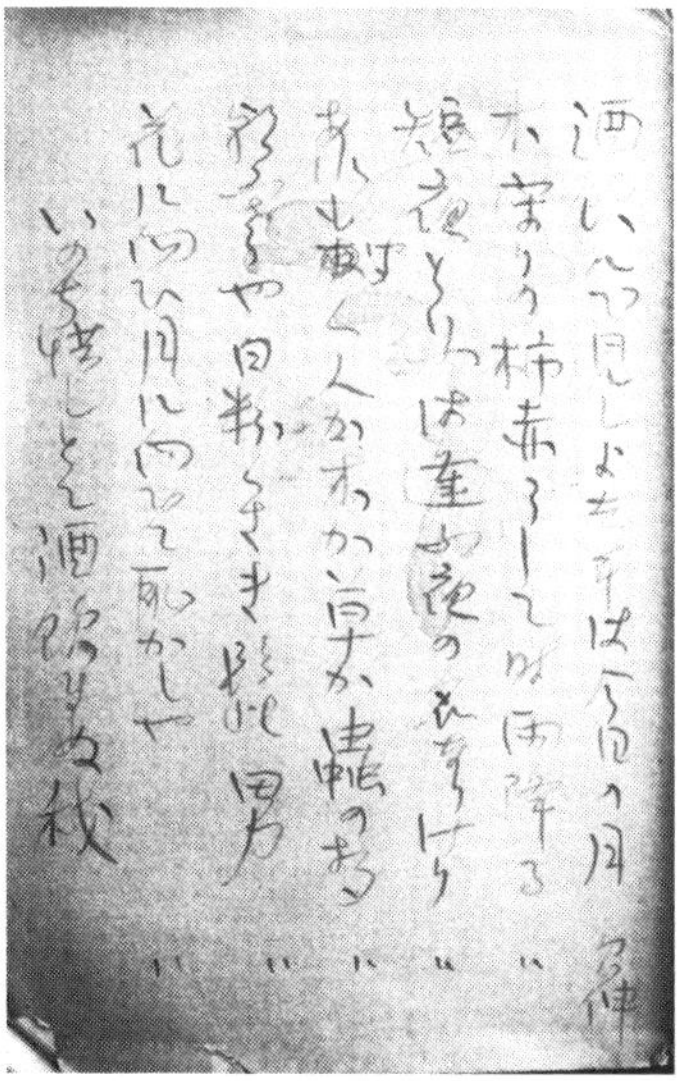

写真C

た（『福岡県立育徳館高等学校創立二百五十年史』）。草創期豊津中の中途退学率は非常に高く、例えば、一八八二年は、「新入生一三二名、前年の在校生を合わせて三七七名、この内退校・除名する者一八一名、現在員一九六名」（同前）という状況で、ストレートで卒業に至る者は少数派であり、欠伸—利彦兄弟はともに「郷党の秀才」として将来を嘱望されていたのであった。

欠伸—利彦兄弟在学時の豊津中は、「福岡県々立中学校規則」（一八七九年布達、一八八三年改正）に基づき四年八級制を採用していた。欠伸は旧規則最後の卒業生であり、利彦の入学後に規則が改正された。主たる改正点は、甲種初等中学への移行に伴う履修科目の近代的再編、なかでも注目すべきは英語教育の復活である（同前）。したがって、在学中に英語を学ぶことができなかった欠伸は、卒業後、語学習得のために福岡と長崎に遊学することになり、利彦の場合は、「英語が初めて学科目に這入った時、私らの嬉しさは喩えるに物がなかった」(中公文庫新版『堺利彦伝』八六頁)というわけだ。

二人の恩師・緒方清渓は、欠伸在学中は、二年四級、三年五級、三年五級、六級の作文(漢文)を、利彦在学中は、歴史と和漢文を担当した当時二〇歳代の青年教師だった。テキストとして『日本外史』や『文章規範』などが使用されており、「福岡県々立中学校規則」の改正は、緒方清渓の授業内容に大きな変化をもたらさなかったようだ。

『堺利彦伝』では、緒方清渓について、「先生のなかで一ばん年若で、一ばん生徒に好かれていた。幾分生徒を友達扱いにするところが、受けのいい原因だった。私はある夏休みに、この先生の処に通って『史記』の列伝の講義を聞いた。『唐宋八家文』も少し教わったとかと思う。」(同前八二頁)と記されている。

(2)

堺利彦が大逆事件遺家族慰問旅行の途上、故郷豊津に一週間滞在し、豊津郊外二月谷の緒方清渓宅を訪ねたのは、帰郷五日目の一九一一年四月一七日夕刻であった。堺は緒方清渓と対面した最初の二〇分間の様子を紀行文「故郷の七日」で次のように書いている(本書第五章参照)。

先生は先づ僕の近来の狂愚に就て懇々と教ふる所があつた。僕は例の只謹んで謹聴した。先生はやがて座右の古書一巻を取つて机上に披き、僕の為に其の一節を講じて聞かせると云ふ。書は孝経であつた。僕は実に面白く思つた。

先生は直ちに口を開いて、諄々として忠孝二ならざるの理を講ずこと、約廿分ばかりにして終つた。伝染病患者が転げこんで来たので、先づ石炭酸の露吹をした訳だなと僕は思つた。然し僕は又、先生が遉がに学者教育者として、其の本領を振りかざして来られた所に、非常の愉快を感じた。（改造社版『堺利彦伝』二九八頁）

この後は、緒方清渓が『福岡日日新聞』に連載中の「江戸時代詩学の変遷」や、東大で英文学を専攻している長男・健三郎（豊津中一九〇六年三月卒、のち鹿児島大学初代学長）のことなど、「打ちくつろいで様々の話」が展開される。そして、日没前、「先生は僕を鶇越の坂の上まで」見送り、「僕は先生の元気の愈々壮ならんことを祈つて別れを告げた」（同前二九九頁）のだった。

このように、緒方清渓は最初の二〇分間と態度を一転させ、幸徳秋水ら多くの盟友を失った憂愁の教え子を暖かく迎え入れたのである。「故郷の七日」には書かれていないが、おそらく、この時、不遇に終わった本吉欠伸のことが話題となり、半年後の肖像写真の謹呈へと至ったのであろう。

ところで、この本吉欠伸の肖像写真は、緒方清渓のみに謹呈されたのではない。堺利彦の西村天囚（一八六五・九・一二～一九二四・七・二九）の追悼文「三本松」（『東京朝日新聞』一九二四年九月一〇日～一三日）には、「或時、私は亡兄欠伸居士の写真を複写して親戚友人の間に配つた事がある。

欠伸は天囚君と最も親く交はつた友人であつた。」という一節がある（中央公論社版『堺利彦全集』第六巻、三一九頁）。本資料と同一の写真は、西村天囚の他にも、田川大吉郎、永嶋永洲、小林蹴月、堀紫山らかつての浪華文学会のメンバーや新聞記者仲間など欠伸―利彦兄弟に共通する知人たちにも謹呈されていたと思われる。天囚からは、「此写真送りに因て足下の猶骨肉友朋の情あるを見て」云々という礼状が堺利彦に送られていた（同前）。天囚は、若き日の堺利彦失意の大阪時代に、新聞記者・新聞小説作家への道を切り開いた恩師である（荒木傳「堺利彦のなにわ青春記」『初期社会主義研究』第一〇号）。

堺利彦は大逆事件遺家族慰問旅行の途上、緒方清渓を訪問してから一一日後の四月二八日、大阪朝日新聞社に西村天囚を訪ねている。

××〔大逆〕事件の後、私は中国から九州四国にかけて、死者の遺族を歴訪しての帰途、久しぶりで大阪朝日新聞社に天囚君を訪問した。昔ながらの新聞社の玄関で、昔ながらの颯爽たる英姿に接した時、私は泣きたいやうな懐かしさを感じた。そして、久しぶりで一晩ゆつくり話したいから、私の為にその時間を割いてくれと頼んだ時、天囚君は意外にも、断固としてそれを拒絶した。

『私情を以て公儀を没すべからず。』それが天囚君の拒絶の理由であつた。仮りにも咎人の片われたる者と、如何に昔日の交情はあるにせよ、ゆつくり話す事など出来ないと云ふのであつた。

『公儀を以て私情を没すべからず。』私は寧ろ鸚鵡返しがしたかつた。所謂『公儀』の故を持つて人情の真実を汚さない所に、美しさがあるのぢやないか。然し謹厳派の性格たる天囚君としては、無理もない。私は悄然として別れを告げた。（前掲「三本松」）

この堺の天囚追悼文「三本松」には、天囚逝去の報に接した上司小剣が堺利彦に宛てたハガキが引用紹介されており、「先生が君の事を、本当に心の底まで乱臣賊子と云つてゐたかどうか、それを確かめる機会のなかつた事が残念だ。」という趣旨のことが書かれていたという。

西村天囚が「社会主義者の如き」を「乱臣賊子」と認識していたのか否か、あるいは、天囚の大逆事件に対する言説は詳らかでない。ともあれ、「公儀」よりも「私情」を優先させた緒方清渓と「私情」よりも「公儀」を優先させた西村天囚。大逆事件直後の二人の恩師の態度は対照的であったし、堺利彦獄中書簡を読む会編『堺利彦獄中書簡を読む』（菁柿堂）の解題篇で述べたように、緒方清渓を始め堺利彦の郷里の名もなき民衆の一部は、大逆事件前後の堺利彦が「乱臣賊子」ではなく、大逆事件そのものがフレームアップであったことをすでに同時代に鋭く見抜いていたのである。

第一八章　《資料紹介》堺利彦・堺真柄「帰郷雑筆」

小正路　淑泰

1

堺　利　彦

飛行機から降りて久しぶりの福岡市に入つた。何は兎もあれ旅館栄屋に乗込んだ。こゝなら、私として、相当我儘がいへる。主人倉成久米吉君が直ぐに出て来て握手した。去年東京で一度電話で話したきり、とう〳〵顔も見ないで別かれたのであつた。

◇

嘗て（明治二十九年）私が征矢野先生に呼ばれて福日記者として東京からこゝに赴任した時、先づ宿つたのは栄屋であつた。その時私は、貧弱きはまる新婚の一青年で、従つて私の妻も誠に貧弱な奥さんだつた、然し倉成君夫婦は大いに二人を歓待してくれた。それから一年あまり、私は天神の町に家を持つて、福日社の行きもどりに毎日の如く栄屋に立寄つた。時としては栄屋の二階の一室で主客が夜を徹して議論をしたりした。そんな時、倉成君は決して宿屋の主人でなかつた。彼は元来、哲学館（後の東洋大学）の出身でいつでもカント、ヘーゲルを口にする。哲学的、人道的政治論者であつた。

◇

その後（明治四十三年）、私が世の中を半ば隠れて渡らねばならぬ時また一度栄屋を尋ね《ママ》た。倉成君夫婦は何の変るところなく私を歓待してくれた。それで今度、大手を振つて（といふほどではなくとも、何に憚るところなく）兎に角『農民労働学校々長』の肩書をもつて、この福岡にやつて来たのだから私は何より先づ栄屋を訪問せざるを得なかつた。

◇

いろ〳〵昔の話が出た、元の福日記者中野唖蟬君に使ひをやつたが不在だつた、福日社の営業部長原田徳次郎君にも敬意を表したいと思つたが、これも外出中だつた。働き者の倉成夫人とお互ひに年を取つた話をしたが、しかし夫人は（沢山の子持にもかゝはらず）まだなか〳〵若く見えた。話のついでに今度わたしより先にやはり農民学校の講師の一人としてこゝに呼ばれて来てゐる私の娘（真柄）のことが出た。新聞に出た写真を見るとどこか見覚えがあるやうな気がすると倉成君がいふ。そんなはずはない、それからズット後に生れたのだからと、私がいふ。でも、どこかにおかあさんの面影が見えると、更に倉成君がいふ。なるほどそういへばそうだらう。真柄の生みの母は、確かにその時の、私の新婚の妻だつた。

◇

今日（十二日）私は豊津の高橋虎《ママ》［乕］太郎君の家に娘と二人で客になつてゐる。娘に取つては私のこがれにこがれてゐるこの豊津もたゞはじめて見た知らぬ他郷である。しかし真柄君よ、願はくば今後永く「父の故郷」としてこの土地を愛してくれ。

◇

見よ、向ふを見よ、硝子窓を通して、浅い谷あいを隔てゝ、森の中に国分寺の塔が見えるではないか。こゝはその昔、豊の国における政治の中心、文化の中心であつたのだ。そして維新の際再びこゝが豊津藩の城下となりかけて、そしてとう〳〵廃藩置県になつたのだ。従つて、今でもやはりこの痩松原の豊津に中学校があつたりして、幾らか文化の中心をなしてゐるのである。

◇

しかし真柄君、記憶せよ。この文化の中心が、今は大衆党の京築支部として、或は農民労働学校として、別の意味での中心になりかけてゐる。

2

堺　真　柄

（この記事、今回は娘に譲ります＝堺利彦）

◇

下関に着いたのは、あの大雪の（十日の）朝だつた。連絡船のデッキで、『いよ〳〵あれが九州本島です』と教へてくれた人があつた。雪と雨で、四辺は、灰色に重くボヤけてゐたから、指さゝれた「九州本島」は、非常に遠いやうに思つた、船と呼ばれるものには、生れてはじめて乗つた私のことだから、内地を離れて大航海をする様な感じが、無意識のうちに出て『門司までどの位ありますか』と勢ひ込んで尋ねた。その人はデッキの寒さをかばふ様な態度で『なあに、四五分ですよ』といつた。それで私も我に返つて、地図にある関門付近のクチャ〳〵なゴタ〳〵した地理を、頭の中に思ひ浮かべた。

◇

行橋駅に着いた。いろ〳〵の人から故郷の土を踏んだ心持ちはどうだと聞かれた。故郷といつても自分の生れた故郷でないから、あまり懐しくもない。他処の火事は痛快で面白いといふが、その反対に、父の故郷なんて、心細いものだと思つた。故郷の土も、雪解のぬかるみでは、感激より苦労が先きである。『始めてこちらにお出でなら、ホンに先祖の墓参りも出けますなあ』と言つてくれた人があつたが、私自身、先祖の墓が、どこにあるのか知らないのだ。こんなに、この地方にそぐはない変てこな感想の中に、第一夜を過ごした。

◇

翌日、父の来る日。父が飛んで来る日である。どうも空が気になり、風が気になり、時間が気になる。学校の人達が赤旗を持つて、雨の中を一時間も待つてゐる。やがて午後二時ごろ『来たぞ！来たぞ！』見えないと知りつゝ赤旗をふつた。聞こえないと知りつゝ拍手をした。飛行機は、山の影にかくれた、皆が勇んで万歳をいつた。私も、いつの間にか涙が出て来た。矢張り故郷のよさ、故郷の懐しさが、父を通して迫つて来たのだらう。

◇

その夜、農民労働学校の開校式である。堺校長の挨拶があつた。それを如何にも熱心に真面目にきく『学生』が百余名もあつた。富豪大地主に対抗する学問を研究するといふこの学校にこんなに大勢集つて来るといふことは何とすばらしいことだらう。他人の故郷、父の故郷だとすましてはゐられないわれ〳〵の故郷であり、われ〳〵の運動の故郷である！。はじめ私は非常に心細い気持ちであつた。次には少し元気が出て来た、そして今は、この土地のあらゆるものに対して、父に対する情愛と同じやうなものを、感じ出した。

◇

私がかつて監獄に入つた時、平生は、考へもしない親の有りがたさや親しさを感じた。そして面会の時など、監獄が辛くも悲しくもないのに、親の顔をみると涙が出た。今豊津で、否故郷で、父子対座してゐると、悲しくも淋しくもないのに、涙が出て来る。監獄と故郷が、私に同じ様な気持ちにさせるといふことは、一寸皮肉な様な気がする。（二月十三日）

3

堺利彦

今朝は（十四日）雨がやんで好い気持だ。まだ飯も食はない中、ねまきのドテラを着たまゝ宿の前にブラリと立つてゐると、中学生の制服姿が、五人、十人づゝ群を成して、続々と前を通る。その大部分は自転車に乗つている。それが皆んな私と『同窓生』なのである。二十年隔て、ても、三十年隔てゝても、五十年隔てゝても、「同窓生」たることに相違はない。

×

私は自分の中学時代をいろ〳〵に回顧した。私は今、とにかく「校長」であるが、校長といへば、先づ昔の入江校長を思ひだす。入江淡先生は小倉藩の儒者であつた。豊津中学校の長い、長い間の校長であつた。私はもちろん今でも、あの入江先生に敬意を持つ。しかし、諸君、私は遺憾ながら、入江先生に親しみを感じた事がない。そのころの、論語の嶋田省三先生、孟子の白河則之先生、日本外史その他の生駒才次郎先生、緒方達太郎先生、算術の藪正三先生、代数幾何の吉村破疑六先生など、皆それぞれの親しみがある。殊に物理の加瀬代助先生、英語と化学の松井元治郎先生など何ともかともいひ様のない懐しさを私の心に残してゐる。

×

入江先生はたしかに謹厳な先生であつたらう。私は先生の笑ひ顔を見たことがない。そのかはりまた、叱られた覚えもない。そのかはりまた親しさも懐かしさもないのであつた。只一つ私の覚えてゐるのは私の兄（本吉乙槌）が豊津中学の演説会で、入江校長を『黄鳥』に喩へて、鶯のような声を出すとか何とかいつて、それがため何らかの処罰を受けた一事である。そのころは、中学校にも政談演説の流行がはやつて来てゐたのだが、私の兄の失敗以降学校の演説が一切禁止になつた。

×

こんなことを思ひだしながら、私は鶴田、落合、田原その他の諸君と丶もにとう〳〵自ら豊津中学を訪問した。校長井上庄次氏は、やはり同校の卒業生で、従つてまた、私達一群の者と同窓生である。氏は親しく私どもを迎へ、私どもを案内して、校内を巡視させて下さつた。多数の生徒達はあちこちの窓や廊下から、興味（もしくは好奇）の目をもつて、私どもの一行を眺てゐた。私どもは帽子をふつて、或いは微笑を送つてそれらの若い同窓生達に別れをつげた。

×

学校の校舎は総て私の去つた以降の新築である。たゞ門前の車寄せの前の蘇鉄の一株だけは、私の時代に植ゑたものそのまゝが今に残つてゐるのであるらしい。私共は井上校長に謝した後、その蘇鉄の門前に出た。そして同行の写真屋さんに私共の姿を学校の表札の前で写してもらつた。

×

最後に一つ、こゝに正誤的取消をしておきます。豊津中学の同窓生の名簿から、私の姓名がかつて削除されたことがあるなどゝいふ噂が立つたことがあるが、それは全くの間違ひだそうです。井上校長が左様に明言されました。私もそうであれかしと望んでゐたのでした。私はたしかに正真正銘の、豊津中学卒業生である。

4

堺利彦

私と同期の、豊津中学卒業生が六人あつた。私の最も親しかつた井村健彦君は早く死んだ。彼は荒谷に住み、私は石走谷に住んでゐた。冬の夜等、赤や青のケツトを頭からかむつてよくこの辺をうろついたものだつた。私のケツトには焼け焦げの跡が幾つもあつた。彼は博多の駅長などをした才物だつたが、ツイ何かにつまづいた。間もなく病気が出た。

◇

神崎平二君（そのころは杉元姓）は八屋中学から転じて来た秀才だつた。彼と私は一対のチビだつた。今でも私は五尺一寸しかない。彼も多分そんなものだらう。二人とは連れだつて東京に遊学した。一緒に高等中学に入つた。間もなく一緒に、少々飲みすぎた。そして一緒に学校をしくじつた。

◇

私はそれと同時に、兄に死なれた。父母を奉じて国から大阪に出た。小学教員、文士、小説家、新聞記者、そして最後に社会主義者。それが私の生涯だつた。神崎君は富家の子だつた。彼はすぐ慶応義塾に転学した。そして今、三井信託の副社長になつている。一対のチビの運命がずいぶん違つたものになつた。今でも私は折々、彼のところに小使銭を貰ひに行く。大森昇太君は、その当時、寄宿舎の寮長だつた。温厚の人、重厚の人だつた、後に永く、小学教育の長老だと聞いた。今は築上郡の友枝に隠退してゐられるとか、今度は久しぶり一度是非あひたいと思つたのだが。

◇

生石《おいし》久間太君は現に豊津村の助役をしてゐられる、これこそ私のこの故郷の地に於る一等の旧友である。私は生石君の役場から一町程しか距つてゐないこの東屋に宿つてゐるがそれでまだ直接には彼と会つてゐない。私は今度学校の用事その他に追はれて昼も夜も暇がない。今日（十五日）はこれから小倉と門司まで行かねばならぬ。明日こそは生石君を訪問しようと思つてゐる。しかし生石君は寡言の人である。彼は多弁を以て私を歓迎してくれるやうな男ではない。『相見て別語なし』といふのが、彼と私の会見の有様だらう。

◇

しかし生石君は少年の時から一面には諧謔、皮肉の趣味を持つてゐた。今の言葉を使えばユーモアといふ奴だらう。だから私は生石君と会つてもし暇があつたらいろいろ無邪気な昔話をして、この雑筆の材料でも得たいものだと思つてゐる。

◇

徳川文学の滑稽物に「七偏人」「八笑人」といふのがある。私はそれをはじめて生石君から借りて読んだことを記憶する、彼自身は忘れてしまつたかも知れないが。もひとつ、生石君を思へばいつでも必ず思ひ出すことがある。ある日彼は唐饅頭の大袋を買こんで私達三、四人を引連れて甲塚辺の山の中に隠れてはきたくなるまでそれを貪り食つたことがある。これも彼自身覚えてゐるかどうか。今ひとりは小石栄治君だつたらう。まだホンの子供くさい私達から見れば、同級の友人とは考へにくいほどの、大きな、年上の、兄分だつた。今はどこにどうしてゐるか。

5

堺　真　柄

雨又雨、正味七日間の滞在中門司、小倉の演説会に出かけた一日だけ晴天で、結局行橋、豊津においては、六日間降りこめられてゐた。そうでなくてさへ、聊か旅愁に似た気持が出ないでもないのに何とシメつぽい「故郷」であらう。七日前この町に来た時は、何だかピントが合はなくて、心細かつた。しかし今夜（十七日）私一人だけ、先に帰ることになつて見ると、この町から出て行くことが心細くなつた。凡てのものが、ノンキであり、素朴であり、悠長であり、家庭的であつたからだらう。

◇—◇

乗合自動車は、停留所以外でもお客の要求次第に止つたり、少年車掌がお客のいふなりに買物をしてやつたりしてゐるノンキさ。旅行はおろか、外出すらしたこともなさそうなお婆さんが、町中全体の情勢に通じてゐるといふやうな町中全体の親密さ。郵便局での話。女の人が貯金通帳を出して、『今日七十円欲しいがあるかな』『さあ分かりまへんな』『一寸みておくれ。出来るだけ返しておくれ』『そうなあお午頃になれば四十円位出来ます』『四十円なあ。そんならそれだけでも、取つておいてお呉れ』。これが、お金を預かつた郵便局と自分の預けてあるお金を取りに来た人との対話である。しかも、其日は旧暦の大晦日なのである。何といふ悠長さであらうか。一寸あの激しい東京には帰りたくなくなるではないか。

◇—◇

私は、たつた七日間、父の故郷に滞在した。そしてすつかり父の故郷びいきになつた。一生涯、この七日間を忘れないだらう。『真柄君よ、父の故郷としてこの土地を愛してくれ』といつた、お父さんの少々感傷的な呼びかけに、すつかり私は参つたわけです。『お父さんの故郷の名物、糠味噌汁《ママ》を日本一の味』にして食べさせて下さった、高橋家の皆さん、さようなら。

◇—◇

赤い洋服のよく似合ふ可愛い顔の、モダンスタイルで、豊津弁と東京弁をチヤンポンに使ふます子さん（高橋様のお孫さん）さようなら。

堺利彦農民労働学校の諸講師と同窓生であるところの豊津中学の生徒諸氏よ、さようなら。（私はソソツかしくも、そして誠にその不躾を恥てゐるのだが、初めあなた方を電報配達夫と間違へたほどだから、あなた方の姿は非常に強く私の印象に残つてゐるのです）

農民労働学校の開校式の日、或るところでお目にかゝつて、今日の無産婦人の地位境遇を話合ひお互いに今後無産婦人解放のためにハツプン仕様と語り合つた、数名の婦人の方々よ、さようなら。

父の旧宅の隣のおばさん、父の旧宅にあつたお稲荷さんが、新らしい住み主をいやぢやとおいひになつたので、今は私のところにお祭りしてあるといひなすつた、おばあさん、—さようなら。

◇—◇

学校の家主蓑干さんのおばさん、農民労働学校を記念するいゝ闘士を生んで下さい。さようなら。豊津唯一の旅舎東屋のおぢさん、おばさん、親類が帰つて来た様に、気楽に、アン気に泊めて下さつてありがたう。さようなら。最後に堺利彦農民労働学校の皆さん。さようなら。今後各自の部署について、よく闘ひませう、さようなら。

（カツトは十六日八幡市における歓迎座談会席上の真柄女史）

真柄さんはこれで「さようなら」を言はれましたがお父さんの寄稿はまだ続きます—記者

6

堺　利　彦

少年時代の私に思想的影響を与へたものは、一般的には儒学、特殊的には自由民権主義であつた。儒学は主として論語、孟子によつてであり、自由民権は主として征矢野半弥先生によつてであつた。私は征矢野先生から本を教へられたわけでもなく話を聞かされたわけでもない、たゞ征矢野さんが国会開設の請願書を持つて東京に行つたといふ事が、強く少年の心を刺激したのだつた。征矢野さんは実に、私共少年の敬慕の目的物であつた。

▽

明治二十二年、第一回衆議院選挙の時自由党の征矢野さんは落選して、吏党の末松さんが当選した。青年の私は大なる失望を感ぜざるを得なかつた。二十九年、私は征矢野福日社長に呼ばれて、そこの記者になつた。翌年故あつて福日社を罷めた時、征矢野社長から末松氏へ紹介されて、同氏の下に防長回転史の編輯に従事した。

征矢野、末松の二氏は、その時すでに同じく政友会の首領であつた、私は二氏から同じ様に愛護を受けた。しかし私としては自由党に対する幻滅が重大であつた。

それから数年の後、私はすでに一個の社会主義者であつた。どうしてそんなことになつたのかと、末松さんは驚いてをられた、末松さんは、日本最初の無産政党（明治三十四年の社会民主党）に解散を命じた内務大臣であつた。そして私個人に対しては、モデレート（穏和）にやり玉へと、勧告してくれた。

▽

征矢野さんは、その後、私に対して、屢々こんな意味のことをいはれた。われ〳〵は藩閥政府を仆して、その天下を取つたのだが、だから今度、あなた達が、またそれを取りに来るのは当然だと。私はそうした、善く分つた話を聞くのが実に嬉しかつた。私は政友会を痛罵しながら、なほ征矢野さんを敬慕せざるを得なかつた。

▽

自由、平等、博愛の旗印を押立てたフランス革命が、成功の後には、幾許もそれを実現しなかつた。自由、平等はブルジヨアだけの自由、平等に過ぎなかつた。そこでそれに対する不平、不満、反抗が、社会主義となつて現はれた。社会主義はすなはち自由平等主義の徹底であり、延長であり、発展であつた。

▽

日本の自由民権運動もそれと同じだつた。自由党が政友会になつたのは、そのブルジコア的本質が遂に明白に発露したのであつた。征矢野先生の如きは、実をいへばその個人的純潔性を口に、大ブルジヨア党の悪を援護したに過ぎないのであつた。

私は嘗て屢々征矢野先生につげたことがある。私共の社会主義運動無産階級運動は、実に昔の、あなた方の、自由民権運動の継続であるのですと。

▽

征矢野先生今やすでに亡し。私は先達て、豊津に征矢野未亡人を訪問した。私の心の中では、この豊津の地に、この行橋あたりに、この豊前において、昔嘗て、征矢野先生達によつて植つけられた自由民権の種が遂に今、全国大衆党支部、或は農民組合、或は農民労働学校として新たな蕾を持ち、新たな花を開きつゝあることを、先生に告げたいからであつた。

〈解題〉小正路　淑泰

本資料は、第一期堺利彦農民労働学校（一九三一年二月一一日〜二五日）の講師として帰郷した堺利彦（一八七〇〜一九三三）と長女真柄（一九〇三〜一九八三）が、『大阪朝日新聞附録九州朝日』北九州版に同年二月一四日から一九日まで六回連載したエッセイで、同じ日、同紙福岡版に「故郷を愛す」と改題して掲載された。堺利彦及び堺（近藤）真柄の単行本に収録されず、また、二人の著作目録、年譜等にも記載されなかった未発掘資料である。

本資料に関しては、川口武彦『堺利彦の生涯』下巻（社会主義協会、一九九三年）第四一章「晩年の思い」に、「帰郷雑筆」第三回の最終段落、豊津中同窓会名簿からの削除という風評を正誤的に取り消した一件が、資料提供者として筆者の名前を付して全文引用されており、また、筆者もこれまでいくつかの拙稿で部分的に引用したことがある。

堺利彦が執筆した第一、三、四、六回は、『堺利彦伝』の「第一期豊津時代（下）」と「第五期福岡時代」を補完する内容となっている。とりわけ、豊前における自由民権運動のリーダー征矢野半弥（一八五七〜一九一二）への敬慕を綴った第六回の「私共の社会主義運動無産階級運動」を「自由民権運動の継続」とする自己認識は、堺利彦の「社会主義」の思想的内実を考えるうえで興味深い。また、第三回後段は、堺利彦ら農民労働学校講師陣による豊津中表敬訪問の同時代記録として貴重である。

ここでは、堺真柄執筆の「帰郷雑筆」第二、五回に注目しながら、堺真柄が、当該期福岡県地方の無産女性運動や堺利彦農民労働学校を支持した地方民衆に与えた影響ついて補足したい。

堺真柄が一九二八年から約一〇年にわたって所属した無産大衆党系の無産婦人連盟、日本大衆党・全国大衆党・全国労農大衆党系の無産婦人同盟、社会大衆党系の社会大衆婦人同盟の運動史については、石月静恵『戦間期の女性運動』（東方出版、一九九六年）が詳細に検討している。堺真柄は、それらの無産女性運動において、行動力で頭角を現し[1]、「一貫して婦人団体の独自性を尊重[2]」しながら、「無産婦人戦線の統一を志向[3]」していった。

無産婦人同盟組織宣伝部長の織本（帯刀）貞代（一九〇四〜一九九〇）が、東洋モスリン亀戸工場など紡績女性労働者の生活と学習の拠点として東京・亀戸に労働女塾を開設したことはよく知られているが、同盟の教育出版部長というポストに就いていた堺真柄も「今日農村、工場、都会の無産婦人大衆が何程の団結力を持ち何程の智識を持つてゐることかを思ふ時無産階級的教育の必要を痛感する。」(4)という課題意識から、無産婦人同盟が主催にしたプロレタリア婦人政治学校（一九三一年七月二〇日〜三一日の六日間、延べ一二九名参加）の運営を中心的に担うなど、無産女性を対象とする教育運動を精力的に展開していた。

無産婦人同盟本部が、第一期堺利彦農民労働学校における堺真柄の講義と福岡県北九州地方各地で開催された一連の演説会を「支部組織準備の為」の地方遊説と位置付けているように(5)、堺真柄は、この時、「無産婦人同盟福岡支部結成」という明確な政治的意図を持って父利彦の帰郷に同行したのである。

第一期堺利彦農民労働学校開校日前日の一九三一年二月一〇日早朝、小雪が舞う中、堺真柄は、同校講師で福岡県京都郡出身の二人の在京知識人青年、文芸戦線派プロレタリア作家鶴田知也（一九〇二〜一九八八）、農民運動・水平運動指導者田原春次（一九〇〇〜一九七三）と特急桜号で下関に到着し、関門連絡船で門司に渡り、門司駅一・二等待合室で各紙の取材を受ける。『福岡日日新聞』二月一一日付朝刊は、「堺氏の農民労働学校／あす開校式に臨む／真柄女史門司で語る」との見出しで堺真柄一行の写真を掲載した。堺利彦と福岡市橋口町の高級旅館栄屋の倉成久米吉が話題にした「新聞に出た写真」（「帰郷雑筆」第一回）はこの写真と思われる。同紙には以下のような堺真柄の談話も掲載されている（句読点は引用者）。

私の郷里に帰るのは初めてゞ郷里豊津がどんな所か一切知りませぬ。当地方は大分雪が降つてゐますが矢張り南国は暖かい様です。父利彦は明日大阪から飛行機で行橋で落合ふことになつてゐます。今回開校する農民労働学校の事等に関しは父委せで全く白紙です。婦人参政権問題は政府も乗気になつて居る様です。八日私達が協調会館に於て協議をなし議会に提出する手続を取る筈でしたが、例の幣原臨時首相の失言問題が宣しくなりその機会を得ないま丶当地に参りました。此問題は何れ近き将来に解決せねばならぬ時勢でせう。

堺利彦は二月一一日開校当日の朝八時四〇分、東京・立川飛行場を小型飛行機で出発し、大阪・木津川飛行場で一一時五〇分発の水上機に乗り換え、「瀬戸内海の島々の上をスレスレ」に飛行して一四時四五分糟屋郡多々良村の名島水上飛行場に到着した（堺利彦「飛行帰郷電報日記（第一信）―豊前豊津に着く―」『東京朝日新聞』一九三一年二月一三日）。

堺真柄執筆の「帰郷雑筆」第二回は、堺利彦農民労働学校関係者が、行橋上空に飛来する水上飛行機を目撃した時の高揚感を伝える唯一の同時代記録である。彼彼女らは、この時、仮校舎の福岡県京都郡行橋町大橋八〇三番地の三、全国大衆党京築支部長蓑干万太郎経営の精米所に参集して開校準備を進めていた。

午後七時に開催された開校式には一〇〇余名の参加者があった。『大阪朝日新聞附録九州朝日』北九州版二月一二日付は、開校式の堺真柄の様子を「真柄女史は父の腰巾着として父の学校のために忠実につくすと誓ひ虐げられた無産婦人の実例を挙げてその立つべきであるを説いて挨拶に代へ」と報じた。堺真柄は、この日、鶴田知也の実家、福岡県京都郡豊津村豊津四九八番地、元豊津村長高橋庯太郎宅に宿泊し、「お父さんの故郷の名物」である糠味噌料理で饗応を受けている（「帰郷雑筆」第五回）。

堺真柄は翌二月一二日より一四日まで三夜にわたって「婦人問題」を講義し、「決して弁舌さわやかではなかったが、彼女自身が十八歳で赤瀾会設立に参加して以来の運動史が本人の口から語られ、それはそのまま彼女の生きざまであるだけに、聴衆に与えた感銘は深いものがあった。[6]」という。二月一五日、堺真柄は、門司市朝日座、小倉市勝山劇場の二カ所で開催された「浜口内閣打倒演説会」で父利彦と共に演壇に立ち、「全九州の無産婦人に訴う」を演説したが、期待された堺父娘の演説も五分～一〇分で中止を命じられた。翌一六日には、八幡市新町、全国大衆党八幡支部（旧九州民憲党）の古参幹部、八幡市会議員米村長太郎経営の料亭食道楽で開催された同支部主催による「堺真柄女史歓迎会兼婦人座談会」に出席した。この座談会には、男性三〇名、女性八名が参加し、田原春次「日本資本主義ノ第三期没落過程ノ解剖」、堺真柄「婦人問題ト恋愛結婚」、鶴田知也「プロレタリアートノ文学ニ就テ」の演説があった。[7]

無産婦人同盟は、前年の一九三〇年には同盟員数一〇〇人で本部と大阪支部だけであったが、一九三一年になると同盟員数四五五人に拡大していき、福岡県においても、同年二月二二日、神田早苗、沢井キノ子、貞静子、吉村初代、宇賀島千代子、高津静子、米村花代、笠置八重子ら、いずれもその夫や兄弟が全国大衆党福岡県連・八幡支部及び同党系の九州合同労働組合で活躍する女性たちによって無産婦人同盟福岡県支部が結成された。彼女らこそが、二月一六日の「堺真柄女史歓迎会兼婦人座談会」の参加者であり、こうして堺真柄は所期の目的を達成したのであった。

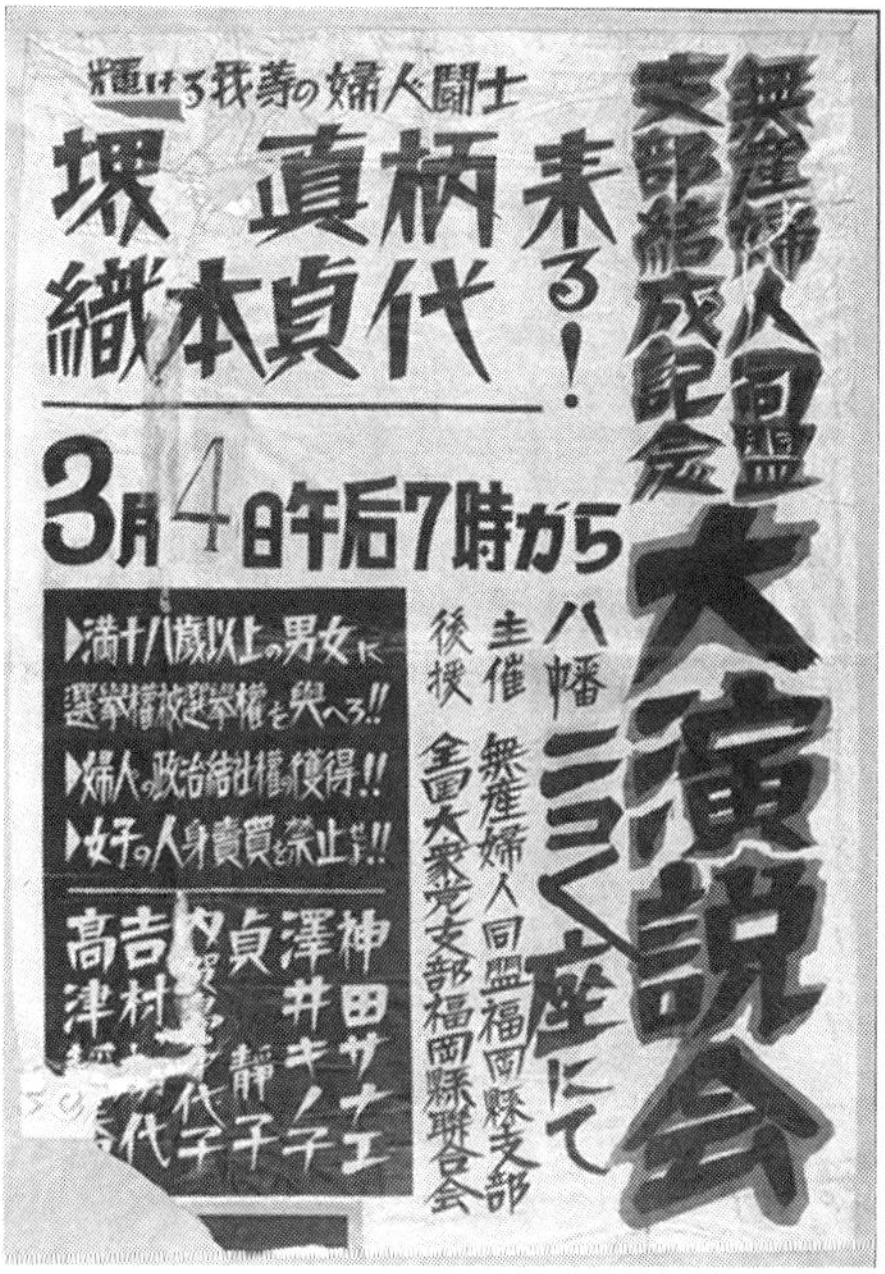

無産婦人同盟福岡県支部結成記念演説会ポスター。1931年3月。法政大学大原社会問題研究所所蔵。

堺真柄は座談会翌日の二月一七日、行橋駅発午後一〇時一二分の最終列車でいったん帰京したあと、その二週間後に堺利彦農民労働学校講師で労農派の岡田宗司（一九〇二～一九七五）、無産婦人同盟中央委員の織本貞代と再び来福し、三月二日福岡市公会堂、三月三日戸畑市公会堂、三月四日八幡市ニコニコ座で開催された「無産婦人同盟福岡県支部結成国際無産婦人デー大闘争記念演説会」に参加した。『大阪毎日新聞西部毎日』北九州版三月三日付は、七時間三〇分に及んだ福岡市での演説会について次のように報道している。

　全国大衆党無産婦人同盟記念演説会は二日午後二時から福岡市公会堂で開催

一、十八才以上の男女の選挙権被選挙権の獲得
一、婦人の経済的差別撤廃

などのスローガンを掲げたが定刻前に聴衆はどし〱押しかけ会場は大入りの盛況を呈した
　まづ八幡市議会員米村長太郎氏開会の辞に次で沢井きの子、神田あさ《ママ》〔早苗〕の両名、八幡市婦人同盟委員等の演説に次で堂本県会議員熱弁を揮ひいよ〱本部員織本貞代さんの「失業問題と米穀倉庫」との結びつけは臨監警部の耳にふれて中止を食ひ、堺真柄女史の熱弁も十分間を出でず中止をくつた
　かくて岡田宗司氏の閉会の辞があつて午後九時半閉会したが、聴衆は一千名を超過し大盛況であつた（福岡発）

戸畑市公会堂と八幡市ニコニコ座の二会場に潜伏していた八幡製鉄所労務係の「申報」によれば、戸畑市でも「定刻前既ニ場内ハ立錐ノ余地ナキ迄ニ詰メ込ミタル」という盛況ぶりで、八幡市での堺真柄の演説は、福岡市での演説と同様に「露西亜ノ革命史ニ論究スルヤ臨席警察官ヨリ注意ヲ受ケ遂ニ中止ヲ命セラ」れている(8)。

このように大きな社会的な注目を集めてスタートした無産婦人同盟福岡県支部であったのだが、その後の運動は、八幡市会議長への無料産院設置の陳情など断片的な記録しか残されておらず実態は不明である。全国労農大衆党系と社会民衆党系の二つの社会大衆党県連が並立し、左派勢力は労農無産協議会・日本無産党へ合流する一方で、国家社会主義派も派生するなど輻輳した一九三〇年代福岡県の無産戦線の中で、社会民衆党系の社会民衆婦人同盟(9)との合同も実現できず、男性指導者に翻弄もしくは従属を余儀なくされ、独自の運動を展開できないまま自然消滅したのではないだろ

うか。

さて、再び第一期堺利彦農民労働学校に話を戻すと、同校主事であった落合久生「第一期堺利彦農民労働学校報告」（『文戦』一九三一年四月）は、「今回の学校闘争から得た教訓」として五点を挙げ、その一つとして、「婦人の動員が出来なかつたこと、極めて少数の婦人を数日間しか動員できなかつたことは吾々の遺憾な点である。」と記している。このような無産女性に視点を当てた総括は、部落差別の撤廃を運動課題としたことと併せ、圧倒的に男性優位のもとで運営・展開され、マイノリティの問題を階級闘争一般に解消する傾向にあった他の独立系労働学校・農民学校とは異なる堺利彦農民労働学校の大きな特徴であった。

「堺学校の門下生」（『田原春次自伝』）は、一九三二年二月二八日、全国農民組合総本部派京築支部（支部長田原春次、約六〇名）を結成した。全農京築支部の初期活動で注目すべきは、無産者診療所運動である。同年一一月二七日、産業組合法に基づくミヤコ医療組合実費診療所が、堺利彦農民労働学校仮校舎だった蓑干万太郎経営の精米所を一部改装して開所した。ミヤコ医療組合実費診療所は、わずか一年間で経営破綻したとはいえ、産婆、助産婦を常駐スタッフとするなど、無産女性の生活擁護という切実な課題解決に挑んだ「堺学校の門下生」による農村社会運動であった[10]。ここに、堺真柄の「無産婦人の実例を挙げてその立つべきであるを説い」た開校式挨拶や「婦人問題」という講義内容の影響を見出すことができる。

堺真柄は、「帰郷雑筆」第五回に「私は、たつた七日間、父の故郷に滞在した。そしてすつかり父の故郷びいきになつた。一生涯、この七日間を忘れないだらう。」と記しているように、『わたしの回想（上）——父、堺利彦と同時代の人びと——』（ドメス出版、一九八一年）に収録した戦後の回想録で堺利彦農民労働学校に何度も言及している。(11)

【註】

（1）石河康国『労農派マルクス主義―理論・ひと・歴史―』上巻、社会評論社、二〇〇八年、一五三頁。

（2）宮坂広作「女性社会運動家の生涯と自己形成―近藤真柄・帯刀貞代について―」『自己形成者の群像―新しい知性の創造のために―』東信堂、二〇〇七年、三三九頁。

（3）鈴木裕子「近藤真柄小論―日本婦人運動史上における―」近藤真柄『わたしの回想（下）―赤瀾会とわたし―』ドメス出版、一九八一年所収、二一九頁。

（4）「無産婦人同盟拡大執行委員会議案」鈴木裕子編『日本女性運動資料集成』第五巻、不二出版、一九九三年、一一〇頁。

（5）無産婦人同盟「第二回拡大中央委員会報告者並議案」鈴木編前掲『日本女性運動資料集成』第五巻、一四五頁。

（6）大森かほる『捨石埋草を生きて―堺利彦と娘近藤真柄―』第一書林、一九九二年、一三六頁。

（7）「全国大衆党八幡支部主催婦人座談会開催ノ件申報」鈴木編前掲『日本女性運動資料集成』第五巻、一五五〜一五六頁。「帰郷雑筆」第五回にはこの時の堺真柄の演説写真が掲載されている。

（8）「戸畑市公会堂ニ於ケル無産婦人同盟支部結成大演説会概況ノ件申報」及び「無産婦人同盟福岡県支部結成記念演説会状況申報」鈴木編前掲『日本女性運動資料集成』第五巻、一六三〜一七二頁。なお、梅田俊英『ポスターの社会史―大原社研コレクション―』ひつじ書房、二〇〇一年、五四頁には、八幡市ニコニコ座で開催された演説会のポスターが収録されている。

（9）　福岡県における社会民衆婦人同盟の組織化は、一九三一年五月二三日、浅野セメント争議を契機に結成された門司支部を嚆矢とする。日本労働総同盟九州連合会の主力労組の一つであったセメント労働組合門司支部（二八五名、同年一二末現在）の家族及び一般女性約一五〇名が加盟した。社会民衆婦人同盟門司支部は、独自財源確保のための民衆養兎園を経営するなどユニークな活動を展開していたのだが、満州事変後、急速に排外主義的傾向を強め、同年一一月七日には編物講習と併せて満蒙問題座談会を開催している。無産婦人同盟福岡県支部が、社会大衆婦人同盟成立以降も組織を解消せず、一九三三年末まで無産婦人同盟を名乗って運動を継続した要因の一つが、こうした社会民衆婦人同盟の排外主義的な動向にあった。

（10）　拙稿「逸脱と承認をめぐる政治―全国水平社末組織農村における農民運動と水平運動―」『法政研究』第七一巻第四号、二〇〇五年三月。ミヤコ医療組合実費診療所が目指したものは、無産婦人同盟大阪支部が、無産者診療所運動と結合しながら「無産婦人本位ノ助産制度ノ確立」を綱領に掲げ、一九三一年三月八日に結成した無産者産婆会（委員長田万明子）などと軌を一にするものといえよう。無産者産婆会については、石月前掲書の他に樋上恵美子「戦前大阪のリプロダクティヴ・ヘルス＆ライツ―産児調節運動を中心に―」『経済学雑誌』第一一四巻第二号、二〇一三年九月参照。

（11）　もっとも、「（常設校舎の）建設もついにそれ以上進展することがなかった」（「父・堺利彦のふるさと―生誕九十年・建碑によせて―」）は誤っており、堺利彦没後の一九三三年八月、福岡県京都郡豊津村豊津五二番地付近に常設校舎は落成し、同年九月二二、二三日、そこで第五期堺利彦農民労働学校が開催されている（拙稿「堺利彦農民労働学校（五）―第四期・第五期と学校の再編―」『リベラシオン』第一二八号、二〇〇七年一二月）

第一九章　わが町

松本　法子

福岡県豊津町（現みやこ町）。私の住む田舎町は何の変哲もない台地状の田舎町で、ぶどう、桃、いちじく、茶、梅などの果樹園が散在し、学校以外に三階建ての建物はないという本当の田舎町。それゆえ国分寺の三重の塔が町のどこから見ても静かにそそり立って町を睥睨しているように見える。京都の寺院の塔達が羨むような町である。

町内に歌碑がたった一つある。本来歌碑として建立されたものではないし、誰しも歌碑などと思ってはいないが、豊津出身の堺利彦の記念碑には歌が刻まれているのである。社会主義者として有名な堺利彦の記念館と記念碑が私の生活圏にある。歌人ではないのに記念碑に歌が刻まれているのはおかしなものだが、望郷の心のこもったものだから故郷の記念碑にふさわしいのだろう。〝母と共に花しほらしの薬草の千振つみし故郷の野よ〟という明快な歌。私は二十年も前の高校時代から毎朝夕この碑の前を通っていても、特別に心を止めたこともなく堺利彦に思いを巡らしたこともなかったが、二、三年前、堺利彦全集を初めて通読して、これが彼の獄中通信の一部だと知った時には驚いた。四十歳の作。赤旗事件に連座して懲役二年の刑に処せられた利彦が獄中から夫人に送った便りの中にある。三首連作でこの歌の前に〝今も猶蕨生ふるや茸出づや我故郷の痩松原に〟。後には〝我が父の誇りの水瓜井に浸し氷なすまで冷して喰ひし〟とある。三首ともストレートな詠み方で何の技巧も感じさせないが、私は堺家の跡を知っているし、同じ手紙の中に〝志津野君、Leiden des Jungen Werther（ゲーテ作『若きウェルテルの悩み』の事）をどこかで見つけて呉れ玉へ〟などと書く情熱家の利彦の辛い胸中を想像しては読みながら泣いたのだ。

私が堺利彦を真剣に読む気になった動機は、彼の若い日の日記や随筆に犬塚武夫が無二の親友として頻繁に登場していたからである。一般には無名の犬塚武夫は、豊津中学卒業後上京、明治二十四年旧藩主小笠原長幹のヨーロッパ留学に随員の一人として従った。ロンドンで、長幹氏は一流ホテル住まいだが、犬塚は町の下宿に住み偶然同宿人の中に夏目漱石がいた。銀行マンだった犬塚はその後永年にわたって漱石と交際し夏目家の財産管理を任されたのである。この犬塚が従弟の小宮豊隆を漱石にひきあわせた。

漱石が明治三十六年に「ホトトギス」に発表した小品『自転車日記』には犬塚は〇〇氏という名で登場する。神経衰弱にかかった漱石に下宿の廿貫目の婆さんが自転車のりをすすめる。「監督兼教師は〇〇氏なり、悄然たる余を従えて自転車屋へとびこみたる彼はまず女乗りの手頃なる奴を撰んで是がよからうと云ふ」といった具合。

その犬塚は利彦と半年ちがいで上京し、東京での十数年を利彦に最も近い人として過していることが利彦の文から解るので、私は利彦に親近感を抱いた。読むほどに味のある文を利彦は書いている。小笠原の士族の家に生れた彼が父の思い出を綴ったものを読むと白石の『折りたく柴の記』の父像に似ていてホロリとさせられるのだ。

近頃、大逆事件で処刑されたただ一人の女性管野スガの獄中手記を読んだ。自らが葬られんとしているのに、他者への思いやりに溢れ、死ぬ日まで英語の勉強に励む向上心があり、曇らない目で人々を見ている感動的な手記なのだ。管野スガの手記の中に堺利彦の名が何度も出てくる。利彦はスガに慰めの手紙を度々出し処刑前の面会にも行っている。

豊津高校（現育徳館中学校・高等学校）の図書館の一角に小笠原文庫という古文書の部屋があるが、中に利彦の書が一点残っている。官憲の目に触れぬよう某家の掛軸の裏にはりつけられていたという俳句。〝バリバリと氷ふみわる夜道かな〟と闊達な字体で書かれている。これは、大逆事件で処刑された同志の遺体をひきとりに行き荼毘に付した折、憤懣やるかたない思いで書きなぐったもの

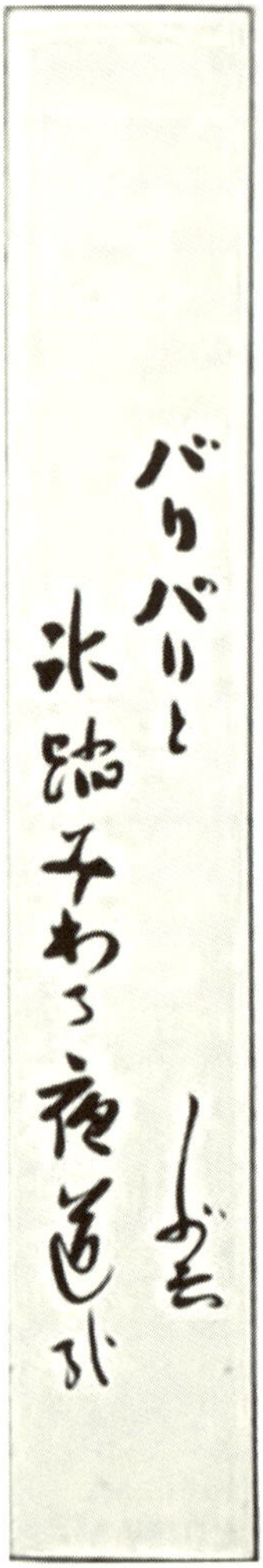

堺利彦短冊。「バリバリと氷踏みわる夜道哉　しぶ六」。個人蔵。

と言う。夜七時すぎから縊られた同志の死体をひきとりに行き、翌朝には堺家の床の間に白もめんに包んだ骨箱が並んだと利彦全集で読んだが、大波乱の人生を生きた人だ。

町はずれの八景山と呼ばれる小高い丘には『セメント樽の中の手紙』で知られる葉山嘉樹の文学碑がある。彼の碑にも望郷の文章が彫られているが、前面には「馬鹿にはされるが真実を語るものがもっと多くなるといい」と刻まれている。碑に填めこまれたレリーフの嘉樹の顔を眺めて眼下の長養の池を見下ろすと、私は、一昨年（一九八七年）夫君の墓参に豊津に来られた小宮大人が、藩の菩提寺峯高寺で私に語って下さった話を想い出す。小宮恒子夫人は、小学生の頃の思い出を、それは何と八十五年も前の話だが、長養の池での螢狩りの思い出を私に語って下さった。

「暗やみの中でね、嘉樹さんが私をワッとおどすんですのよ。私が恐がれば恐がるほどにおどすんですのよ。」嘉樹さんとはもちろん葉山嘉樹。葉山と小宮夫人は隣りあって住んでいた幼なじみだったのだ。九十代半ばの小宮夫人が、〝嘉樹さん〟を語る時は、少女のように明るく声を弾ませる感じがして、私は人の存在全てがいとおしいような不思議な感動を覚えたのだった。

嘉樹の代表作『セメント樽の中の手紙』は、セメント会社で働いた作者の実際の体験に基づく小説で、内容は衝撃的だ。セメント工がセメント袋を開けて一女工からの手紙を見つけ出す。女工の恋人は仕事中に誤ってクラッシャーに落ち、そのままセメントにされてしまったと言う。……こういう悲惨な話をみずみずしい文体で描いて凡百のプロレタリア文学とは違う印象を与える『セメント樽の中の手紙』は、やはり日本人が忘れてはならない一つの時代を描き出していると思う。

何はともあれ時は水無月。私は一年中で六月が一番好きだ。螢が舞い泰山木が花開くからだけではない。私に六月が一番好きと思わしめたものは伊藤静雄の「水中花」という詩なのだ。〝すべてのものは吾にむかひて死ねといふ、わが水無月のなどかくはうつくしき〟という終りの一節など口ずさむ度にぞくっとする。名詩の一節の持つ力、言葉の力というものを思う。

六月の一週に今川の上流で螢の乱舞を眺めるのがここ十年余りの私の習慣で、気がむいたら三日も四日も連続で螢見をする。螢火の明滅は悲しく寂しく美しく、じっと見ていると生命が燃えていると思えてくる。螢を歌った名歌といえば和泉式部の〝物思へば沢の螢もわが身よりあくがれいづる魂かとぞ見る〟をいつも思い浮かべるのだが、私は和泉式部の見方とは違って、螢の主体性というものを感じ、一体螢は私達に何を告げようとするのかと考えてしまうのだ。

第二〇章　みやこ町歴史民俗博物館における堺利彦顕彰事業

川本　英紀

福岡県京都郡みやこ町は、二〇〇六年三月に同郡旧豊津町・勝山町・犀川町が合併して誕生した町である。合併した旧三町はそれぞれに特色ある町であったが、中でも旧豊津町は「歴史の町」であり、古代においては豊前国府・国分寺が置かれ、また幕末維新期においては、長州戦争に敗れて小倉から退いた小笠原藩が、再起を期して新たな藩庁を建設した土地であった。藩校育徳館、のちの福岡県立豊津中学校（現育徳館中学校・高等学校）は、堺利彦を初め多彩な人材を輩出している（『福岡県立育徳館高等学校創立二百五十年史』）。

旧豊津町ではそういった歴史的な文化遺産を活用した「歴史と文化の町づくり」を標榜し、文化財の調査や史跡整備等を進めてきたが、その町づくりの中心的な施設として、一九九四年にオープンしたのが「豊津町歴史民俗資料館」であった（二〇〇六年三月みやこ町歴史民俗博物館に改称）。

同館では豊津町はもちろん、周辺地域も対象として歴史的資料の収集を行い、その成果を定期的な企画展を通して紹介する活動を続けてきた。また、一九九七年頃からは郷土出身の先人顕彰事業にも取り組み始めたが、その中でも堺利彦の顕彰事業は、最も高い成果の得られた事業の一つであった。

堺利彦の顕彰事業については、一九五六年に結成された「堺利彦顕彰会」が中心となり、記念碑の建立（一九六〇年）、記念館の建設（一九七三年）をはじめとした事業の蓄積がある。また同会は、一九九五年、やはり旧豊津町出身の葉山嘉樹・鶴田知也の顕彰も積極的に行うべく「堺利彦・葉山嘉樹・鶴田知也の三人の偉業を顕彰する会」（略称「堺・葉山・鶴田顕彰会」）として再スタートし、現在に至るまでその活動実績を重ねてきたところである。その一方で、一九七三年建設の記念館は年とともに老朽化が進み、二〇〇〇年を過ぎた頃からはそれが一層なものとなって、施設内に収蔵する資料の保存環境が心配されるようになった。

そこで、二〇〇二年二月から、堺・葉山・鶴田顕彰会と豊津町歴史民俗資料館が共同して、記念館の所蔵資料について目録作成等の調査を始め、全ての調査が完了した同年一一月、顕彰会と町との間で、資料館への資料寄託について書面を取り交わし、同年内に移転が全て終了したのである。

寄託を受けた豊津町歴史民俗資料館では、二〇〇三年六月一七日から八月一七日まで「堺利彦と故郷豊津」と題して企画展を開催した。この企画展では、朝倉文夫作のデスマスク、「堺利彦農民労働学校」関係資料、堺の著書・書幅など約五〇点を展示し、期間中には主催者が想定した以上の

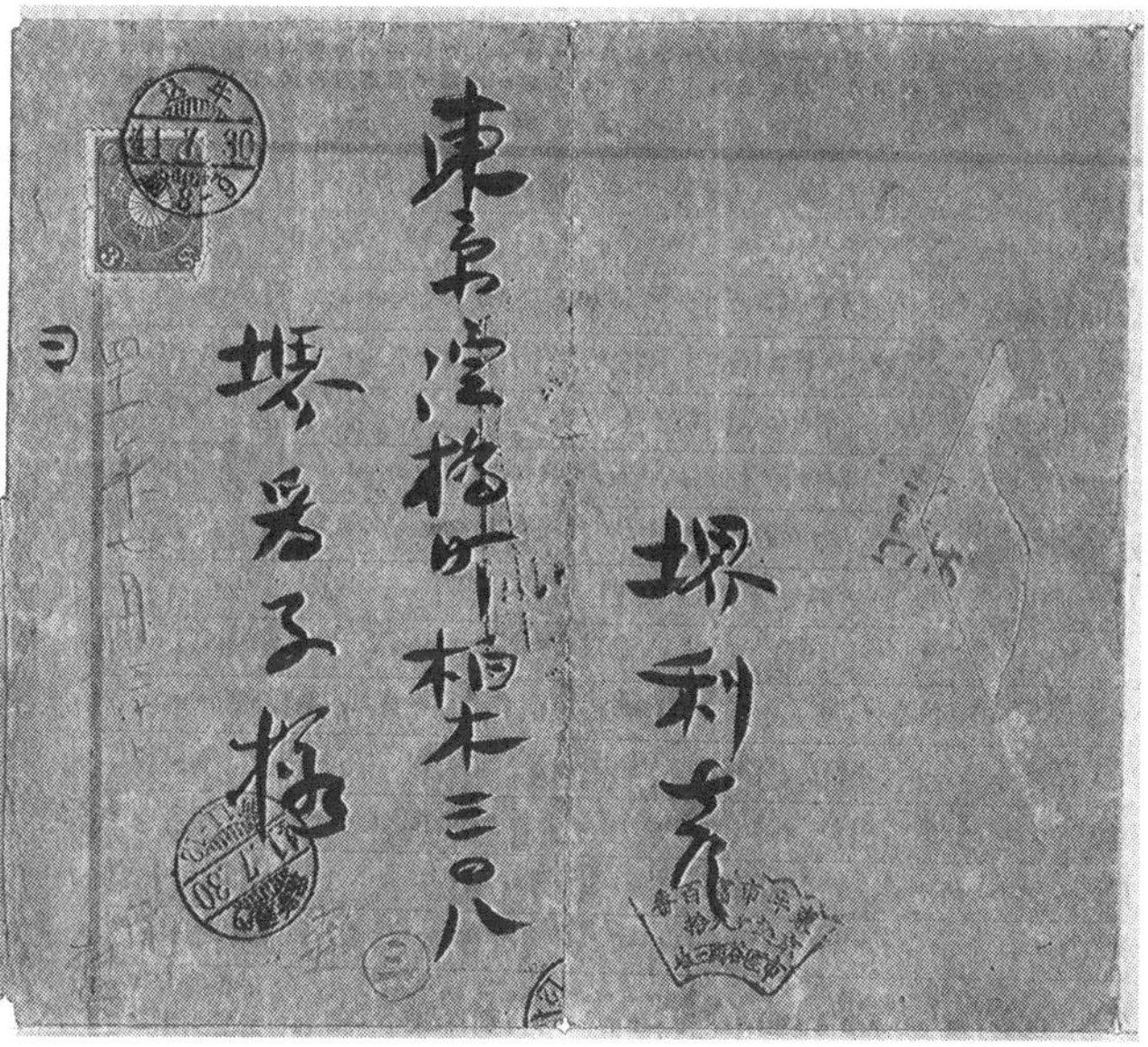

堺利彦の堺為子宛獄中書簡。赤旗事件の東京監獄未決期。1908（明治41）年７月25日付。みやこ町歴史民俗博物館所蔵

来館者があった。

　また、みやこ町発足から二年後の二〇〇八年、二月五日から三月二日を会期に「みやこゆかりの先人①～堺利彦資料展～」を開催した。この企画展では、金曜会屋上演説事件および赤旗事件における堺の獄中書簡一二点を紹介したが、これは「堺利彦獄中書簡を読む会」（小正路淑泰会長）の活動成果を紹介するものでもあった。新聞各社が記事に取り上げたこともあって予想以上の反響があり、規模こそ大きなものではなかったが、館の歴史の中で最も印象深い企画展の一つとなった。

　二〇一三年三月には、小正路淑泰氏の「解題」を付して〈豊前地方の近世・近代史料集第7集―目録編3―〉『堺利彦記念館旧蔵資料目録』を刊行した。

これにより、堺利彦記念館資料の内容が広く知られ、その有効活用が一層進むことを予測し、期待するところである。

言うまでもなく、小規模博物館としての限界はさまざまな面であるが、今後も顕彰会のご協力をいただきながら、一歩一歩、堺利彦の顕彰事業を進めたいと考えている。

◎堺利彦顕彰事業参考文献

（凡例） 堺利彦顕彰会結成（一九五六年）前後から二〇一五年までの間に発表された①顕彰会員・協力者の著書・論文・エッセイ・追悼文等、②堺利彦記念碑・記念館・講演会等の顕彰事業に言及した文献、③堺利彦研究史上、重要と思われる文献を発表年順に配列した。同一著者に複数の著作がある場合は一カ所にまとめて表記した。

堺利彦〈日本近代史叢書Ⅶ〉『日本社会主義運動史』河出書房、一九五四年
　『豊多摩と巣鴨』素面の会、一九七五年
　『堺利彦伝』中公文庫、一九七八年（二〇一〇年改版）
野田宇太郎『続九州文学散歩』創元社、一九五五年
平林たい子「堺利彦の思い出」『朝日新聞』一九五五年九月二一日
　「堺利彦―社会主義の新しい響きに馳せた人生」『自由』第九巻第一二号、一九六〇年一二月
荒畑寒村「凡人堺利彦」『社会主義』第五一号、一九五五年一〇月
荒畑寒村（聞き手木原実）「堺利彦を語る」『まなぶ』第二号、第三号、一九六〇年一〇月、一一月

『寒村自伝』論争社、一九六〇年（筑摩叢書版一九六五年、岩波文庫版一九七五年）
「「近代思想」と「新社会」」『思想』第四六〇号、一九六二年一〇月
『反体制を生きて』新泉社、一九六九年
『大逆事件への証言』新泉社、一九七五年
『荒畑寒村著作集5―社会運動をめぐる人々』平凡社、一九七六年
『久闊多罪―荒畑寒村の手紙』平凡社、一九八三年
向坂逸郎「堺利彦と学問」『社会主義』第五一号、一九五五年一〇月
『戦士の碑』労働大学、一九七〇年
『読書は喜び』新潮社、一九七七年
『歴史から学ぶ』大和書房、一九七八年
山川均「社会主義史上の堺利彦」『社会主義』第五一号、一九五五年一〇月
山川均・荒畑寒村・隅谷三喜男・林茂・吉野源三郎「堺枯川」『世界』第一一八号、第一一九号、一九五五年一〇月、一一月
山辺健太郎「片山潜・幸徳秋水・堺利彦」『中央公論』第七〇巻第一一号、一九五五年一一月
「堺利彦」井上清・藤井松一編『日本人物史大系―時代と人物・近代3』第七巻、朝倉書店、一九六〇年
友石孝之「豊津と堺枯川」『九州文学』第二巻第一号、一九五五年一二月
井之口政雄「歴史上の人物の見方―幸徳秋水と堺利彦らをめぐって」『前衛』第一一三号、一九五六年二月
志賀義雄『日本革命運動の群像』合同出版社、一九五六年
近藤真柄「民衆弾圧の警職法―父堺利彦と私の体験」中村哲・小田切秀雄編『よみがえる暗黒―警察国家への危機』第一評論社、一九五八年

「父・夫・娘婿」『展望』第一〇六号、一九六七年一〇月
「深い情味の鈴木さん」『月刊社会党』第一六一号、一九七〇年七月
『わたしの回想（上）―父、堺利彦と同時代の人びと』ドメス出版、一九八一年→「父を語る」「父の五面相」「謝辞」「会葬御礼のハガキ」「好いお父さん、堺利彦」「父・堺利彦のふるさと―生誕九十年・建碑に寄せて」「「大逆帖」覚え書―父堺利彦の思い出をめぐって」「父・堺利彦建碑の記」「父に関して」「堺利彦のこと」（聞き手桜井純一）「母、堺ためのこと」「面会」ほか所収
原田種夫『西日本文壇史』文画堂、一九五八年
大内兵衛『我・人・本』岩波書店、一九五八年
鈴木茂三郎『ある社会主義者の半生』文芸春秋新社、一九五八年
『忘れえぬ人々』中央公論社、一九六一年
「堺利彦と平民社」『中央公論』第八〇巻第六号、一九六五年六月
奥山伸「医者の診た社会主義者たち」『中央公論』第七四巻第一一号、一九五九年一一月
『美夜古文化』第一三号〈堺利彦記念号〉、一九五九年一一月→鶴田知也「農民学校の断片」、福田新生「堺利彦と女教師と私」、玉江彦太郎「末松澄謙と堺利彦」、森毅「土蜘蛛旅行の頃」、友石孝之「堺利彦年譜と解説」所収
『堺利彦先生生誕九十周年顕彰記念碑』堺利彦先生顕彰会、一九六〇年
川口武彦「母校に立つ堺枯川―堺枯川顕彰記念碑の除幕式に参列して」『まなぶ』第七号、一九六一年三月
「堺利彦」『まなぶ』第五一号、一九六四年一〇月
川口武彦編『堺利彦全集』全六巻、法律文化社、一九七〇年～一九七一年
「堺利彦について―『堺利彦全集』を編集して」『社会主義』第四六号、一九七一年一月
「堺利彦のふるさとで―堺利彦記念館の完成式に参加して」『社会主義』第九〇号、一九七四年三月

「堺利彦の若き日と堺の青年への提言」『まなぶ』第一七四号、一九七四年一二月
「堺利彦と山川均」『唯物史観』第二三号、一九八一年一二月
「堺利彦と現代―その人と思想」『月刊社会党』第三一九号、一九八三年一月
『日本マルクス主義の源流―堺利彦と山川均』ありえす書房、一九八三年
「唯物史観研究発足のころ―堺利彦の位置」『唯物史観』第三〇号、一九八七年五月
「『共産党宣言』と日本―堺利彦の足跡に触れて」『唯物史観』第三三号、一九八八年一一月
『堺利彦の生涯』全二巻、社会主義協会出版局、一九九二年、一九九三年
「『向坂逸郎文庫目録』第一冊の出版―堺利彦文庫のことにふれて」『社会主義』第三四八号、一九九三年二月
「『堺利彦の生涯』の執筆を終えて」『社会主義』第三五六号、一九九三年九月
森毅「堺枯川の記念碑除幕式記事―その生誕九十周年に」『美夜古文化』第一四号、一九六一年四月
小野信二編『学習伝記全集』上巻、実業之日本社、一九六一年
玉城素「黎明期の社会主義者堺利彦」『自由』第四巻第三号、四号、五号、六号、九号、一九六二年二月、四月、五月、六月、九月
「堺利彦」『思想の科学』第三八号、一九六五年五月
荒畑寒村・向坂逸郎『うめ草すて石―思い出の人びと』至誠堂、一九六二年
朝日ジャーナル編集部編『日本の思想家2』朝日新聞社、一九六三年
鶴田知也「わがふるさとは土蜘蛛族と国分寺と」『畑地農業』第七八号、一九六五年二月
「枯川先生の「望郷臺」」『朝日新聞』一九六九年一二月一四日
「堺利彦農民労働学校の新たなる出発に際して」『鶴田知也文学碑』鶴田知也顕彰事業推進委員会、一九九二年

岡本宏『日本社会主義政党論史序説』法律文化社、一九六八年
『日本社会主義史研究』成文堂、一九八八年
永田広志〈永田広志日本思想史研究第三巻〉『日本唯物論史』法政大学出版局、一九六九年
高畠徹郎編〈講座日本の革命思想5〉『民主革命思想の胎動』芳賀書店、一九七〇年
古賀武夫「豊津開化小史—揺籃期の豊津について」福岡県立豊津高等学校創立百二十周年記念刊行会、一九七〇年
「堺利彦とその故郷」『西日本文化』第一四〇号、一九七八年四月
『母校四題—黎明期の豊津中学校』福岡県立豊津高等学校創立百二十周年記念実行委員会、一九九〇年

一月

川内唯彦（聞き手犬丸義一）「反宗教闘争同盟、唯研創立のころ」『現代と思想』第四号、一九七一年六月
昭和女子大学近代文学研究室編『堺枯川』近代文学研究叢書』第三四巻、近代文化研究所、一九七一年
福田静夫「マルクス主義形成期の国家批判の構造—堺利彦の場合」『季刊科学と思想』第三号、一九七二年
松尾喬「堺利彦顕彰記念館を訪ねて」『月刊総評』第二二三号、一九七六年五月
木下順二「堺利彦のこと」『荒畑寒村著作集月報』第四号、一九七六年八月
山内公二「京築風土記」美夜古郷土史学校、一九七七年
前田俊彦・石牟礼道子「ひとり学ぶことの再発見」『潮』第一八九号、一九七五年三月
田原春次『田原春次伝』田中秀明、一九七三年
「美夜古の文学碑（下）京都郡豊津町の文学碑」『西日本文化』第三四〇号、一九九八年四月
小田実「私の中の日本人—宮崎滔天と堺利彦」『波』第八八号、一九七七年五月
古賀勇一「気骨の精神的風土を思う—葉山嘉樹文学碑に寄せて」『西日本新聞』一九七七年一〇月二一日夕刊

「堺利彦農民労働学校開校五〇周年にあたって」『堺利彦顕彰会通信』第一号、一九八一年一一月
小松隆二「三つの文学碑物語」『労働者文学』第四一号、一九九七年六月
「企業内少数派組合の動向と問題点―労働組合の原点を問いかけるもの」『日本労働協会雑誌』第二〇巻第八号、一九七八年八月
「戦前版『幸徳秋水全集』考―『幻の全集』の成り立ちと全体像」『三田学会雑誌』第七九巻第二号、一九八六年六月
『大正自由人物語―望月桂とその周辺』岩波書店、一九八八年
「戦線同盟覚書」『初期社会主義研究』第一〇号、一九九七年九月
渡辺凡平「森緑青氏と豊津」『みやこ俳句会報』第三〇五号、一九七八年六月
松島栄一編『進歩と革命の思想　日本編』新日本出版社、一九七八年
神田文人編〈歴史科学体系26〉『社会主義運動史』校倉書房、一九七八年
玉江彦太郎『郷土史話私考』美夜古郷土史学校、一九七九年
『小倉藩の終焉と近代化』西日本新聞社、二〇〇二年
向井啓二「『新佛教』と「平民社」―特に堺利彦の交流を中心に」『仏教史研究』第一一号、一九七九年三月
「明治社会主義史上における堺利彦」『龍谷大学大学院紀要』第二号、一九八一年三月
「堺利彦研究序論」『国史学研究』第八号、一九八二年三月
「明治社会主義者・堺利彦」『竜谷史壇』第八四号、一九八四年三月
「堺利彦の婦人・家庭論」『国史学研究』第一〇号、一九八四年三月
「堺利彦の思想形成」『国史学研究』第一一号、一九八五年三月
「「大逆事件」直後の堺利彦―売文社での活動を中心に」『竜谷史壇』第九三・九四号、一九八九年三月

「晩年の堺利彦」『国史学研究』第一六号、一九九〇年三月
竹田行之「大逆事件文庫余聞」『大逆事件の真実をあきらかにする会ニュース』第二六号、一九八〇年一月
「四季の埋草、折々の捨石」『まなぶ』第三六九号～第三八一号、一九九〇年一月～一二月（筆名・志じん生）
「蛍ひとつ……」『初期社会主義研究』第一一号、一九九八年一二月
渡辺悦次・鈴木裕子編『たたかいに生きて―戦前婦人労働運動への証言』ドメス出版、一九八〇年
広野八郎『葉山嘉樹・私史』たいまつ社、一九八〇年
「『堺利彦農民労働学校の夕』のこと」『西日本文化』第二九七号、一九九三年一二月
小田切進『文庫へのみち―郷土の文学記念館』東京新聞出版局、一九八一年
『堺利彦顕彰会通信』第一号～、一九八一年一一月～（第二号より『堺利彦・葉山嘉樹・鶴田知也顕彰会通信』、第一三号より『堺・葉山・鶴田顕彰会通信』、第一八号より『顕彰会通信』と改題）
寒村会編『荒畑寒村　人と時代』マルジュ社、一九八二年→堺利彦「大杉と荒畑」、近藤真柄「とりとめなき牛涎式くりごと」、鶴田知也「寒村先生と枯川先生の『望郷台』」、川内唯彦「出会い」、財部百枝「「お手伝い」のこと」、堀切利高「尽きる」ほか所収
伊東弘文「北豊前農民組合と全農福連（全国農民組合福岡県連合会）―戦前の北九州における農民運動と部落解放の視点から」『論集いぶき』第二号、第四号、一九八二年三月、一九八四年三月
近江谷左馬之介「「堺利彦農民労働学校」の集い」『社会主義』第一九三号、一九八二年一月
鈴木裕子編『堺利彦女性論集』三一書房、一九八三年
「堺利彦の女性論」『科学的社会主義』第七一号、二〇〇四年四月
松尾尊兊『本倉』みすず書房、一九八三年
『わが近代日本人物誌』岩波書店、二〇一〇年

椿繁夫『水脈遠く―五十年風雪の道』新時代社、一九八三年
成田龍一『加藤時次郎』不二出版、一九八三年
『近代都市空間の文化経験』岩波書店、二〇〇三年
近藤千浪「歳のとりかた―母近藤真柄を想う」『新しい家庭科』第二巻第五号、一九八三年七月
「堺利彦の娘としての母近藤真柄のこと」『初期社会主義研究』第一〇号、一九九七年九月
原田吉治・渡辺悦次「堺利彦記念碑・顕彰記念館紹介」『運動史研究』第一二号、一九八三年八月
牧瀬菊枝「人物女性解放思想史講座・第一〇回　堺（近藤）真柄―女の社会主義運動の先駆者」『季刊女子教育もんだい』第一八号、一九八四年一月
山内公二・綿井八重子・今村佐恵子『京築の文学碑』美夜古郷土史学校、一九八四年
城戸淳一『京築文学抄』美夜古郷土史学校、一九八四年
『京築の文学風土』海鳥社、二〇〇三年
高津正道『旗を守りて―大正期の社会主義運動』笠原書店、一九八四年
山本武利「「冬の時代」の社会主義者の広告活動」『広告』第二四八号、一九八五年一月
山泉進「大逆事件墓参日誌」『大逆事件の真実をあきらかにする会ニュース』第二三号、一九八五年一月
「堺利彦の判決通知電報」『大逆事件の真実をあきらかにする会ニュース』第三三号、一九九四年一月
「冬の時代の若葉、青葉の旅―堺利彦の「大逆事件」遺家族慰問旅行」『初期社会主義研究』第八号、一九九五年七月
「堺利彦の幸徳老母宛書簡」『大逆事件の真実をあきらかにする会ニュース』第三八号、一九九九年一月
「堺利彦と「冬の時代」」『科学的社会主義』第三七号、二〇〇一年五月二月

「堺利彦と社会主義—平民社一〇〇年にあたって」『科学的社会主義』第六二号、二〇〇三年六月
「幸徳秋水と堺枯川—平民社を支えたもの」『初期社会主義研究』第一六号、二〇〇三年一一月
『平民社の時代—非戦の源流』論創社、二〇〇三年
「堺利彦書簡二通」『大逆事件の真実をあきらかにする会ニュース』第四六号、二〇〇七年一月
山泉進編『大逆事件の言説空間』論創社、二〇〇七年
林尚男『評伝《堺利彦》—その人と思想』オリジン出版センター、一九八七年
『平民社の人びと—秋水・枯川・尚江・栄』朝日新聞社、一九九〇年
宮本弥七郎『完結なずなの花』宮本弥七郎、一九八九年
『渡辺英生追悼文集』渡辺英生さんをしのぶ会発起人会、一九八九年
田中英夫『西川光二郎小伝』みすず書房、一九九〇年
『山口孤剣小伝』花林書房、二〇〇六年
『洛陽堂河本亀之助小伝—損をしてでも良書を出す・ある出版人の人生』燃焼社、二〇一五年
畑中茂広「対話あるまちづくりをめざして」『月刊自治研』第四八二号、一九九九年一一月
「新米町長のまちづくり六年間の報告—福岡県豊津町」『月刊自治研』第五三六号、二〇〇四年五月
大森かほる『捨石埋草を生きて—堺利彦と娘近藤真柄』第一書林、一九九二年
大和田茂『社会文学・一九二〇年前後—平林初之輔と同時代文学』不二出版、一九九二年
「日本社会主義同盟創立の日に—同盟本部跡の昼食会、堺利彦終焉の地訪問」『トスキナア』第一一号、二〇一〇年四月
『社会運動と文芸雑誌—『種蒔く人』時代のメディア戦略』菁柿堂、二〇一二年
荻野富士夫『初期社会主義思想論』不二出版、一九九三年
犬丸義一『第一次共産党の研究—増補日本共産党の創立』青木書店、一九九三年

堀切利高『夢を食う―素描荒畑寒村』不二出版、一九九三年
堀切利高編〈平民社百年コレクション第2巻〉『堺利彦』論創社、二〇〇二年
「幻に終わった講演会―黒岩比佐子さん追悼」『初期社会主義研究』第二三号、二〇一一年九月
『ガミガミひとしの生涯―垣上ひとし追悼文集』垣上ひとしをしのぶ会、一九九三年
無署名「輩出した社会主義者たちふるさとに入れられず（豊津町）」『LifeLine』第二一号、一九九三年七月
原田吉治「堺利彦顕彰会の歴史と意義」『社会主義』第三五六号、一九九三年九月
「堺・葉山・鶴田三人顕彰会」『まなぶ』第五一五号、二〇〇一年四月
「堺利彦農民労働学校址碑建立に寄せて」『科学的社会主義』第九八号、二〇〇六年六月
小島恒久「日本マルクス主義の源流―堺没後六〇年と『堺利彦の生涯』刊行に寄せて」『社会主義』第三四八号、一九九三年二月
「日本マルクス主義の源流・堺利彦に学ぶ」『社会主義』第三五六号、一九九三年九月
「日本社会主義の父堺利彦」『まなぶ』第六四五号、第六四八号、第六五一号、二〇一四年四月、七月、一〇月
『歌集　晩禱』現代短歌社、二〇一四年
無署名「峯高寺（小宮豊隆墓塔）・堺利彦歌碑・葉山嘉樹文学碑」『ふるさとの自然と歴史』第二四六号、一九九四年九月
松本法子『終点のないエッセイ』ながらみ書房、一九九四年
松本法子追悼集刊行会編『水無月―松本法子作品追悼集』ながらみ書房、一九九四年
福岡県編『福岡県文化百選・作品と風土編』西日本新聞社、一九九五年
若杉隆志「向坂文庫整理作業の現在」『社会主義』第三七九号、一九九五年五月
「向坂文庫の整理を終えて」『社会主義』第四六二号、二〇〇一年六月

小正路淑泰「堺利彦農民労働学校の周辺—堺利彦旧蔵書のゆくえ」『初期社会主義研究』第八号、一九九五年七月
「お座敷住まい」『歴史と旅』第二〇巻第一八号、一九九五年一二月
「堺利彦、真の出生地とその原風景」『西日本文化』第三二六号、一九九六年一一月
「堺利彦顕彰会四〇年史」『初期社会主義研究』第一〇号、一九九七年九月
「堺利彦と部落問題—身分・階級・性別の交叉」『初期社会主義研究』第一一号、一九九八年一二月
「堺利彦顕彰記念館」淡交社編集局編『日本の文学館百五十選』淡交社、一九九九年
「堺利彦農民労働学校—京都行橋地方における部落解放運動の源流」『明日葉』第七号、二〇〇一年一月
「栗須七郎と堺利彦」『革』第一九号、二〇〇〇年五月
「堺利彦農民労働学校（一）—農村社会運動の諸相」『部落解放史・ふくおか』第一〇五号、二〇〇二年三月
「堺利彦農民労働学校（二）—第一期を中心に」『部落解放史・ふくおか』第一〇九号、二〇〇三年三月
「近藤真柄生誕一〇〇年に寄せて」『科学的社会主義』第六二号、二〇〇三年六月
「堺利彦農民労働学校（三）—第二教育期と「満州事変」前後における堺利彦の動向を中心に」『部落解放史・ふくおか』第一一五号、二〇〇四年九月
「堺利彦農民労働学校の周辺（その二）—「ツバメ館」＝常設校舎建設運動」『初期社会主義研究』第一七号、二〇〇四年一一月
「承認と逸脱をめぐる政治—全国水平社未組織農村における農民運動と水平運動」『法政研究』第七一巻第四号、二〇〇五年三月

「「堺利彦農民労働學校址」碑の建立」『大逆事件の真実をあきらかにする会ニュース』第四五号、二〇〇六年一月
「堺利彦農民労働学校（四）―第三期講義内容の検討」『部落解放史・ふくおか』第一二一号、二〇〇六年三月
「『堺利彦伝』―豊前人の心情を代弁」『ふるほん九州』第四号、二〇〇七年一月
「堺利彦農民労働学校（五）―第四期・第五期と学校の再編」『リベラシオン』第一二八号、二〇〇七年一二月
「独立系水平社・自治正義団と堺利彦農民労働学校―一九二〇～三〇年代福岡県京都郡地方の水平運動」『佐賀部落解放研究所紀要』第二五号、二〇〇八年三月
「戦時下の田原春次―堺利彦農民労働学校の再編過程を中心に」『部落解放研究』第一八三号、二〇〇八年一〇月
「大逆事件／売文社創立百年を迎えて」『彷書月刊』第二九四号、二〇一〇年三月
「堺利彦生誕一四〇年・大逆事件一〇〇年―福岡県みやこ町豊津より」『初期社会主義研究』第二三号、二〇一一年三月
「わたくしの錦陵人物誌研究」福岡県立育徳館高等学校錦陵同窓会定期総会誌『錦陵』平成二四年度版、二〇一一年八月
「市民と行政との協働によるまちづくり―福岡県みやこ町からのメッセージ」里村欣三顕彰会編『里村欣三の眼差し』吉備人出版、二〇一三年
「堺利彦農民労働学校の周辺（その三）―堺利彦没後八〇周年記念講演会」『初期社会主義研究』第二三号、二〇一四年五月
小竹一彰編〈久留米大学公開講座8〉『アジアを知る、九州を知る』九州大学出版会、一九九六年

品野実『一本のペン――「異域の鬼」以降』谷沢書房、一九九六年
原均「革命家たちの足あと」『社会主義』第三九六号、一九九六年七月
榊原浩『文学館探索』新潮社、一九九七年
梅森直之「二〇世紀の少年よりおぢさんへ――堺利彦における「言文一致」・「家庭」・「社会主義」」『初期社会主義研究』第一〇号、一九九七年九月
梅森直之編『帝国を撃て――平民社一〇〇年国際シンポジウム』論創社、二〇〇五年
石堂清倫「堺利彦と『共産党宣言』その他」『初期社会主義研究』第一〇号、一九九七年九月
岩田礼「堺利彦と難波大助」『九州作家』第一〇九号、一九九八年五月
『豊津町史』下巻、豊津町、一九九八年
中原保「堺利彦農民労働学校の波紋――豊津中学校万歳事件」『西日本文化』第三五七号、一九九九年一二月
安斉育郎・李修京編『クラルテ運動と『種蒔く人』――反戦文学運動〝クラルテ〟の日本と朝鮮での展開』御茶の水書房、二〇〇〇年
石川捷治・平井一臣編『地域から問う国家・社会・世界「九州・沖縄」から何が見えるか』ナカニシヤ出版、二〇〇〇年
古賀勇一ほか『全九州電力労働組合四〇年のあゆみ』全三巻、全九電史刊行委員会、二〇〇〇年
河野康臣「社会主義革命と社会革命」『旬刊社会通信』第七六六号、二〇〇〇年四月
原田さやか「二一世紀への文学的展望――堺利彦・葉山嘉樹・鶴田知也」『パトローネ』第四四号、二〇〇一年一月
「堺利彦生誕一四〇年・大逆事件・売文社創設一〇〇年記念講演会」『パトローネ』第八四号、二〇一一年一月
「近藤千浪さんを偲ぶ」『初期社会主義研究』第二三号、二〇一一年三月

大嶋仁『地の噴火口―九州の思想をたどる』西日本新聞社、二〇〇一年
灰原茂雄『主権在民』寺子屋21世紀、二〇〇一年
吉田隆喜『無残な敗北―戦前の社会主義運動を探る』三章文庫、二〇〇一年
「社会民主党百年」資料刊行会編『社会民主党一〇〇年』論創社、二〇〇一年
大﨑哲人「「労農派」とプロレタリア文学―源流は時代を繋いで滔々と流れる」『科学的社会主義』第三七号、
二〇〇一年五月
「歴史の平和な漂流物「労農パンフレット」」『日本古書通信』第七四巻第五号、二〇〇九年五月
吉田健二「向坂逸郎文庫の図書・資料」『大原社会問題研究所雑誌』第五一三号、二〇〇一年八月
「向坂文庫の堺利彦旧蔵資料」『社会主義』第四六九号、二〇〇二年一月
石河康国・上野健一・今村稔『山川均・向坂逸郎外伝―労農派一九二五～一九八五』全二巻、二〇〇二年、
二〇〇四年
花田衛『夜明けふたたび―近代日本と行橋・北九州』三洋信販、二〇〇三年
石川捷治「社会主義者における『性』と政治―日本の一九二〇～三〇年代を中心として」『年報政治学』第
五四号、二〇〇三年一二月
熊野直樹・星乃治彦編『社会主義の世紀―「解放」の夢にツカれた人たち』法律文化社、二〇〇四年
大田英昭「堺利彦の「家庭」論―親密性の社会主義」『倫理学年報』第五三集、二〇〇四年三月
「堺利彦における非戦論の形成―その平和的秩序観と暴力批判」『初期社会主義研究』第一七号、二
〇〇四年一一月
『日本社会民主主義の形成―片山潜とその時代』日本評論社、二〇一三年
大石實『福岡県の文学碑　近・現代編』海鳥社、二〇〇五年
尾原宏之「堺利彦の「ユートピア」―明治社会主義における「理想」の一断面」『初期社会主義研究』第一

八号、二〇〇五年一一月
廣畑研二『水平の行者 栗須七郎』新幹社、二〇〇六年
「堺・近藤一家三代目の千浪さんと私」『トスキナア』第一二号、二〇一〇年一〇月
「福岡炎熱行脚」『トスキナア』第一八号、二〇一三年八月
「堺利彦と水平の行者栗須七郎」『科学的社会主義』第一八七号、二〇一三年一一月
清原芳治『内野東庵とその一族』内野東庵とその一族刊行委員会、二〇〇六年
銭昕怡『近代日本知識分子的中国革命論』中国人民大学出版社、二〇一三年一一月
小山静子・太田素子編『「育つ・学ぶ」の社会史―『自叙伝』から』藤原書店、二〇〇八年
カール・マルクス／フリードリヒ・エンゲルス（幸徳秋水・堺利彦訳）『彰考書院版　共産党宣言』アルファ・ベータ、二〇〇八年
石河康国『労農派マルクス主義―理論・ひと・歴史』全二巻、社会評論社、二〇〇八年
川本英紀「中小自治体の文化行政と地域博物館―「官のスリム化」「官から民へ」の潮流と「地域」への回帰」『九州史学』第一四八号、二〇〇七年一〇月
「みやこ町歴史民俗博物館における堺利彦顕彰事業」『大逆事件の真実をあきらかにする会ニュース』第四八号、二〇〇九年一月
川本英紀ほか『福岡県立育徳館高等学校創立二百五十年史』福岡県立育徳館高等学校創立二五〇周年記念事業実行委員会、二〇一〇年
津留湊「赤旗事件から一〇〇年―堺利彦獄中書簡を読む」『科学的社会主義』第一二〇号、二〇〇九年、二月
「前田俊彦が語らなかった／語れなかった非合法時代―思想的営為の原型を探る」『アナキズム』第一三号、二〇一〇年五月

「大逆事件一〇〇年―堺利彦と売文社の闘い」『科学的社会主義』第一五二号、二〇一〇年一二月
白仁成昭編『捨て石埋め草―近藤千浪遺稿集』捨て石埋め草編集委員会、二〇一〇年
黒岩比佐子『パンとペン―社会主義者・堺利彦と「売文社」の闘い』講談社、二〇一〇年
『忘れぬ声を聴く』幻戯書房、二〇一四年
安本淡『憂さ晴らし』海鳥社、二〇一〇年
「惜別の辞［追悼］近藤千浪」『トスキナア』第一二号、二〇一〇年一〇月
「堺利彦とみやこ町豊津」『西日本文化』第四四九号、二〇一一年二月
佐野ウララ編『吉見春雄　戦時下の短歌ノート』同時代社、一〇一〇年
磯辺勝『巨人たちの俳句―源内から荷風まで』平凡社新書、一〇一〇年
善明建一「日本の社会主義運動の先駆者―堺利彦生誕一四〇年／大逆事件・売文社創設一〇〇年記念講演会に参加して」『社会主義』第五八二号、二〇一〇年一二月
安宅夏夫「夏目漱石と堺利彦」『群系』第二六号、二〇一〇年一二月
堺利彦獄中書簡を読む会編『堺利彦獄中書簡を読む会』菁柿堂、二〇一一年
藤枝充子「堺利彦『家庭の新風味』とその読者」『東京純心女子大学紀要』第一六号、第一七号、二〇一一年三月、二〇一二年三月
堺利彦・葉山嘉樹・鶴田知也の三人の偉業を顕彰する会「堺利彦顕彰記念館―資料紹介」『まなぶ』第六五〇号、二〇一一年九月
鎌田慧『残夢―大逆事件を生き抜いた坂本清馬の生涯』金曜日、二〇一一年
木村敏彦「大逆事件は葉山作品に投影していた」『大逆事件の真実をあきらかにする会ニュース』第五一号、二〇一二年一月
「葉山嘉樹原作の映画「ある女工記」出演記」『科学的社会主義』第二一三号、二〇一六年一月

三人の会編『葉山嘉樹・真実を語る文学』花乱社、二〇一二年
太田素子・浅井幸子編『保育と家庭教育の誕生一八九〇～一九三〇』藤原書店、二〇一二年
『くまの文化通信』第一七号、二〇一二年八月二日
NHK取材班編『日本人は何を考えてきたのか　明治編文明の扉を開く』NHK出版、二〇一二年
〈豊前地方の近世・近代史料集第7集―目録編3〉『堺利彦記念館旧蔵資料目録』みやこ町歴史民俗博物館、二〇一三年
「大杉栄と仲間たち」編集委員会編『大杉栄と仲間たち―『近代思想』創刊一〇〇年』ぱる出版、二〇一三年
『堀切利高追悼文集』初期社会主義研究会、二〇一三年
大牟田太朗『加治時次郎の生涯とその時代』鳥影社、二〇一四年
「豊前行―行橋・豊津訪問記」『人物研究』第三五号、二〇一五年六月
辻本雄一『熊野・新宮の「大逆事件」前後―大石誠之助の言論とその周辺』論創社、二〇一四年
黒川伊織『帝国に抗する社会運動―第一次日本共産党の思想と運動』有志社、二〇一四年
大内秀明・平山昇『土着社会主義の水脈を求めて―労農派と宇野弘蔵』社会評論社、二〇一四年
長澤伸一「第二回大逆事件サミット本会議について」『大逆事件の真実をあきらかにする会ニュース』第五四号、二〇一五年一月
上山慧「抑圧の側と抵抗者が交錯する豊前の歴史を探訪」『大逆事件の真実をあきらかにする会ニュース』第五四号、二〇一五年一月
山中千春「ユーモアの裏にあるペーソス―木下順二作「冬の時代」を観て」『KUMAMOTO』第一一号、二〇一五年六月
轟良子・轟次雄『北九州の風物詩』西日本新聞社、二〇一五年

〔エピローグ〕

パンとペン──堺利彦と「売文社」の闘い

黒岩 比佐子

一 「売文社」に関心を持ったきっかけ

今日はこうして福岡に来て皆様にお会いできたことを、本当にうれしく思っている。私は東京で生まれて東京で育ったが、実は両親の実家は現在の北九州市。また、私は二七歳から三三歳まで、六年余り福岡市に住んで仕事をしていた。そのため、福岡は私にとって第二の故郷だと言える。さらに、私のデビュー作は、福岡生まれのろうあの写真家・井上孝治という人の評伝だった。それが一一年前で、それ以後、ノンフィクションを書き続けてきたが、先月、三年半かかってようやく出版することができたのがこの本(『パンとペン──社会主義者・堺利彦と「売文社」の闘い──』講談社、以下同じ。)です。

これは、社会主義者・堺利彦の「売文社」時代を中心にした評伝です。堺利彦の故郷であるこの豊津では、本来「堺利彦先生」と呼ばなければいけないと思いますが、今日は敬称抜きでお話しすることを許していただきたい。これまでに四冊の評伝を書きましたが、不思議なことに、四冊のうちの二冊、私のデビュー作と最新作が、福岡出身者の評伝なんですね。あとの二人は、村井弦斎という人と国木田独歩です。何か福岡には強い絆を感じている。

それからもう一つ不思議なのは、先ほどこの本が完成するまでに三年半かかった、と言いましたが、二〇〇七年の春に書こうと決意をして、資料収集と調査を始めたのですが、初めてここ豊津にうかがって取材をしたのが、その二〇〇七年の一一月三日と四日だった。ちょうど三年前の今日ということになる。取材でうかがった時は、まだこの先長い道のりで、いつ完成するか予想もできなかった。それがこうして本の形になり、堺利彦の地元の皆様に手に取っていただけることになったことは、夢のような気がする。

実は、私と堺利彦には一つだけ共通点があるんです。それは、講演があまり得意ではない、ということ。私は人前に出るとあがるんですが、堺利彦も友人たちの話によれば、演説はうまくなかったようだ。でも、彼の場合は、最初に二言か三言しゃべると、すぐに臨監の警官から「弁士中止！」という声がかかるので、演説が下手なのを気づかれずにすんだというんですね。そんな笑い話のような話も残っている。当時は信じられないような言論弾圧の時代だったが、幸い今は臨監の警官もいませんので、中止を命じられる心配はありませんので、これからしばらくお話しさせていただきます。

私がなぜ堺利彦について書こうと思ったのか、ということですが、普通は社会思想史の専門家や、マルクス主義に詳しい学者の方が注目する人物で、私がこれまでに書いてきた井上孝治、村井弦斎、国木田独歩とも、堺利彦は全く縁がないように見えます。しかし、明治時代の堺利彦は、堺枯川という号で知られた作家なのですね。新聞小説などをずいぶん書いています。私が評伝を書いた村井弦斎も明治の新聞小説家でしたし、国木田独歩も自然主義作家として有名です。

そして、村井弦斎と国木田独歩はどちらも日露戦争の時代に、新聞雑誌で大活躍をしていました。

売文社の集合写真。前列左より堺（近藤）真柄、堺利彦、高畠素之、高畠明子。後列左より久板卯之助、岡野辰之助、堺為子、高畠初江。四谷区左門町13番地。1912年2月。みやこ町歴史民俗博物館所蔵

この二冊の評伝と日露戦争に関する本を書くために、私は様々な資料を集めて読みました。そのとき、堺利彦と幸徳秋水が日露戦争に反対するために創刊した『平民新聞』にも目を通したのです。

もちろん、平民社や『平民新聞』のことは知っていましたが、実際にその記事を全部読んでみると、その内容に驚かずにいられませんでした。戦争が始まる前なら、反対するのもわかりま

す。開戦してからもずっと反対しているのです。このなかに戦中派の方はいらっしゃるでしょうか？国を挙げて必死に戦っている時に、それは間違っている、すぐにやめろ、と主張することがどれほど困難か、日中戦争・太平洋戦争を経験している方ならよくわかるでしょう。

この時に、堺利彦という名前が深く胸に刻まれました。その後、幸徳秋水と大逆事件のことを調べる必要があって、色々な文献を読んでいた時に、幸徳秋水の盟友だった堺利彦が創設した「売文社」のことを知りました。恥ずかしいことに、私はそれまで「売文社」という会社が一〇〇年も前にあったことを知らなかったのです。でも、周囲のマスコミ・出版関係者に聞いても、知っている人はごくわずかでした。堺利彦と同様に、今では売文社もほとんど忘れられた存在だ、とわかってきたのです。

しかも、私のようなフリーランスのライターにとって、「売文」という言葉は非常にインパクトがありました。私は今年で二五年間どこにも所属せずフリーランスでやってきました。これはずっと、定収入がないということです。色々な仕事をしてきましたが、人間は食べなければ生きていけません。そのためには、あまり気の進まない仕事もせざるをえませんし、逆に、安くても書きたい原稿は書いてきました。

常に「パンとペン」ということは頭にありました。日本的にお米で言えば、「ライフワークか、ライスワークか」ということです。一方で売文をしてお金をもらって、それをつぎ込んでやりたいことをやる。現実的な道はそれですが、やりたいことをやってお金が稼げるようになればいい、というのが理想です。しかし、そううまくはいきません。

そんな時に「売文社」に出会った。売文という言葉を会社名に使って、堂々と文章の代作などを請け負っていた会社があり、社会主義者として知られる堺利彦が創設したものだと知って驚いた。さらに、売文社が誕生するきっかけが大逆事件だったこと、売文社の社員には大杉栄や荒畑寒村、のちに『人生劇場』を書いた尾崎士郎までいたことなど、知れば知るほど興味を惹かれることになった。

ちなみに、この本の帯に〝大正版忠臣蔵〟と書いてあるが、これは私が勝手につけたわけではなく、尾崎士郎が堺利彦を忠臣蔵の大石内蔵助にたとえている。大逆事件後の売文社における堺利彦は、赤穂浪士たちを一つにまとめて、世間の目を欺いて討ち入りの時機を待った大石内蔵助のような存在だった、というわけだ。たしかに、堺利彦は売文社について「猫をかぶる」と表現しているので、官憲に対するカムフラージュという意味もあったと言える。

それにしても「売文社」だ。こんな人を喰ったような名称を社名にするだろうか。その前に堺利彦が幸徳秋水とともにつくったのは平民社だった。平民社から売文社へ。日露戦争の直前に創設された平民社は、いまも学校の教科書には載っている。しかし、売文社についてはほとんど載っていないと思う。しかし、最初の平民社は二年間で解散している。その後、第二期平民社も存在したが、それはわずか数カ月で終わってしまった。

一方、売文社はどれだけ続いたと思いますか？　八年三カ月も継続している。堺利彦の人生の中では、売文社の方が平民社よりはるかに長い期間を占めているわけだ。

そうしたことがわかり始めて、売文社についてもっと詳しいことを知りたくなった。ところが、売文社の業務内容など具体的なことを書いているものがほとんどない。堺利彦の評伝はこれまでに二冊出ているものの、売文社については、大逆事件後の社会主義者たちへの厳しい弾圧の時代を耐え忍ぶためにつくられた、ということが述べられているだけだった。売文社は八年三カ月も継続しているのに対して、その扱いはあまりにも軽すぎる。そこでどんなドラマがあったのか、どんな制作物があったのか、そうしたことを知りたくなった。

皆さんもおそらく、堺利彦が社会主義者で、幸徳秋水と共に平民社をつくって『平民新聞』を創刊して日露戦争に反対した、ということはご存じだと思います。しかし、売文社のことは、堺利彦の地元の皆様でも少ないだろうと思う。売文社について調べ始めると、従来とは異なる堺利彦の人物像が浮かび上がってきた。

二　堺利彦の多彩な人物像

私が評伝を書こうと思うのは、その人物が非常に重要な役割を果たしたにもかかわらず、歴史のなかで埋もれてしまっている、あるいは誤解された状態にある、という場合が多い。これまでに書いた評伝のうち、井上孝治さんと村井弦斎については、誰も評伝を書いていなかった。国木田独歩は作家として有名で、多くの研究者がいるが、意外にも、薄い本は出ていても、充実した評伝は書かれていなかった。

それに対して、堺利彦はすでに二人の学者の方が評伝を書いていた。しかし、期待に反して売文社のことはそれほど書かれていない。私は、堺利彦の人間的な魅力を語るには、彼の売文社時代を取り上げるのが一番ふさわしいと思った。そこで、売文社を中心とした評伝を書こうと決心した。最初から、売文社解散までを書く、ということは決めていた。堺利彦はその後、一〇年余りを生きているが、アナ・ボル抗争のことや、日本共産党の結成やその解党などの話になってくると、専門外の私の手にはおえない。それを書くには、おそらくあと三年以上はかかり、もう一冊の本を書かなければならなくなる。そして、私にはその時間がなく、やり遂げる自信がなかった。

その代わり、私に書けるのは、明治から大正期にかけての文学と出版ジャーナリズムの中における堺利彦だ。しかも、従来、文学の方では、堺利彦のことはほとんど語られていない。「パンの会」とか「新しき村」などはよく取り上げられるが、「売文社」というユニークな組織があったことはほとんど無視されている。堺は一〇代から新聞に小説を連載しはじめ、雑誌にも小説を書き、単行本も出版し、翻訳家としても大活躍している。そうした事実の裏付けがあってこそ、売文社を成功させることができたわけで、そのことを中心に描こうと思った。

堺利彦について調べ始めて意外だったのは、幸徳秋水や大杉栄に比べて地味で、背が低くて風采も上がらず、「棄石埋草」をモットーにしていた地味な堺が、とても多彩な顔をもつ人物だったことだ。

堺利彦といえば、日本にマルクス主義をいち早く紹介したことで知られ、「日本社会主義運動の父」とも呼ばれている。しかし、それだけでなく「堺枯川の名で知られる小説家」、「言文一致体の推進者」、「社会主義者で投獄された第一号」、「女性解放運動に取り組んだフェミニスト」、「新聞雑誌の編集人」、「海外文学の紹介者で翻訳の名手」、「平易明快巧妙な文章の達人」、そして「平民社」と「売文社」の創設者でもあった。

さらに、軍人に暗殺されかけ、関東大震災の際には、憲兵隊に命を狙われた男でもある。何より印象的なのは「日本一のユーモリスト」という称号だろう。これは、堺が自称したわけではなく、同時代の雑誌記者から奉られたものだった。

私が驚いたのは堺の獄中記である。そのタイトルは『楽天囚人』だ。監獄に入れられた自分を、楽天囚人と称するユーモアに脱帽した。しかも、この本の内容はいま読んでも面白い。監獄のまずい食事のことや暇つぶしに何をするかなど、思わず吹き出しそうなことも書かれている。

そして、この『楽天囚人』を出したころから、堺はユーモアエッセイを書く際には「貝塚渋六」というペンネームを使うようになった。この「貝塚」というのは、堺が二年余りも収監されていた千葉監獄の所在地で、「渋六」のほうは、渋いという字に漢数字の六だが、監獄飯の通称である「四分六飯」の洒落だ。「四分六飯」というのは、南京米が四分に、麦が六分というもので、あまりにまずくて堺も最初はのどを通らなかったそうだ。

その他にも、堺は『猫のあくび』『猫の首つり』『猫の百日咳』という〝猫三部作〟のエッセイ集も書いている。そして、売文社の機関紙として、堺は『へちまの花』と名づけたタブロイド判の月刊紙も創刊した。この『へちまの花』がこれまた面白い。これらを読んでいるうちに、従来抱いていた平民社で非戦を叫ぶ堺利彦のイメージが、がらりと変わってしまった。

しかも、『楽天囚人』にしろ、〝猫三部作〟にしろ、『へちまの花』にしろ、堺が生活を楽しんで送っていた時期に書かれたものではない。それどころか、官憲から危険人物として常に監視され、外出すると必ず尾行刑事がつき、手紙やはがきは全て検閲される、という厳しい状況に置かれていた時なのである。

『楽天囚人』などと名乗って、ヘラヘラしているように見えて、これは並大抵の人物ではないな、と思わずにはいられなかった。

それからもう一つ、強調しておきたいのは翻訳家としての堺利彦である。堺はバーナード・ショー作品の翻訳を手がけた先駆者で、ショーの戯曲『ピグマリオン』を日本に初めて紹介している。オードリー・ヘプバーンが主演した映画『マイ・フェア・レディ』の原作は、この『ピグマリオン』だ。また、ジャック・ロンドンの『野性の呼声』と『ホワイト・ファング』(白い牙)を、子供のころに読んだことがある人は多いと思う。この二つの作品を最初に日本語訳したのも堺利彦だった。堺の文章の読みやすさもあって、これは当時、多くの人々に愛読された。社会主義者としてだけでなく、文学の方面でも堺の名前は知られていたのである。

それ以外にも、ディケンズ、デュマ、ゾラ、ウィリアム・モリス、マーク・トウェイン、モーパッサンなど、欧米の人気作家の作品の翻訳を手がけている。

驚いたのは、モーリス・ルブランのアルセーヌ・ルパンシリーズの初期の作品を、堺が訳していたことで、これは日本で二番目だったようだ。アルセーヌ・ルパンと堺利彦。これはなかなか結びつかないでしょう。ともかく、これだけでも、堺利彦が単なる社会主義者とは呼べないことがわかると思う。

むしろ、それだからこそ、堺利彦については、幸徳秋水や大杉栄に比べて、これまで深く論じられてこなかった、と言えるかもしれない。とくに、売文社などというふざけたような名称の会社をつくったことで、軽んじられてきたとも言えるのではないか。しかし、この名称にこめられている堺の思いを想像すると、私は何ともいえない気持ちになってしまう。売文社誕生のかげには、堺の同志である社会主義者一二人の命が奪われる、という重い事実があるからだ。

三　売文社が誕生したきっかけ、大逆事件

先程少し述べたように、売文社が誕生したきっかけは大逆事件だったと言える。ちょうど一〇〇年前に大逆事件が起こった。幸徳事件とも呼ばれるように、幸徳秋水など二六人の社会主義者が大逆罪で起訴され、そのうち二四人に死刑判決が下り、天皇の特赦で一二人は無期懲役に減刑されたが、あとの幸徳秋水ら一二人が処刑された事件である。

今年は大逆事件一〇〇周年ということで、もう少し話題になるかと思っていたが、処刑された人々の地元で記念集会が開催されているくらいで、あまり大きく取り上げられていない気がする。一〇〇周年をすぎれば、もはや忘れ去られるだけなのではないか。

しかし、現在では起訴された人々の大部分が冤罪だったことが認められている。幸徳秋水をターゲットに、国家が事件をフレームアップしたとされている。フレームアップとはでっち上げのことだ。つい最近でも、郵便割引制度をめぐって起訴された村木厚子さんが、大阪地検で無罪判決を受

けたが、検察の取り調べの様子は、一〇〇年前の大逆事件を思わせるものだった。大逆事件で処刑された一人である管野すがは、「うつつ責め」という言葉を使っている。拘引して取り調べをする際に、一睡もさせずに意識を朦朧とさせて、検察が作成したシナリオを認めるサインをさせる、というわけだ。

それ以外にも、様々な手段でフレームアップが行われた。私はこの本を書くために、かなり大逆事件関係の資料を読んだが、あまりのひどさに、夜眠れなくなった。一二人が次々に絞首台に立つ姿が、どうしても浮かんでしまうのだった。それまで、何となく一二人が死刑、と書かれている文章を読んでいたが、その事実関係を読んで行くと、初めて大逆事件に対する実感がわいて来た。いまも死刑制度については論議があるが、一〇〇年前に無実の人を含めて一二人も大量処刑しているという事実は消すことができないし、記憶しておくべきだと思う。

しかも、判決が言い渡されてから六日目と七日目に死刑が執行されている。これは、海外から幸徳秋水らの死刑判決に対して抗議の声が上がったため、早く始末してしまおう、ということだったのだろう。当時の大逆罪というのもすごい内容で、天皇と皇族に対して危害を加えたか、加えようとした者は死刑、となっている。幸徳秋水らは誰一人、天皇やその家族に危害を加えてはいない。そう考えただけで、大逆罪に問われる可能性があったわけだ。しかも、大逆罪には有罪か無罪かしかなく、有罪の場合は死刑。そして、裁判は一審のみだった。

大逆罪の下に不敬罪があるが、これも天皇とその家族に対して不敬の行為を行った者は、三カ月以上五年以下の懲役に処す、となっている。のちに売文社の社員になった橋浦時雄という人物がいるが、彼は一九歳のときに大逆事件の余波を受けて、不敬罪で入獄している。

そのきっかけは、橋浦が新聞に「革命と暗流」という一文を投書したことで、家宅捜索を受けることになり、日記を押収された。そこに「天子の顔を竜顔というが、ある時行列を眺めたらなるほど竜の如き顔付きなりき」という文章があったことで、不敬罪とされ、懲役五年、それに加えて新聞紙条例違反によって禁錮四カ月を求刑された。弁護人は、日記は人知れず保管されているので不敬罪にはあたらない、と主張したが、刑は確定し、橋浦時雄は一九歳からの青春期の五年四カ月を監獄ですごした。信じられますか? 日記に天皇の悪口とも言えないようなことを書いただけで懲役五年ですよ。しかも一九歳から二四歳まで。自分がそういうめにあったら、その後の人生はどうなるでしょうか。

出獄後、親に勘当された橋浦は、職もなく、生活のすべもなく、売文社の住み込み社員になった。堺はそうした若者たちを受け入れていたのである。

橋浦だけでなく、多くの社会主義者とその友人たちが取り調べを受け、解放されてからも恐怖心を抱いて、地方へ逃亡したり、主義を捨てて転向している。あの竹久夢二も、平民社に出入りし、機関紙にイラストを描いていたが、大逆事件をきっかけに社会主義から離れていった。

ともかく、大逆事件については、新聞報道も規制され、一般の人々は最初、何が起こっているのかさえ知らずにいた。その後、幸徳秋水一味が天皇を暗殺しようとした、ということが新聞などで報じられると、それを鵜呑みにして、社会主義者を国賊のように見るようになる。刑死者を出した町では、遺族が周囲の白い目に耐えられず、他の地域に移ったりしている。

さて、大逆事件は幸徳秋水をターゲットにした、と先ほど述べたが、当局としては、他の大物たち、つまり、堺利彦や大杉栄なども一緒に死刑にしたかったに違いない。なぜ大逆事件で彼らは助かったのか。それは、二年前に起こった赤旗事件で、二年余りの重禁錮の判決を受けて千葉監獄に入獄していたからだ。荒畑寒村と山川均も同じく獄中にいたため、命拾いをした。この赤旗事件もひどいもので、まだ二〇代だった大杉栄と荒畑寒村が悪ふざけのように赤旗を振り回したのが原因で、警官隊ともみ合いになり、それを堺と山川はとめようとしたにすぎない。せいぜい軽禁錮一カ月程度ですむところが、二年。しかし、もしこの時数カ月で出獄していたとしたら、堺利彦も大杉栄も荒畑寒村も山川均も、みな大逆事件に連座して命を失っていたかもしれない。

赤旗事件の時、幸徳秋水は病気療養のため、故郷の高知にいた。堺たちがやられた、という知らせを受けて彼は上京するが、それは罠にかかったようなものだった。堺らが不在中に、幸徳秋水を中心として天皇暗殺が計画された、というシナリオがつくられて、全国各地で秋水と接触していた社会主義者が検挙されていく。実際には、宮下太吉という人物が幸徳秋水を訪ねてきて、爆裂弾で天皇を暗殺することについて意見を述べ、管野すがその計画を実現することにとりつかれ、新村忠雄と古河力作がその計画に賛同する。幸徳秋水は曖昧な態度だったので、途中から管野すがは秋水抜きで実行しようと考える。つまり、宮下太吉、管野すが、新村忠雄、古河力作の四人は、当時の刑法では大逆罪とされてもしかたがなかった。しかし、それ以外の二二人は、当時でも不敬罪か無罪だったと言われている。

そして、一九一〇年五月に宮下が検束されたのをきっかけに、幸徳秋水の知人たちが次々に捕えられていくが、この時、堺利彦は千葉監獄にいて、何が起こっているのか知ることさえできなかった。そもそも、この事件の主犯といえる宮下太吉と堺は、会ったことさえない。しかし、堺が九月二二日にようやく出獄した時には、彼がすべてを担うしかない状態だった。

例えば、堺より早く大逆事件の前に出獄していた荒畑寒村は、自分の入獄中に、愛人だった管野すがと幸徳秋水が夫婦関係になったと知って、二人を殺そうとして、ピストルを持って会いに行っているほどだった。たまたま留守だったので殺すことはできなかった。その後、大逆事件が起こると、自分も捕まるだろうという恐怖に襲われて、その前に桂太郎を暗殺しようと考えたり、あちこちを放浪して疲れ切って、お金もなくなって、最後には堺の売文社を頼ってくる。

平民社以来の仲間のうち、木下尚江はすでに社会主義運動から離脱していた。また、西川光二郎は堺と同じときに千葉監獄にいたが、当局の思うつぼというか、監獄のなかで改悛して、出獄後は自ら転向したことを公表している。

それに対して、まったくぶれずに自分の思想を貫こうとしていたのが、堺利彦だった。幸徳秋水も獄中からの手紙に、君しか頼れる人はいない、と書いている。管野すがとのことで、同志からも非難が集中していたのだった。

堺は幸徳秋水だけではなく、大逆罪に問われたその他の人々に対しても、面会に行ったり、差し入れをしたり、その家族に連絡をするなど、あらゆることをやっている。自分が二年以上の刑期を終えて出獄し、家族とようやく一緒になれたにもかかわらず、すぐにそうした状況に置かれてしまったわけだ。「楽天囚人」などと言っていられる場合ではなかった。

しかも、二四人に死刑判決が出て、特赦で半分は無期懲役に減刑されたが、一二人もが命を奪われるとは、堺でさえ予想もしていなかったようだ。判決は一九一一年一月だが一九一〇年一二月二五日には検事総長松室致（豊津藩出身）が全員に死刑を求刑していたので、その時点で覚悟をしたらしい。堺が売文社の看板を自宅に掲げたのは、その直後だった。

大逆罪を免れた社会主義者のなかで一番の大物だと言える堺利彦。その彼が、自宅に「売文社」などとふざけたような看板を堂々と掲げたことは、官憲に対して屈しない姿勢を示したとも言えるだろう。ちりぢりになっていた同志を励ます効果もあっただろう。そして、ここから売文社の八年三カ月の闘いが始まった。

大逆事件についてもう少し述べておくと、幸徳秋水らの遺体の引き取りも、堺が中心になって行っている。遺骨も預かり、遺品のことも遺族と連絡をとって堺が処理している。面倒見のいい堺でなければ、とてもできなかっただろう。一面識もなかった宮下太吉の遺族に対しても、堺がいろいろ世話をした、ということを戦後になってから親族の一人が打ち明けている。それまでは、宮下太吉の親類縁者だということを、ひた隠しにしていたという。それほど、世間の目は冷たかったのだ。

その中で、堺は死刑が執行されてから二カ月余りのちの三月下旬から五月上旬にかけて、東京より西の遺族と家族を慰問する旅に出ている。もちろん、常時一人から二人の尾行刑事がついていて、全ての訪問先を記録している。堺が「行春の若葉の底に生き残る」という句をつくったのは、この旅で幸徳秋水の墓参りをした時だった。

それにしても大逆事件でまだ世間が動揺している時に、その処刑者と無期懲役囚の一四の家族を訪問するというのは、大胆不敵な行為だと言えると思う。この時期に堺の慰問を受けた人々は、どれほど心強かっただろうか。とくに、夫や息子の無罪を信じている遺族にとっては、たまらない日々だったに違いない。私はこのことだけでも、堺利彦という人物に引かれずにはいられない。

四　売文社の多彩な仕事

こうして、大逆事件後、日本の社会主義運動の「冬の時代」と呼ばれる時期が到来した。「冬の時代」は一九一〇年ごろから一九一九年ごろまで続く。明治末期から大正の半ばまで。私には、この「冬の時代」も意外だった。一五年しかなかった大正時代だが、大正と聞くとすぐに「大正デモクラシー」を連想するし、モガやモボの出現など、なにか非常に明るい時代だったような気がしていた。

ところが、実際には、社会主義思想に対してひどい弾圧が行われていた。要注意人物とされると、尾行刑事がつき、集会を開けば、必ず臨監警官がいて、弁士中止という声をかけ、すぐに解散命令が出る。堺に届く手紙、堺が出す手紙もすべて検閲されていた。運動再開など考えられない状態だった。そこで、堺は売文社を創設し、しばらくの間は猫をかぶって時機を待つことにした。売文社は社会主義者を社員とし、そのほかにも多くの社外寄稿家を抱えて、さまざまな仕事を請け負っていく。

本書の裏表紙に、売文社の広告が載っている。この売文社という文字にはルビをふっていないが、読めない人が多いかもしれない。これを見ると、「新聞、雑誌……」とある。別にくわしい営業案内もあって、そこにはきちんと料金設定も書かれている。

政治家の演説原稿を書くスピーチライターは、アメリカ大統領選挙などでもよく知られているが、売文社も政治家の演説原稿の代作を引き受けている。また、学生の卒業論文の代作などもしている。商品広告のコピーやネーミング、雑誌の企画やその編集、自叙伝のゴーストライターなどもやっている。外国語の翻訳は注文が多かったようで、英語、ドイツ語、フランス語、ロシア語、イタリア語、中国語、その他の外国語に関しても引き受けていた。

その内容はまさに、現在の編集プロダクションと翻訳会社で、私は一〇〇年前に誕生した売文社が、具体的にどういう仕事を請け負っていたのか、ということに興味を惹かれた。もちろん、代作などは売文社の名前を出さずにしていただろうが、それがわかれば面白い、と思ったのだった。

幸い、『山川均自伝』と『寒村自伝』に、その手がかりが残されていた。本書では、これまで誰も調べようとしなかった売文社の具体的な仕事の内容を探究している。多分、これまで堺利彦を論じてきた人たちが、調べてみようとも思わなかったこうしたことを調べて、それがわかってくるのがとても楽しい。これはもう、性格なのでどうしようもない。

売文社の活動がピークを迎えたのは、一九一七年から翌年で、その期間に売文社は相当な仕事を請け負っている。しかし、従来の堺利彦の年譜を見ても、売文社での活動は一切書かれていない。堺はこの間、あまり活動をしていないように思えてしまうが、そんなことはなかった。仕事が絶え間なく持ち込まれるのは、堺の幅広い人脈を暗示しているし、編集プロダクションとしての売文社が、それだけの力量を持っていて、信頼されていたこともわかる。

具体的な出版物としていくつかわかったものがある。その中でもほとんど知られていないと思うのが、旅行ガイドブックの『世界通』だ。これは、ドイツの有名な旅行案内書『ベデカー』を種本にしたもので、いまでいえば『地球の歩き方』のようなものだ。上下巻二冊と合本の二種類があるが、総ページ数は一四〇〇ページに達している。また、本書で紹介しているように、世界各国の観光名所の写真や地図なども満載していて、そのための資料収集や原稿執筆や編集や文字校正などの作業は、相当に大変だったと思われる。序文では、「『世界通』は実に我が邦に於ける世界的案内書の第一最初の試みたる光栄を有するもの」と自負している。

『ベデカー』を真似したとはいえ、もちろん日本語に翻訳できなければ原稿は書けないわけで、売文社の社員は自分が行ったこともない国々の案内書をつくったことになる。もちろん、大正期に海外旅行ができたのは、よほどの富豪か政府関係者などに限られていた。この『世界通』の編集を請け負ったことは、若い社員たちに世界の国々に目を開かせるきっかけにもなったのではないか。

五　売文社の社員たち

さて、売文社は八年三カ月の間に、大勢の社員が入社し、また去っている。その中で、初期の社員には大杉栄や荒畑寒村らがいた。大杉栄の名前を知らない人はいないと思うが、彼はまさしく語学の天才だった。自叙伝に書いているように、大杉は「一犯一語」をモットーにしていた。大杉は何度も入獄と出獄をくりかえし、生涯のかなりの時間を監獄内で暮らしている。そのため、一回入獄したら、その間に一つの言語をマスターすることを自分に課した。それが「一犯一語」だった。

大杉は吃音だったことも有名だが、堺は大杉についてこんなふうに述べている。「昔エンゲルスは二十カ国の語でどもったという話があるが、大杉も後に、仏、英、エス、スペイン、イタリー、ロシアなど、六、七カ国の語でどもるといわれていた」。このなかのエスというのはエスペラント語です。日本エスペラント協会の機関誌には、大杉がエスペラント語に訳した「桃太郎」が載っていてびっくりした。

ともかく、これだけの外国語をマスターしていた大杉にとっては、売文社に持ち込まれる翻訳の仕事など、楽なものだっただろう。

また、小説を書くなど、文筆家としての才能があった荒畑寒村も、売文社にとっては大きな戦力となったはずだ。だが、大杉栄と荒畑寒村は、弾圧を耐えながら時機を待つ、という堺利彦の姿勢にしびれをきらして、二人で『近代思想』という雑誌を創刊し、売文社とは距離をおくようになっていく。

ちなみに、大杉栄はアナキストとして、マルクス主義者の堺とは別の道を歩み始めるが、堺にとって義理の妹である堀保子を妻としながら、伊藤野枝と神近市子とも恋愛関係になり、自由恋愛を実践した。その結果、就寝中に神近市子に刺されて重傷を負い、スキャンダルとして世間を騒がせることになり、仲間からも批判された。このころに荒畑寒村も大杉のもとを離れ、堺利彦の元に戻ることになる。

大杉栄と堺利彦の関係も面白い。なにしろ大杉はダンディだしカッコいい。カリスマ性があった。一方、堺は背が低く、どちらかというと小太りで、風采も上がらない。革命を夢見る若者たちはほとんどが大杉を崇拝し、堺を馬鹿にするという感じだった。そんな対照的な二人だったが、堺の方では平民社以来の旧友として、大杉のことをいつも気にかけていた。そして、大杉が関東大震災後に憲兵隊によって虐殺された、と知った時は、自分の一部が殺されたように感じたという。

他にも色々な人物が売文社に参加していたが、その最盛期に活躍していたのが、山川均と高畠素之だった。山川均は社会運動家で論客として知られているが、彼が論壇で活躍するようになったのは売文社に入ってからだと言える。妻は山川菊栄で、彼女も売文社の仕事を手伝っていた時期があった。もう一人、堺を支えていたのが高畠素之で、英語とドイツ語に通じ、日本で初めてマルクスの名著『資本論』を完訳した人物だ。

それから、売文社の社員には意外な人物の名前もある。のちに『人生劇場』を書いて人気作家となる尾崎士郎である。早稲田大学を中退後、まだ二〇歳前に入社した尾崎にとって、売文社での体験は非常に印象深かったようだ。『人生劇場』のほか、色々な小説に、売文社とその社員をモデルにして書いている。

その他に、尾崎と早稲田時代からの友人だった茂木久平、それから北原龍雄、高畠素之の友人の遠藤友四郎、堺利彦の娘の真柄とのちに結婚する近藤憲二などがいた。玄関番として、当時まだ一五、六歳の少年だった添田知道もいた。彼は演歌師として有名な添田唖蟬坊の息子である。添田唖蟬坊と堺利彦とは交友があったので、その縁で売文社に雇われたのだろう。

この添田知道が、給料値上げを求めてストライキをした。彼は自分でも「小生意気なガキ」だったと述べているが、まだ一六歳くらいで、軽い気持ちでやったことで、売文社をやめるつもりはなかった。しかし、堺から、要求は聞けないので、辞めてもらうと言われてしまう。

それが一九一八年の秋頃で、どうもそのころから売文社内部の空気がおかしくなっていったようだ。というのは、堺は自宅で仕事をすることが多くなり、社長代行として高畠に売文社の業務を任せるようになっていた。山川均は、その年の暮れから翌年春まで四カ月間入獄していたので、売文社の運営は高畠が一人で担う形になっていた。

ところが、機関誌の『新社会』は頻繁に発行禁止命令を受け、営業的には厳しい状況が続く。しかも、文章代作などの仕事は、社長の堺を指名してくるものが多かった。堺が自ら手がける場合には、定価より少し割高の料金設定がされていたが、それでもかなりの顧客が堺に頼もうとし、売文社ではなく、直接、堺の自宅へ行くようになる。高畠にとっては不満もたまっていっただろう。

その高畠が人格が変わったような振る舞いを見せ始めたのが一九一八年の冬ごろからで、友人の遠藤友四郎と共に、「国家社会主義」を謳うようになる。国家による社会主義ということで、これは堺や山川らマルクス主義者からは、とうてい許容できるものではなかった。一方、高畠らに同調できない近藤憲二ほか、数人の社員は退社した。

この時残った遠藤友四郎、北原龍雄、尾崎士郎、茂木久平の四人は、高畠素之を中心に結束することになり、堺利彦に対して反旗を翻したのだった。といっても、まだ若い尾崎と茂木は、何となくずるずる引きずられるまま、高畠派に組み込まれた、というのが実情だった。堺は、売文社の社員では、とくに山川均と高畠素之に期待していたが、高畠に裏切られる結果となった。

堺は、山川が出獄するのを待って、一九一九年三月に二日間かけて、弁護士の山崎今朝弥立ち会いのもとで高畠と山川と話し合った。そして、売文社の解散が決まり、高畠がその名義を引き継いで新社長になり、従来の場所で営業を継続する、ということになる。堺は自宅に新社会社を創設して、新たにスタートを切っている。

だが、尾崎士郎が予感していたように、結局、高畠が社長になった売文社は長続きせず、その年の夏には解散してしまう。尾崎らはそれぞれ別の道を進み始めた。尾崎士郎の場合は、堺に就職先を世話してもらったり、高畠の自宅に居候させてもらったり、その後もこの二人に色々世話になっている。また、売文社にあった資料をもとにして、大逆事件などをテーマにした小説を書いている。

六　堺利彦の幅広い人脈

このように、一九一〇年一二月に看板を掲げてから八年三カ月余りで、堺が創設した売文社は解散した。それまでにも、堺の売文社を真似て、売文社を名乗る会社が各地に誕生していたが、いずれも長続きはしなかったようだ。堺の周囲の人々は口々に、堺だからこそ売文社は成功した、と証言している。

それは、堺が本気で売文社をやっていたからに他ならない。一九一〇年冬の時点では、命がけだったともいえる。売文社の社員だった橋浦時雄は、堺の印象的な言葉として、「命がけの道楽」ということを日記に書いているそうだ。堺は、自分のような士族出身者が社会主義運動をするのは、道楽みたいなものだ、だが、道楽は道楽でも命がけの道楽だ、と橋浦に言ったという。それはそのまま売文社にも通じるのではないか。

売文社こそ、堺にとって「命がけの道楽」だったという気がする。命がけではあるが、堺は文章代作や広告コピー制作などの仕事を、楽しんでやっていたと思う。そして、どんなに小さな依頼でも、安い仕事でも手を抜かなかった。文才があり、文章を書くことが好きだった堺にはそれができたが、他の人間にはとてもできなかった、ということだろう。

そして、「冬の時代」においても、堺には多くの友人と支援者がいた。彼の人脈の幅広さには驚かされる。本の帯というものは、人目を惹くためにあるので、「夏目漱石から松本清張まで」などと謳っているが、これは嘘ではない。尾崎紅葉や巌谷小波の名前を持ち出しても、ピンとこない人もいると思ったので、夏目漱石と松本清張にしたが、他にも、プロレタリア文学の作家たちはもちろん、有島武郎などとも親交があった。

堺は明治の奇人として知られる宮武外骨とも親しく、ずっと交友関係が続いていた。その外骨との愉快なエピソードも本書に書いている。実業界では、あの星新一の父親である星製薬創業者の星一が、堺利彦を支援していたこともわかった。もちろん、ジャーナリズムや出版関係者には、堺は多くの知り合いを持っていた。

やはり、これだけ幅広い人脈を築くことができたのは、堺の裏表がなく、人情に厚い性格が、多くの人に認められていたからに違いない。そして、堺が人間として魅力があったからだと私は思う。

（最後のまとめ）

今、堺利彦から私たちが学ぶべきことはたくさんある。堺は自分を平凡な人間だと言っている。幸徳秋水が生きていた間は、堺は一つ年下の秋水を主役としてもり立てる一方、自分は脇役の役割を果たしてきた。そして、「棄石埋草」をモットーとしてきた。堺の知人の一人である生方敏郎は、堺利彦は売文はしても、売名はしなかったと書いている。売文はしても、売名はせず。さらに生方敏郎は、名前を売るために動いているように見受けられる運動家が多い時代に、堺利彦は実際の効果があることのためにのみ骨折っている、と証言している。

私も自分が凡人だと思っているし、凡人は天才と違って努力するしかない、と思ってここまでやってきた。そのため、堺利彦の人生を知って非常に勇気づけられた。

今、日本も世界も混沌とした状況で、誰も先が読めずにいるように見えます。九・一一のようなテロが起こるなどと、誰が予想したでしょうか。いつ地域紛争ではなく、大規模な戦争が起こっても不思議ではない気がします。しかも、広島と長崎の経験がありながら、全世界には原子爆弾が大量に存在する。人類を破滅させることが可能な量です。それだけ人間は愚かだということです。

そうした現代のことを考えるにつけても、あの日露戦争が始まる前に非戦を唱え、開戦してからも戦争に反対し続け、さらに満州事変が起こった際にも、一貫して戦争反対を訴えた堺利彦という人物の強い信念、一貫したこころざし、正義感には頭が下がる思いです。今、堺利彦が日本を見たら、一体どんな感想を持つでしょうか。私はぜひ、今の時代だからこそ、堺利彦という人物が見直されるべきだと思いますし、彼の郷土であるみやこ町の方々、福岡の方々には、堺利彦を生んだという誇りを持っていただきたい。そして、堺利彦のことを語り継いでいってほしいと願ってやみません。

欲張って色々なことを述べてきたが、それでもまだまだ語りつくせない。あとは本書を読んでいただければ幸いです。最後に、これからも精一杯がんばって書き続けたいと思っていますので、どうか見守っていてください。そして、今日集まってくださった皆様に心から御礼申し上げます。現在の状況で仕事を続けているのは、まさに「命がけの道楽」だと思うこともありますが、なんとか暗いことは考えずに生き続け、また別の機会に皆様と再会できることを期待しています。今日はどうもありがとうございました。

付記　本稿は、二〇一〇年一一月三日、福岡県京都郡みやこ町で開催された「堺利彦生誕一四〇年／大逆事件・売文社創設一〇〇年記念講演会」のために執筆された講演草稿（遺稿）である。故黒岩比佐子氏は、『パンとペン―社会主義者・堺利彦と「売文社」の闘い―』（講談社）の出版記念会を兼ねたこの会での講演者を快諾していたのだが、病状が急速に悪化し、ついに参加を断念することとなった。本書に、黒岩氏のこの遺稿を収録することで、幻となった講演会の再現を試みたい。（小正路淑泰）

あとがき

「堺利彦・葉山嘉樹・鶴田知也の偉業を顕彰する会」（以下「三人の会」と略記。）は、堺利彦（一八七〇―一九三三）とその思想的継承者であった文芸戦線派プロレタリア作家、葉山嘉樹（一八九四―一九四五）、鶴田知也（一九〇二―一九八八）の出身地、福岡県豊前地方の一角で、三人の顕彰と研究を行っている市民団体である。前身の「堺利彦顕彰会」が発足したのは一九五六年なので、二〇一六年に結成六〇周年を迎えることになる。本書はその記念として刊行した。

この間の「三人の会」の主要な取組は以下のとおりである。

一九六〇年一二月　堺利彦記念碑建立（福岡県京都郡豊津町〈現みやこ町〉豊津五二番地の一＝堺利彦農民労働学校跡地付近）

一九七〇年一一月　堺利彦生誕一〇〇年記念講演会（行橋市民会館、講師：荒畑寒村・向坂逸郎・鶴田知也）

一九七三年一一月　堺利彦顕彰記念館建設（豊津町豊津五二番地の一）

一九七七年一〇月　葉山嘉樹文学碑建立（豊津町八景山）

一九八一年一一月　堺利彦農民労働学校開校五〇周年記念講演会（行橋市民会館、講師：鶴田知也・玉江彦太郎・川口武彦）

一九八二年一月〜一二月　堺利彦農民労働学校再興（校長鶴田知也、教頭渡辺英生、主事岡部勝興・原田吉治・木村敏彦・堀本和夫）

一九九二年　九月　鶴田知也文学碑建立（豊津町八景山）、『鶴田知也作品選』（鶴田知也顕彰事業推進委員会）刊行

一九九五年　二月　「堺利彦顕彰会」「葉山嘉樹文学碑建設委員会」「鶴田知也顕彰事業推進委員会」の三組織を統合して「堺利彦・葉山嘉樹・鶴田知也の偉業を顕彰する会」に再編

二〇〇〇年一一月　「生きる葉山嘉樹」シンポジウム（豊津町歴史民俗資料館、講師：鈴木章吾・大崎哲人・原田吉治、日本社会文学会九州沖縄ブロックとの共催）

二〇〇二年一〇月　鶴田知也生誕一〇〇年記念シンポジウム（豊津町中央公民館、講師：野添憲治・小正路淑泰・横手一彦・大崎哲人）

一一月　堺利彦顕彰記念館閉館、所蔵資料をみやこ町歴史民俗博物館に移管

二〇〇三年一一月　平民社一〇〇年記念講演会（豊津町総合福祉センター、講師：松尾尊兊・鈴木裕子）

二〇〇五年一二月　堺利彦農民勞働學学校址碑建立（行橋市南大橋五丁目五番一〇号＝同校仮校舎跡地）

二〇一〇年一一月　堺利彦生誕一四〇年／大逆事件・売文社創設一〇〇年記念講演会（みやこ町豊津公民館、講師：堀切利高・中村勝行・岡野幸江・大和田茂）

二〇一一年　一月　『堺利彦獄中書簡を読む』（菁柿堂）刊行
　　　　　一一月　「プロレタリア作家・葉山嘉樹と現在」講演会（みやこ町豊津公民館、講師：葉山民樹・川本英紀・栩沢健）
二〇一二年　五月　『葉山嘉樹・真実を語る文学』（花乱社）刊行
　　　　　一一月　鶴田知也生誕一一〇年記念講演会（みやこ町中央図書館、講師：城戸淳一・古賀勇一）
二〇一三年　三月　『堺利彦記念館旧蔵資料目録』（みやこ町歴史民俗博物館）刊行
　　　　　八月　堺利彦没後八〇周年記念講演会「堺利彦と水平の行者・栗須七郎」（みやこ町歴史民俗博物館、講師：廣畑研二）
二〇一四年一〇月　第二回大逆事件サミット（みやこ町豊津福祉センター、大逆事件の犠牲者たちの人権回復を求める連絡会議等との共催）
二〇一六年　四月　葉山嘉樹原作の映画「ある女工記」製作（映画「淫売婦（仮）」製作委員会）

「三人の会」の起点、一九五〇年代堺利彦記念碑建立運動の中心的な働き手であった森毅《たけし》（第一四章参照）は、小冊子『堺利彦先生生誕九十周年顕彰記念碑』（一九六〇年）に寄せた「記念碑建設の経過――顕彰会の五年間」で次のように述べている。

　近代日本の黎明期に豊前の国はすぐれた啓蒙家を二人まで送り出した。中津の福沢諭吉と豊津の堺利彦の両者である。福沢がブルジョワ民主主義の先駆者であったのに対し、堺はプロレタリア社会主義の指導者として共に近代思想史に肩をならべて光芒を放っている。然るに中津市ではせんぺいの商標にまで使われる程、諭吉の記念碑、生家旧跡等が大切に保存されているのに豊津町には堺先生の墳墓さえ無いではないか（墓は東京《ママ》鶴見の總持寺に建立されている）、戦前から計画されたままの記念碑をわれわれの手で一日も早く建てようではないかと、今を去る三年前、共に堺利彦農民労働学校に学んだ田原春次、野田円次、宮原敏勝、森毅等が相談したのが、昭和三十一年の春のことであった。

戦後の、より正確に言えばＧＨＱによる占領終結後の自由な言論空間においても、福沢諭吉はおろか、一般的に幸徳秋水や大杉栄らと比べて堺利彦への関心度が低いという現実――小林多喜二と葉山嘉樹との間にも同様な構図――への忸怩たる思いと反発心とがその後も「三人の会」の地元関係者に共有され、それらが、ささやかではあるが地道な取組を継続させる大きな原動力となった。「「大逆事件」の犠牲者を顕彰する会」（和歌山県新宮市）顧問で、本書第六章執筆者・辻本雄一の「この顕彰する会を支えているのが、イデオロギーでがんじがらめにされた中で闘ってきた人々の間に仄見える、情念のようなエネルギー」（「堺利彦の故郷みやこ町豊津を訪ねて」『くまの文化通信』二〇一二年八月二日）という洞察は鋭い。

森毅の訴えから六〇年経過した現在、堺利彦の名前は豊前地方の市民の間に広く浸透し、立ち遅れていた堺利彦研究も大きく前進した。評伝だけでも、林尚男『評伝《堺利彦》――その人と思想』

(オリジン出版センター)、川口武彦『堺利彦の生涯』全二巻(社会主義協会出版局)、大森かほる『捨石埋草を生きて——堺利彦と娘近藤真柄』(第一書林)、黒岩比佐子『パンとペン——社会主義者・堺利彦と「売文社」の闘い』(講談社、第六二回読売文学賞受賞)の四冊が刊行されている。

近年では、みやこ町歴史民俗博物館での堺利彦企画展開催(第二〇章川本英紀)、幸徳・堺訳・彰考書院版『共産党宣言』の復刊(第一六章中川右介)、中公文庫版『堺利彦伝』の改訂、NHK「日本人は何を考えてきたのか　明治編文明の扉を開く第四回　非戦と平等を求めて——幸徳秋水と堺利彦」の放映(二〇一二年一月二九日)と書籍化、劇団民藝による木下順二作「冬の時代」の五一年ぶりの再演(第一五章山中千春)など地域社会や出版、メディア、演劇で新たな動きがあった。

『新社会』(不二出版)の復刻・解題や平民社百年コレクション第二巻『堺利彦』(論創社)の編集・解題を担当した古くからの「三人の会」会員・堀切利高が、本書のプロローグで、「その活動は多岐にわたり、そのうえ刻々と変化発展し、なかなか一概には律しえない困難を感じる」と指摘しているように、堺利彦は一九〇三(明治三六)年の第一次平民社結成以来、「社会主義」の普及と実践——「透明で対等な関係に立脚する「社会」という新しい共同体」の構築(第五章梅森直之)——を基軸としながら、困難な時代にひるむことなく多様な領域で縦横無尽に活躍した。

エピローグの黒岩比佐子の言葉を借りれば、「「堺枯川の名で知られる小説家」、「言文一致体の推進者」、「社会主義者で投獄された第一号」、「女性解放運動に取り組んだフェミニスト」、「新聞雑誌の編集人」、「海外文学の紹介者で翻訳の名手」、「平易明快巧妙な文章の達人」、そして「平民社」と「売文社」の創設者」ということになろうか。

そこで、本書には、堺利彦へ多面的にアプローチするために、日本近世史、近現代史、政治史、社会運動史、労働運動史、政治思想史、社会思想史、日本近代文学、プロレタリア文学・美術など専門分野を異にする一九名が、堺利彦の思想・文学・運動を論じた二二本の論考を収録した。

小松隆二（第七章）、山泉進（第一章、第五章）、大田英昭（第二章）、尾原宏之（第三章）らの既発表の論考は、これまでの堺利彦研究史上で重要な位置を占めている。これらの中で最も早い一九八〇年代に発表された成田龍一の論文（第一三章）と松本法子のエッセイ（第一九章）は、現在なお輝きを失っておらず、その学術的価値は高い。大和田茂（第九章）、大﨑哲人（第一一章）、石河康国（第一二章）といった多くの著作がある研究者・評論家や、黒川伊織（第一〇章）、木村政樹（第八章）ら新進気鋭が書き下ろした論考では、近年の研究動向を踏まえて新たな論点が提示されている。

それらを第Ⅰ部三〇歳代の「万朝報」から平民社時代、第Ⅱ部四〇歳代の一九一〇年代「冬の時代」の売文社時代、第Ⅲ部五〇歳代の日本社会主義同盟（一九二〇年結成）から晩年の合法無産政党時代に至るまで堺利彦の時系列に沿って配列し、第Ⅳ部には、故郷豊津との接点を探った資料紹介とエッセイなどを収めた。

論者によって同一の歴史的事象に対する解釈や評価が異なっているのは、こうした論集の持つ妙味であると考え、あえて全体の統一を図らなかった。本書が、堀切利高の言う堺利彦の「人間的魅力」と「大事な問題」の解明に少しでも寄与できれば幸いである。

本書の刊行に際しては、以下の機関・団体・個人に貴重な資料の閲覧・掲載や論考の再録・編集等でお世話になった。記して感謝を申し上げたい。みやこ町歴史民俗博物館、賢治とモリスの館、

法政大学大原社会問題研究所、東京大学大学院法学政治学研究科附属近代日本法政史料センター明治新聞雑誌文庫、劇団民藝、美夜古郷土史学校、初期社会主義研究会、大杉栄全集編集委員会、京都丹波岩崎革也研究会、森近運平を語る会、桑垣理恵、松本玲子、清水章、中村勝行、福井二葉、大内秀明、藤岡啓介、田中英夫、奥村正男、森山誠一、久保冨美子、渡辺裕子、山内公二、畑中茂広、井上幸春、屛悦郎、古賀勇一、塚本領、福田元子、木村敏彦、林幹男、今村佐恵子、中尾文俊、山見紀幸、川本英紀（敬省略）。

最後に、本書の刊行を強力にサポートしていただいた論創社の森下紀夫社長と松永裕衣子さん、中澤明子さんに心より御礼申し上げる。

二〇一六年二月一一日　堺利彦農民労働学校開校八五周年の日に

堺利彦の号「枯川」の由来となった祓川が近くに流れる豊前行橋の拙宅にて

小正路　淑泰

初出一覧

第Ⅰ部　初期社会主義の思想圏

プロローグ『初期社会主義研究』第一〇号、一九九七年九月（原題同じ）

第一章　『初期社会主義研究』第一六号、二〇〇三年一月（原題同じ、山泉進『平民社の時代—非戦の源流—』論創社、二〇〇三年再録）

第二章　『初期社会主義研究』第一七号、二〇〇四年一月（原題「堺利彦における非戦論の形成—その平和的秩序観と暴力批判—」）

第三章　『初期社会主義研究』第一八号、二〇〇五年一一月（原題同じ）

第四章　『初期社会主義研究』第一〇号、一九九七年九月（原題同じ）

第Ⅱ部　「冬の時代」を越えて

第五章　『科学的社会主義』第三七号、二〇〇一年五月（原題同じ）

第六章　『牛王』第八号、二〇一一年七月（原題同じ、辻本雄一『熊野・新宮の「大逆事件」前後—大石誠之助の言論とその周辺—』論創社、二〇一四年再録）

第七章　「大杉栄と仲間たち」編集委員会編『大杉栄と仲間たち—『近代思想』創刊一〇〇年—』ぱる出版、二〇一三年（原題同じ）

第八章　書き下ろし

第九章　書き下ろし
第一〇章　書き下ろし

第Ⅲ部　無産戦線の統一と発展を目指して
第一一章　書き下ろし
第一二章　書き下ろし
第一三章　東京都立大学都市研究センター編『東京　成長と計画』東京都、一九八八年（原題同じ、成田龍一『近代都市空間の文化経験』岩波書店、二〇〇三年再録）
第一四章　『初期社会主義研究』第一七号、二〇〇四年一一月（原題「堺利彦農民労働学校の周辺（その二）―『ツバメ館』＝常設校舎建設運動―」）

第Ⅳ部　資料紹介とエッセイ
第一五章　『KUMAMOTO』第一一号、二〇一五年六月（原題同じ）
第一六章　書き下ろし
第一七章　『初期社会主義研究』第二三号、二〇一一年九月（原題「堺利彦生誕一四〇年・大逆事件一〇〇年―福岡県みやこ町豊津より―」）
第一八章　書き下ろし
第一九章　『青花』第五〇五号、一九八九年六月（原題同じ、松本法子『終点のないエッセイ』ながら

み書房、一九九四年再録）

第二〇章　『大逆事件の真実をあきらかにする会ニュース』第四八号、二〇〇九年一月（原題同じ、堺利彦獄中書簡を読む会編『堺利彦獄中書簡を読む』菁柿堂、二〇一一年再録）

エピローグ　遺稿（未発表）

執筆者紹介（執筆順）

堀切　利高（ほりきり・としたか）　プロローグ
一九二四年生まれ。二〇一二年没。早稲田大学理工学部応用化学科卒。のち法政大学文学部日本文学科に学ぶ。元平民社資料センター代表。『夢を食う――素描荒畑寒村』（不二出版、一九九三年）、平民社百年コレクション第二巻『堺利彦』（論創社、二〇〇二年・編著）、『野枝さんをさがして――底本伊藤野枝全集補遺・資料・解説』（學藝書林、二〇一三年・編著）ほか。

山泉　進（やまいずみ・すすむ）　第一章、第五章
一九四七年高知県四万十市生まれ。早稲田大学大学院政治学研究科博士課程単位取得退学。明治大学法学部教授。社会思想史。『社会主義事始――「明治」における直訳と自生』（社会評論社、一九九〇年・編著）、『帝国主義』（幸徳秋水著、山泉校注・解説、岩波文庫、二〇〇四年）、『大逆事件の言説空間』（論創社、二〇〇七年・編著）ほか。

大田　英昭（おおた・ひであき）　第二章
一九七四年生まれ。東京大学大学院総合文化研究科博士課程修了。博士（学術）。東北師範大学（中国）歴史文化学院教授。日本近代思想史。『日本社会民主主義の形成――片山潜とその時代』（日本評論社、二〇一三年）、小沢弘明・三宅芳夫編『移動と革命――ディアスポラたちの「世界史」』（論創社、二〇一二年・共著）、三宅芳夫・菊池恵介編『近代世界システムと新自由主義グローバリズム』（作品社、二〇一四年・共著）ほか。

尾原　宏之（おはら・ひろゆき）　第三章
一九七三年生まれ。早稲田大学政治経済学部政治学科卒業。東京都立大学大学院社会科学研究科政治学専攻博士課程単位取得退学。博士（政治学）。立教大学兼任講師。日本政治思想史。『大正大震災――忘却された断層』（白水社、二〇一二年）、『軍事と公論――明治元老院の政治思想』（慶應義塾大学出版会、二〇一三年）、河野有理編『近代日本政治思想史――荻生徂徠から網野善彦まで』（ナカニシヤ出版、二〇一四年・共著）ほか。

梅森　直之（うめもり・なおゆき）　第四章
一九六二年生まれ。シカゴ大学PhD（政治学）。早稲田大学教授。日本政治思想史。『帝国を撃て――平民社一〇〇年国際シンポジウム』（論創社、二〇〇五年・編著）、『ベネディクト・アンダーソン　グローバリゼーションを語る』（光文社、二〇〇五年・編著）、「明治ソーシャリズム・大正アナーキズム・昭和マルクシズム」（『日本思想史講座四―近代』ぺりかん社、二〇一三年）ほか。

辻本　雄一（つじもと・ゆういち）　第六章
一九四五年生まれ。早稲田大学国文学科卒。佐藤春夫記念館館長。日本近代文学。『熊野・新宮の「大逆事件」前後――大石誠之助の言論とその周辺』（論創社、二〇一四年）、河野龍也編『佐藤春夫読本』（勉誠出版、二〇一五年・監修）、「佐藤春夫における短編「砧」の問題――熊野および春夫父子の「大塩事件」と「大逆事件」とをつなぐ心性」（『日本文学』第五三巻第九号、二〇〇四年九月）ほか。

小松　隆二（こまつ・りゅうじ）　第七章
一九三八年生まれ。慶應義塾大学経済学部卒。同大学院博士課程修了。経済学博士。慶應義塾大学名誉

教授。大杉栄全集（ぱる出版）編集委員代表。『企業別組合の生成』（御茶の水書房、一九七三年）、『大正自由人物語——望月桂とその周辺』（岩波書店、一九八八年）、『現代社会政策論』（論創社、一九九五年）ほか。

木村　政樹（きむら・まさき）　第八章
一九八六年生まれ。青山学院大学文学部卒。東京大学大学院総合文化研究科博士課程満期退学。日本学術振興会特別研究員（PD）。日本近代文学。「〈知識人〉言説の歴史を再考する——「有島武郎」の概念史的位置をめぐって」（『有島武郎研究』第一六号、二〇一三年六月）、「「アクチュアリティ」の時代——純文学論争における平野謙」（『日本近代文学』第九〇集、二〇一四年五月）、「宮本顕治の〈文学史〉——「「敗北」の文学」論」（『社会文学』第四二号、二〇一五年八月）ほか。

大和田　茂（おおわだ・しげる）　第九章
一九五〇年東京都生まれ。法政大学大学院日本文学専攻博士課程満期退学。法政大学・城西短期大学非常勤講師。日本近代文学。『社会文学・一九二〇年前後——平林初之輔と同時代文学』（不二出版、一九九二年）、『社会運動と文芸雑誌——『種蒔く人』時代のメディア戦略』（菁柿堂、二〇一二年）、『評伝平澤計七』（恒文社、一九九六年・共著）ほか。

黒川　伊織（くろかわ・いおり）　第一〇章
一九七四年生まれ。京都工芸繊維大学工芸学部造形工学科卒。神戸大学大学院総合人間科学研究科博士後期課程修了。神戸大学大学院国際文化学研究科協力研究員。日本思想史・社会運動史。『帝国に抗する社会運動——第一次日本共産党の思想と運動』（有志舎、二〇一四年）、「一九二〇年代日本思想史と第一

次国共合作』（『日本思想史学』第四六号、二〇一四年九月）、「朝鮮戦争・ベトナム戦争と文化／政治——戦後神戸の運動経験に即して」（『同時代史研究』第七号、二〇一四年一二月）ほか。

大﨑　哲人（おおさき・てつと）　第一一章
一九五〇年福岡県生まれ。福岡大学法学部中退。文芸評論家。プロレタリア文学・美術、労農派マルクシズムの歴史。「『種蒔く人』の潮流」刊行委員会編『「種蒔く人」の潮流』（文治堂書店、一九九九年・編著）、「種蒔く人」の精神編集委員会編『「種蒔く人」の精神——発祥地秋田からの伝言』（「種蒔く人」顕彰会、二〇〇五年・編著）、「国文学解釈と鑑賞」別冊『伊藤永之介生誕百年——深い愛、静かな怒りのリアリズム』（至文堂、二〇〇三年・共著）ほか。

石河　康国（いしこ・やすくに）　第一二章
一九四五年生まれ。東京大学日本史学科卒。社会主義青年同盟役員、社会主義協会『社会主義』編集部歴任。新社会党本部役員。日本労働者運動史。『山川均・向坂逸郎外伝』上下巻（社会主義協会、二〇〇二年、二〇〇四年・共著）、『労農派マルクス主義——理論・ひと・歴史』上下巻（社会評論社、二〇〇八年）、『マルクスを日本で育てた人——評伝・山川均』ⅠⅡ巻（社会評論社、二〇一四年、二〇一五年）ほか。

成田　龍一（なりた・りゅういち）　第一三章
一九五一年生まれ。早稲田大学大学院文学研究科博士後期課程修了。日本女子大学人間社会学部教員。近現代日本史。『「故郷」という物語——都市空間の歴史学』（吉川弘文館、一九九八年）、『近代都市空間の文化経験』（岩波書店、二〇〇三年）、『シリーズ日本近現代史④　大正デモクラシー』（岩波書店、二〇〇七年）ほか。

小正路　淑泰（こしょうじ・としやす）　第一四章、第一七章、第一八章（編者）

一九六一年福岡県行橋市生まれ。九州大学法学部卒。福岡県立学校教員。政治史・社会運動史。「種蒔く人」「文芸戦線」を読む会編『フロンティアの文学――雑誌『種蒔く人』の再検討』（論創社、二〇〇五年・共著）、堺利彦獄中書簡を読む会編『堺利彦獄中書簡を読む』（菁柿堂、二〇一一年・編著）、三人の会編『葉山嘉樹・真実を語る文学』（花乱社、二〇一二年・編著）ほか。

山中　千春（やまなか・ちはる）　第一五章

一九七六年生まれ。日本大学大学院芸術学研究科博士後期課程修了。日本大学研究員。文学・美術。『佐藤春夫と大逆事件』（論創社、二〇一六年）、「大杉栄と仲間たち」編集委員会編『大杉栄と仲間たち――『近代思想』創刊一〇〇年』（ぱる出版、二〇一三年・共編著）、「文学による〈革命〉として――佐藤春夫「美しき町」とホイッスラーの芸術論」（『Fortuna』第二三号、二〇一二年七月）ほか。

中川　右介（なかがわ・ゆうすけ）　第一六章

一九六〇年東京生まれ。早稲田大学第二文学部卒業。編集者、作家。二〇一四年まで出版社アルファベータ代表取締役編集長。『カラヤンとフルトヴェングラー』（幻冬舎、二〇〇七年）、『悪の出世学――ヒトラー、スターリン、毛沢東』（幻冬舎、二〇一四年）、『オリンピアと嘆きの天使――ヒトラーと映画女優たち』（毎日新聞出版、二〇一五年）ほか。

松本　法子（まつもと・のりこ）　第一九章

一九四八年福岡県京都郡犀川町生まれ。一九九六年没。九州大学文学部卒。元福岡県立豊津高等学校教諭。『三四郎の森』（福岡県立豊津高等学校錦陵同窓会、一九八五年・編著）、『終点のないエッセイ』（ながらみ書房、一九九四年）、『水無月――松本法子作品・追悼集』（ながらみ書房、一九九五年）ほか。

川本　紀英（かわもと・ひでのり）　第二〇章
一九六七年福岡県京都郡豊津町生まれ。国学院大学文学部史学卒。みやこ町歴史民俗博物館学芸員。日本近世史。『豊津町史』（豊津町、一九九七年・共著）、『福岡県古文書等調査報告書』第一七集（福岡県立図書館、二〇〇六年・共著）、『福岡県立育徳館高等学校創立二百五十年史』（福岡県立育徳館高等学校二五〇周年事業実行委員会、二〇一〇年・共著）ほか。

黒岩　比佐子（くろいわ・ひさこ）　エピローグ
一九五八年生まれ。二〇一〇年没。慶應義塾大学文学部卒。評伝作家。『『食道楽』の人　村井弦斎』（岩波書店、二〇〇四年・第二六回サントリー学芸賞受賞）、『パンとペン――社会主義者・堺利彦と「売文社」の闘い』（講談社、二〇一〇年・第六二回読売文学賞受賞、講談社文庫、二〇一三年）、『忘れえぬ声を聴く』（幻戯書房、二〇一四年）ほか。

ら行

わ行

や行

ま行

な行

は行

た行

さ行

か行

主要人名索引

あ行

堺利彦・葉山嘉樹・鶴田和也の三人の偉業を顕彰する会
〈連絡先〉
みやこ町歴史民俗博物館
〒824-0121　福岡県京都郡みやこ町豊津 1122 番地 13
TEL 0930-33-4666
FAX 0930-33-4667

堺利彦——初期社会主義の思想圏

2016 年 6 月 20 日　初版第 1 刷印刷
2016 年 6 月 25 日　初版第 1 刷発行

編著者　小正路 淑泰
発行者　森下紀夫
発行所　論 創 社
東京都千代田区神田神保町 2-23　北井ビル
tel. 03（3264）5254　fax. 03（3264）5232　web. http://www.ronso.co.jp/
振替口座　00160-1-155266
印刷・製本／中央精版印刷　組版／フレックスアート
ISBN978-4-8460-1544-2